काव्यशास्त्र-विमर्श

काव्यशास्त्र-विमर्श

कृष्णनारायण प्रसाद 'मागध'

वाणी प्रकाशन

वाणी प्रकाशन
4695, 21-ए, दरियागंज, नयी दिल्ली 110 002
शाखा
अशोक राजपथ, पटना 800 004
फ़ोन: +91 11 23273167 फ़ैक्स: +91 11 23275710
www.vaniprakashan.in
vaniprakashan@gmail.com

KAVYA SHASTRA-VIMARSH
by Krishnanarayan Prasad 'Magadh'

ISBN : 978-93-5072-300-5
Poetics/Criticism

प्रथम संस्करण
मूल्य : ₹ 595

न्यू कृष्णा ऑफ़सेट, दिल्ली-110093 में मुद्रित

वाणी प्रकाशन का लोगो मक़बूल फ़िदा हुसेन की कूची से

विषय-सूची

पुरोवाक्

भारत और यूरोप, दोनों में नाट्य-चर्चा (नाट्यालोचन) के अंग रूप में ही काव्य-चर्चा (काव्यालोचन) का आरम्भ हुआ। भारत में काव्य-चर्चा को नाटय-चर्चा से स्वतंत्र करने का सर्वप्रथम स्तुत्य प्रयास किया आचार्य भामह ने और यूरोप में काव्य में उदात्त तत्त्व के पोषक लौंजाइनस ने। आ. भामह से आरम्भ कर पण्डितराज जगन्नाथ अथवा और आगे गंगेश-पुत्र हरि प्रसाद तक की काव्य-चर्चा में काव्यालोचन के जो भी मानदण्ड (रसद्ध अलंकार, रीति, ध्वनि, वक्रोक्ति, औचित्य और चमत्कार) बने, उनके आधार पर ही सौ-सवासौ वर्षों पूर्व तक हिन्दी (एवं अन्य भारतीय) भाषाओं में रचित काव्य की परीक्षा-निरीक्षा होती थी। अँग्रेजी के अध्ययन-अध्यापन के परिणामस्वरूप काव्यालोचन के योरोपीय (पश्चिमी) मानदण्डों से परिचय हुआ और तब उनका भी सहारा लिया जाने लगा।

हिन्दी काव्यालेचन में सम्प्रति काव्यशास्त्र की भारतीय और योरोपीय, दोनों प्रणालियों का उपयोग प्रायः 'उद्धरणी' की तरह होता है। दोनों प्रणालियों में एक विशिष्ट अन्तर है—भारतीय काव्यालोचन मूलतः शब्द (अर्थात् अभिव्यक्ति)—जीवी है और योरोपीय भावजीवी। परीक्षण हेतु भारतीय आचार्य सदा कृति को ही केन्द्र में रखते हैं जबकि योरोपीय आलोचक कृति की जगह कर्त्ता (व्यक्ति) को महत्त्व देते रहे हैं। फलितार्थ इतना भर है कि भारतीय आलोचना वस्तु अथवा विषयपरक और शब्दाश्रित अर्थात् अभिव्यक्तिपरक हुई है और पश्चिमी आलोचना मूलतः व्यक्ति (कर्त्ता) अथवा विषयीपरक और अर्थाश्रित अर्थात् भावपरक। कृति के अभिव्यक्ति-सौन्दर्य की परख हेतु भारतीय पद्धति अद्वितीय अद्वितीय सिद्ध हुई है। पश्चिम की आई. ए. रिचर्ड्स ने इसे ही 'प्रैक्टिकल क्रिटिसिज्म' के रूप में प्रवर्तित किया है। नाटयाचार्य भरत (**अर्थक्रियोपेतं शब्दः काव्यम्**), आद्यकाव्याचार्य भामह (**शब्दार्थौ सहितौ काव्यम्, वक्राभिधेयशब्दोक्तिरिष्टा वाचामलङ्कृति, ...कोऽलङ्कारोऽनया विना**), वामन (**विशिष्टा पदरचना रीतिः, सौन्दर्यलङ्कारः**) कुन्तक (**वैदग्ध्य**

भङ्गी-भणितिः) विश्वेश्वर (**चमत्कारस्तु विदुषामानन्द...**) आदि ने शब्द अर्थात् अभिव्यक्ति को ही महत्व दिया जिसे चरम बिन्दु तक पहुँचाया आनन्दवर्धन ने। उन्होंने चारुत्व और व्यंजना को समान महत्व देकर–चारूत्व का प्रकाशन व्यंजनाश्रिम स्वीकार कर, रसध्वनि के रूप में काव्यालोचन को सही दिशा दी। उन्होंने काव्यालोचन से जुड़ी विभिन्न समस्याओं का भी प्रायः समाधान कर दिया था, पर परिवर्तित परिस्थितियों (नवीन औद्योगिक विकास, आधुनिकता बोध, पश्चिमी काव्यशास्त्र का ज्ञान आदि) में उसका संतुलन भी बिगड़ गया। दोनों (भारतीय और योरोपीय) पद्धतियों में समन्वय कर नयी राह बनाने की कोशिश आचार्य रामचन्द्र शुक्ल और लक्ष्मी नारायण सुधांशु ने की अवश्य, पर उनके द्वारा निर्मित पगडण्डी को अद्यावधि जनपथ नहीं बनाया जा सका है। फलतः काव्यशास्त्र की भारतीय और यूरोपीय, दोनों प्रणालियों के स्वतंत्र अध्ययन-अध्यापन की आवश्यकता अभी पूर्ववत् ही स्थिर हैं।

प्रस्तुत कृति की सीमा है भारतीय काव्यशास्त्र और शक्ति का प्रेरक है आनन्दवर्धन का उद्घोष–**'पूर्वप्रतिष्ठापित योजनासु मूल प्रतिष्ठाफल मामनन्ति'**। इसमें पूर्व प्रतिष्ठापित सिद्धान्तों की नवीन व्याख्या तो नहीं की गयी है, पर उन्हें नये सिरे से सहज, स्पष्ट और बोधगम्य अवश्य बनाया गया है। 'अरोचकी' वृत्ति से बचते हुए मनोमुकुर को साहित्यानुशीन से विशदीभूत कर सहृदयता उत्पन्न करने पर भी दृष्टि टिकी है। अल्पमति छात्रों के हित तीन दसक पूर्व प्रकाशित मेरी लघु पुस्तक 'काव्य के विभिन्न अंग' में ही इसका बीज निहित था। सुधी एवं जिज्ञासु छात्रों और अध्यापक मित्रों के अनवरत आग्रह से वही नवीन रूप में उद्बुद्ध, पुष्ट और अध्यापक मित्रों के अनवरत आग्रह से वही नवीन रूप में उद्बुद्ध, पुष्ट और सघन हो इस कृति में छतनार बना है। इसमें भारतीय काव्यशास्त्र के विविध पक्षों का यथासम्भव स्पष्ट, तथ्यात्मक, संतुलित और सोदाहरण विमर्श इस प्रकार किया गया है कि आवश्यक छूटे नहीं और अनावश्यक आये नहीं। कतिपय वैसे पक्षों को भी इसमें पहली बार क्रम मिला है जिनका इस प्रकार की प्रकाशित पुस्तकों में अभाव है। विवेचन की सहजता, स्पष्टता और उदाहरणों की सटीकता से विवेच्य विषय अपेक्षया अधिक सुकर और बोधगम्य तो बने ही हैं, कृति भी गुणात्मक महत्त्व की हो सकी है। स्नातक और स्नातकोत्तर कक्षा के छात्रों, काव्यशास्त्र के जिज्ञासुओं आदि की आवश्यकताओं के अनुरूप इसमें विवेच्य विषय का अपेक्षया नये सिरे से चिन्तन और विवेचन हुआ है। विश्वास है कि काव्यशास्त्र का यह विमर्श 'शासनात्' की सीमा लाँघकर 'शंसनात्' की कोटि में परिगणित किया जा सकेगा। विवेच्य विषयों के सर्वांगपूर्ण विवेचन का दावा तो कदाचित् कोई भी विद्वान् नहीं कर सकते, तब इस क्षीणकाय कृति की क्या विसात है। पर यह एक अभाव को पूर्णता की ओर अग्रसर करने वाली नयी कड़ी अवश्य बनेगी। अपनी लक्ष्य-सिद्धि में किंचित् भी सफल होना इसकी कृतकृत्यता होगी।

इस अवसर पर मैं एक घटना के उल्लेख करने का लोभ संवरण नहीं कर पा रहा हूँ। मेरे पुस्तक लेखन और प्रकाशन का सिलसिला काव्यशास्त्रीय विधा से ही शुरू हुआ था। सन् 1962 ई. में हिन्दी व्याख्याता के रूप में मेरी नियुक्ति गोपालगंज कालेज, गोपालगंज, में हुई। उसी वर्ष ऑनर्स की कक्षा में अलंकार के अध्ययन हेतु पद्माकर की पुस्तक 'पद्माभरण' रखी गयी। उस समय तक उसका कोई सटीक संस्करण उपलब्ध नहीं था। अत मैंने उसकी एक टीका लिखी जिसमें 'चूर्णिका' में कठिन शब्दों में अर्थ 'तिलक' में भावार्थ (पद्य का मूल गद्यात्मक रूप), 'विशेष' में पूर्ण व्याख्या एवं अन्य ज्ञातव्य बातें दी गयी हैं। 'आधार' के अन्तर्गत संस्कृत के वैसे श्लोक उद्धृत किये गये हैं जो उस अंश के मूल आधार या उपजीव्य हैं जिससे उसका वर्ण्य सम्यक् रूप में स्पष्ट हो सका है। पाण्डुलिपि तैयार कर मैंने उसके प्रकाशनार्थ भारती भवन, पटना को भेजा। एक महीने बाद प्रकाशक से सूचना मिली कि उसका प्रकाशन संभव नहीं है। उसके साथ परामर्शदाता का परामर्श भी संलग्न था जिसमें पाण्डुलिपि की हर प्रकार से प्रशंसा की गयी थी, पर उनकी राय में 'व्यावहारिक दृष्टि से इसका प्रकाशन लाभप्रद नहीं होगा।' पत्र पढ़कर कुछ क्षण के लिए खेद तो हुआ पर प्रसन्नता इस बात से हुई कि पाण्डुलिपि ठीक है।

सन् 1963 ई. के ग्रीष्मावकाश में सहकर्मी श्री शिववच्चन सिंह जी के साथ मैं अपने गाँव के लिए चल पड़ा। पटना में मछुआ टोली मोड़ पर एक पान की दुकान की ओर मुँह किये श्री शिववच्चन जी पान लगवा रहे थे और मैं सड़क किनारे खड़ा था। तभी एक रिक्शा वहाँ आकर रूका। उस पर उपन्यासकार श्री फणीश्वरनाथ रेणु जी और एक अन्य व्यक्ति सवार थे। श्री रेणु जी को मैं पहचानता था किन्तु दूसरे व्यक्ति मेरे लिए अपरिचित थे। शिववच्चन जी ने तभी मुँह में पान दबाये सड़क की ओर घूमकर देखा और अपने गुरुवर डॉ. कुमार विमल जी को सादर प्रणाम कर मेरा उनसे परिचय कराया। 'मागध' नाम सुन मुझे ऐसा लगा मानों वे चौंके और कुछ स्मरण कर रहे हैं। सामान्य बातचीत के पश्चात् के शिववच्चन जी को (और मुझे भी) लक्ष्य कर कह रहे थे कि अब आपकी नौकरी पक्की हो गयी है। अब कुछ लिखना-पढ़ना कीजिए। ऐसा कह वह मुझे भी देखने लगे मानो वे मुझसे अपने बातों की संस्तुति चाह रहे हैं। मैंने बड़े साहस से उनसे कहा—सर, कुछ भी लिखकर क्या होगा? उसे छापेगा कौन? मैंने एक किताब लिखी थी और प्रकाशनार्थ 'भारती-भवन' को भेजा था किन्तु प्रकाशक ने उसे छापने से इनकार कर दिया क्योंकि उसके परामर्शदाता महोदय की राय में उसे छापना व्यावहारिक दृष्टि से लाभप्रद नहीं होगा। इतना सुन उन्हें सारी बातें ध्यान में आ गयीं। उन्होंने कहा कि परामर्शदाता ने आपकी पाण्डुलिपि को ठीक बताया पर व्यावहारिक दृष्टि से छापना लाभप्रद नहीं कहा। इससे आपकी पाण्डुलिपि की योग्यता स्वयं सिद्ध है। तदुपरान्त उन्होंने बताया कि वह परामर्शदाता मैं ही हूँ और यह भी समझाया कि उसका छापना व्यावसायिक

दृष्टि से क्यों लाभप्रद नहीं है। साथ ही आश्वस्त भी किया कि आपकी पाण्डुलिपि छप जायेगी। ग्रीष्मावकाश के पश्चात् कॉलेज में जाते ही पहले से आया एक पत्र मिला जिसमें प्रकाशक ने लिखा था कि आपकी पुस्तक (पद्माभरण) मैं प्रकाशित करूँगा यदि उसकी 'रॉयल्टी' मुझे बेच दें। मैंने उनकी बात स्वीकार करते हुए उन्हें अपनी स्वीकृति भेज दी। उसके एक महीने के पश्चात् सितम्बर 1963 में वह पुस्तक प्रकाशित हुई और उसके पारिश्रमिक के साथ लेखकीय प्रति के रूप में ग्यारह किताबें मुझे मिलीं। इस प्रकार इस विधा की मेरी पहली पुस्तक छपी जिसके निमित्त कारण आदरणीय डॉ. कुमार विमल जी (सम्प्रति स्वर्गीय, मृत्यु 26 नवम्बर 2011) थे। उसके पश्चात् मेरे लेखन और प्रकाशन का सिलसिला अनवरत चलता रहा।

इस विधा की मेरी दूसरी पुस्तक 'काव्य की विभिन्न अंग' (सन् 1968 ई.) और तीसरी पुस्तक 'अलंकार-विमर्श' (सन् 1968 ई.) छपीं। दूसरी पुस्तक में काव्य और उसके विभिन्न अंगों का संक्षिप्त सारगर्भित विवेचन है जिसका उद्देश्य अल्पमति पाठकों को काव्यांशों का बोध कराना मात्र है। उसकी सफलता इसी से आँकी जानी चाहिए कि अब तक उसके दो संस्करण और कई बार पुनर्मुद्रण हो चुके हैं। तीसरी पुस्तक 'अलंकार-विमर्श' में अलंकारों का गम्भीर विमर्श और विवेचन हुआ है। अलंकार-विवेचन के पूर्व सवा सौ पृष्ठों में अलंकार और विभिन्न काव्य-सिद्धान्तों का पारस्परिक सम्बन्ध भी विवेचित हुआ है। इसके सम्बन्ध में केवल डॉ. नगेन्द्र का कथन उद्धृत करना अप्रासंगिक नहीं होगा कि, ''प्रस्तुत पुस्तक अपने विषय के अधिकारी विद्वान् की प्रामाणिक रचना है' काव्यशास्त्रीय विधा की मेरी चौथी पुस्तक है 'काव्यशास्त्र-विमर्श' प्रस्तुत पुस्तक इस विधा की मेरी नवीनतम कृति है। इसके प्रणयन में जिन प्रख्यात-अल्पख्यात, ज्ञान-अज्ञान विद्वानों की कृतियों से किसी प्रकार की किंचित् भी सहायता मिली है, लेखक उन सब का ऋणी है, अनुगृहीत है। पुस्तक-प्रणयन के समवाय कारण रूप छात्रों, मित्रों आदि के प्रति लेखक की शुभाशंसाएँ हैं।'

ग्राम-छकौड़ी बिगहा
डाकघर-बनारसी बिगहा
द्वारा-सिलाव-803117 (नालन्दा)

कृष्णनारायण प्रसाद 'मागध'
सोमवार गंगासप्तमी, 2009 ई.
(30 अप्रैल, 2009)

पुनश्च

प्रस्तुत पुस्तक (काव्यशास्त्र-विमर्श) फरमाइशी है। दिल्ली के एक नामी-गरामी हिन्दी-प्रकाशन ने बड़े आग्रहपूर्वक इसे लिखवाया था। पुस्तक की पाण्डुलिपि सन् 1991 ई. में तैयार कर प्रकाशक को भेज दी गयी। लगभग दस वर्षों तक पाण्डुलिपि उनके पास पड़ी रही और अन्ततः बिना कई कारण बताये ही उन्होंने पाण्डुलिपि लौटा

दी। तदुपरान्त वाणी प्रकाशन के स्वत्वाधिकारी श्री अरुण माहेश्वरी जी से इसके प्रकाशनार्थ सम्पर्क हुआ एवं मैंने पाण्डुलिपि उन्हें भेज दी। पाण्डुलिपि उनके पास भी वर्षों पड़ी रही। वही अब प्रकाशित हो आप तक पहुँच रही है। प्रकाशन में देर तो होती ही है। प्रकाशकों की अपनी समस्याएँ होती हैं। उनके अपने परिवार, बाल-बच्चे, कर्मचारी गण, विभिन्न लेखकों की प्रकाशनार्थ रचनाएँ आदि। सबको संभालना, देख-भाल करना उनकी जिम्मेदारी होती है। अतः इस सम्बन्ध में और कुछ नहीं कहते हुए इतना ही कहना अलम् है कि श्री अरुण माहेश्वरी जी इसके सुरुचिपूर्ण प्रकाशन के लिए अशेष धन्यवाद के पात्र हैं जिनके कारण यह पुस्तक आप तक पहुँच रही है।

ग्राम-छकौड़ी बिगहा
डाकघर-बनारसी बिगहा
द्वारा-सिलाव-803117 (नालन्दा)

कृष्णनारायण प्रसाद 'मागध'
रविवार, अनन्त चतुर्दशी, 2011
(11 सितम्बर, 2011 ई.)
चलमास : 09801309997

1. काव्यशास्त्र

आज जिसे 'काव्यशास्त्र' या 'साहित्यशास्त्र' कहा जाता है, उसे विभिन्न समयों में कई अन्य नामों से भी अभिहित किया गया है। वर्तमान समय में भी इसके लिए कई नाम प्रायः समान रूप में चलते हैं, यथा–'समालोचना शास्त्र', 'समीक्षाशास्त्र', 'साहित्यालोचन', 'काव्यालोचन', 'सौन्दर्यशास्त्र' आदि। ऐतिहासिक क्रम से विचार करने पर विदित होता है कि 'काव्यशास्त्र' के पर्याय रूप में क्रमशः **'क्रियाकल्प'**, **'काव्यलक्षण'**, **'काव्यालंकार'** (अथवा 'अलंकारशास्त्र'), **'काव्यशास्त्र'** और **'साहित्य'** (अथवा 'साहित्यशास्त्र') शब्द प्रचलित हुए हैं। इन सब पर विचार करने के पूर्व 'काव्यशास्त्र' शब्द पर विचार कर लेना अप्रासंगिक नहीं होगा।

1/1. काव्यशास्त्र

'काव्यशास्त्र' नाम के प्रचलन के पूर्व इसकी बहुप्रचलित और प्रायः सर्वमान्य संज्ञा थी–'काव्यालंकार'। सम्भवतः इसकी महत्त्व-वृद्धि के लिए 'काव्य' के साथ युक्त 'अलंकार' शब्द की जगह 'शास्त्र' शब्द का प्रयोग मध्यकाल में आरम्भ हुआ। भोजराज (सन् 1015-1055 ई.) के **सरस्वतीकण्ठाभरण** (2/155) में यह शब्द प्रयुक्त हुआ है। 'शास्त्र' शब्द का व्युत्पत्यर्थ दो प्रकार से किया जाता है। यथा–

क. **'शासनात् शास्त्रम्'** – शासन करने वाला, नियंत्रक, विधि-निषेध प्रतिपादक, किसी कार्य में प्रवृत्त और कार्य से निवृत्त करने वाला, एवं

ख. **'शंसनात् शास्त्रम्'** – वर्णन, कथन अर्थात् (किसी) गूढ़ तत्त्व का कथन, वर्णन अथवा प्रतिपादन करने वाला (ग्रन्थ)।

व्युत्पत्तिलब्ध प्रथम अर्थ में 'शास्त्र' विधि-निषेध का प्रतिपादक, मनुष्य को कार्य-विशेष में प्रवृत्त या कार्यविशेष से निवृत्त करानेवाला, नियंत्रक मात्र होता है। भोजराज ने

'काव्यशास्त्र' पद में 'शास्त्र' शब्द का प्रयोग इसी (शासनात्) अर्थ में किया है। उनके मतानुसार विधि और निषेध का ज्ञान 'शास्त्र' से होता है, इसलिए वह लोक-व्यवहार के संचालनार्थ अध्ययनीय है–

> यद्विधौ च निषेधे च व्युत्पत्तेरेव कारणम्।
> तदध्येयं विदुस्तेन लोकयात्रा प्रवृर्त्तते।।–सं. कण्ठा. 2/154

उनकी दृष्टि में विधि-निषेध का ज्ञान कराने वाले मुख्य साधन तीन है–काव्य, शास्त्र और इतिहास। ये एक दूसरे से मिलने पर दोगुणे हो जाते हैं।–परिणामतः **काव्य, शास्त्र, इतिहास, काव्यशास्त्र, काव्येतिहास** और **शास्त्रेतिहास**, कुल छह साधन विधि-निषेध का ज्ञान कराने वाले हैं–

> काव्यं शास्त्रेतिहासौ च काव्यशास्त्रं तथैव च।
> काव्येतिहासः शास्त्रेतिहासस्तदपि षड्विधम्।।–सं. कण्ठा. 2/155

इससे अनुमित होता है कि भोजराज काव्य का मुख्य प्रयोजन **'कान्तासम्मिततयोपदेश'** ही मानते हैं, पर यह पक्ष न तो सर्वसम्मत है और न बहुसम्मत। यह सत्य है कि वेद, स्मृति, धर्मशास्त्र, पुराण आदि 'शासनात्' की कोटि में ही आने वाले शास्त्र हैं। उनका मुख्य उद्देश्य 'प्रभुसम्मित' (आदेशपरक) या 'सुहृदयसम्मित' (मित्रवत्) उपदेश करना होता है। उनका स्वरूप शासनात्मक है। काव्य में निहित उपदेश का स्वरूप शासनात्मक नहीं, 'कान्तासम्मित' तो होता है, पर वह काव्य का गौण प्रयोजन है। अधिकांश विचारकों की दृष्टि में काव्य का मुख्य प्रयोजन है आनन्दानुभूति (या रसास्वादन)–**'सद्यः परनिवृत्ति'**। इस दृष्टि से 'शासनात् शास्त्रम्' व्युत्पत्ति काव्यशास्त्र के लिए सटीक नहीं लगती।

काव्यशास्त्र में (अलंकार शास्त्र, साहित्य शास्त्र, सौन्दर्यशास्त्र आदि में भी) प्रयुक्त 'शास्त्र' शब्द का व्युत्पत्तिलब्ध द्वितीय अर्थ **'शंसनात् शासत्रम्'** स्वीकार करना ही अधिक संगत है। किसी गूढ तत्त्व का 'शंसन्', 'प्रतिपादन'[1] (यहाँ काव्य के तत्त्व का प्रतिपादन) करने वाला ग्रन्थ शास्त्र है। अर्थात् शासनात्मक स्वरूप के अभाव अथवा विधि-निषेध रहित होने के बावजूद 'काव्यशास्त्र' में प्रयुक्त 'शास्त्र' शब्द काव्य 'और उसके अंग' के गूढ़ तत्त्वों के प्रतिपादन का सूचक है। 'काव्यशास्त्र' अभिधा वैसे ग्रन्थों का बोधक है जिनमें काव्य विषयक विवेचन किये जाते हैं। काव्य

---

1. वेदान्त दर्शन में प्रश्न उठाया गया कि यदि 'शास्त्र' का अर्थ केवल 'शासनात्' (विधि-निषेध प्रतिपादन) किया जाय तो 'ब्रह्म', जो विधि-निषेध या प्रवृत्ति-निर्वृत्ति का विषय नहीं है, का प्रतिपादन शास्त्र में कैसे किया जायेगा। उक्त शंका के निवारणार्थ शास्त्र की दूसरी व्युत्पत्ति 'शंसनात् शास्त्रम्' की गयी। इस प्रकार गूढ़ तत्त्व (ब्रह्म) का प्रतिपादक ग्रन्थ 'शास्त्र' कहा गया।

के साथ 'शास्त्र' शब्द के जुटने से काव्यशास्त्र के गौरव में पर्याप्त वृद्धि हुई। पूर्व प्रचलित 'क्रियाकल्प', 'काव्यलक्षण', 'काव्यालंकार' आदि नामों से इसका उतना महत्त्व-बोधन नहीं होता, जितना 'काव्यशास्त्र' नाम से होता है। ध्यातव्य है कि 'शंसन्' अर्थ का ग्रहण न केवल काव्य के मुख्य प्रयोजन 'सद्यः परनिर्वृत्ति' के सर्वथा अनुकूल पड़ता है, प्रत्युत् 'शासनात्' अर्थ से गृहीत, वेद, स्मृति, धर्मशास्त्र, पुराणादि विधि-निषेध प्रतिपादक ग्रन्थों से 'काव्यशास्त्र' के ग्रन्थों का पार्थक्य भी स्पष्ट हो जाता है। उनका उपदेश होता है आदेशापरक या मित्रपरक, पर काव्य का उपदेश होता है–'कान्तासम्मित'। पुनः 'शंसनात् शास्त्रम्' स्वीकार करने से काव्यशास्त्र की गौरव-वृद्धि तो होती ही है, काव्य की आत्मा पर भी किसी प्रकार की आँच नहीं आती है। 'काव्यशास्त्र' नाम की लोकप्रियता का एक रहस्य यह भी है। काव्यशास्त्र के अन्य प्रमुख नामों पर आगे विचार किया जाता है।

1/2. क्रियाकल्प

ज्ञात तथ्यों से अनुमित होता है कि काव्यशास्त्र का प्राचीनतम् नाम 'क्रियाकल्प' है। यह नाम काव्यशास्त्र के विकास की प्रायोगिक और प्रारम्भिक अवस्था का सूचक है। अनुमान किया गया है कि 'क्रियाकल्प' का पूरा नाम **'काव्यक्रियाकल्प'** अर्थात् काव्यक्रिया की विधि (=काव्यशास्त्र) रहा होगा। वह 'काव्यक्रिया' से निर्मित हुआ होगा। क्लिष्टता आदि से बचने के लिए कालान्तर में वही **'क्रियाकल्प'** के रूप में संक्षिप्त होकर प्रचलन में बना रहा। असम्भव नहीं कि 'काव्यक्रिया' के लिए मात्र 'क्रिया' रूढ़ हो गया हो या **'क्रिया'** से रूढ़ अर्थ 'काव्य' भी समझा जाता हो। अपने नाटकों के लिए कालिदास द्वारा प्रयुत 'क्रिया'[2] शब्द भी ऐसा ही अनुमित करने को प्रेरित करता है।

'क्रियाकल्प' शब्द का प्राचीनतम उल्लेख **कामसूत्र** में चौंसठ कलाओं की सूची में मिलता है। उक्त सूची में 'संपाठय' (स्पर्द्धा अथवा मनोरंजक हेतु काव्य को कण्ठस्थ करना), 'मानसी काव्यक्रिया' (नवीन काव्य प्रणयन), 'अभिधान कोष' (शब्द-संग्रह), 'छन्दोज्ञान' (वृत्तों का ज्ञान) के क्रम में ही अगला नाम 'क्रियाकल्प' 'उल्लिखित है। 'क्रियाकल्प' शब्द 'ललितविस्तर' की कला-सूची में भी है। **कामसूत्र** की जयमंगला टीका में यशोधर ने 'क्रियाकल्प' का अर्थ 'काव्यकरण-विधि' या 'काव्यालंकार' किया है–**'क्रियाकल्प इति काव्यकरणविधिः, काव्यालंकार इत्यर्थः।'** साथ ही अभिधान-कोष, छन्दोज्ञान और क्रियाकल्प तीनों को 'काव्यक्रिया' (काव्यक्रिया) (काव्य-प्रणयन) का अंगभूत स्वीकार करते हुए यह भी मंतव्य दिया है कि काव्य के

2\. क. ....वर्तमानकवे': कालिदासस्य **क्रियायां** कथं बहुमानः।–मालविकाग्निमित्र
ख. शृणुत जना अवधानात् **क्रियामिमां** कालिदासस्य।–विक्रमोर्वशीय

प्रणयन और परिशीलन के लिए इन तीनों का ज्ञान आवश्यक है[3]। यशोधर की स्पष्ट व्याख्या है–**'काव्यक्रिया'='काव्यस्य करणम्'** (काव्य-प्रणयन) एवं **'क्रियाकल्प'= 'काव्यकरणविधिः'**, 'काव्यालंकार (काव्यशास्त्र)। अस्तु, स्पष्ट है कि उन दिनों (कामसूत्र के प्रणयन के समय) 'क्रियाकल्प' शब्द काव्यशास्त्र का पर्याय माना जाता था। इस अनुमान की पुष्टि **रामायण** की अग्रांकित पंक्ति में प्रयुक्त 'क्रियाकल्पविद्' शब्द से भी होती है–**'क्रियाकल्पविदश्चैव तथा काव्यविदो जनान्'**।[4] –7/14/7

राम-सभा में लव-कुश द्वारा रामायण-गान के समय उपस्थित श्रोताओं की जो सूची (7/14/4-10) प्रस्तुत की गयी है, उसमें पण्डित, नैगम, पौराणिक, शब्दविद् (वैयाकरण), स्वरलक्षणज्ञ, गान्धर्वविद, कलाविद्, पदाक्षरसमासज्ञ, छन्दशास्त्रज्ञ के साथ ही **'क्रियाकल्पविद्'** और **'काव्यविद्'** भी हैं। इस विद्वान् श्रोतृमण्डली में 'क्रियाकल्पविद्' का अर्थ 'काव्यरचनाशास्त्रज्ञ' (काव्यशास्त्र की रचना करने में निपुण) ही करना पड़ता है।[5]" उपरि उधृत पंक्ति में "दो प्रकार के व्यक्तियों का निर्देश किया गया है। एक तो वे हैं जो काव्य को जानते हैं सामान्य रूप से (काव्यविदः) और दूसरे वे हैं जो काव्य की समीक्षा के वेत्ता हैं...काव्य के अंतरंग को पहचानने वाले (क्रियाकल्पविदः) हैं। इस व्याख्या से इस शास्त्र (क्रियाकल्प) के नाम तथा गुण की गरिमा का पता भलीभाँति मिलता है।"[6] काव्यालंकार (काव्यशास्त्र) के अर्थ में 'क्रियाकल्प' शब्द का प्रचलन यद्यपि आचार्य भामह और आचार्य दण्डी के समय चुक गया था, तथापि वे उसके नाम और गुण से अपरिचित नहीं थे। काव्य-प्रणयन के लिए ज्ञातव्य वस्तुओं के उल्लेख के क्रम में भामह ने **'कामसूत्र'** में उल्लिखित छन्द, अभिधान तथा काव्यक्रिया, तीनों के नाम गिनाये हैं।[7] दण्डी ने भी 'क्रियाविधि' नाम से क्रियाकल्प का ('विधि' और 'कल्प' पर्यायवाची हैं) ही निर्देश किया है।[8] वामन के **काव्यालंकार सूत्र** की गोपेन्द्रभूपाल कृत **'कामधेनु'** टीका में

---

3. काव्यक्रिया इति संस्कृतप्राकृतापभ्रंशकाव्यस्य करणम्, प्रतीतप्रयोजनम्। अभिधानकोष इति उत्पलमालादि। छन्दोज्ञानमिति पिंगलादिप्रणीतस्य छन्दसो ज्ञानम्। क्रियाकल्प इति काव्यकरणविधः, काव्यालंकार इत्यर्थः। त्रितयमपि काव्यक्रियाङ्गम् परकाव्यवबोधनार्थं च।
4. गीता प्रेस संस्करण में 'काव्यविदो जनान्' का पाठान्तर 'कार्यविशारदान' मिलता है।
5. गणेश त्र्यंबक देशपाण्डे–भारतीय साहित्यशास्त्र, पृ.-6
6. बलदेव उपाध्याय–भारतीय साहित्य शास्त्र, खण्ड-1, पृ.-6, आचार्य विश्वेश्वर ने 'काव्यप्रकाश' की भूमिका (पृ.-5) में 'क्रियाकल्पविद्' का अर्थ **'काव्यसौन्दर्य की परीक्षा में समर्थ'** किया है।
7. भामह–काव्यालंकार 2/9-10
8. वाचां विचित्रमार्गाणां निबबन्धुः **क्रियाविधिम्**।–काव्यादर्श1/1

–तरुण वाचस्पति नामक टीकाकार ने 'क्रियाविधि' का अर्थ 'रचना-प्रकार' और 'हृदयंगमा' टीका के कर्त्ता ने 'क्रियाविधान' किया है। ये अर्थ कामसूत्र की 'जयमंगला' टीका में किये गये अर्थ 'काव्यकरणविधि' के अनुरूप हैं।

चौंसठ कलाओं की संग्रहकारिकाओं की कला-सूची कामसूत्र के अनुरूप हैं, पर केवल क्रियाकल्प के स्थान पर 'काव्यलक्षण'[9] नाम प्रयुक्त हुआ है। इससे अनुमान होता है कि 'क्रियाकल्प' तो है ही, इसे उन दिनों चौंसठ कलाओं में परिगणति भी किया जाता था। भरत मुनि कृत **नाट्यशास्त्र** काव्यशास्त्रीय (नाट्यशास्त्रीय) ग्रन्थों में क्रियाकल्प की अवस्था दर्शाता है। उसमें नाट्य-सिद्धान्तों की चर्चा के साथ ही अभिनय के सम्बन्ध में भी सविस्तर विवेचन हुआ है—वह सिद्धान्त-प्रधान नहीं, प्रयोग प्रधान ग्रन्थ है। उसमें नाटय-चर्चा और काव्य-चर्चा साथ-साथ हुई है। नाट्य-चर्चा से काव्य-चर्चा को स्वतन्त्र करने का श्रेय मिला आगे आचार्य भामह को। भरत मूलतः नाट्यशास्त्री हैं, पर भामह काव्यशास्त्री। काव्यशास्त्र के आद्याचार्य भामह हैं।

2/3. काव्यलक्षण

अनुमान किया गया है कि 'क्रियाकल्प' के उपरान्त काव्यशास्त्र के लिए 'काव्यलक्षण' शब्द पर्याय बना। इस शब्द का प्रयोग-काल भरत मुनि से आरम्भ कर भामह-पूर्व (ख्रिस्ती सन् की छठी शती पूर्वाद्ध) तक कूता जा सकता है। **नाट्यशास्त्र** में छत्तीस काव्यलक्षण गिनाये गये हैं। असम्भव नहीं कि नाट्य-चर्चा से काव्य-चर्चा को पृथक करने की दृष्टि से विवेचकों ने 'क्रियाकल्प' के स्थान पर 'काव्यलक्षण' शब्द अंगीकृत किया हो। उन्हें यह शब्द **नाट्यशास्त्र** से ही मिला होगा। ऊपर संकेत किया गया है कि 'कामधेनु' टीका में क्रियाकल्प के स्थान पर 'काव्यलक्षण' शब्द स्वीकृत किया गया है। आद्याचार्य भामह ने काव्यालंकार के अर्थ में 'काव्यलक्ष्म' शब्द प्रयुक्त किया है। **काव्यालंकार** की समाप्ति के पूर्व उनका कथन है कि सज्जनों के बोध के लिए मैंने (रक्रिलगोमिन-पुत्र भामह) सत्कवियों के मतों का अवलोकन कर एवं अपनी बुद्धि से 'काव्यलक्ष्म' (काव्यलक्षण) का विचार कर इस ग्रन्थ (काव्यालंकार) की रचना की है।[10]

'काव्यलक्षण' शब्द का प्रयोग दण्डी ने भी किया।[11] ध्वन्यालोक में काव्य-विवेचकों के लिए प्रयुक्त 'काव्यलक्षणकारी' (काव्यलक्ष्यकारिभिः), 'काव्यलक्ष्मविधायी' (काव्यलक्ष्मविधायिभिः) आदि के आधार पर देशपाण्डे जी ने अनुमान किया है कि ये सभी शब्द 'काव्यलक्षण' से वैसे ही निर्मित हैं जैसे अलंकार से आलंकारिक[12]। भामह ने 'काव्यलक्ष्म' शब्द का प्रयोग करने के बावजूद अपने ग्रन्थ का नाम

---

9. वामन कृत 'काव्यालंकार सूत्रवृत्ति' (1/3/7) के 'कामधेनु' टीकाकार ने 'धोरणमातृका, मंत्र मातृका काव्यलक्षणम्', इस प्रकार निर्देश किया है।
10. ... ... अवगम्य स्वधिया च **काव्यलक्ष्म**। —काव्यालंकार—6/64
11. काव्यादर्श-1/2
12. ग. त्र्य. देशपाण्डे—भारतीय साहित्यशास्त्र, पृ.-4

काव्यालंकार रखा। इससे अनुमान किया जा सकता है कि उस समय तक 'काव्यलक्षण' शब्द अपनी महत्ता खो चुका होगा एवं उसकी जगह 'काव्यालंकार' शब्द को प्राप्त हो रही थी।

1/4. काव्यालंकार

काव्यशास्त्र के अर्थ में 'काव्यालंकार' अथवा 'अलंकार शास्त्र' (अथवा मात्र 'अलंकार') शब्द का प्रचलन भामह से रुद्रट तक धड़ल्ले से रहा। उक्त अवधि में रचित काव्यशास्त्रीय ग्रन्थों के अधिकांश नाम इसी के पोषक हैं। यथा–

1. भामह (500-550 ई.) – काव्यालंकार
2. दण्डी (650-700 ई.) – काव्यादर्श
3. उद्भट (800 ई.) – काव्यालंकारसार संग्रह
4. वामन (800 ई.) – काव्यालंकार सूत्रवृत्ति
5. रुद्रट (825 ई.) – काव्यालंकार

स्वतन्त्र काव्य-चर्चा के लिए जैसे 'काव्यलक्षण' शब्द **नाट्यशास्त्र** से अलग किया गया, वैसे ही 'काव्यालंकार' शब्द भी। **नाटयशास्त्र** में वर्णित छह प्रकार के अलंकारों–काव्यालंकार, पाठ्यालंकार, नेपथ्यालंकार, नाट्यालंकार, वर्णालंकार और प्रयोगालंकार–में से काव्य-विवेचकों ने 'काव्यालंकार' को उससे पृथक् कर स्वतंत्र विवेचन के लिए स्वीकार किया। उस समय 'अलंकार' शब्द **'अलङ्करोतीति अलङ्कारः'** (जो आभूषित करे) अर्थात् 'काव्य-शोभाकर धर्म' (अर्थात् 'काव्य-शोभा' या 'काव्य-सौन्दर्य') के वृहत्तर अर्थ में मान्य था। **नाट्यशास्त्र** में ही 'काव्यालंकार' शब्द 'काव्य-शोभा' अर्थात् काव्य के सौन्दर्यवाचक अर्थ में सब प्रकार से मान्य और रूढ़ हो चुका था। उपरि उल्लिखित ग्रन्थों ('काव्यादर्श' के अतिरिक्त) को 'अलंकार' कहा गया है, पर उनके विवेचन का विषय मात्र अनुप्रास, उपमादि काव्य-सौन्दर्य के साधन स्वरूप अलंकार (**अलङ्क्रियतेऽनेनेत्यलङ्कारः**) नहीं हैं। उनमें अन्य विषय भी विवेचित हैं। उन सब में 'अलंकार' में ही अन्य विवेच्य विषयों–रस, रीति, गुण, वक्रोक्ति, काव्य-न्याय, शब्दशुद्धि आदि–का भी अन्तर्भाव कर लिया गया है। उन काव्य-विवेचकों को अलंकार के मूल पारम्परीण अर्थ 'काव्यशोभा' या 'काव्यसौन्दर्य' के सम्बन्ध में किसी प्रकार की भ्रान्ति नहीं थी। ध्यातव्य है कि भामह ने अपने ग्रन्थ का नाम काव्यालंकार रखा है, पर अलंकार का लक्षण निरूपित करने की आवश्यकता नहीं समझी। उन्होंने जहाँ कहीं 'अलंकृति' शब्द का प्रयोग किया है, वहाँ उसका अर्थ काव्य-शोभा या काव्य का सौन्दर्य है।[13] दण्डी और वामन द्वारा निरूपित अलंकार-लक्षण[14]

13. यथा–क. सुपां तिङां च व्युत्पत्तिम्, वाचां वाच्छन्त्यलंकृतिम्।
    ख. इष्टाभिधेय वक्रोक्तिरिष्टा वाचामलंकृतिः।

14. क. दण्डी – काव्य-शोभाकरान् धर्मानलंकारान् प्रचक्षते।
    ख. वामन – 1. सौन्दर्यम् अलंकारः। 2. काव्य-शोभायाः कर्तारः।

भी काव्य-शोभा अर्थात् काव्य के समग्र सौन्दर्य के बोधक हैं। वामन की राय में तो काव्य (शब्दार्थों) की ग्राह्यता ही अलंकार से होती है—**'काव्यं ग्राह्यमलंकारात्'**। वह अलंकार क्या है? वामन की स्पष्टोक्ति है—**सौन्दर्यम् अलंकारः**। अस्तु, स्पष्ट है कि उन काव्य-विवेचकों के मतानुसार अलंकार का अर्थ 'सौन्दर्य' या 'काव्य-शोभा' है—'काव्यालंकार' अथवा 'अलंकार-शास्त्र' का वाच्यार्थ ही काव्य-सौन्दर्य का शास्त्र अर्थात् काव्यशास्त्र है। रुद्रट—परवर्त्तीकाल में जब अलंकार शब्द मात्र अनुप्रास, उपमादि सौन्दर्य-साधन के संकीर्ण अर्थ में सिमटने लगा तो 'काव्यालंकार' अथवा 'अलंकार-शास्त्र की संज्ञा को भी बदलने की आवश्यकता महसूस हुई। रुद्रट-परवर्त्ती विवेचकों में ग्रन्थों के नामकरण की परिवर्तित प्रवृत्ति सहज ही लक्षित की जा सकती है। एक ओर काव्य के अंग विशेष को विवेचित करने वाले ग्रन्थों के नाम जहाँ विवेच्य विषयानुसारी हैं (यथा—**ध्वन्यालोक, व्यक्ति-विवेक, औचित्य-विचार चर्चा, हृदय-दर्पण, अलंकार-सर्वस्व, दशरूपक, वक्रोक्ति जीवित** आदि), वहीं दूसरी ओर विविध अंगों के विवेचन वाले ग्रन्थों के नामकरण में 'मीमांसा', 'प्रकाश', 'दर्पण', काव्यानुशासन आदि)। भामह-रुद्रट काल में 'काव्यालंकार' या 'अलंकार-शास्त्र' का वाच्यार्थ ही 'काव्यशास्त्र' **था**, "किन्तु अलंकार शब्द की व्याप्ति उपमा आदि के लिए ही सीमित होने पर **अलंकारशास्त्र** एवं काव्यसौन्दर्यशास्त्र में वाच्य-वाचक सम्बन्ध बताना साहित्य के (परवर्ती) आचार्यों के लिए असम्भव हुआ।"[15] परिणामतः **'प्रधान्यतों व्यपदेशा भवन्ति'** अथवा उपादान लक्षणा का आश्रय लेकर 'अलंकार' (काव्यालंकार) का व्यापक अर्थ करने को विवश होना पड़ा। **प्रतापरुद्रीय** की टीका में 'अलंकारशास्त्र' नाम का समर्थन 'छत्रिन्याय' से किया गया है।[16] 'अलंकार' शब्द के व्यापक अर्थ की लोकप्रियता का अनुमान इससे भी किया जा सकता है कि अब भी पारम्परीण विद्वानों में काव्यशास्त्रीय ग्रन्थों को अलंकार-ग्रन्थ एवं समीक्षकों-अध्येताओं को आलंकारिक कहने का लोभ यदा-कदा दिखायी पड़ता है।

1/5. सौन्दर्यशास्त्र

पश्चिम में काव्यशास्त्र (पोयटिक्स), भाषणशास्त्र (रेटारिक्स) और सौन्दर्यशास्त्र (ऐस्थेटिक्स) की मान्यता रही है। अपने यहाँ इन तीनों का अन्तर्भाव काव्यशास्त्र में ही कर लिया गया है। वर्तमान समय में पश्चिम के वजन पर कई विचारक काव्यशास्त्र के लिए 'सौन्दर्यशास्त्र' नाम को महत्त्व देते दिखायी पड़ते हैं। उनके विवेचन से यदा-कदा ऐसा भी आभास होता है कि अपने यहाँ 'सौन्दर्य' को उतना महत्त्व नहीं मिला जितना पश्चिम में। यह सत्य नहीं है। ऊपर स्पष्ट किया गया है कि प्राचीन आचार्यों ने काव्यालंकार या अलंकार शब्द का प्रयोग काव्य-सौन्दर्य के व्यापक अर्थ में ही किया है। वामन ने तो लक्षणा से काव्यालंकार (काव्यशास्त्र)

---

15. ग. त्र्य. देशपाण्डे—भारतीय साहित्यशास्त्र, पृ.-11
16. यद्यपि रसालंकाराद्यनेकविषयमिदं शास्त्रं तथापि छत्रिन्यायेन अलंकारशास्त्र मुच्यते।

को सौन्दर्यशास्त्र ही स्वीकार किया है। वस्तुतः भारतीय आचार्यों ने सौन्दर्य के महत्त्व को आरम्भ से ही समझा, तभी काव्यांगों के विवेचन में उनकी दृष्टि मात्र ऊपरी सौन्दर्य अथवा बाह्य उपकरणों पर नहीं, प्रत्युत सौन्दर्यविधायी आन्तरिक तथ्वों के सूक्ष्म विवेचन पर टिकी है। काव्य के सर्वथा मौलिक तत्त्वों में ही विवेचकों ने सौन्दर्य को स्थान दिया है। प्राचीनों ने जहाँ अलंकार को सौन्दर्य कहा था, वहाँ परवर्ती विवेचकों ने अलंकार (का अर्थ सीमित और संकुचित हो जाने के कारण) शब्द का प्रयोग नहीं करते हुए सौन्दर्य–अर्थबोधन हेतु 'चारुत्व', 'कमनीयक', 'रमणीयता' आदि शब्द प्रयुक्त किये हैं। **'ध्वन्यालोक'** में ऐसे अनेक शब्द प्रयुक्त मिलते हैं। अभिनवगुप्त का स्पष्ट मत है कि सौन्दर्य के अभाव में काव्य हो ही नहीं सकता–**'तथा जातीयनामिति चारुत्वातिशयवताम्–इत्यर्थः 'सुलक्षिताः' इति यत् किलैषां तद्विनिर्मुक्तं रूपं न तत् काव्येऽभ्यर्थनीयम्। उपमा हि 'यथा गौस्तथा गवयः' इति...एवमन्यत् न चैवमादि काव्योपयोगीति।''** ध्वनन व्यापार होने पर भी सौन्दर्य के अभाव में उक्ति विशेष को काव्य की संज्ञा नहीं प्राप्त होती। ध्वनि को भी सुन्दर होना आवश्यक माना गया है।[17] आक्षेपकों की शंका–'क्या चारुत्व की प्रतीति ही काव्य की आत्मा है?' का समाधान करते हुए अभिनवगुप्त ने स्वीकार किया है–**'हाँ, सौन्दर्य ही काव्य की आत्मा है,** इस विषय में मेरा आपसे विवाद नहीं है।[18] तात्पर्य यह कि भारतीय विवेचकों ने काव्य के मात्र अस्थायी और बाह्य शोभाविधायी तत्वों का नहीं, प्रत्युत उसके आन्तरिक सौन्दर्य–काव्य की आत्मा के सौन्दर्य–पर भी गम्भीर विचार किये हैं। इसके बावजूद काव्यालंकार या अलंकारशास्त्र को प्रत्यक्षतः 'सौन्दर्यशास्त्र' का नाम नहीं दिया।

पश्चिम में सौन्दर्यशास्त्र (ऐस्थेटिक्स) से अलंकारशास्त्र का स्पष्ट अन्तर है। उसका क्षेत्र विस्तृत है। उसके अन्तर्गत सभी ललित कलाओं (वास्तु, मूर्त्ति, चित्र, संगीत आदि) के सौन्दर्य का विवेचन किया जाता है, किन्तु भारत में अलंकारशास्त्र का विवेचन काव्य तक ही सीमित होता है। शुद्ध अर्थ में काव्य-शास्त्र मात्र काव्य का सौन्दर्यशास्त्र है, सभी ललित कलाओं का शास्त्र नहीं। कुछ विचारक सौन्दर्यशास्त्र नाम चलाने के पक्षधर प्रतीत होते हैं, ''किन्तु चिरन्तन आचार्यों द्वारा निर्देशित व्यापक अर्थ आज फिर से प्रकाशित करने पर आधुनिक पण्डितों से उसके अतिव्याप्त किये जाने का डर है।''[19] अस्तु, काव्यशास्त्र के पर्याय रूप में 'सौन्दर्यशास्त्र' संज्ञा न तो संगत है और न उसे प्रचलित करना उचित प्रतीत होता है।

---

17. गुणालंकारौचित्यसुन्दरशब्दार्थशरीरस्य सति ध्वननात्मन आत्मनि काव्यरूपताव्यवहार। –लोचन
18. क. काव्यग्रहणात् गुणालंकारोपस्कृतशब्दार्थपृष्ठपाती ध्वनिलक्षण आत्मा इत्युक्तम्। तेन एतन्निरवकाशं श्रुतार्थापत्तावपि ध्वनिव्यवहारः स्यादिति।–लोचन

    ख. यच्चोक्तम्–'चारुत्वप्रतीतिस्तर्हि काव्यस्यात्मा स्यात् इति', तद् अंगीकुर्म एव। नास्ति खल्वयं विवादः।–लोचन।
19. ग. त्र्य. देशपाण्डे--भारतीय साहित्यशास्त्र, पृ.-12

1/6. साहित्य/साहित्यशास्त्र

काव्यशास्त्र के लिए 'साहित्य' शब्द का प्रयोग भी मध्यकाल से ही प्रचलित हुआ, किन्तु इसका बीज भामह में ही मिलता है। भामह ने शब्द और अर्थ के 'साहित्य' को काव्य कहा है–**शब्दार्थौ सहितौ काव्यम्**। शास्त्र अथवा विधा के अर्थ में 'साहित्य' शब्द राजशेखर (900 ई.) के समय से ही रूढ़ हुआ लगता है। उन्होंने भामह के अनुरूप ही '**शब्दार्थयोर्यथावत्सहभावेन विद्या साहित्यविद्या**' स्वीकारते हुए साहित्य को (आन्वीक्षिकी, त्रयी, वार्ता और दण्डनीति के अतिरिक्त) पाँचवीं विद्या घोषित किया–'**पंचमी साहित्यविद्या, इति यायावरीयः**'। तदनन्तर मंख कवि (श्रीकण्ठ चरित[20]), मुकुल भट्ट (अभिधा वृत्ति मातृका[21]), प्रतिहारेन्दुराज[22] (उद्भट के टीकाकार), क्षेमेन्द्र (औचित्य विचार चर्चा[23]) आदि ने काव्यशास्त्र के लिए 'साहित्य' का प्रयोग किया। कुन्तक और भोजराज ने न केवल साहित्य पर विचार किया, बल्कि साहित्य में विभिन्न काव्यांगों के अन्तर्भाव पर भी विचार किया है। कुन्तक के अनुसार काव्य में सौन्दर्याधान के लिए शब्द और अर्थ, दोनों की एक-सी मनोहारिणी स्थिति का नाम साहित्य है।[24] रुय्यक (11वीं शती) ने **व्यक्ति-विवेक** की टीका करते समय कुन्तक द्वारा पूर्व प्रयुक्त शब्दों का सहारा तो लिया ही[25], **साहित्य-मीमांसा** नामक एक स्वतंनत्र ग्रन्थ की रचना भी की। तात्पर्य यह कि विभिन्न ग्रन्थों में हुई विवेचना से 'साहित्य' की परिभाषा तो रूढ़ हुई ही, 'साहित्य' शब्द के चलन को लोकप्रियता भी मिली। आगे पं. विश्वनाथ (14वीं शती) ने नाट्य के साथ ही काव्य के सर्वांग विवेचनकारी अपने ग्रन्थ को '**साहित्य-दर्पण**' नाम दिया। इससे स्पष्ट है कि काव्यशास्त्र के पर्याय रूप में 'साहित्य' अथवा 'साहित्यविद्या' पद का प्रचलन रूढ तो हुआ राजशेखर के समय से ही, पर उसे सर्वाधिक प्रचार का श्रेय मिला पं. विश्वनाथ के ग्रन्थ की संज्ञा **साहित्य-दर्पण** को।

उपरि चर्चा से स्पष्ट है कि विकास के दौर में काव्यशास्त्र को कई संज्ञाएँ प्राप्त हुईं। वे ऐतिहासिक क्रम से इस प्रकार है।–1. क्रियाकल्प, 2. काव्यलक्षण,

---

20. विना न साहित्यविदाऽपरत्र गुणः कथंचित् प्रथमे कवीनाम्।–मंख कवि
21. पदवाक्याप्रमाणेषु तदेत्प्रतिबिंबितम्।
    यो योजयति साहित्ये तस्य वाणी प्रसीदति।।–मुकुल भट्ट
22. मीमांसासारमेघात्, पदजलधिविधोः, तर्कमाणिक्यकोशात् साहित्य श्रीमुरारे।–प्रतिहारेन्दुराज
23. श्रुत्वाभिनवगुप्ताख्यात्, साहित्यं बोधवारिधेः।–क्षेमेन्द्र
24. साहित्यमनयोः शोभाशालितां प्रति काव्यसौ।
    अन्यूनानतिरिक्तत्वमनोहारिण्यवस्थितिः।।–वक्रोक्तिजीवित 1/17
25. 'न च काव्ये शास्त्रादिवत् अर्थप्रतीत्यर्थं शब्दमात्रं प्रयुज्यते, सहितोयः शब्दार्थयोः तंत्र प्रयोगात्' कहते हुए रुय्यक ने साहित्य का लक्षण इस प्रकार किया–'साहित्यं तुल्यकक्षत्वेन अन्यूनानतिरिक्तत्वम्'। इसमें कुन्तक द्वारा प्रयुक्त शब्दों को ही महत्त्व मिला है।

काव्यालंकार (अथवा अलंकार शास्त्र), 4. काव्यशास्त्र और 5. साहित्य (अथवा साहित्यविद्या/साहित्यशास्त्र)। सबका अपना-अपना महत्व रहा है। इनमें प्रथम तीन नाम अब नहीं चलते हैं। अन्तिम दोनों प्रचलित हैं। इनसे कुछ मिलते-जुलते नाम भी चलते हैं जिनका प्रारम्भ में उल्लेख किया जा चुका है। इधर सौन्दर्यशास्त्र नाम का चलन भी बढ़ा है, पर काव्यशास्त्र के लिए सौन्दर्यशास्त्र नाम कितना सटीक है, इस सम्बन्ध में ऊपर चर्चा की गयी है। नाम की विशिष्टता और महत्ता उसकी सटीकता पर निर्भर है। यथा नाम तथा गुण, इसे ध्यान में अवश्य रखा जाना चाहिए।

2. काव्यशास्त्र का विकास

भारतीय चिन्ताधारा में भाव-भावित (काव्य) और बुद्धि-बोधित (शास्त्र)—समस्त उपलब्धियाँ—वाङ्मय के अन्तर्गत गृहीत हैं। काव्य का आविर्भाव शास्त्र से पहले हुआ, यह असंदिग्ध है। काव्यशास्त्र विधा का आविर्भाव और विकास काव्य के शास्त्रीय अध्ययन से हुआ। प्राचीन समय में इस विधा के लिए बहुप्रचलित और प्रायः सर्वमान्य संज्ञा अलंकार (अलंकार शास्त्र/काव्यालंकार) थी। तब अलंकारशास्त्र समग्र भारतीय आलोचना-पद्धति का सूचक और समग्र काव्यात्मक सौन्दर्य का बोधक था। राजशेखर ने तो इसे वेद के सातवें अंग के रूप में स्वीकार किया है— **'उपकारकत्वादलंकार सप्तममङ्गमिति यायावरीयः। ऋते चतत्स्वरूपपरिज्ञाताद्वेदार्थानवगतेः'**। वामन ने **'सौन्दर्यमलङ्कारः'** की घोषणा कर भी इसकी सम्पूर्णता का ही द्योतन किया है। परवर्ती समय में अलंकार वाणी के निश्चित विभूषणों का बोधक और काव्य का अस्थिर एवं अनित्य धर्म स्वीकृत हुआ। परिणामतः अलंकारशास्त्र का अर्थ भी संकुचित हो गया—अब वह सम्पूर्ण काव्यशास्त्र का द्योतक न रहकर मात्र अलंकारों के शास्त्रीय अध्ययन का सूचक रह गया। सम्प्रति अलंकार अथवा अलंकारशास्त्र का प्रयोग इसी अर्थ तक सीमित मानना चाहिए। उसकी जगह अब 'काव्यशास्त्र' अथवा 'साहित्यशास्त्र' जैसे शब्दों ने ले ली है।

भारतीय काव्यशास्त्र के बीज वेदों तक में खोजे गये हैं। वैदिक साहित्य से आरम्भ कर ख्रिस्ती सन् की सत्रहवीं शती तक इस शास्त्र ने हमें अनेक उपलब्धियाँ प्रदान की हैं। इसकी विकास-यात्रा की सटीक व्यावहारिक पहचान के लिए इसे अग्रांकित चार कालों (खण्डों) में विभाजित कर अध्ययनीय बनाया जाता है। यथा—

क. प्रारम्भिक काल (वैदिक साहित्य से भामह-पूर्व तक)
: प्रयोगात्मक काल (550 ई. तक)

ख. रचनात्मक काल (भामह से रुद्रट तक)
: ध्वनिपूर्व काल (550-850 ई.)

ग. निर्णयात्मक काल (आनन्दवर्धन से क्षेमेन्द्र तक)
: ध्वनि काल (850-1100 ई.)

घ. व्याख्यात्मक काल (मम्मट से हरि प्रसाद तक)
: ध्वन्युत्तर काल (1100-1700 ई.)

आगे प्रत्येक काल का संक्षिप्त किन्तु आवश्यक विवरण प्रस्तुत किया जाता है।

2/1. प्रारम्भिक काल/प्रयोगात्मक काल

काव्यशास्त्र के विकास के प्रारम्भिक काल की अवधि वैदिक साहित्य से आरम्भ कर काव्यशास्त्र के आद्याचार्य भामह (500-550 ई.)–पूर्व तक मानी जाती है। काव्यशास्त्र का उत्स तो **ऋग्वेद** में ही प्राप्त है, पर इस कालावधि का एकमात्र उपलब्ध गौरवग्रन्थ है नाट्याचार्य भरत मुनि का **नाट्यशास्त्र**। **नाट्यशास्त्र** को विभेद के बिन्दु स्वीकार कर इस काल के दो उपविभाग किये जा सकते हैं। यथा–

क. क्रियाकल्प-काल (आरम्भ से भरत मुनि तक)
: अनुमानतः ख्रिस्तपूर्व 400 वर्ष तक।

ख. काव्यलक्षण-काल (भरत मुनि से भामहपूर्व तक)
: ख्रिस्तपूर्व 400-550 ई. तक।

ऋग्वेद से आरम्भ कर **नाट्यशास्त्र** तक की कालावधि में विभिन्न काव्यांगों की चर्चा आरम्भ हुई। विभिन्न नट-सूत्रों को प्रौढ़ता मिली जिनका संकलन-सम्पादन भरत मुनि ने **नाट्यशास्त्र** में किया। काव्यांगों के विवेचन में रस को पूर्ण प्रौढ़ि प्राप्त हुई। इस काल की काव्य-चर्चा को 'क्रियाकल्प' कहना सार्थक है। कारण, उस अवधि में काव्य की शास्त्रीय चर्चा के लिए क्रियाकल्प शब्द प्रचलित हो चुका था। साक्ष्यों से पता चलता है कि उक्त अवधि में विदग्ध जन अनेक काव्यांगों से परिचित हो चुके थे। **ऋग्वेद** में सोमरस के अर्थ में रस (**दधानः कलशे रसम्**) का ही नहीं, उपमा[1] और अरङ्कृता[2] (अलंकृता) पद के भी प्रयोग मिलते हैं। वेदों में 'उपमा', 'रूपक', 'रूपकातिशयोक्ति', 'पुनरुक्तवदाभास', 'लाटानुप्रास', 'उदाहरण'[3] आदि के प्रायोगिक रूप भी प्राप्त होते हैं। **तैत्तिरीयोपनिषद्** (11/7/1) में रस का प्रयोग आनन्द के अर्थ में (रसो वै सः) हुआ है। **रामायण** में छह रसों का स्पष्ट उल्लेख किया गया है।[4] यास्क प्रणीत निघण्टु में उपमावाचक बारह पद प्रयुक्त हुए हैं। उन्होंने न केवल उपमा

---

1. ईयुषी रागमुपमा शाश्वतीनाम्।–ऋग्वेद 1/113/15
2. वायबा याहि दर्शते मे सोमा अरङ्कृता।–ऋवेद 1/1/2
3. ऋग्वेद 1/18/124; 1/194/20; वही; यजुर्वेद 1/48; अथर्ववेद;' यजुर्वेद 11/75
4. रसैः शृंगारकरुणहास्यरौद्रभयानकैः।
   वीरादिभी रसैयुक्तं काव्यमेतद्गायताम्।।–रामायण 1/4/9

का सोदाहरण विश्लेषण किया है, वरन आचार्य गार्ग्य का लक्षण भी उद्धृत किया है।[5] पाणिनी कृत **अष्टाध्यायी** में भी कई उपमांगों के उल्लेख हैं। इन सब के पश्चात् आता है भरत मुनि प्रणीत **नाट्यशास्त्र**। भरत-पूर्व दसाधिक आचार्यों—शिलाली, कृशाश्व, कोहल, धूर्तिल, शाण्डिल्य, वात्स्य, नखकुट्ट, वादरायण, शातकर्णि (अथवा शालिकर्ण) आदि—के नामों का पता तो चलता है, पर उनकी कृतियाँ अद्यावधि अनुपलब्ध हैं। इनमें से अधिकांश के मतों का उपयोग भरत मुनि ने अपने ग्रन्थ **नाट्यशास्त्र** में किया है। **नाट्यशास्त्र** की 'द्वादशसाहस्री' और 'षडसाहस्री'—दो संहिताओं के उल्लेख मिलते हैं। सम्प्रति केवल 'षडसाहस्री' संहिता ही सुलभ है। समझा जाता है कि आद्य (अथवा वृद्ध) भरत कृत नट-सूत्र 'द्वादशसाहस्री' था जिसे द्वितीय भरत ने 'षडसाहस्री' का रूप देकर छत्तीस अध्यायों (**षट्त्रिंशकं भरतसूत्रमिदं विवृण्वन्**—अभिनवगुप्त) में **नाट्यशास्त्र** नाम से उपस्थित किया। सम्प्रति उपलबध **नाट्यशास्त्र** नाट्य-विधानों का प्रथम विश्वकोश है। उसमें नाट्य-सिद्धान्तों के साथ ही अभिनय पर विस्तृत और ब्यौरेबार विवेचन हुआ है। वह मात्र सैद्धान्तिक नहीं प्रायोगिक शास्त्र है। उसमें नाट्य-चर्चा के साथ ही काव्य (**अर्थक्रियोपेतं काव्यम**) की चर्चा हुई है। कहना चाहिए कि उसमें काव्य-चर्चा को नाटय-चर्चा के अंग रूप में ही विवेचित किया गया है। यद्यपि काव्य-चर्चा के लिए उस समय 'क्रियाकल्प' शब्द चलता था, तथापि उसकी स्वतंत्र सत्ता स्थिर नहीं हुई थी। काव्य-चर्चा (अथवा 'क्रियाकल्प') की दृष्टि से **नाट्यशास्त्र** का छठा (रस), सातवाँ (भाव), तेरहवाँ (प्रवृत्ति=रीति), सोलहवाँ (काव्य के लक्षण, अलंकार, गुण एवं दोष), अठारहवाँ (दशरूप विधान), बीसवाँ (वृत्ति) और बाइसवाँ (हाव-भाव, प्रेम की अवस्थाएँ एवं नायिका-भेद) अध्याय अधिक महत्त्व के हैं। शेष अध्यायों का सम्बन्ध मूलतः नाट्य से होने के बावजूद विभिन्न काव्यांगों की दृष्टि से सर्वथा अछूते नहीं माने जा सकते। असम्भव नहीं कि **नाट्यशास्त्र** में विवेचित काव्यांग पूर्वसूरियों की मान्यताओं के परिष्कृत रूप हों। वस्तुतः "भरत का **नाट्यशास्त्र** काव्य-चर्चा से 'क्रियाकल्प' की अवस्था दर्शाता है।"[6]

काव्य-मीमांसा की दृष्टि से आद्य नाटयाचार्य भरत मुनि से आद्य काव्याचार्य भामह तक का कालखण्ड 'काव्यलक्षण'—काल कहा जायेगा। भामह-पूर्व दो आचार्यों—मेधावी और रूद्र—का पता चलता है, पर उनकी कृतियाँ अनुपलब्ध हैं। शास्त्रीय चर्चा के लिए इस समय भी '**क्रियाकल्प**' शब्द प्रचलित रहा होगा, पर इस कालावधि की सर्वोपरि विशेषताएँ हैं—

---

5. उपमा यत्तत् तत्सहशमिति गार्ग्यः।
6. ग. त्र्य. देशपाण्डे—भारतीय साहित्य शास्त्र, पृ.-143

क. काव्य-लक्षण को काव्यालंकार में रूपान्तरित करने का प्रयत्न, और
ख. काव्य-चर्चा (काव्यालोचन) को नाट्य-चर्चा (नाटयालोचन) से स्वतंत्र करने का प्रयत्न

प्रथम विशेषता के आधार पर इस कालावधि (भरत से भामहपूर्व तक) को काव्यलक्षण-काल कहना सार्थक है। **नाट्यशास्त्र** में छत्तीस काव्य-लक्षण गिनाये गये हैं। परवर्ती आचार्यों ने उन्हें अलंकारों में समाविष्ट कर लिया है। असम्भव नहीं कि क्रियाकल्पविदों (काव्यशास्त्रियों) ने काव्य-चर्चा को नाट्य-चर्चा से पृथक करने के लिए 'काव्य-लक्षण' शब्द **नाटयशास्त्र** से ही लिया हो। पूर्ववर्ती आचार्यों (क्रियाकल्पविदों) के प्रयत्नों का प्रतिफलन आचार्य भामह कृत **काव्यालंकार** में हुआ है। उन दिनों काव्य की शास्त्रीय चर्चा के लिए प्रचलित 'काव्य-लक्षण' संज्ञा से भामह न केवल परिचित थे, वरन् उनके पूर्व उसमें जो भी प्रगति हुई थी, उन सबके संकलन, परिष्करण, संयोजन आदि में अपनी विवेचक बुद्धि का उपयोग कर ही 'काव्यालंकार' का उन्होंने प्रणयन किया था।[7] परिणामतः भामह (और)--परवर्ती आचार्यों में 'काव्यलक्षण' शब्द के लिए 'काव्यालंकार' शब्द लोकप्रिय हुआ।

2/2. रचनात्मक काल/ ध्वनिपूर्व काल

इस काल में काव्यालोचन का, नाट्यालोचन से भिन्न, सर्वथा स्वतंत्र और बहुमुखी विकास तो हुआ ही, काव्यगत सौन्दर्य के सभी विधायक धर्मों के लिए 'अलंकार' शब्द रूढ़ भी हुआ। इसलिए इसे 'काव्यालंकार'—काल (अथवा 'अलंकार-काल') कहना भी सार्थक है। इस काल के आचार्यों ने काव्य में सौन्दर्य की प्रतिष्ठा के साधनरूप में विभिन्न काव्यांगों पर विस्तृत विचार किये। 'रस' की प्रतिष्ठा पहले ही हो चुकी थी। **'अलंकार' के प्रतिष्ठापक आचार्य हुए भामह**। साथ ही काव्य के लिए वक्रता समन्वित शब्दार्थ की अनिवार्यता[8], अर्थ-विभावन (**'अनयार्थो विभाव्यते'**) और अलंकार को चमत्कारक्षम (**'कोऽलङ्कारोऽनया विना'**) बनाने में वक्रोक्ति की महत्ता का प्रतिपादन कर 'वक्रोक्ति'[9] एवं महाकाव्य के लिए **'युक्तं लोकस्वभावेन'** की योजना कर **'औचित्य'** को स्वतंत्र प्रस्थान के रूप में विवेचित करने का मार्ग भी प्रशस्त किया। अलंकारवादी आचार्य दण्डी भी थे, पर **'अस्त्यनेको**

---

7. क. गिरामलङ्कारविधिः सविस्तरः स्वयं विनिश्चित्य धिया मयोदितः।—काव्यालंकार 3/58
   ख. अवलोक्य मतानि सत्कवीनामवगम्य स्वधिया च काव्यलक्ष्म।
   सुजनावगमाय भामहेन ग्रथितं रक्तिलगोमिसूनुनेदम्।।—वही 6/64
8. क. शब्दार्थौ सहितौ काव्यम्...। वही 1/36
   ख. वक्राभिधेयशब्दोक्तिरिष्टा वाचामलङ्कृति।—वही 1/36
9. सैषा सर्वेव वक्रोक्तिरनयार्थो विभाव्यते।
   यत्नोऽस्यां कविना कार्यः कोऽलङ्कारोऽनया विना।—वही 2/85

गिरां मार्गः सूक्ष्मभेदो परस्परम्' (काव्यादर्श 1/40) के संकेत से उन्होंने ही 'रीति' का महत्त्व भी स्पष्ट किया। इस सूत्र का सम्बल पा आचार्य वामन ने रीति-मत स्थिर किया। उनके अनुसार काव्य की आत्मा रीति (**रीतिरात्मा काव्यस्य**) है। तात्पर्य यह है कि इस काल में काव्यगत सौन्दर्य के विधायक अंगों की व्याख्या-हेतु अनेक मौलिक काव्यशास्त्रीय ग्रन्थों की रचनाएँ हुईं एवं आलोचना के कई नये सिद्धान्त प्रतिष्ठित हुए। इसलिए इस काल का नामकरण **रचनात्मक काल** करना उपयुक्त है।

आद्य काव्याचार्य भामह ने 'काव्य-लक्षण' को विवेकानुसार न केवल 'काव्यालंकार' में परिणत करने, वरन् यथाबुद्धि स्वतंत्र शास्त्र (काव्यालंकार) का प्रणयन करने की प्रतिज्ञा का निर्वाह तो किया ही, नाट्य को **'अभिनेयार्थ काव्य'** घोषित कर उसे भी काव्य की परिधि में ही समेट लिया। उन्होंने अपने **काव्यालंकार** में अभिनेयार्थ काव्य (नाट्य एवं उसके विभिन्न प्रकार) पर विचार इसलिए नहीं किया कि उस पर औरों ने विस्तारपूर्वक विचार किया था।[10] आचार्य दण्डी की उक्ति भी इसी प्रकार की है।[11] भरत मुनि द्वारा स्वीकृत **'अर्थक्रियोपेतं काव्यम्'** को न केवल इस समय 'शब्दार्थौ सहितौ' बताया गया, वरन् काव्यत्व का निष्पादक वक्रोक्ति (**वक्राभिधेयशब्दोक्तिरिष्टा वाचामलङ्कृतिः**) को स्वीकार किया गया। 'लक्षणान्वित' काव्यबन्ध को 'सालंकार' बनाया जाने लगा। भरत मुनि ने नाट्य को 'काव्यबन्ध' कहा था, अब भामह ने पहली बार महाकाव्य के लिए 'सर्गबद्धता' अनिवार्य की। भरत मुनि ने नाट्य को 'विनोदजनक' माना था। उस मान्यता का भंजन कर भामह ने 'आनन्द' जनक (**'प्रीतिं करोति'**—1/2) बताया—विनोद के स्थान पर आनन्द की प्रतिष्ठा कर काव्य को ब्रह्मानन्द—सहोदरक्षम बनाने का मार्ग प्रशस्त किया जाना निश्चय ही बड़ी महत्ती उपलब्धि है। इस काल के प्रमुख आचार्य और उनकी कृतियाँ अग्रांकित हैं—

1. भामह — (500-550 ई.) — काव्यालंकारः
2. दण्डी — (650-700 ई.) — काव्यादर्शः
3. उद्भट — (800 ई.) — काव्यालंकार-सार-संग्रहः
4. वामन — (800 ई.) — काव्यालंकारसूत्र-वृत्तिः
5. रुद्रट — (825-850 ई.) — काव्यालंकारः

इस काल के आचार्यों की लेखन-पद्धति प्रायः एक-सी है—पहले संग्रह-कारिका उपस्थित करना और तदुपरान्त लक्षण-कारिका देना। दण्डी के **काव्यादर्श** के अतिरिक्त सभी ग्रन्थों के नामों में भी समानता है। सब ने काव्यालंकार नाम ही रखे हैं। काव्य के वर्गीकरण में भी समान पद्धति मिलती है—गद्य-पद्य, निबद्ध, अनिबद्ध,

---

10. उक्तं तद्भिनेयार्थमुक्तौऽन्यैस्तस्य विस्तरः।—काव्यालंकार 1/24
11. मित्राणि नाटकादीनि तेषामन्यत्र विस्तारः।—काव्यादर्श

सर्गबन्ध (महाकाव्य)—अभिनेयार्थ (नाट्य)। यदि वामन को अपवाद मान लें तो उदाहरणों की प्रस्तुति में भी समान पद्धति मिलती है। सब ने स्वरचित और संस्कृत में उदाहरण रखे हैं। जब भामह ने शब्दार्थों के सहभाव या दण्डी ने अर्थविभूषित पद को काव्य-शरीर घोषित किया, तब उनके समक्ष यह समस्या विद्यमान थी कि आखिर वह कौन-सी विशेषता होती है जिसके कारण काव्य (में शब्दार्थों) की परिणति आनन्द (रस) में होती है, किन्तु शास्त्र आदि की नहीं होती। काव्य में रस आस्वाद्य क्यों हो जाता है? इस जिज्ञासा के समाधान में ही भामह ने **'वक्रोक्ति'** दण्डी ने **'समाधि गुण'**, उद्भट ने **'अमुख्य वृत्ति'**, वामन ने **'रीति'** और रुद्रट ने **'वृत्ति'** को स्पष्ट किया। साथ ही वामन ने अलंकारों के बजाय गुणों पर काव्य-सौन्दर्य को अधिष्ठित स्वीकार किया एवं रुद्रट ने गुण-रस को यथाबुद्धि व्यवस्थित और स्वतंत्र रूप में विवेचित किया। भरत मुनि के उपरान्त रुद्रट का रस-विवेचन पहली बार न केवल स्वतंत्र, वरन् व्यवस्थित भी है। इस काल के आचार्यों में विवेचनगत भेद होते हुए भी इससे सभी सहमत हैं कि शब्दार्थों में गुणालंकारों के विशिष्ट धर्म के कारण ही काव्य में रस-निष्पत्ति होती है। अस्तु, स्पष्ट है कि इस काल में काव्य का विवेचन धर्ममुख से होता रहा है। तात्पर्य यह कि विभिन्न दृष्टियों से विचार करने पर यही स्थिर होता है कि यह कालखण्ड मौलिक शास्त्र रचना का अर्थात् **रचनात्मक काल** है।

2/3. निर्णयात्मक काल/ध्वनि काल

नौवीं शताब्दी के उत्तरार्द्ध में काव्यशास्त्रीय चिन्तन के विकास में नवीन मोड़ आया आनन्दवर्धन द्वारा प्रस्थापित ध्वनि-प्रस्थान से। **'काव्यस्यात्मा ध्वनिः'** के उद्घोष से उन्होंने जहाँ रस-ध्वनि को काव्य की आत्मा के रूप में प्रतिष्ठित किया, वहीं ध्वनन-व्यापार (व्यंजना शक्ति) को काव्यगत शब्दार्थों की आत्मा होने का भी प्रस्ताव किया। परवर्ती विचारकों को पहली बात तो अविरोधेन मान्य हुई, पर दूसरी बात (ध्वनन-व्यापार) में किंचित् वैमत्य हुआ। उन्होंने अपनी दृष्टि बाह्य निरूपण की अपेक्षा काव्य के आभ्यान्तरिक सौन्दर्य के उद्घाटन पर टिकायी। अपनी उपपत्ति में उन्होंने विभिन्न काव्यांगों की योग्य व्यवस्था तो की ही, पूर्व विकसित-प्रचलित सभी मान्यताओं और प्रस्थानों को ध्वनि के क्रोड़ में समेटते हुए उन सबकी (ध्वनि के अन्तर्गत ही) उचित व्यवस्था भी की। इस काल के सभी विवेचकों का ध्यान काव्य के आभ्यान्तरिक सौन्दर्य के प्रगटीकरण पर ही टिका है। काव्यशास्त्र के विकास में यह काल मात्र शिक्षा या प्रस्तावना का नहीं, निर्णय और स्थापना का हे। यह युग सूत्रों का नहीं, वृत्ति का है। इसलिए इसे **निर्णयात्मक काल** कहना संगत है। विवेचन के केन्द्र में ध्वनि के होने के कारण काल-विभाग ध्वनि को ही केन्द्र में रख कर किया है। फलतः ध्वनिपूर्व काल और ध्वन्युत्तर काल जैसे नाम भी रखे गये हैं, जो अनुचित नहीं कहे जा सकते। विवेच्य काल के महत्वपूर्ण काव्यशास्त्री और उनकी काव्यशास्त्रीय

कृतियाँ अग्रंकित हैं–

1. आनन्दवर्धन	(840-890 ई.)	:	ध्वन्यालोक
2. राजशेखर	(920 ई.)	:	काव्य-मीमांसा
3. मुकुल भट्ट	(920 ई.)	:	अभिधावृत्ति मातृका
4. भट्टतौत	(950-990 ई.)	:	काव्य-कौतुक
5. भट्टनायक	(950-1000ई.)	:	हृदय-दर्पण
6. अभिनवगुप्त	(925-1025 ई.)	:	लोचन (ध्वन्यालोक लोचन), अभिनव भारती
7. कुन्तक	(925-1025 ई.)	:	वक्रोक्तिजीवित
8. धनंजय, धनिक	(975 ई.)	:	दशरूपक, अवलोक
9. महिम भट्ट	(1020-1060 ई.)	:	व्यक्ति-विवेक
10. भोजराज	(1025-1055 ई.)	:	सरस्वती कण्ठाभरण, शृंगार प्रकाश
11. क्षेमेन्द्र	(1050 ई.)	:	औचित्यविचार-चर्चा

अग्निपुराणकार का काल भी यही है, पर प्रवृत्ति और विवेचन की दृष्टि से उनकी मान्यताएँ पूर्वकालीन हैं। भट्ट लोल्लट और शंकुक (**नाट्यशास्त्र** के टीकाकार) भी इसी काल की उपज हैं। पूर्ववर्ती आचार्यों ने काव्य-विवेचन धर्म-मुख से किया था, किन्तु आनन्दवर्धन ने उसे फलमुख से विवेचित किया। इस काल के अन्य आचार्यों में से राजशेखर, भोजराज और कुन्तक ने विवेचन किया है कवि-व्यापारमुख से और शेष ने सहृदय या ग्रहीता-व्यापारमुख से। ग्रहीता-व्यापारमुख से विवेचन करने वालों में भट्टनायक अधिक महत्त्व के हैं। काव्य होता है कवि-कर्म, पर उसका पर्यवसान सहृदय अथवा ग्रहीता में होता है। पर्यवसित करना कवि-निर्भर होता है, पर पर्यवसित होना काव्य और सहृदय दोनों पर निर्भर करता है। भट्टनायक भोगवादी थे। उन्होंने भुक्ति को महत्त्व दिया। परिणामतः उनके विवेचन में ग्रहीताव्यापारमुख महत्वपूर्ण हो उठा है। अभिनव गुप्त में विवेचन के तीनों रूपों (धर्ममुख, फलमुख और व्यापारमुख) को पूर्णता तक पहुँचाने की कोशिश हुई है। इस काल की एक महती उपलब्धि यह भी है कि पूर्व प्रचलित 'काव्यालंकार' (अथवा 'अलंकार') की जगह 'साहित्य' शब्द को स्थान मिला। काव्यालंकार अब 'साहित्य-विधा' (या 'साहित्यशास्त्र') की संज्ञा प्राप्त करने के लिए अग्रसर हुआ।

2/4. व्याख्यात्मक काल/ध्वन्युत्तर काल

काव्य-मीमांसा को आनन्दवर्धन के पश्चात् नया मोड़ मिला आचार्य मम्मट के **काव्यप्रकाश** से। ध्वनिवादी होते हुए भी मम्मट समन्वयवादी थे। वाग्वश्यता यानी

छोटे-छोटे वाक्यों के द्वारा विशद और गम्भीर अभिव्यक्ति करना उनकी अप्रतिम विशिष्टता है। इस कालखण्ड में काव्य-विवेचन की मम्मट-प्रवर्तित पद्धति को ही अधिकांश परवर्ती विवेचकों ने अपनाया है। यों यह काल विवेचन की दृष्टि से पूर्ववर्ती ध्वनिकाल का अनुजात है, पर विवेचन की सशक्तता, गम्भीरता और शैलीगत प्रौढ़ता इसकी निजी विशिष्टता है। नवीन स्थापनाओं की अपेक्षा यह काल पूर्व स्थापित मान्यताओं और प्रस्थानों की व्याख्या और विशदीकरण, खण्डन-मण्डन, व्यवस्थापन और शृंखलन की दृष्टि से अधिक महत्व का है। ऐसा नहीं कि इस काल में नया विचार बिलकुल हुआ ही नहीं; कई नये तत्त्वविचार आये हैं, पर वे कम महत्व के हैं एवं उनमें भी प्रायः मम्मटीय शैली का ही उपयोग हुआ है। विचारों में मूलगामी परिवर्त्तन प्रायः कम हुए हैं। इस काल के प्रमुख आचार्यों और उनकी प्रमुख काव्यशास्त्रीय कृतियों का आगे उल्लेख किया जाता है। यथा—

1.	आचार्य मम्मट	: काव्यप्रकाश (1100ई0.)
2.	रुय्यक	: अलंकार सर्वस्व, नाट्यमीमांसा, व्यक्तिववेक विचार, साहित्य-मीमांसा, सहृदय-लीला, काव्यप्रकाशसंकेत आदि (1135-1155 ई.)
3.	वाग्भट्ट (प्रथम)	: वाग्मटालंकार (1122-1156 ई.)
4.	हेमचन्द्र	: काव्यानुशासन, शब्दानुशासन, देशीनाममाला (1150 ई.)
5.	रामचन्द्र-गुणचन्द्र	: नाट्य-दर्पण (12वीं शती)
6.	शारदातनय	: भाव-प्रकाशन (13वीं शती)
7.	जयदेव	: चन्द्रालोक (13वीं शती)
8.	भानुदत्त	: रसमंजरी, रसतरंगिणी (13वीं शती)
9.	विधाधर	: एकावली (13वीं शती)
10.	विद्यानाथ	: प्रतापरुद्रयशोभूषण (14वीं शती)
11.	वाग्भट्ट (द्वितीय)	: काव्यानुशासन (14वीं शती)
12.	केशव मिश्र	: अलंकार शेखर (14वीं शती)
13.	शिंग भूपाल	: रसार्णव सुधाकर (14वीं शती)
14.	पं. विश्वनाथ	: साहित्य-दर्पण (14वीं शती)
15.	विश्वेश्वर भट्ट	: चमत्कार-चन्द्रिका (14वीं शती)
16.	रूप गोस्वामी	: भक्तिसामृतसिन्धु, उज्ज्वलनीलमणि (1500-1560 ई.)
17.	मधुसूदन सरस्वती	: भक्ति-रसायन (16वीं शती उत्तरार्द्ध)
18.	प्रभाकर	: रस-प्रदीप (16वीं शती)

19. अप्पय्य दीक्षित : कुवलयानन्द, वृत्तिवार्तिक, चित्रमीमांसा आदि (16वीं शती)
20. पण्डितराज जगन्नाथ : रस-गंगाधर (लगभग 1650 ई.)
21. हरि प्रसाद : काव्यालोक (17वीं शती उत्तरार्द्ध)

इस काल के अन्तिम महान् आचार्य पण्डितराज जगन्नाथ हुए। वे अभिनवगुप्त के अनुगामी थे। वे पाण्डित्य और विदग्धता की प्रतिमूर्त्ति थे। उनके पश्चात् भी गंगेशपुत्र हरि प्रसाद, आशाधर भट्ट आदि कई प्रसिद्ध काव्यशास्त्री हुए, पर पण्डितराज जगन्नाथ-सी तलस्पर्शिनी प्रतिभा या विवेचक बुद्धि आगे किसी और में नहीं मिलती।

उपरि उल्लिखित आचार्यों में मम्मट, रुय्यक, हेमचन्द्र, शारदातनय, शिंगभूपाल, पं. विश्वनाथ, रूपगोस्वामी, प्रभाकर, पण्डितराज जगन्नाथ, हरिप्रसाद आदि के महत्व अधिक हैं। इस कालखण्ड में **'चमत्कार'** प्रस्थान की स्थापना तो हुई ही, कुछेक प्रस्थानों पर कई विद्वानों ने गम्भीर विवेचन और विशद व्याख्याएँ अथवा पुनर्मूल्यांकन किये। यथा–

क. ध्वनि : मम्मट, रुय्यक, पं. विश्वनाथ, हेमचन्द्र, विधाधर, विद्यानाथ, जयदेव, अप्पय्य दीक्षित आदि।
ख. रस : शारदातनय, शिंगभूपाल, भानुमिश्र, रूपगोस्वामी, मधुसूदन सरस्वती आदि।
ग. अलंकार : रुय्यक, केशव मिश्र, विश्वेश्वर भट्ट, पण्डितराज जगन्नाथ आदि।
घ. चमत्कार : प्रभाकर और हरि प्रसाद।
ङ. कवि शिक्षा : अरि सिंह, अमरचन्द्र, देवेश्वर आदि।
च. नाट्य : रुय्यक और रामचन्द्र-गुणचन्द्र।

इसल काल में कतिपय नवीन तत्त्वविचार भी अग्रसारित करने के प्रयत्न हुए। इस दृष्टि से प्रथम रामचन्द्र-गुणचन्द्र के **'सुखदुःखात्मको रसः'** पर ध्यान टिकता है। लेखक द्वय ने **नाट्य-दर्पण** में श्रृंगार, हास्य, वीर, अद्भुत एवं शांत को सुखात्मक तथा करुण, रौद्र, वीभत्स एवं भयानक को दुखात्मक रस स्वीकार किया है। साथ ही नाटकों में शांत रस की स्थिति के लिए भी तर्क प्रस्तुत किये हैं। रस-विवेचन में नव्यन्याय के अनुगामियों ने भी किंचित् नवीनता दिखायी है।

रस-विवेचन में इस काल की प्रमुख स्थापना है भक्ति रस की। रूपगोस्वामी ने अपने ग्रन्थों में मधुरा भक्ति को उज्ज्वल रस स्वीकार किया जो शब्दान्तर से श्रृंगर रस ही ठहरता है। उनसे भिन्न और अपेक्षया अधिक सोपपत्तिक विवेचन मधुसूदन

सरस्वती का है। उन्होंने **भक्ति-रसायन** (भगवद्भक्ति-रसायन) में भक्ति को मोक्ष से भिन्न और पाँचवाँ पुरुषार्थ घोषित किया। उनके अनुसार भगवद्गुणश्रवण से द्रुतावस्था को प्राप्त चित्त की भगवविद्धषयक अखण्ड वृत्ति भक्ति है–

द्रुतस्य भगवद्धर्मात् धारावाहिकतां गता।
सर्वेशे मनसो वृत्तिः भक्तिरित्यभिधीयते।।

अर्थात् भक्ति और भगवदाकारता अभिन्न हैं। वे भक्ति रस को ही मूल रस भी मानते हैं, क्योंकि वही पूर्णानन्दमय है। उसकी तुलना में शृंगारादि काव्य रस अति क्षुद्र हैं। परिपूर्णरसा भगवद्रति और शृंगारादि में अन्तर वैसा ही है जैसा सूर्य और खद्योतों में–

परिपूर्णरसा क्षुद्ररसेभ्यो भगवद्रतिः।
खद्योतेभ्यः इवादित्यप्रभेव बलवत्तरा।।–भक्ति रसायन 2/78

भक्ति रस में अन्य रसों की स्थिति संचारियों-सी है–**'हासादीनां व्यभिचारिषु पर्य्यवसानात्।'**

पं. विश्वनाथ के प्रपितामह पं. नारायण ने केवलाद्भुतवाद का प्रतिपादन करते हुए 'चमत्कार' को महत्व दिया।[12] उसे प्रस्थान के रूप में विकसित-पल्लवित करने के प्रयत्न विश्वेश्वर (**चमत्कार-चन्द्रिका**), प्रभाकर (**रस-प्रदीप**) और गंगेश-पुत्र हरि प्रसाद (**काव्यालोक**) में हुए। विश्वेश्वर के अनुसार काव्य के पठन-श्रवण आदि से सहृदय को होने वाला आनन्द ही चमत्कार है। गुण, रीति, रस, वृत्ति, पाक, शय्या और अलंकार उसके कारण (आलम्बन) मात्र हैं।[13] प्रभाकर ने रस को चमत्कार का एक घटक भर स्वीकारते हुए काव्य की परिभाषा ही की–**'चमत्कारविशेष-कारित्वं, सुखविशेषकारित्वं वा'** और हरि प्रसाद ने चमत्कार को काव्य की आत्मा–**'विशिष्ट शब्दरूपस्य काव्यस्यात्मा चमत्कृतिः** (काव्यालोक–200 सूत्र) स्वीकार कर उसे नवीन प्रस्थान के रूप में प्रतिष्ठित किया। हिन्दी साहित्य की रीतिकालीन कविता चमत्कार-सिद्धान्त से बहुत दूर तक प्रेरित-प्रभावित है। यह और बात है कि काव्यशास्त्रियों को चमत्कार प्रस्थान मान्य नहीं हुआ। पं. विश्वनाथ के **'वाक्यं रसात्मकं काव्यम्'** को पण्डितराज जगन्नाथ ने **'रमणीयार्थ प्रतिपादकः शब्दः**

---

12. रसे सारश्चमत्कारः सर्वत्राप्यनुभूयते। तच्चमत्कारसारत्वे सर्वत्राप्यद्भुतो रसः।।
तस्माददद्भुतमेवाह कृती नारायणो रसम्।।–धर्मदत्त के इस वचन को पं. विश्वनाथ ने अपने 'साहित्य-दर्पण में रखा है।'

13. चमत्काररस्तु विदुषामानन्दपरीवाहकृत।
गुणं रीतिं रसं वृत्तिं पाकं शय्यामलङ्कृतिम्,
सप्तैतानि चमत्कारकारणं ब्रुवते बुधाः।।–भारतीय सा. शा., पृ.-138, पर उद्धृत।

काव्यम्' शायद अकारण नहीं कहा था। वे प्रभाकर के चमत्कारवाद से अप्रभावित नहीं थे।

इस काल खण्ड की अन्तिम सीमा के सर्वप्रमुख और प्रौढ़ आचार्य पण्डितराज जगन्नाथ थे। **रसगंगाधर** के उपलब्ध अंश उनके पाण्डित्य और वैदग्ध्य के अन्यतम साक्ष्य हैं। मम्मट ने रस के सम्बन्ध में चार मत दिये हैं, पर पण्डितराज जगन्नाथ ने ग्यारह। साथ ही उनकी मान्यता **'रत्याद्यवच्छिन्नाभग्नावरण चिदेव रसः'** भी रस-विवेचन को महती देन है। वस्तुतः जिस दृष्टि से भी विचार करें, विवेच्य काल काव्यशास्त्रीय चिन्तन की दृष्टि से व्याख्या, पुनर्मूल्यांकन और पुनर्व्यवस्थापन का काल ही अधिक ठहरता है। नवीन प्रस्थान के रूप में चमत्कार की प्रतिष्ठा को भी अनदेखा नहीं किया जा सकता।

पण्डितराज जगन्नाथ के समय तक हिन्दी में भी काव्य-चर्चा आरम्भ हो चुकी थी। हिन्दी में काव्य-चर्चा का बीज-वपन भक्तिकाल में ही हो चुका था, पर उसे गति मिली आगे रीति काल में। यह और बात है कि वह काव्य-चर्चा अभी तक "संस्कृत-साहित्यशास्त्र के विकासक्रम की एक संक्षिप्त उद्धरणी।"[14] के रूप में ही स्वीकृत की जाती है। हिन्दी साहित्येतिहास के मध्यकाल (भक्ति और रीतिकाल) में हिन्दी-काव्यशास्त्रीय ग्रन्थकारों अर्थात् आचार्य कवियों की संख्या पचासों हैं, किन्तु उन सब का मुख्य उद्देश्य मौलिक सिद्धान्तों का प्रतिपादन करना नहीं, वरन् संस्कृत में उपलब्ध काव्य-मीमांसा की समस्त सामग्री को हिन्दी पाठकों के लिए सरल और सरस रूप में सुलभ बनाना रहा है। यह भी अपने आप में बड़ा महत्वपूर्ण कार्य था जिसे रीतिकालीन आचार्य कवियों ने निभाया है। हिन्दी में मौलिक साहित्यशास्त्रीय लेखन का वास्तविक आरम्भ भारतेन्दु हरिश्चन्द्र के 'नाटक' नामक पुस्तक से मानना उचित है। इसका तात्पर्य यह नहीं कि हिन्दी के मध्यकालीन सम्पूर्ण काव्यशास्त्रीय लेखन को नकार दिया जाये अथवा उसे सर्वथा महत्वहीन समझा जाये।

---

14. आचार्य रामचन्द्र शुक्ल, हिन्दी साहित्य का इतिहास, पृ.-225

3. काव्य

3.1. काव्य का स्वरूप

काव्य वाणी का श्रृंगार है। स्वरूप के विचार से 'काव्य' जितना व्यापक है, उतना ही सूक्ष्म भी। उसके सतत विकासशील रूप को लक्षणबद्ध करने के जैसे-जैसे प्रयत्न होते रहे हैं, वैसे-ही-वैसे वह लक्षण की परिधि से बाहर पड़ता रहा है। धात्वर्थ के विचार से 'काव्य' का अर्थ है—**कवि द्वारा सम्पन्न किया गया समस्त कार्य।**[1]। 'काव्य' कवि-कर्म से सम्बन्धित है। अस्तु, काव्य के स्वरूप को समझने के लिए 'कवि' की व्याख्या आवश्यक है।

'कवि' शब्द की व्युत्पत्ति 'कु' (कुङ् शब्दे) धातु से 'अच्' प्रत्यय (इ) जोड़ कर की जाती है।[2] 'कु' का अर्थ है 'व्याप्ति', 'आकाश' अर्थात् 'सर्वज्ञता'। इस प्रकार कवि सर्वद्रष्टा अथवा सर्वज्ञ है। **'कविर्मनीषी परिभूः स्वयम्भपूः'**[3] जैसे वेद-उपनिषद्-वाक्य में 'कवि' की पूर्ण प्रतिष्ठा देखी-पायी जा सकती है। यहाँ कवि को अपने दृष्टिक्षेप

---

1. क. कवेरिदं कार्यं भावो वा; (ष्यञ्) — मेदिनी कोष।
   ख. कवेः कर्म काव्यम्। — सा. दर्पण।
   ग. कवनीयं काव्यम्। — ध्वन्या. लोचन।
   घ. कवयति इति कविः तस्य कर्म काव्यम्।— एकावली (विद्याधर)।
   ङ. ...(कवि) तस्य कर्म स्मृतं काव्यम्। — भट्टतौत।
   च. Poetry–art, work of the poet, Encyclopaedia Britanica
2. क. उणादिसूत्र 4/138।
   ख. राजशेखर 'कवि' की व्युत्पत्ति 'कवृ वर्णे' से मानते हुए कवि का अर्थ 'वर्णनकर्त्ता' मानते हैं। 'अमरकोष' को भी यही (कवृ वर्णे) मान्य है—**'कवते सर्वजानाति वर्णयति वा कविः'** अर्थात् कवि सब नियमों का ज्ञाता (सर्वज्ञ) और वर्णनकर्ता होता है। भट्टगोपाल कृत व्युत्पत्ति कुछ और है। उनके अनुसार कवि रस-भाव-विमर्शक होता है—**'कौति शब्दायते विमृशति रसभानान् इति कविः'**।

   अनेक विचारकों ने **'काव्येषु नाटकं रम्यम्'** का समर्थन करते हुए काव्य की तुलना में नाटक और कवि की अपेक्षा नाटककार को अधिक महत्व दिया है, पर भोजराज आदि ने विपरीत मत दिया है। भोजराज अभिनेताओं से कवियों को ओर नाटक से काव्य को अधिक महत्व देते हैं—**'अभिनेतृभ्यः कवीन एत बहुमन्यामहे अभिनयेभ्यः काव्य वेत्ति।'** भट्टतौत की उक्ति भी भोजराज की मान्यता की पोषिका है—**'दर्शनात् वर्णनाच्चार्थ रूढा लोके कविः श्रुतः।'**
3. शुक्ल यजुर्वेद 40/8 एवं ईशावास्योपनिषद्—8।

यानी अनुभूति में सब को समेटने वाला (परिभूः) और अपनी अनुभूति के लिए किसी का ऋणी नहीं होने वाला (स्वयम्भूः) **मनीषि** कहा गया है। अस्तु, कवि और काव्य क्रमशः स्रष्टा और सृष्टि के अर्थ में स्वीकृत हैं।

वैदिक ऋषि की काव्य विषयक व्यापक दृष्टि की पुष्टि इससे भी होती है कि वे परमपिता परमात्मा द्वारा रचित कभी जीर्ण-शीर्ण अथवा मलिन नहीं होने वाले सृष्टि-काव्य को देखने का बार-बार आग्रह करते हैं–**'पश्य देवस्य काव्यं न ममार न जीर्यति'**। वैदिक साहित्य में कवि, द्रष्टा और ऋषि समानार्थक हैं जिनकी कवित्व-प्रतिभा का उद्घोष **'ऋषयः मंत्रद्रष्टारः'** द्वारा किया गया है। पुनः **'कवयः क्रान्तदर्शिनः'** की उक्ति भी इसी की पोषिका है।

पुराणों में 'कवि' शब्द ब्रह्मा (प्रजापति) के अर्थ में प्रयुक्त हुआ है। **श्रीमद्भागवत** में ब्रह्मा की वन्दना 'आदि कवि' कह कर की गयी है। कहा जायेगा कि यहाँ 'कवि' शब्द के पूर्व स्वीकृत अर्थ 'स्रष्टा' को ही व्याप्ति और महत्ता मिली है।

परवर्ती लौकिक साहित्य में 'कवि' शब्द अपेक्षया संकीर्ण अर्थ–विशिष्ट रमणीय शैली में कवि-कर्म करने वाले के अर्थ–में प्रयुक्त होने लगा। आगे यह प्रायः इसी अर्थ में योगरूढ़ हो गया। कहा गया है कि कवि-कर्म ही अपार काव्य-संसार है जिसका प्रजापति कवि है।[4] 'नवनवोन्मेषशालिनी प्रतिभा' और 'वर्णन-निपुणता' कवि के लिए आवश्यक धर्म हैं। 'वर्णन-निपुणता' भी साधारण नहीं, असाधारण होनी चाहिए।[5] आधुनिक समय में भी 'कवि' विशेष प्रकार की रमणीय शैली में रचना प्रस्तुत करने वाले व्यक्ति के अर्थ में ही प्रयुक्त होता है। अस्तु, **'कवि के नाते 'काव्य' से हमारा अभिप्राय उस विशिष्ट प्रकार की रचना से है जिसमें जीवन के प्रति रमणीय शैली में रसात्मक दृष्टिकोण उपस्थित किया जाता है।**

गद्य-पद्यमयी समस्त अभिव्यक्ति के लिए प्राचीन काव्यशास्त्रियों ने प्रायः 'काव्य' शब्द ('वाङ्मय' के अतिरिक्त) ही प्रयुक्त किया है। पहले की अपेक्षा आज 'काव्य' के अर्थ में पर्याप्त अर्थ-संकोच हुआ है। छन्दोबद्ध अभिव्यक्ति के लिए प्रचलित शब्द 'पद्य', 'कविता' और 'काव्य' सामान्यतः समान अर्थ में प्रयुक्त तो यदा-कदा देखे-पाये जाते हैं, पर इनमें पर्याप्त मिलता है। **'पद्य' गद्य का विपक्षी रूप भर है** जो किसी भाव या विचार तक सीमित है। **'कविता' अपने व्यापक अर्थ में जहाँ काव्य की सीमा स्पर्श करती है, वहाँ संकीर्ण अर्थ में वह अपेक्षाकृत छोटे आकार की विशेष प्रकार की रचना के लिए भी प्रयुक्त होती है।** यदि किसी रचना-विशेष के निमित्त 'काव्य' शब्द प्रयुक्त होता है तो उससे सदा अपेक्षाकृत बड़ी,

---

4. अपारे काव्यसंसारे कविरेव प्रजापतिः।–अग्निपुराण 331/10।

5. क. प्रज्ञा नवनवोन्मेषशालिनी प्रतिभा मता
 तदनुप्राणनाजीवद् वर्णनानिपुणः कविः
 तस्य कर्म स्मृतं काव्यम्।
 ख. काव्यं लोकोत्तरवर्णनानिपुणं कवि-कर्म... ....। का. प्रकाश।

प्रायः प्रबन्धात्मक रचना का ही बोध होता है। आज बहुत दूर तक 'काव्य' और 'कविता' शब्द समान अर्थ-बोधन हेतु भी प्रयुक्त होते हैं।

काव्य विषयक धारणाओं का आदिस्रोत है वैदिक साहित्य ही। उसमें काव्य के सम्बन्ध में व्यापक दृष्टिकोण का परिचय मिलता है। तदुपरान्त **गीता** का नाम लिया जाना चाहिए। उसमें श्रद्धात्रयविभाग-योग (सतरहवाँ अध्याय) के निरूपण के क्रम में वाणी (वाङ्मय) के तप हेतु पाँच बातें आवश्यक मानी गयी हैं—अनुद्वेगकारिता, सत्यता, प्रियता, हितकारिता और शास्त्रवर्णित वाणी सम्बन्धी दोषों से राहित्य :

अनुद्वेगकरं वाक्यं सत्यं प्रियहितं च यत्।
स्वाध्यायाभ्यसनं चैव वाङ्मयं तप उच्यते।।—17/15।

यहाँ 'वाक्यम्' पद के साथ 'च' का प्रयोग महत्वपूर्ण है। अर्थात् अनुद्वेगकारी, सत्य (यथार्थ), प्रिय, हितकारी और शास्त्र-निरूपित वाणी-सम्बन्धी दोषों से रहित वाक्य ही वाणी-तप (काव्य) है। **गीता** की उपरि उक्ति भले ही शुद्ध अर्थों में काव्य-लक्षण के रूप में निरूपित नहीं हुई है, तथापि तद्युगीन काव्य-सम्बन्धी मान्यताओं को स्पष्ट करने में समर्थ है।

संत कवि कबीर के अनुसार सामान्य जन जिन शब्दों और वाक्यों का प्रयोग करते हैं, उन्हीं में कवि उक्ति का लावण्य मिला कर अमृतमय काव्य की रचना कर लेते हैं—

सोई आखर सोई बैन, जन जु जुवा चवन्त।
कोई एक मेले लावनि, अमिय रसाइन हन्त।।

कबीर द्वारा प्रतिपादित काव्य-परिभाषा हिन्दी में सर्व-प्राचीन है। इसमें **'वाक्यं रसात्मकं काव्यम्'** के साथ ही कबीर-परवर्त्ती आचार्य पण्डितराज जगन्नाथ की काव्य-परिभाषा **'रमणीय प्रतिपादकः शब्दः काव्यम्'** का भी संकेत हो गया है। **'रामचरितमानस'** में गोस्वामी तुलसीदास ने **'वर्णानामर्थसंघानां रसानां छन्दसामपि। मंगलानां च कर्त्तारौ...'** में, शब्दार्थों को रसात्मक होने की बात तो स्वीकार की, पर 'लोकमंगल' को सर्वाधिक महत्त्व दिया एवं छन्द को अपेक्षया कम। तात्पर्य यह कि तुलसी के अनुसार काव्य को केवल रसात्मक नहीं लोकमंगलकारी भी होना चाहिए।

काव्य-लक्षण उपस्थित करते समय प्राचीन आचार्यों के समक्ष या तो विशिष्ट काव्य-प्रकार (नाटक आदि) था या विशिष्ट मत (अलंकार, रीति आदि)। परिणामतः उनके द्वारा निरूपित काव्य-लक्षण सर्वथा वस्तून्मुखी (objective) नहीं हो सका है। पुनः दीर्घकालिक अन्तराल के कारण वर्तमान संदर्भ में उन लक्षणों पर पुनर्विचार करने की भी आवश्यकता हो गयी है। नाट्याचार्य भरतमुनि ने 'शुभ' (श्रेष्ठ) काव्य के सात लक्षण गिनाये हैं—[6] मृदुललित पदावली, गूढ़शब्दार्थहीनता, सर्वसुखदता या सर्वं सुगमता, युक्तिमत्ता, नृत्य में उपयोग किये जाने की योग्यता, रसोत्पत्तिकारिता और संधियुक्तता।

6. मृदुललितपदाढ्यं गूढ़शब्दार्थहीनं, जनपदसुखबोध्यं युक्तिमन्नृत्ययोज्यम्।
बहुरसकृतमार्गं सन्धिसन्धानयुक्तं, स भवति शुभकाव्यं नाटकप्रेक्षकाणाम्।।

यह काव्य-लक्षण विशिष्ट काव्य-प्रकार (नाटक) को ध्यान में रख कर निर्धारित किया गयाहै। इनमें पाँचवाँ और सातवाँ लक्षण (नृत्य-योज्यता, संधियुक्तता) प्रत्यक्षतः रंगमंच और नाटक से जुड़ा है। शेष से गुण, रीति, अलंकार और रस का संकेत होता है।

ध्यातव्य है कि भामह-पूर्व के विवेचकों ने नाटक को ध्यान में रख कर ही काव्य-सम्बन्धी विचार किया है। **भरत** मुनि ने नाट्य-काव्य का विवेचन किया है, काव्य का नहीं। यह और बात है कि नाटक के साथ ही काव्य का विवेचन भी हो गया है। **'नाट्यशास्त्र'** में नाट्य के लिए अर्थ और अभिनय पर बल दिया गया है, पर काव्य में अर्थ और उक्ति पर। उसमें काव्य-लक्षण **'अर्थक्रियोपेतं काव्यम्'** किया जाना इसी का प्रमाण है। परवर्त्ती काव्याचार्यों ने **भरत मुनि** के मार्ग को पकड़ कर ही नाट्य-विवेचन से काव्य-विवेचन को अलग किया—**भरत मुनि** के 'अर्थक्रियोपेतं काव्यम्' की जगह **भामह** कृत काव्य-लक्षण—**'शब्दार्थों सहितौ काव्यम्'** उसी का परिणाम है। इसके बावजूद भामह ने 'कथायाः स्वभिनीतता' (3/54) अर्थात् 'काव्य में अर्थ अभिनीत होता है' को स्वीकार किया है। आगे **'काव्येऽपि सर्वोनाट्यायमान एवार्थः'** की घोषणा कर **अभिनवगुप्त** ने भी भामह के इस मत का समर्थन किया है।

स्वतंत्र इकाई के रूप में 'काव्य' पर विचार करते समय परवर्ती आचार्यों (**भामह**—छठी शती, से पंडितराज **जगन्नाथ**—सत्रहवीं शती, तक) द्वारा जितने भी लक्षण प्रस्तुत किये गये हैं, वे मूलतः दो खातों में खतियाये जायेंगे—**बहिरंग-निरूपक** लक्षण (मूलतः अलंकार, रीति और वक्रोक्ति पर बल देने वाले) और **अंतरंग-निरूपक** लक्षण (रसादि पर बल देने वाले)। **बहिरंग-निरूपक लक्षण कविता-वनिता के ललित हाव तक ही सीमित हैं, जबकि अन्तरंग-निरूपक लक्षण में उसकी आन्तरिक विशिष्टताओं का उद्घाटन हुआ है।** बहिरंग-निरूपक लक्षण काव्य की तीन विशिष्टताओं पर अधिक बल देते हैं—(क) दोष का परिहार, (ख) गुण का सद्भाव और (ग) अलंकार की प्रायः स्थिति। इनके अतिरिक्त शब्द और अर्थ में समवाय यानी जल और बीचि जैसा सम्बन्ध तो अनिवार्य है ही। काव्य की प्राचीनतम् व्यवस्थित परिभाषा **अग्निपुराणकार** की मानी जायेगी। उन्होंने यद्यपि रस को काव्य की आत्मा माना[7], तथापि **अभीष्ट अर्थ को संक्षेप में व्यक्त करने वाली दोषरहित, गुणसहित और अलंकारयुक्त 'पदावली'**[8] को काव्य घोषित किया है। यथा—

संक्षेपाद्वाक्यमिष्टार्थव्यवच्छिन्ना पदावली।
काव्यं स्फुरदलंकारं गुणवद्दोषवर्जितम्।।—337/6-7

बहिरंग-निरूपक लक्षणों का आधार यही है। भामह काव्य को शब्द और अर्थ का संयोग—शब्दार्थौ सहितौ काव्यम्—मानकर ऐसी आदर्श स्थिति का संकेत करते

7. वाग्वैदग्ध्य-प्रधानेऽपि रस एवान जीवितम्। —अग्निपुराण-337/33
8. काव्य में 'पद' विषयक न्यायशास्त्रीय अवधारणा—**'शक्तं पदम्'** (अर्थयुक्त शब्द ही पद हैं)—ही स्वीकृत है, व्याकरणशास्त्रीय **'सुप्तिङन्तं पदम्'** अवधारणा नहीं। **राजशेखर** (का.मी.) का साक्ष्य है—"व्याकरणस्मृतिनिर्णीतः शब्दः निरुक्तनिघंटाभिर्निदिष्टः। तदभिधेयोऽर्थः। तौ पदम्।" अस्तु, अग्निपुराणकार, दण्डी आदि द्वारा प्रयुक्त 'पदावली' शब्द इस रूप में ध्यातव्य हैं।

हैं जिसमें दोनों (शब्द और अर्थ) अपनी स्वतंत्र सत्ताएँ समाप्त कर एक दूसरे से अभिन्न हो जाते हैं। इस सूत्र को थाम कर ही दण्डी ने 'पदावली' यानी शब्दार्थ को स्पष्टतः काव्य-शरीर स्वीकार किया।[9] रुद्रट ने तो **भामह** की शब्दावली ही दुहरायी है–**'शब्दार्थौ काव्यम्'**। आचार्य वामन ने भी दोषरहित और अलंकारसहित शब्दार्थ को काव्य घोषित किया।[10] पर उनकी अलंकार सम्बन्धी धारणा बड़ी व्यापक है।[11] उनके अनुसार ही शब्दार्थ काव्य-शरीर है और रीति काव्य की आत्मा।[12] आगे हेमचन्द्र[13], वाग्भट[14], विद्यानाथ[15] आदि द्वारा निरूपित लक्षण भी बहिरंग-निरूपक ही हैं। **कुन्तक** का काव्य-लक्षण भी इसी वर्ग में पड़ता है। उनके अनुसार वक्तोक्ति-गर्भित शब्दार्थ ही काव्य है।[16] बहिरंग-निरूपक लक्षणों का चरमोत्कर्ष **मम्मट** निरूपित लक्षण में हो गया है–**'तददोषौ शब्दार्थौ सगुणावनलंकृती पुनः क्वापि'**। स्पष्ट है कि मम्मट ने काव्य में अलंकार की अनिवार्यता अस्वीकार की है, पर 'दोषराहित्य' और 'गुण के सद्भाव' को अनिवार्य माना है। हिन्दी के रीतिकालीन आचार्यों में **'केशवदास'**[17], **सोमनाथ**[18] आदि के लक्षण भी इसी वर्ग में पड़ते हैं। **चिन्तामणि** तो मम्मट के अनुगामी ही हैं–

सगुनालंकारन सहित, दोषरहित जे होइ।
शब्द अर्थ, ताको कवित, कहत विबुध सब कोइ।।–कवि. कुलकल्पतरु 1/7

अन्तरंग-निरूपक लक्षणों में काव्य अवयव शब्द और अर्थ को ग्रहण करते हुए जब काव्य का लक्षण **'रसमय वाक्य'**[19] (**वाकां रसात्मक काव्यम्**–पं. विश्वनाथ, सा.

---

9. शरीरं तावदिष्टार्थव्यवच्छिन्ना पदावली।–काव्यादर्श 1/10
10. काव्यशब्दोऽयं गुणालंकारसंस्कृतयोः शब्दार्थयोवर्तते।–का. सूत्रवृत्ति 1/1
11. सौन्दर्यलंकारः। – वही 1/1/2
12. रीतिरात्मा काव्यस्य। वही-1/2/6
13. अदोषौ सगुणौ सालंकारौ च शब्दार्थौ काव्यम्।–काव्यानुशासन, पृ.-16
14. शब्दार्थौ निर्दोषौ सगुणौ प्रायः सालंकारौ च काव्यम्।–वाग्भट., प.-14
15. गुणालंकारसहितौ शब्दार्थौ दोषवर्जितौ।–प्रतापरुद्र, पृ.-42
16. शब्दार्थौ सहितौ वक्रकविव्यापारशालिनी।
    बन्धे व्यवस्थितौ काव्यं तद्विदाहलादकारिणि।।–वक्रोक्ति जी. 1/7
17. जदपि सुजाति सुलक्षणी, सुवरन सरस सुवृत्त।
    भूषण बिन न बिराजई, कविता बनिता मित्त।।–कविप्रिया 5/1
18. सगुन पदारथ दोष बिनु, पिंगल मत अविरुद्ध।
    भूषन जुत कवि-कर्म जो, सो कवित्त कहि सुद्ध।।–रसपीयूषनिधि 6/20
19. व्याकरण का सामान्य नियम है–जितने क्रियापद उतने ही वाक्य; **'एकतिङ वाक्यम्'**। यह वाक्य-लक्षण स्वरूपतः केवल पारिभाषिक है, लोकव्यवहारसिद्ध नहीं। व्यवहार में अनेक क्रियापद-वाक्य भी प्रयुक्त होता है। राजशेखर (का. मी.) की राय में एक अभिप्राय से एक वाक्य बनता है। जिसमें वक्ता का सम्पूर्ण आशय ग्रथित रहता है, वह वाक्य है (**पदानामभिधित्सार्थग्रथनाकरः सन्दर्भः वाक्यम्**)। भोजराज (शृ. प्र. 3) की राय में जिससे एक आशय (statement, predication) प्रगट होता है, वह एक वाक्य (भले ही उसमें अनेक क्रियापद हों) है–**'एकार्थपरः पदसमूहः वाक्यम्'** का तात्पर्य है–**काव्यस्थित वाक्यार्थ यानी एक सम्पूर्ण कल्पना, आशय या विचार**। काव्यशास्त्र में 'वाक्य', 'वचन', 'उक्ति' आदि समानार्थक हैं। **'उक्ति विशेषः काव्यम्'** की मान्यता से भी यही सिद्ध है।

द. 1/3) अथवा रमणीय अर्थ का प्रतिपादक शब्द' (**रमणीयार्थप्रतिपादकः शब्दः काव्यम्**—पंडितराज जगन्नाथ, रं. गं. 9) किया गया, तो उसकी आन्तरिक विशिष्टता—रसमयता और रंजकता—का ही निरूपण हुआ। इन लक्षणों में सबसे बड़ा दोष है—अव्याप्ति। काव्य को परिभाषित करने में कतिपय आचार्यों ने समन्वयात्मक दृष्टि भी अपनायी है। इस दृष्टि से चन्द्रालोककार **जयदेव** कृत अग्रांकित लक्षण देखा जा सकता है। यथा—

निर्दोषा लक्षणवती सरीतिगुणभूषिता, सालंकाररसानेकवृत्तिर्वा काव्यनामभाक्।—1/7

इसमें दोषराहित्य, लाक्षण्य (व्यंग्य), रीति, गुण, अलंकार, रस और वृत्ति, सबको समेट लिया गया है। रीतिकालीन आचार्य कवि **देव** का काव्य-लक्षण जयदेव के निकट पड़ता है। उनकी राय में समर्थ काव्य में शब्दार्थ, छन्द, भाव, अलंकार यानी सब कुछ सरस होना चाहिए।[20] **कुलपति** का काव्य-लक्षण "अलौकिक आनन्द प्रदायक शब्दार्थ काव्य है।"[21] अन्तरंग-निरूपक ही है। आलोचक प्रवर आचार्य रामचन्द्र शुक्ल के अनुसार, "**हृदय की...मुक्ति की साधना के लिए मनुष्य की वाणी जो शब्द-विधान करती आयी है, उसे कविता कहते हैं** (कविता क्या है?)"। उनके अनुसार काव्य का चरम लक्ष्य "**सर्वभूत को आत्मभूत करके अनुभव कराना है।**" ये मान्यताएँ आचार्य शुक्ल के काव्य-लक्षण को अन्तरंग-निरूपक ही बनाती हैं। काव्य को **प्रसाद जी** 'आत्मा की संकल्पात्मक अनुभूति[22]" और **वर्ड्सवर्थ** "आनन्दातिशय की अभिव्यक्ति"[23] मानते रहे हैं। स्पष्ट है कि इन विचारकों का ध्यान भी काव्य के आन्तरिक पक्ष पर ही टिका है। इस चर्चा से यह पुष्ट होता है कि अधिकांश काव्य-लक्षण व्याप्ति अथवा अव्याप्ति दोष से युक्त हैं। कहीं काव्य का अर्थ अति विस्तृत हो गया है तो कहीं संकुचित। परिणामतः वे काव्य विषयक सर्वसम्मत और समग्र दृष्टिकोण निर्मित करने में प्रायः विफल रहे हैं। इसके बावजूद सभी विचारक इस बात के प्रति आग्रही हैं कि उनके मत-विशेष अन्य मतवादों से अंगागी सम्बन्ध अवश्य रहे।

पश्चिमी विद्वानों ने भी काव्य पर अनेकविध विचार किये हैं। उनके द्वारा निरूपित लक्षणों को भी बहिरंग और अन्तरंग निरूपक कोटियों में सुविधापूर्वक वर्गीकृत किया जा सकता है। पश्चिमी समीक्षकों ने काव्य को कवि की अंतरंगता

---

20. शब्द सुमति मुख ते कढ़ै, लै पद बचननि अर्थ।
छन्द, भाव, भूषण, सरस, सो कहि काव्य समर्थ।।—शब्दरसायन-1

21. जग तें अद्भुत सुख सदन शब्दरू अर्थ कवित्त।—रस रहस्य 1/20

22. काव्य आत्मा की संकल्पात्मक अनुभूति है, जिसका सम्बन्ध विश्लेषण, विकल्प या विज्ञान से नहीं है। वह एक श्रेयमयी प्रेय रचनात्मक ज्ञान धारा है।

—काव्यकला तथा अन्य निबन्ध

23. The end of poetry is to produce excitement in co-existence with an over balance.–worsworth.

(Subjectivity) और बहिरंगता (Objectivity) के आधार पर वर्गीकृत करने पर बल दिया है। इन आधारों पर काव्य-लक्षणभी स्थिर किये गये हैं। प्रथम आधार पर काव्य कवि-मन का मुक्त उद्गार स्वीकार किया जाता है और द्वितीय आधार पर बाह्य परिस्थितियों की प्रतिक्रिया मात्र। बहिरंगता और बाह्य परिस्थितियों पर बल देने के कारण ही **मैथ्यू आरनॉल्ड** ने काव्य को जीवन से जोड़ते हुए उसे जीवन की समीक्षा स्वीकार किया।[24] **हडसन** ने भी काव्य को जीवन की व्याख्या माना पर आरनॉल्ड के विपरीत उसने कल्पना और मनोवेगों (बुद्धितत्त्व पर नहीं) के महत्त्व को भी स्वीकार किया।[25] "कविता भावना का परीवाह नहीं; भावना से पलायन हैं; वह व्यक्तित्व की अभिव्यंजना नहीं, व्यक्तित्व से पलायन है।"[26] का उद्घोष कर **टी. एस. एलियट** ने काव्य का वस्तून्मुखी और बहिरंग-निरूपक लक्षण ही किया है। कविता से शब्दों (अभिव्यक्ति) के उत्तमोत्तम क्रम-विधान[27] की बात स्वीकार कर कॉलरिज ने भी काव्य के बहिरंग की ही बात की है। इनके विपरीत वर्ड्सवर्थ, मिल्टन, कार्लाइल, जानसन, शेली आदि के काव्य-लक्षण उपस्थित किये जा सकते हैं। भावों की प्रधानता स्वीकारते हुए वर्डसवर्थ ने काव्य को सशक्त आवेगों का मुक्त उद्गार कहा जो शांत क्षणों में स्मृत मनोविकार भर होते हैं।[28] मिल्टन के अनुसार काव्य को सहज, उत्तेजक और रागात्मक होना चाहिए।[29] कार्लाइल ने काव्य को संगीतमय विचार स्वीकार किया है।[30] इन लक्षणों में काव्य के आंतरिक पक्ष पर ही बल दिया गया है। डॉ. जानसन का काव्य-लक्षण समन्वयवादी है। उनकी राय में "विवेक एवं कल्पना के योग से सत्य और आनन्द को संयुक्त करने की कला काव्य है।"[31]

स्पष्ट है कि भारतीय और पश्चिमी विचारकों में काव्य के सम्बन्ध में मतानैक्य हैं। उन्हें एक बिन्दु पर समेटना असम्भव नहीं तो मुश्किल अवश्य है। प्राचीन भारतीय आचार्यों में पं. विश्वनाथ कृत काव्य-लक्षण को अधिक महत्व मिला है। पर आज के संदर्भ में वह भी संकीर्ण प्रतीत हो रहा है। काव्य हृदय और बुद्धि दोनों की सम्मिलित ऊपज है, संश्लिष्ट है। उसे मात्र रसवाद की परिधि में रख कर व्याख्यायित करना अप्रासंगिक बनाना होगा। पश्चिमी विचारकों में हडसन का काव्य-लक्षण परिष्कृत होने के बावजूद दुर्बल इसलिए हैं कि उसमें अभिव्यक्ति के सौन्दर्य के बारे में कुछ नहीं कहा गया है। उसकी अपेक्षा डॉ. जानसन की परिभाषा अधिक पूर्ण है।

---

24. Poetry is at bottom a criticism of life–Matthew Arnoto.
25. Poetry is an inerpretation of life through imagination and imotion.
26. Poetry is not the turning loose of imotions; it is not an expression of presonality, it is an escape from personality.–T.S. Eliot.
27. Poetry is the best words is the best order.–Coleridge.
28. Poetry is the spotaneous overflow of powerful feelings. It takes its origin from imotion recollected in tranquility.–worsworth.
29. Poetry should be simple, Sensnous and pasionate.–Milton.
30. Poetry, We call musical thought-Carlyle
31. Poetry is the art of writing pleasure with truth by calling imagination to the help of reason. –Dr. Johnson.

काव्यशास्त्रीय चिन्तन में भारतीय रसवाद महती उपलब्धि है। वह विश्व-काव्य के लिए वरदान स्वरूप है। पश्चिम में भी उसकी महत्ता स्वीकार की जा रही है। "जैसे **जॉन ड्रिंकवाटर** की स्थापना है कि कविता मूलतः भाव-संवेदनाओं से सम्बद्ध है जो परिवर्तनशील संसार में नित्य है। **जे. सी. पॉवे** के मतानुसार भी काव्य में रसात्मकता और मानवीयता के उपादान परमावश्यक हैं।"[32] वस्तुतः रस और भाव काव्य के हृदय पक्ष हैं और विचार, वाग्वैदग्ध्य एवं अभिव्यक्ति बुद्धिपक्ष। काव्य में इनकी संश्लिष्टि आवश्यक है। इनके समन्वय के अभाव में कोई भी काव्य-लक्षण सम्पूर्ण नहीं होगा।

काव्य के तीन पक्ष होते हैं—कर्त्ता, कृति और ग्राहक (भावक)। अस्तु, काव्य-लक्षण का निर्धारण भी इन तीनों के अनुरूप होना चाहिए। **काव्य एक ओर जहाँ कर्त्ता (कवि) के व्यक्तित्व का परिचायक है, वहाँ दूसरी ओर ग्रहीता (भावक = पाठक, आलोचक) की रुचि का परीक्षक भी। कृति का अस्तित्व एक सेतु के समान है जिससे दोनों एक दूसरे से सम्बन्धित होते हैं।** वह कर्त्ता (सहृदयः कवि) के हृदय से अभिव्यक्त होकर ग्रहीता (सहृदयः पाठक, आलोचक आदि) के हृदय में प्रविष्ट होता है। अस्तु, इनमें एकात्म भाव आवश्यक है, किन्तु व्यावहारिकता यह बतलाती है कि काव्य में "प्रसाधन की मात्रा" और "परिच्छद के प्रकार" पर कर्त्ता और ग्रहीता की कौन कहे, सभी ग्रहीता भी एक मत नहीं हैं। चूँकि काव्य का चरम लक्ष्य है मानव मनोवृत्तियों का परिशोधन करना[33], इसलिए उसका मूल्य वस्त्राभरण से नहीं प्रत्युत विचार और भाव से ही निर्धारित होना चाहिए। कविता-वनिता ललित हाव के अभाव में भी—मात्र विच्छिति हाव में भी—हृदय पर अधिकार करती है। इसी से विश्व कवि रवीन्द्रनाथ ठाकुर काव्य को 'आनन्दातिरेक का परिणाम' मानते रहे हैं। एवं शेली 'आनन्द से सदा संपृक्त'[34] यहाँ विचारकों का ध्यान काव्य के आंतरिक पक्ष पर ही टिका है। प्रसाधन की मात्रा के सम्बन्ध में पर्याप्त मतभेद होते हुए भी आधुनिक विचारकों में काव्य की प्रभावोत्पादकता के सम्बन्ध में मतैक्य दीखता है। आ. महावीर प्रसाद द्विवेदी ने भी काव्य के प्रभावोत्पादक गुण पर ही अधिक ध्यान दिया है।[35] काव्य को चाहे 'स्पष्टतः संगीत' कहें[36] या 'प्रसादचेता और मेधावी महाप्राणों के श्रेष्ठ और सर्वाधिक आनन्दमय क्षण का लेखा।"[37] इनके मूल में काव्य का प्रभावोत्पादक गुण ही है। आचार्य रामचन्द्र शुक्ल के काव्य-लक्षण का

---

32. हिन्दी साहित्य कोष (प्रथम खण्ड), पृ.-227
33. आचार्य विश्वनाथ प्रसाद मिश्र, वाङ्मय-विमर्श, पृ.-3
34. Poetry is ever accompanied with pleasure--P.B. Shelley.
35. अंतःकरण की वृत्तियों के चित्र का नाम कविता है।...कविता प्रभावशाली रचना है, जो पाठक या श्रोता के मन पर आनन्ददायी प्रभाव डालती है। — रसज्ञ रंजन, 50
36. Poetry is articulate music.–Dryden.
37. Poetry is the record of the best and happiest moments and best minds. –P.B. Shelly

सार—**सत्वोद्रेक या हृदय की मुक्तावस्था के लिए किया हुआ शब्द-विधान काव्य** है, जहाँ काव्य के मात्र अन्तर पक्ष को ही उद्घाटित करता है, वहाँ आ. हजारी प्रसाद द्विवेदी ने अपने लक्षण में अंतर और बाह्य दोनों पक्षों पर विचार किया है। उनके अनुसार, "कवि-चित्त जब बाह्य परिस्थितियों के साथ समझौता नहीं कर पाता तब छन्दों की भाषा अत्यन्त प्रभावशाली होकर प्रकट होती है, आंतरिक सौन्दर्यानुभूति और बाह्य असुन्दर-सी लगने वाली परिस्थिति की टकराहट से जो विक्षोभ पैदा होता है वह सब देशों में काव्य की भाषा को मुखर बना देता है, उसमें सम्मूर्तन का रूप और आवेश का पंख लगा देता है।"[38] इस काव्य-चर्चा को समाप्त करते हुए निष्कर्ष रूप में कहना पड़ता है कि **जीवन के प्रति कवि-अनुभूत-भावों की सत्य पर रागात्मक (लयात्मक) अभिव्यक्ति ही काव्य है** जिसके लिए छन्द, मात्रा, काव्य-गुण, अलंकारादि का औचित्य-निर्वाह हो जाता है। कविता-वनिता के लिए प्रसाधन-तत्त्व—अलंकारादि सौंदर्य—भी अनिवार्य तो हैं, पर स्वाभाविकता के निर्वाह तक ही[39], जो बहुत दूर तक कवि-प्रतिभा और वर्णन-निपुणता पर निर्भर है। कवि के स्वभाव, संस्कार और युगीन परिवेश से इसमें परिवर्तन होते हैं, तब भी युगातीत जातीय वैशिष्टय की अन्तःसंलिला से उसे सर्वथा मुक्त करना असम्भव है।

3.2. काव्य-हेतु

काव्य-हेतु का अर्थ है—'काव्य के कारण' **काव्य-सर्जन की सामर्थ्य उत्पन्न करने वाले साधन** अथवा **काव्य-सर्जन के कारण-रूप उपादान अथवा** वे साधन जो काव्य-रचना में सहायक होते हैं। आधुनिक शब्दावली में इन्हें **काव्य-रचना की प्रेरक शक्तियों के रूप में स्वीकार किया जायेगा।**

काव्य-सर्जन को भारतीय चिन्तकों ने बड़ा महत्वपूर्ण स्थान प्रदान किया है।[40] इसीलिए काव्य-सर्जन के कारण-रूप मूल उपादानों पर आचार्यों ने गम्भीरता से विचार किया है। काव्य-सर्जन में सर्जक की **प्रतिभा** को सर्वाधिक श्रेय दिया

38. ऐतिहासिक साहित्यशास्त्र (भूमिका), पृ.-5
39. A figure looks best when it escapes one's notice that it is a figure. — लोंजाइनस — 'ऑन दि सब्लाइम'
40. क. काव्यालापाश्च ये केचिद्गीतकान्यखिलानि च।
शब्दमूर्त्तिधरस्यैते विष्णोरंशा महात्मनः।। —विष्णु पुराण 1/22/85
ख. नरत्वं दुर्लभं लोके विद्या तव सुदुर्लभा।।
कवित्वं दुर्लभं तत्र शक्तिस्तत्र सुदुर्लभा।—अग्निपुराण 337/3-4
ग. अपारे काव्य संसारे कविरेव प्रजापतिः।
यथास्मै रोचते विश्वं तथेदं परिवर्तते।। —अग्निपुराण 338/10।
घ. एकः शब्दः सम्यक् ज्ञातः सुष्ठु सुप्रयुक्तः स्वर्गे लोके च कामधुग्भवति।—पतंजलि।

गया है।[1] शब्दार्थों का संयोजन कर कवि बनने का शौक पूरा करना और बात है, पर सच्चे अर्थों में कवि होना और बात। तभी अधिकांश प्रयोगकर्त्ता तुक्कड़ों की कोटियों में ही सिमटते हुए दिखायी पड़ते हैं। कवि भले ही रोज पैदा होते हों, पर सच्चे कवि और महाकवि का जन्म तो कभी-कभार ही होता है। पुनः अमरता तो किसी-किसी का काव्य ही प्राप्त करता है। तभी कवि-वाणी का जयघोष करते हुए कहा गया है कि महाकवियों के काव्य का स्वरूप लोकातिक्रान्त होता है। कारण, अचेतन भावों को भी सचेतन करते हुए उन्हें भावक के हृदय में संक्रान्त करने वाली कवि-वाणी सामर्थ्यशाली होती है।[2] इसके बावजूद काव्यशास्त्रियों ने काव्य के कारण-रूप उपादानों (काव्य-हेतुओं) पर जो विचार किये हैं, वे काव्य को अलौकिक और अपौरुषेय नहीं, प्रत्युत सर्वथा लौकिक और मानवी ही बनाते हैं।

काव्य-हेतु की संख्या के सम्बन्ध में मतैक्य नहीं है, पर **आ. मम्मट** द्वारा स्वीकृत तीन हेतुओं[3] में सभी के मतों का समाहार हो गया है। वे इस प्रकार हैं–(1) **शक्ति** अथवा **प्रतिभा** (2) **निपुणता** अथवा **व्युत्पत्ति** और (3) **सतत अभ्यास**। परिवर्तित परिस्थितियों में इधर कुछ नये विचार भी आये हैं। भगीरथ मिश्र का विचार है कि "प्रतिभा और व्युत्पत्ति होने पर भी हो सकता है कि काव्य की रचना न हो। अतः काव्य की प्रेरणा देने वाली वृत्तियों को भी हम काव्य-कारण के क्षेत्र से बहिष्कृत नहीं कर सकते। ये वृत्तियाँ हैं–आत्माभिव्यक्ति, सौन्दर्य के प्रति आकर्षण और कौतुक। अंतिम दो वृत्तियाँ पृष्ठभूमि तैयार करती हैं और प्रथम द्वारा काव्य-रचना की प्रेरणा मिलती है।"[4] इसीलिए वे सब विचारों को संकलित करते हुए काव्य के तीन कारण मानते हैं–**प्रेरक** कारण, **निमित्त** कारण और **उपादान** कारण। पूर्वाचार्यों द्वारा स्वीकृत प्रतिभा को वे निमित्त कारण एवं व्युत्पत्ति और अभ्यास को उपादान कारण कहते हैं। उनकी यह मान्यता अप्रासंगिक, अनुचित अथवा अहेतुकी नहीं है। अतः काव्य-हेतुओं को अग्रांकित तालिका द्वारा स्पष्ट किया जाता है :

---

1. क. काव्यं तु जायते जातु कस्यचित् प्रतिभावतः। – भामह।
   ख. कवित्त्वबीजं प्रतिभानम्। – वामन।
   ग. सा (शक्तिः) केवल काव्यहेतुः। –राजशेखर।
   घ. न काव्यार्थ विरामोऽस्ति यदि स्यात् प्रतिभा गुणः।–आनन्दवर्धन।
   ङ. प्रतिभैव श्रुताभ्यासहिता कविता प्रति।
   हेतुर्मृदम्बुसम्बद्ध बीजोत्पत्तिर्लतामिव।। – जयदेव
   च. प्रतिभैव च कवीनां काव्यकारणकारणम्।
   व्युत्पत्यभ्यासौ तस्या एव संस्कारकारकौ न तु काव्यहेतू।।–हेमचन्द्र।
2. अतह ठ्ठिए वि तहसण्ठिए ब्व हिअअम्मि जा णिवेसेइ।
   अत्थविसेसे सा जअइ विकऽ कइगोअरा वाणी।।
3. शक्तिर्निपुणता लोकशास्त्रकाव्याद्यवेक्षणात्।
   काव्यज्ञशिक्षयाभ्यास इति हेतुस्तदुद्भवे।।–का. प्रकाश 1/3।
4. काव्यशास्त्र, पृ.-25

काव्य-हेतु

- प्रेरक हेतु (परिस्थितियाँ)
- निमित्त हेतु (प्रतिभा)
  - सहजा
  - उत्पाद्या
- उपादान हेतु
  - व्युत्पत्ति
  - अभ्यास

इससे स्पष्ट है कि काव्य-हेतुओं की कुल संख्या चार होंगी—1. प्रेरणा, 2. प्रतिभा, 3. व्युत्पत्ति और 4. अभ्यास। इन पर अपेक्षित चर्चा आगे की जाती है।

1. प्रेरणा

प्रेरणा से तात्पर्य है प्रेरक कारण। इसके अन्तर्गत कवि की वैयक्तिक और उसके चतुर्दिक परिवेश की परिस्थितियाँ आती हैं। कवि की वैयक्तिक, पारिवारिक, सामाजिक, आर्थिक, धार्मिक परिस्थितियाँ और उसकी निजी प्रकृति काव्य-रचना को सर्वाधिक प्रभावित करती हैं। साथ ही कवि जिस युग में जीता है वह युग-धर्म भी उसे प्रेरित-प्रभावित करता है। कवि जिस जाति, समाज और राष्ट्र का घटक होता है उसकी स्थितियाँ भी काव्य-रचना में अनुकूलता अथवा प्रतिकूलता उत्पन्न करती हैं। कवि का चतुर्दिक परिवेश काव्य-रचना का प्रेरक होता है। ये सभी प्रेरणा (प्रेरक कारण) के अन्तर्गत ही स्वीकार किये जायेंगे।

2. प्रतिभा

प्रतिभा को ही रुद्रट, राजशेखर, मम्मट आदि ने 'शक्ति' कहा है। भट्टतौत के अनुसार **नये-नये भावों के उन्मेष से मुक्त प्रज्ञा ही प्रतिभा है**।[5] विद्याभूषण और क्षेमेन्द्र को भी यही मान्य है। यह व्याख्या बहुस्वीकृत है। अभिनवगुप्त ने इसे ही किंचित् परिष्कृत रूप में उपस्थित किया है।[6] इस लक्षण में **मौलिक उद्भावना** पर बल दिया गया है, किन्तु राजशेखर, कुन्तक, पं. जगन्नाथ आदि कृत व्याख्याओं में **अभिव्यक्ति** पर अधिक बल है।[7] बाग्भट्ट की व्याख्या में दोनों का समन्वय मिलता

---

5. 'प्रज्ञा नवनवोन्मेषशालिनी प्रतिभा मता।'—विद्यानाथ ने 'काव्यकौस्तुभ' में एवं क्षेमेन्द्र ने 'औचित्य-विचार-चर्चा' की 35वीं कारिका में इसे ही उधृत किया है।
6. 'प्रतिभा' अपूर्ववस्तुनिर्माणक्षमा प्रज्ञा; तस्या विशेषो' रसावेशवैशद्यसौन्दर्य। काव्यनिर्माणक्षमत्वम्।—ध्व. लोचन 1/6, पृ. 13-14।
7. क. या शब्दग्रामम्, अर्थसार्थम्, अलंकारतंत्रम्, उक्तिमार्गम् अन्यदपि ह्रदयं प्रतिभासयति सा प्रतिभा।—काव्यमीमांसा, चतुर्थ अ., पृ.-30।
   ख. प्रतिभा प्रथमोद्भेदसमये यत्र वक्रता।
   शब्दाभिधेययोरन्तः स्फुरती विभाव्यते।। —व. जी. 1/34।
   ग. काव्यघटनानुकूलशब्दार्थोपस्थितिः।—र. गंगाधर (काव्यमाला, पृ.-8)।

है। उनकी राय में "सत्कवि के प्रसन्न (ललित) पदों में अभिव्यक्त नव्यार्थ से पूर्ण युक्तियों को उद्‌बुद्ध कर चतुर्दिक प्रसरित होने वाली चमत्कारिक बुद्धि ही प्रतिभा है।"[8] इस प्रकार मौलिक सूझ यानी उद्‌भावना की नवीनता और अभिव्यक्ति की ललितता एवं संप्रेषणीयता, दोनों को प्रतिभा की परिधि में समेटने की चेष्टा हुई है। वामन ने प्रतिभा को जन्मांतर से प्राप्त संस्कार-विशेष कहा है। उन्होंने इसे ही 'कवित्व-बीज' भी माना है। उनके अनुरूप ही **मम्मट** का मत है कि "शक्ति (प्रतिभा) कवित्व का बीज-रूप संस्कार-विशेष है जिसके बिना काव्य प्रसरित नहीं होता।"[9] वस्तुतः प्रतिभा ही काव्य का सहज और प्रधान हेतु है। प्रचलित मान्यता है—कवि बनाये नहीं जाते, उत्पन्न होते हैं। काव्य-रचना में इसकी महत्ता इसी से स्पष्ट है कि कवित्व का बीज-रूप संस्कार-विशेष मानी गयी है।

रुद्रट ने प्रतिभा दो प्रकार की मानी है—**सहजा** और **उत्पाद्या**। सहजा स्वाभाविक प्रतिभा है। **दण्डी** ने इसे ही **नैसर्गिकी** कहा है। यह पूर्व जन्म से प्राप्त संस्कार-विशेष है। **अभिनवगुप्त** ने इसे **'प्राक्तन संस्कार'** कहा है। उत्पाद्या विभिन्न साधनों (शास्त्राध्ययन आदि) से अर्जित की जाती है।

राजशेखर ने प्रतिभा का अन्य प्रकार से भेद किया हे। उनके अनुसार भी प्रतिभा दो प्रकार की होती है—**कारयित्री** (काव्य-रचना कराने वाली) और **भावयित्री** (काव्य-बोध कराने वाली) । कारयित्री प्रतिभा (Genius) कवि का उपकारक होती है। वह तीन प्रकार की मानी गयी है—**सहजा** (पूर्व जन्म के संस्कार से प्राप्त, **आहार्या** (वर्तमान जन्म के संस्कार से प्राप्त) और **औपदेशिकी** (देव-कृपा और मंत्र-तंत्रादि साधनों से प्राप्त)। भावयित्री प्रतिभा (Taste) का सम्बन्ध भावक (सहृदय, पाठक, आलोचक आदि) से होता है। काव्य-सर्जन और काव्यास्वादन की दृष्टि से प्रतिभा के प्रकार में अन्तर होना अस्वाभाविक नहीं है, किन्तु अपने भावों को दूसरों तक संप्रेषित करने की दृष्टि से कवि और भावक की प्रतिभा में अन्तर नहीं होता।

पाश्चात्य विचारकों ने 'इमैजिनेशन', 'पोयटिक सेंस', "इन्टयूटिव फैकल्टी आदि शीर्षकों के अन्तर्गत अनेकविध विचार किये हैं। वे सभी विचार प्रतिभा के विस्तृत विवेचन की परिधि में ही सिमटते हैं। **स्पिनगार्न** द्वारा स्वीकृत 'जीनीयस' और 'टेस्ट' क्रमशः कारयित्री और भावयित्री प्रतिभा के ही किंचित् भिन्न रूप हैं। किन्तु सचाई यह है कि पश्चिम के अधिकांश विचारक 'इमैजिनेशन' (कल्पना), 'फैन्टेशिया' (मानस बिंब), 'फैन्टेसी' (जल्पना), 'फैंसी' (व्यामोह), 'इमेजरी' (काल्पनिक चित्रविधान), 'इंसपायरेशन' (अंत-स्फुरण), 'स्पौनटैनीटी' (मुक्त उद्‌गार), 'सेन्टिमेन्टलिटी' (भावुकता), 'एक्सटैसी' (उल्लास) आदि तक ही सोच सके हैं। ये सभी प्रतिभा की

8. प्रसन्नपदनव्यार्थयुक्त्युद्‌बोधविधायिनी।
स्फुरन्ती सत्कवेर्बुद्धिः प्रतिभा सर्वतोमुखी।—वाग्भटालंकार 1/4।

9. शक्तिः 'कवित्वबीजरूपः संस्कारविशेषः, या विना काव्यं न प्रसरेत,
प्रस्तुतं वा उपहसनीयं स्यात्।—मम्मट।

निम्नतम भूमिकाएँ भर कही जायेंगी। **टी. एस. एलियट** को काव्य-हेतु के रूप में वस्तुमूलक समरूपता (Objective Correlative) का सिद्धान्त मान्य हैं साहित्याचार्यों के प्रतिकूल मनोवैज्ञानिकों ने 'काम' (फ्रायड), 'प्रभुत्व-कामना' (एडलर), 'कलेक्टिव अनकाँन्शस' (जुंग) आदि को ही मूल प्रेरक तत्त्व के रूप में स्वीकार किया है। इन सब का समाहार प्रायः 'प्रतिभा' में ही हो जाता है।

3. व्युत्पत्ति

व्युत्पत्ति का अर्थ है बहुज्ञता। **मम्मट** ने इसे ही निपुणता के नाम से व्याख्यायित किया है। प्रतिभा के समर्थक आचार्य व्युत्पत्ति को प्रायः महत्त्व देना ही नहीं चाहते हैं, किन्तु अधिकांश आचार्यों ने इसे प्रतिभा का संस्कारक माना है। केवल **राजशेखर** का मत किंचित् भिन्न है। **मम्मट** ने प्रतिभा को महत्त्व देने के साथ ही व्युत्पत्ति (निपुणता) की महत्ता भी स्थिर की। इसकी उपलब्धि के लिए उन्होंने तीन बातों को आवश्यक माना—(क) लोकजीवन का निरीक्षण एवं उससे संचित अनुभव, (ख) विभिन्न शास्त्रों का तत्त्वानुशीलन और (ग) पूर्वरचित काव्यों का अध्ययन एवं इतिहासादि का विमर्श। ऐसा करने पर कवि बहुत और निपुण तो होता ही है, उसमें उचित-अनुचित अथवा ग्राह्य-अग्राह्य के चयन करने का विवेक भी होता है। संभवतः इसी कारण आचार्यों ने उचित-अनुचित के विवेक[10] को व्युत्पत्ति कहा है।

4. अभ्यास

निरन्तर प्रयास करते रहना ही अभ्यास है। इसे भी प्रतिभा का पोषक माना गया है। दण्डी की मान्यता है कि सतत अभ्यास के परिणाम स्वरूप क्षीण प्रतिभा के कवि भी श्रेष्ठ रचना करने में समर्थ होते हैं[11] (श्रेष्ठ कवियों की गोष्ठी में विहार करने योग्य हो जाते हैं) : **'करत-करत अभ्यास ते, जड़मति होत सुजान'**। अभ्यास की स्वरूप-व्याख्या करते हुए **मम्मट** ने कहा है कि काव्य-सर्जन या काव्य-मूल्यांकन में पटु व्यक्तियों के निर्देशानुसार काव्यमय सन्दर्भों की रचना एवं तदनुकूल पदयोजना हेतु किया गया निरन्तर परिश्रम ही अभ्यास है।[12] राजशेखर के साक्ष्य से पता चलता है कि आ. **मंगल** अभ्यास को ही प्रमुख हेतु मानते हैं। उनके अनुसार अनवरत अनुशीलन ही अभ्यास है।[13]

---

10. क. छन्दोव्याकरणकलालोक स्थितिपद् पदार्थ विज्ञानात्।
    युक्तायुक्तविवेको व्युत्पत्तिरियं समासेन।।—रुद्रट (काव्यालंकार 1/18)।
    ख. उचितानुचितविवेको व्युत्पत्तिः।—राजशेखर (काव्यमीमांसा, पंचम अ., पृ.-40)
11. कृशे कवित्वेऽपि जनाः कृतश्रमाः विद्ग्ध गोष्ठीषु विहर्तुमीशते।—काव्यादर्श 1/105।
12. काव्यं कर्त्तुं विचारयितुं च ये जानन्ति तदुपदेशेन करणे योजने पौन पुण्येन प्रवृत्ति।—का. प्रकाश 1/3
13. अभ्यासः (काव्यकर्मणि परं व्याप्रियते) इति मंगलः। अविच्छेदेन शीलनमभ्यासः। स हि सर्वगामी सर्वत्र निरतिशयं कौशलमाधत्ते।—काव्यमीमांसा (चतुर्थ अ.), पनृ.-28।
14. काव्यकर्माणि कवेः समाधिः परं व्याप्रियते, इति श्यामदेवः। मनस एकाग्रता समाधि। वही, पृ.-28
15. इति त्रयः समुदिताः न तु व्यस्ता, तस्य काव्यस्योद्भवे निर्माणे समुल्लासे च हेतुर्न तु हेतवः—काव्यप्रकाश 1/2।

काव्य-हेतु में राजशेखर ने **श्यामदेव** के मतानुसार 'समाधि' (मन की एकाग्रता) का भी उल्लेख किया है[14] **वामन** ने समाधि को ही 'अवधान' कहा है। वस्तुतः आभ्यान्तर प्रयत्न होने के कारण रसमाधि की सत्ता प्रतिभा से अभिन्न ही मानी जायेगी। **मम्मट** समन्वय और सामंजस्य के विश्वासी थें तभी उन्होंने जहाँ 'प्रतिभा' (शक्ति), 'व्युत्पत्ति' (निपुणता) और 'अभ्यास' की स्वतंत्र सत्ता और महत्ता स्थापित की, वहीं काव्य-सर्जन में तीनों के परस्परालम्बित एकरूप को महत्त्व दिया[15] —तीनों स्वतंत्र रूप में शास्त्रतः विवेच्य (Logically distinguishable) होते हुए भी व्यवहारतः अविभाज्य (practically inseparable) माने गये। इस प्रकार 'प्रेरणा' और 'प्रतिभा' का महत्त्व स्वयंसिद्ध है। काव्य-हेतुओं में 'प्रतिभा' की सर्वोपरि महत्ता और श्रेष्ठता की किसी प्रकार की चुनौती नहीं दी जा सकती।

3.3. काव्य-प्रयोजन

व्यक्ति का कोई कार्य निष्प्रयोजन नहीं होता। काव्य-रचना में भी कवि का कोई-न-कोई प्रयोजन अवश्य होता है। कर्त्ता की प्रत्येक कृति किसी हेतु का परिणाम और किसी प्रयोजन का वरदान होती है। 'प्रयोजन' का अर्थ है **कारण भूत उद्देश्य**। काव्य-प्रयोजन पर विचार करने का तात्पर्य है उस उद्दरेश्य पर विचार करना जिसकी पूर्ति के लिए कवि काव्य की रचना करता है।

काव्य प्रयोजन का प्रथम उल्लेख **भरतमुनि** ने ही किया है। उनके अनुसार (दृश्य) काव्य का मुख्य प्रयोजन लोकरंजन[1] है। **भामह** ने चतुःपुरुषार्थों की प्राप्ति, कलाओं में वैचक्षण्य, कीर्ति और प्रीति को काव्य-प्रयोजन माना है।[2] परवर्त्ती आचार्यों में अलंकारवादियों ने 'कीर्ति' और 'प्रीति' पर बल दिया[3], पर ध्वनिवादियों ने मात्र 'प्रीति' को ही महत्त्व दिया।[4] हिन्दी के कवियों-आचार्यों ने प्रायः 'स्वान्तः सुखाय' और 'सुरसरि सम कहँ हित' (**तुलसी**), 'हृदय को मुक्तावस्था में लाना' (**आ. शुक्ल**), 'मानव-हित' (**आ. हजारी प्र. द्विवेदी**), 'आत्माभिव्यक्ति' (**डॉ. नगेन्द्र**), 'आत्मानुभूति' (**नन्ददुलारे वाजपेयी**), 'आत्महित' (**गुलाबराय**) आदि को काव्य-प्रयोजन स्वीकार किया है। संख्यात्मक वृद्धि को यदि ध्यान में रखा जाये, तो कहा जायेगा कि अपनी समन्वयात्मक दृष्टि के कारण **मम्मट** ने प्रायः सभी के मतों का अन्तर्भाव कर लिया

---

1. क. विनोदकरणं लोके नाट्यमेतद् भविष्यति। — नाटयशास्त्र
   ख. विनोदजननं लोके नाट्यमेतद् भविष्यति। — वही
2. धर्मार्थकाममोक्षेषु वैचक्षण्यं कलासु च।
   करोति कीर्तिं प्रीतिञ्च साधुकाव्यनिवेषणम्।। — भामह
3. क. काव्यं सद् दृष्टादृष्टार्थ प्रीतिकीर्ति हेतुत्वात्। — वामन
   ख. कविः कीर्तिं प्रीतिञ्च विन्दति। — भोजराज
4. तेन ब्रूमः सहृदयमनः प्रीतये तत्सवरूपम्। — ध्वन्यालोक 1/1

है। **मम्मट** द्वारा परिगणित छह काव्य-प्रयोजनों में ही सब सिमट जाते हैं। वे ये हैं[5]

1. यशोलाभ	2.अर्थलाभ
3. व्यवहारज्ञान (व्युत्पत्ति)	4.शिवेतरक्षय (अनिष्ठ-निवारण)
5. सद्यः परनिर्वृति (आनन्दलाभ; प्रीति)	6. कान्तासम्मिततयोपदेश

1. यशोलाभ—नश्वर प्राणी यशोलाभ द्वारा अनश्वर बनता है। इसी से यश काव्य-रचना का प्रथम प्रयोजन कहा गया है। इसकी महत्ता इसी से विदित है कि 'गीता (11/13) में निष्काम कर्म की उक्ति को 'यशो लभस्व' से पुष्ट किया गया है। यश-प्राप्ति की आकांक्षा मानव की दुर्बलता है। इस प्रयोजन को पश्चिम में भी स्वीकार किया गया है।[6] तुलसी का 'स्वान्त सुखाय', डॉ. नगेन्द्र की **'आत्माभिव्यक्ति'**, वाजपेयी की **'आत्मानुभूति'**, गुलाबराय का **'आत्महित'** आदि, सब का मोटे तौर पर इसी में अन्तर्भाव हो जाता है। यशोलाभ न केवल कर्त्ता के कृतित्व के श्रम का पुरस्कार है, प्रत्युत उसके अमरत्वलाभ का साधन भी[7]। यह प्रयोजन उभय पक्षीय हे। श्रेष्ठ रचना से कवि तो अमरत्व लाभ करता ही है, वह रचना के माध्यम से दूसरों का भी यश-विस्तार करता है।

2. अर्थलाभ—दूसरा काव्य-प्रयोजन है अर्थलाभ। यह ठीक है कि काव्य का अर्थगत मूल्यांकन नहीं हो सकता, पर काव्यकार की भी दैनंदिन आवश्यकताएँ होती हैं जिनकी पूर्ति के लिए अर्थ की आवश्यकता है। संस्कृत, हिन्दी के अनेक कवियों को पहले राजाश्रय प्राप्त था जिससे उन्हें भौतिक सुखोपोग की सुविधाएँ प्राप्त थीं। आज भी साहित्यकारों को पुरस्कार, सम्मान आदि प्राप्त होते हैं। रचनाओं से पारिश्रमिक भी प्राप्त होते हैं। अर्थ की समस्या को नकारा नहीं जा सकता। इतना अवश्य है कि यह प्रयोजन एकपक्षीय—मात्र कवि-पक्ष से ही सम्बन्धित है।

3. व्यवहारज्ञान—तीसरा प्रयोजन है व्यवहारज्ञान। इसका अपर नाम 'व्युत्पत्ति' भी है। स्पष्ट शब्दों में इसे प्रतिभा-विकास कहना संगत है। यह प्रयोजन भी उभयपक्षीय है। काव्यानुशीलन से पाठक को और काव्य-रचना से कवि (कर्त्ता) को लोक-व्यवहार का ज्ञान प्राप्त होता है। काव्य-रचना के पूर्व कवि अपने लोक-ज्ञान को निश्चित कर लेता है और पाठक उसकी कृति को पढ़कर उस समय की रीति-नीति, लोक-विश्वास आदि का ज्ञान प्राप्त करता है। कालिदास, सूर, तुलसी, बिहारी आदि की कृतियों को पढ़कर पाठक उनके युग से साक्षात्कार करता है। यहीं

---

5. काव्यं यशसेऽर्थकृते व्यवहारविदे शिवेतरक्षतये।
सद्यः परनिर्वृतये कान्तासम्मिततयोपदेशयुजे।।—का. प्रकाश 1/2
6. Fame is the last infirmity of noble minds. – मिल्टन
7. जयन्ति ते सुकृतिनो रससिद्धाः कवीश्वराः।
नास्ति येषां यशःकाये जरामरणजं भयम्।।— भर्तृहरि

ध्यातव्य है कि काव्य से प्राप्त होने वाला ज्ञान पाण्डित्य नहीं है। वह लोक-व्यवहार के लिए 'आवश्यक चातुर्य' भी नहीं है। काव्यानुशीलन से प्राप्त व्यवहार-ज्ञान अथवा व्युत्पत्ति का अर्थ है काव्यास्वाद के लिए आवश्यक भावक-प्रतिभा का विकास।[8] **''भाव-प्रसार द्वारा कर्मण्य के लिए कर्मक्षेत्र का विस्तार''**[8क] करने की बात कह कर आ. शुक्ल ने इस प्रयोजन के महत्त्व को स्वीकार किया है।

4. शिवेतरक्षय—चौथा प्रयोजन है शिवतेरक्षय अर्थात अनिष्ट का निवारण। स्तुतिपरक काव्यों की रचना इसी प्रयोजन से होती रही है। मम्मट ने मयूर कवि का उदाहरण दिया है जिनके कुष्ट की समाप्ति सूर्य की शतश्लोकात्मक स्तुति से हुई थी। कहा जाता है कि बाहुपीड़ा-निवारणार्थ तुलसी ने 'हनुमान बाहुक' की रचना की थी। आज दैवी शक्तियों की स्तुति बात भले ही अटपटी लगे, पर उसकी जगह मानवी शक्तियों से प्राप्त होने वाले कष्टों के निवारणार्थ काव्य-रचना में पर्याप्त वृद्धि हुई है। मात्र वैयक्तिक कष्ट के निवारणार्थ ही नहीं, वरन् समाज और राष्ट्र के सामूहिक कष्ट के निवारणार्थ भी काव्य रचे जाते हैं। युद्ध, साम्प्रदायिकता आदि अनिष्टों के प्रेरक तत्त्वों के मूलोच्छेदन के लक्ष्य से आज काव्य का महत्त्व और भी बढ़ गया है।[9] । तुलसी का **'सुरसरि सम राब कहँ हित'**, आचार्य हजारी प्रसाद द्विवेदी का 'मानव-हित' आदि इसी प्रयोजन में परिगणित किये जायेंगे।

5. सद्यः परनिर्वृत्ति—काव्य का पाँचवाँ किन्तु शीर्षस्थानीय प्रयोजन है सद्यः परनिर्वृत्ति। काव्य का मूल प्रयोजन यही है। काव्य के पठन-श्रवण (आस्वादन) से प्राप्त होने वाले रसरूप 'आनन्द' का संकेत ही इस प्रयोजन में किया गया है।[10] ध्वनिवादियों की 'प्रीति' और आ. शुक्ल द्वारा संकेतित **'हृदय को मुक्तावस्था में ले जाना'** भी यही है। आ. मम्मट ने 'सकल प्रयोजन मौलिभूत' के रूप में रस-चर्वणा से प्राप्त जिस 'आनन्द' को लक्ष्य किया है, वह यही है। आ. मम्मट ने **'आनन्द'** के लिए तीन विशेषण दिये हैं—'सकल प्रयोजन मौलिभूतम्', 'रसास्वादनसमुद्भूतम्' और 'विगलितवेद्यान्तरम्'[11] कविता 'ह्लादैकमयी' कही गयी है। यह जितना आह्लाद और आनन्द पाठक को प्रदान करती है उतना ही कवि को भी। इसलिए यह प्रयोजन भी उभयपक्षीय है। डा. नगेन्द्र की 'आत्माभिव्यक्ति' और वाजपेयी जी

---

8. रसास्वादोपायस्वप्रतिभाविजृम्भारूपां व्युत्पत्तिम्। — लोचन

8. क. चित्तामणि (प्रथमभाग), पृ.-126

9. More and more mankind will discover that we have to turn to poetry to interpret life for us, to console us, to sustain us. Without poetry our science will apear incomplete and most of what now passes with us for religion and philosophy will be replaced by poetry. M- Arnold.

10. सहृद्यस्य तु काव्यश्रवणान्तरमेव सकलप्रयोजनेषूत्तमं स्थायिभावास्वादन समुद्भूतं वेद्यान्तरसम्पर्कशून्यं रसास्वादरूपमानन्दनम्। —काव्यप्रदीप 1/2

11. सकलप्रयोजन मौलिभूतं समनन्तरमेवरसास्वादनसमुद्भूतं विगलितवेद्यान्तरमानन्दम्। —काव्यप्रकाश 1/2.

की 'आत्मानुभूति' आदि को 'यशोलाभ' की अपेक्षा इसी प्रयोजन में स्थान देना अधिक संगत होगा। इसी वैशिष्ट्य के कारण काव्यानन्द ब्रह्मानन्द-सहोदर बनने में समर्थ होता है। पश्चिमी विचारक **अरस्तु** ने भी आनन्द को सर्वोपरि महत्व दिया है।[12] अन्य प्रयोजनों के परिणाम भले ही देर से प्राप्त हों, पर काव्य-सर्जन से कवि को और काव्यानुशीलन से पाठक को सद्यः आनन्दलाभ मिलता है।

6. **कान्तासम्मिततयोपदेश**—यह छठा और अन्तिम प्रयोजन है। इसका तात्पर्य है **सरस उपदेश**। इसे भी आनुषंगिक प्रयोजन माना गया है। उपदेश तीन प्रकार के कहे गये हैं (क) प्रभुसम्मित, (ख) सुहृत्सम्मित और (ग) कान्तासम्मित। जहाँ प्रभुसम्मित उपदेश आज्ञामूलक होने के कारण और सुहृत्सम्मित उपदेश विधि-निषेधमूलक होने के कारण अग्राह्य रह जाते हैं, वहाँ कान्तासम्मित उपदेश अपनी सरसता और व्यंजकता के कारण पूर्णरूपेण ग्राह्य बनते हैं। अनिंद्य सुन्दरी प्रेयसी से मिलने वाले संकेतों को किनारे कर देना सहज नहीं होता। कोरे उपदेशक और काव्यकार के दृष्टिकोण में अन्तर होने के कारण ही यह संभव होता है। काव्य-रस उपदेश-औषधि को मीठा बना देता है। इसकी तुलना '**गुड़जिह्विकया शिशूनिवौषधम्**' ('काव्य-प्रदीप'—1/2)—तिक्त औषधि की शर्करावेष्ठित बटी (Sugar-Coated pills) से की जाती है।

पश्चिमी साहित्यशास्त्रियों ने काव्य को कला के अन्तर्गत ही स्वीकार किया है। अतः कहा जायेगा कि कला-प्रयोजन ही वहाँ प्रकारान्तर से काव्य-प्रयोजन के रूप में मान्य है। वहाँ बहुचर्चित प्रयोजन अग्रांकित हैं—

1. कला कला के लिए – Art for Art's sake
2. कला सृजन की आवश्यकता के लिए – Art as Creative necessity
3. कला जीवन के लिए – Art for life's sake.
4. कला जीवन में प्रवेश के लिए – Art as an entranace in to life.
5. कला सेवा के लिए – Art for service's sake.
6. कला जीवन से पलायन के लिए – Art as an escape from life.
7. कला आत्म-अनुभूति के लिए – Art for self-realisation.
8. कला आनन्द के लिए – Art for joy.
9. कला विनोद के लिए – Art for recreation.

ये सभी प्रयोजन किसी-न-किसी रूप में ऊपर विवेचित छहों काव्य-प्रयोजनों में ही देखे जा सकते हैं। इन सब को अन्तर्भाव उनमें ही हो जाता है। यहाँ केवल

12. The object of poetry as of all fine arts is to produce an emotional delight, a pure and elevated pleasure....It is a moment of joy complete in itself and belongs to the ideal sphere of of supreme happiness. – अरस्तू।

इतना संकेत करना ही पर्याप्त होगा कि प्रथम और द्वितीय प्रयोजन प्रायः 'स्वान्तः सुखाय' के निकट पड़ते हैं। तृतीय प्रयोजन का विचार, जिसमें चौथे और पाँचवें का भी प्रायः अन्तर्भाव है, 'शिवेतरक्षय' और 'कान्तासम्मिततयोपदेश' में ही मिल जाता है। इस प्रकार छठे की व्यर्थता स्वयंसिद्ध हे। सातवाँ प्रयोजन शीर्षस्थानीय महत्त्व का है जिसका अन्तर्भाव 'सद्यः परनिर्वृत्ति' में हो जाता है। आठवें और नवमें प्रयोजनों का सम्बन्ध क्रमशः रचना-शिल्प-सौन्दर्य और काव्य-पाठ से प्राप्त होने वाली जिन्दादिली से है जिसका अन्तर्भाव सातवें प्रयोजन में ही मानना चाहिए। अस्तु, स्पष्ट है कि भारतीय और पश्चिमी विचार में अन्तर नहीं के बराबर है। किंचित् भिन्नता यदि है भी तो उन्हें भिन्नता की अपेक्षा भौमिक विशिष्टता ही मानना श्रेयस्कर है।

उपरि विवेचन से स्पष्ट है कि काव्य-प्रयोजनों में शीर्षस्थानीय महत्त्व का प्रयोजन है—**सद्यः परनिर्वृत्ति**। इसे ही **'आनन्दलाभ'** और **'प्रीति'** भी कहा गया है। अरस्तु का pleasure भी यही है। कलावादियों ने इसे ही **'कला आत्मानुभूति के लिए'** (Art for Self-realisation) के नाम से स्वीकृत और व्याख्यायित किया है।

3.4. काव्य के भेद

काव्य के भेद कई दृष्टियों से किये गये हैं, जिनमें प्रमुख ये हैं—(1) दृश्य-श्रव्य अथवा प्रयोजन के आधार पर, (2) शैली अथवा छन्द-प्रयोग की दृष्टि से, (3) अर्थ अथवा ध्वनितत्त्व की दृष्टि से, (4) बन्ध अथवा स्वरूप की दृष्टि से, एवं (5) कवि के आन्तर और बाह्य सम्बन्धों की दृष्टि से।

1. प्रयोजन/दृश्य-श्रव्य दृष्टि से

भारतीय आचार्यों ने इन्द्रियों को प्रभावित करने के प्रयोजन अथवा दृश्य-श्रव्य आधार पर दो प्रकार का काव्य स्वीकार किया—**दृश्य काव्य एवं श्रव्य काव्य**[1]। रंगमंच पर अभिनीत होने वाले[2] दृश्यकाव्य के अन्तर्गत रखे गये। ये अभिनयार्थ रचित होते थे। इनका अभिनय देखने से दर्शक इन्हें ग्रहण करता था। दृश्यकाव्य भी दो प्रकार के—रूपक और उपरूपक—स्वीकृत हुए। पुनः इनके और भी उपभेद हुए। सम्प्रति रूपक-उपरूपक के अवान्तर भेद व्यावहारिक दृष्टि से निश्शेष प्राय हो गये हैं। आज इन सब का अर्थबोध प्रायः 'नाटक' शब्द से हो जाता है। 'नाटक' में भी आज स्वरूपगत अनेक महत्त्वपूर्ण परिवर्तन हो गये हैं। दृश्यकाव्य की उपयोगिता अनपढ़ों के लिए भी है। उसे अभिनीत होते देख कर वे भी उतना ही आनन्द लाभ कर सकते

---

1. दृश्य-श्रव्यत्वभेदेत पुनः काव्यं द्विधा मतम्। – सा. दर्पण 6/1
2. दृश्यं तत्राभिनेयम्। – अभिनवगुप्त

हैं जितना पढ़ा-लिखि वर्ग। इस व्यावहारिकता ने ही इसे पाँचवाँ वेद का स्थान दिया होगा। भरतमुनि की मान्यता है–

> न वेदव्यवहारोऽयं संश्राव्यः शूद्रजातिषु।
> तस्मात् सृजापरं वेदं पञ्चमं सार्ववर्णिकम्।।–नाटयशास्त्र 1/12

कालिदास के अनुसार नाटक सब प्रकार की बुद्धि और रुचि के अनुकूल होता है।[1] आजकल नाटक को अभिनीत होते देखकर ही नहीं, पढ़कर और सुनकर (रेडियो आदि से प्रसारित) भी आनन्द लाभ किया जाता है। अस्तु, इसे भी तीन विभागों में रखने की आवश्यकता है–'नाट्य', 'पाठ्य' और 'श्रव्य'।

कानों से सुनकर जिनका आनन्द पाया जाय, वे श्रव्य काव्य कहे गये। किन्तु, श्रव्य काव्यों का आनन्द पढ़कर भी पाया जाता है। यह परम्परा अति प्राचीन हे। वाल्मीकीय **रामायण** को पढ़ने और गाने, दोनों में मधुर कहा गया है।[2] उसकी गेयता प्रशंसनीय है।[3] इस प्रकार श्रव्यकाव्य के भी 'पाठ्य' और 'श्रव्य' दो विभाग होंगे। दर्शन तथा श्रवणेन्द्रियों के आधार पर किया गया काव्य का यह वर्गीकरण प्रचीनतम है। यह वर्गीकरण ऐसा सोचने को बाध्य करता है कि **अति प्राचीन समय में काव्य-प्रचार के दो मुख्य साधन थे–अभिनय और गायन**। अभिनय आँख और कान दोनों को प्रभावित करता था, जबकि गायन केवल कानों को। काव्य का आस्वादन पढ़ कर भी किया जाता था, पर पठन का स्थान और महत्त्व अभिनय और गायन के पश्चात् यानी तीसरे स्थान पर था। इस विभाजन को तालिका द्वारा निम्नांकित रूप में प्रस्तुत किया जाता है–

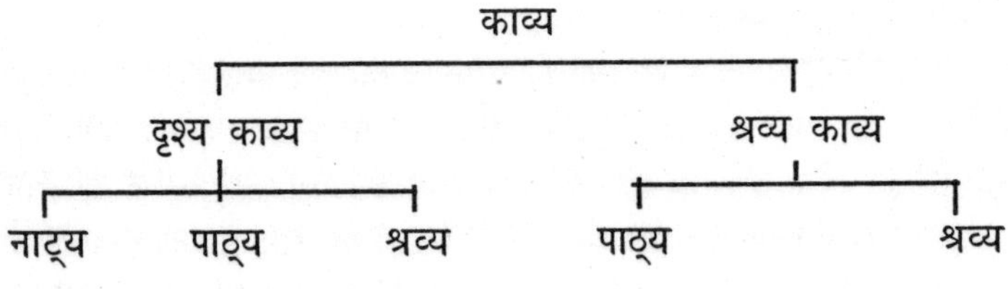

2. शैली/छन्द-प्रयोग की दृष्टि से

शैली का तात्पर्य यहाँ शाब्दिक अभिव्यक्ति-शैली से है। शाब्दिक अभिव्यक्ति मूलतः दो प्रकार की होती है–**साधारण** अथवा **स्वाभाविक** और **असाधारण** अथवा

1. नाटयं भिन्नरुचेर्जनस्य बहुधाप्येकं समाराधनम्। – मालविकाग्मित्र 1/4
2. पाठ्ये गेये च मधुरं प्रमाणैस्त्रिभिरन्वितम्। – रामायण 1/4/8
3. मध्येसभं समीप स्थाविदं काव्यंगायताम्।
   तच्छुत्वामुनयः सर्वे वाष्पपर्याकुलेक्षणा।। – वही 1/4/15

लयात्मक। प्रथम से गद्य की उत्पत्ति होती है और द्वितीय से पद्य की। पुनः इन दोनों के योग से अन्य काव्य-विधाएँ विकसित होती हैं। स्वाभाविकता, तीव्रता, सांकेतिकता, नाटकीयता आदि के कारण ही शाब्दिक अभिव्यक्तियाँ विभिन्न विधाओं का रूप ग्रहण करती हैं। प्राचीन काव्यशास्त्रियों द्वारा स्वीकृत गद्य और पद्य के विभिन्न रूप इसी का साक्ष्य उपस्थित करते हैं। इसी कारण संस्कृताचार्यों ने शैली अथवा छन्द-प्रयोग के अनुसार काव्य के तीन भेद किये हैं—पद्य, गद्य और मिश्र (चम्पू)।

पद्य, कर्त्ता (कवि) की असाधारण अथवा लयात्मक अभिव्यक्ति का परिणाम है। इसका सम्बन्ध 'पद्' धातु से है। **पदयुक्त रचना पध है**। अर्थात् पद्य, काव्य-रचना की वह विशिष्ट शैली है जिसमें छन्द-विधान आवश्यक है। कवि **अज्ञेय** के अनुसार छन्द कविता (पद्य) की आँख है।[1] पद्य में व्याकरणिक नियमों के सामान्य क्रम का उल्लंघन भी किया जा सकता है। इसमें भावों का प्राधान्य होता है। श्रवण-सुखदता, लयात्मकता, सांगीतिकता, मधुरता जैसे गुण इसमें सहज ही होते हैं। मूलतः हर जीवन के रागात्मक और भावात्मक पक्ष से सम्बन्धित होता है। भारतीय आचार्यों ने अनेक बार 'पद्य', 'काव्य' और 'कविता' तीनों को समान अर्थ में भी प्रयुक्त किया है। वर्तमान समय में इस स्थिति में पर्याप्त बदलाव हो गया है। 'पद्य' का छन्दोबद्ध होना अनिवार्य है, पर 'कविता' के लिए छन्द की अनिवार्यता नहीं रह गयी है। आज कविता गद्य में भी लिखी जाती है जिसे गद्य-गीत या गद्य-कविता (prose poem) की आख्या मिली है। काव्य और छन्द पर विचार करते हुए रवीन्द्रनाथ ठाकुर ने मत व्यक्त किया है कि, "काव्य का लक्ष्य हृदय-जय करना है, चाहे पद्य के घोड़े पर सवार होकर हो या गद्य की पैदल मात्रा से हो।"[2] कविता गद्य में भी हो सकती है, पद्य में भी हो सकती है और मुक्त छन्द में भी, पर पद्य केवल छन्दों में ही हो सकता है।

गद्य, पद्य का विपक्षी रूप है। गद्य, कर्त्ता की स्वाभाविक अभिव्यक्ति का परिणाम है। इसमें छन्द का बन्धन नहीं होता एवं वाक्य-विन्यास सदा व्याकरण के नियमों के अनुसार होता है। गद्य का सम्बन्ध 'गद्' धातु से है जिसका तात्पर्य 'बोलने' यानी बोल-चाल की भाषा से है। प्राचीनों ने कर्त्ता की परख के लिए गद्य को ही निकष स्वीकार किया है—'गद्यं कवीनां निकषं वदन्ति'। गद्य कर्त्ता के बौद्धिक पक्ष का प्रत्यक्षीकरण है। पद्य की सरलता, तरलता सांकेतिकता आदि के विपरीत गद्य में गंभीरता, गुरुता, बौद्धिकता आदि का आधिक्य होता है।

---

1. भवन्ती, पृ.-23
2. 'काव्येयर लक्ष्य हृदय जयकरा—पद्येर घोड़ाम होकु, आर गद्ये पा चलियेइ होकु।'

—साहित्येर स्वरूप, पृ.-36

गद्य और पद्य की मिश्रित शैली **चम्पू** या मिश्र काव्य है। संस्कृत, प्राकृतादि से लेकर आधुनिक भारतीय भाषाओं में इन तीनों शैलियों में विपुल रचनाएँ होती रही हैं। प्राचीनों ने गद्य और पद्य को विभिन्न रूपेण वर्गीकृत किया है। आज अनेक काव्यरूप विकसित-प्रचलित हो चुके हैं। अस्तु, उन्हें नवीन ढंग से वर्गीकृत करना आवश्यक हो गया है। इस सम्बन्ध में आवश्यक विचार यथास्थान आगे किया जायेगा।

3. अर्थ अथवा ध्वनितत्त्व की दृष्टि से

अर्थ अथवा ध्वनि-तत्व के अनुसार काव्य के तीन भेद मान्य हैं—(क) उत्तम अथवा ध्वनि-काव्य, (ख) मध्यम अथवा गुणीभूत व्यंग्य और, (ग) अवर अथवा चित्रकाव्य।

क. उत्तम / ध्वनिकाव्य

वाच्य अर्थ से व्यंग्य अर्थ में चमत्कार की योजना अधिक होने पर रचना उत्तम अथवा ध्वनिकाव्य कही जाती है।[1] यहाँ केवल अर्थग्रहण से काम नहीं चलता, वरन् बिम्ब-ग्रहण भी होता है। यथा—

साँप!
तुम सभ्य तो हुए नहीं, (न होगे)
नगर में बसना भी तुम्हें नहीं आया।
एक बात पूछूँ—(उत्तर दोगे?)
तब कैसे सीखा डसना—
विष कहाँ पाया?— —अज्ञेय, इन्द्रधनु रौंदे हुए ये।

यहाँ कवि साँप से पूछता है कि वह नगर में बस कर सभ्य तो हुआ नहीं, फिर उसने डराना— दूसरों को दंशित करना किससे सीखा और विष की प्राप्ति कहाँ से की। कविता के इस वाक्यार्थ से प्रतीयमान अर्थ निकलता है कि अपनी स्वार्थसिद्धि हेतु नगरवासी दूसरों को कष्ट पहुँचाते, दूसरों की निर्मम हत्या करते हैं। इस प्रकार वे विषाक्त हो गये हैं। इस सम्भावना का संकेत करके, कि साँप को डसने की शिक्षा नगरों से ही मिल सकती है, व्यंग्य को और भी तीखा बना दिया गया है। अर्थ की इसी प्रतीति के कारण यह 'उत्तम' अथवा 'ध्वनिकाव्य' बन सका है।

ध्वनि काव्य के अनेक भेद आचार्यों ने किये हैं। इस सम्बन्ध में आवश्यक विवेचन इसी पुस्तक में आगे 'ध्वनिकाव्य' शीर्षक से किया गया है। वे वहाँ द्रष्टव्य हैं।

---

1. इदमुत्तममतिशयनी व्यंग्ये वाच्याद् ध्वनिर्बुधैः कथितः। — का. प्रकाश 1/4

ख. मध्यम काव्य / गुणीभूत-व्यंग्य

व्यंग्य अर्थ का गौण हो जाना अथवा मुख्य अर्थ के तुल्य हो जाना ही मध्यम अथवा गुणीभूत-व्यंग्य काव्य है।[2] इस प्रकार का काव्य न तो उत्तम कोटि का होता है और न एकदम निम्नकोटि का। इसमें ध्वनि का चमत्कार सर्वोपरि नहीं होता, पर वह रमणीय अवश्य होता है। तात्पर्य यह कि शब्दार्थ सहज और रमणीय होते हैं, पर ध्वनि का चमत्कार गौण अथवा मन्द होता है। यथा–

सो रहा है झोंप अँधियारा
नदी की जाँघ पर :
डाह से सिहरी हुई यह चाँदनी
चोर पैरों से उझक कर
झाँक जाती है। अज्ञेय; हरी घास पर क्षण भर।

इस स्तवक में कवि ने नदी पर फैल रही वृक्षों की सघन छाया के अन्धकार पर चाँदनी की बिखरी किरणों के गिरने का दृश्य अंकित किया है, पर व्यंग्य-रूप में पूरे दृश्य को एक चेतना प्रदान करने का प्रयत्न किया है जो सम्पूर्ण दृश्य को मानव की एक परिचित भंगिमा प्रदान करती है। यहाँ मानवीय व्यापार का आरोप है। यहाँ व्यंग्यार्थ इतना स्पष्ट है कि 'ध्वनि' की सम्पूर्ण गरिमा ही समाप्त हो गयी है। अस्तु, यह उत्तम काव्य न होकर मध्यम अथवा गुणीभूत-व्यंग्य काव्य की श्रेणी में आ गया है। गुणीभूत-व्यंग्य के कई प्रकार स्वीकृत हैं। इस निमित्त इसी पुस्तक में आगे 'गुणीभूत-व्यंग्य' पठनीय है।

ग. अवर काव्य / चित्र काव्य

मुख्यार्थ की प्रधानता ही अवर काव्य है।[3] अवर काव्य का तात्पर्य वैसे काव्य से है जो श्रेष्ठ कोटि का नहीं (अ + वर) हो, अर्थात् उत्तम या मध्यम कोटि का न हो। आ. मम्मट ने इसे ही 'अधम' काव्य भी कहा है, पर 'अधम' की संज्ञा ठीक नहीं है। इसे ही चित्र-काव्य भी कहा गया है, जिसके दो भेद प्राचीनों द्वारा स्वीकृत हैं–**अर्थचित्र काव्य** और **शब्दचित्र काव्य**। 'शब्दचित्र' के अन्तर्गत 'चित्रालंकार' (खड्गबन्ध, मुरजबन्ध, अष्टदलपद्म बन्ध, पक्ष बन्ध आदि) रखे गये हैं। सम्प्रति हिन्दी-काव्य ने उन बन्धों का परित्याग कर दिया है। काव्य-चित्रों को हिन्दी काव्य में पर्याप्त महत्व मिला है। वस्तुतः काव्य में सफल चित्रों की योजना महत्ती उपलब्धि मानी जाती है, भले ही ध्वन्यार्थ-शून्य ही क्यों न हो। 'चित्रकाव्य' की पारम्परीण हीन

---

2. अतादृशि गुणीभूतव्यंग्यं व्यंग्ये तु मध्यमम्। – का. प्रकाश 1/4
3. शब्दचित्रं वाच्यचित्रमव्यंग्यं त्वक्दरं स्मृतम्। –का. प्रकाश 1/5

स्थिति से उबर कर हिन्दी की आधुनिक कविता ने उसे नयी महत्ता और अर्थवत्ता दी है। इस दृष्टि से अग्रांकित उदाहरण देखे जा सकते हैं। यथा–

अर्थचित्र – उड़ गयी चिड़िया
काँपी फिर
थिर
हो गयी पत्ती। – अज्ञेय, अरी ओ करुणा प्रभामय

क्वांर की पत्ती पर एक चिड़िया आकर बैठी थी किसी हलचल का आभास पाकर, पत्ती को ठेलती हुई फिर उड़ गयी जिससे पत्ती एक-दो बार काँपी और फिर स्थिर हो गयी। यहाँ एक अर्थचित्र भर है। यहाँ किसी प्रकार की 'ध्वनि' या 'व्यंग्यार्थ' प्रयत्नपूर्वक खोजने पर भी निराशा ही होगी। इस काव्य का धरातल उत्तम अथवा मध्यम काव्य के स्तर को तो नहीं है, पर आ. मम्मट के 'अधम' विशेषण का भी अधिकारी नहीं माना जा सकता, कारण इसमें 'क्षण' विशेष को उसकी समग्रता में चित्रित करने की क्षमता है और यही इसकी उपलब्धि भी है। **अर्थचित्र** का निम्नांकित उदाहरण भी उत्तम है–

पावस ऋतु थी पर्वत-प्रदेश
पल-पल परिवर्तित प्रकृति-वेश!
अपने सहस्र दृग-सुमन फाड़,
अवलोक रहा है बार-बार
नीचे जल में निज महाकार,
–जिसके चरणों में पला ताल
दर्पण-सा फैला है विशाल! –पंत, पर्वत-प्रदेश में पावस

सुमित्रानन्दन पंत की कविता से ही आगे शब्दचित्र के भी दो उदाहरण रखे जाते हैं। यथा–

(क) बाँसों का झुरमुट
संध्या का झुटपुट
हैं चहक रही चिड़ियाँ
टी. बी. टी-टुट्-टुट।

(ख) पपीहों की वह पीन पुकार
निर्झरों की भारी झर-झर
झींगुरों की झीनी झनकार
घनों की गुरु गंभीर घहर
बिन्दुओं की छनती छनकार
दादुरों के वे दुहरे स्वर
हृदय हरते थे विविध प्रकार
शैल-पावस के प्रश्नोत्तर।

4. बन्ध अथवा स्वरूप की दृष्टि से

बन्ध अथवा स्वरूप की दृष्टि से काव्य दो प्रकार के होते हैं–**प्रबन्ध** और **निर्बन्ध**। **प्रबन्ध** में कथा सानुबन्ध चलती है। इसमें कथानक का क्रम आरम्भ से अंत तक अटूट रहता है। **निर्बन्ध** काव्य कथानक-रहित होता है। इसमें कथा की निबद्धता की बात ही नहीं उठती है। इसमें छन्द स्वतंत्र और स्वतःपूर्ण रहते हैं। किसी विचार अथवा भाव को निरपेक्ष रूप में उपस्थित करना ही इनका लक्ष्य होता है। ऐसे ही काव्य **अनिबद्ध काव्य** अथवा **'मुक्तक काव्य'** भी कहे गये हैं। इसके कई अवान्तर भेद भी किये गये हैं। इस दृष्टि से समन्वयवादी आचार्य पं. विश्वनाथ का अग्रांकित वर्गीकरण देखा जा सकता है। यथा–

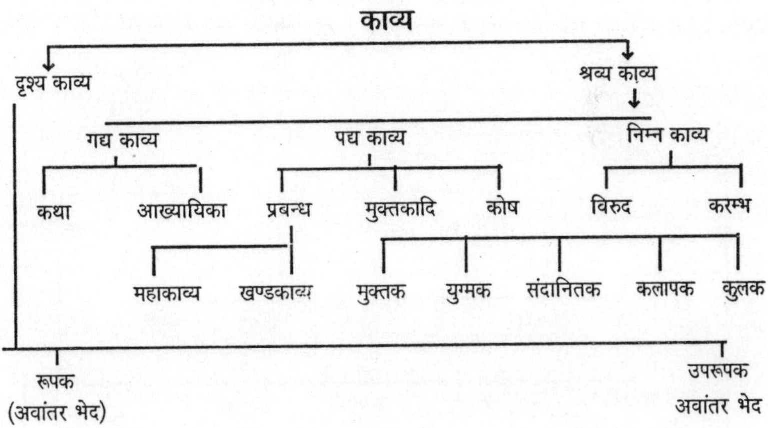

1. नाटक	2. प्रकरण	1. नाटिका, 2. त्रोटक, 3. गोष्ठी, 4. सट्टक
3. भाण	4. व्यायोग	5. नाट्यरासक, 6. प्रस्थानक, 7. उल्लाप्य, 8. काव्य
5. समवकार	6. डिम	9. रासक, 10. प्रेखण, 11. संलापक, 12. श्रीगदित
7. ईहामृग	8. अंक	13. शिल्पक, 14. विलासिका, 15. दुर्मल्लिका
9. वीधी	10. प्रहसन	16. प्रकरणिका, 17. हल्लीश और 18. भाणिका।

यद्यपि अपने युग के अनुरूप पं. विश्वनाथ ने यह वर्गीकरण स्वयं पर्याप्त परिष्कार-संस्कार के पश्चात् और कतिपय निश्चित आधारों पर प्रस्तुत किया था, तथापि यह वर्तमान समय में प्रचलित हिन्दी-काव्यरूपों के लिए उतना उपयुक्त नहीं रह गया है। इसमें भी परिष्कार और किंचित् परिवर्तन करने की आवश्यकता हो गयी है। पुनः उन्होंने 'काव्य' को समस्त 'ललित वाङ्मय' के अर्थ में स्वीकार किया है, तभी 'गद्य' को भी यहाँ स्थान मिला है। ध्यातव्य है कि आज 'गद्य' को काव्य में स्थान प्राप्त नहीं दिया जाता है। 'काव्य' अथवा 'कविता' शब्द कहने-सुनने से हमारे

मन में सर्वप्रथम यही बात आती है कि वह 'गद्य' नहीं है। अस्तु, काव्य का वर्गीकरण करते समय 'गद्य' को उसमें स्थान नहीं मिलना चाहिए। यों 'गद्य काव्य' नाम की एक स्वतंत्र विधा भी काफी लोकप्रिय हुई है। तब भी 'गद्य' को स्वतंत्र रूप से ही वर्गीकृत[1] करने की आवश्यकता है। अस्तु, मोटे तौर पर 'काव्य' का निम्नांकित रूप में वर्गीकरण किया जा सकता है। यथा–

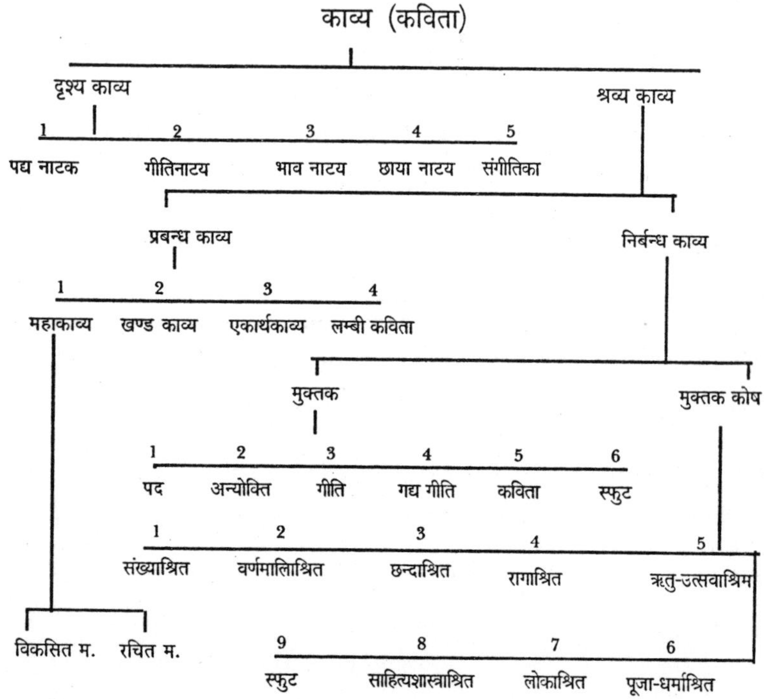

व्यावहारिक सुविधा और वर्तमान समय में हिन्दी में प्रचलित विधाओं की दृष्टि से उपरि वर्गीकरण अधिक समीचीन है। ध्यातव्य है कि पूर्व पृष्ठों में दृश्यकाव्य के तीन–'नाट्य', 'पाठ्य' और 'श्रव्य'–एवं श्रव्यकाव्य के दो–'पाठ्य' और 'श्रव्य'–भेद किये गये हैं। वे उपरि वर्गीकरण पर भी लागू हैं। इसी वर्गीकरण में जिसे **'गद्यगीति'** कहा गया है, उसे सम्प्रति **'गद्य-कविता'** (Prose Poem) के नाम से अधिक पहचाना जा रहा है। इसी प्रकार आजकल **'ठोस कविता'** (Concrete poem) का भी प्रचलन हो रहा है। इसे वर्गीकरण में स्थान नहीं मिला है–अभी इसे 'स्फुट' वर्ग

1. प्रस्तुत पुस्तक में 'गद्य' का अलग से वर्गीकरण किया गया है। साथ ही 'गद्य' और 'पद्य' के अन्तर को भी स्पष्ट किया गया है।

में ही रखना संगत है, क्योंकि वह विधा अभी तक पूर्णतः न तो स्थिर हुई है और न बहुमान्य ही।

उपरि वर्गीकरण में 'काव्य' शब्द 'कविता' के रूढ़ अर्थ में ही प्रयुक्त हुआ है। 'काव्य' का प्रयोग 'साहित्य' के रूढ़ अर्थ (यथा–'काव्यशास्त्र') में भी होता है। वैसी स्थिति में 'गद्य' की मौलिक अर्थ-भिन्नता है। इसलिए गद्य की विधाओं को उक्त वर्गीकरण में स्थान नहीं मिला है। संस्कृताचार्यों के समान ही 'काव्य' में आज 'गद्य विधाओं का अन्तर्भाव करना सम्भव नहीं है।' **'गद्यकाव्य'** शब्द सम्प्रति गद्य की एक विधाविशेष (गद्यगीत अथवा गद्यकविता से किंचित् भिन्न) का सूचक भर हो गया है। अस्तु, गद्य-विधाओं को अलग से वर्गीकृत करने की आवश्यकता है।

स्वाभाविक शाब्दिक अभिव्यक्ति ही गद्य है। सर्वमान्य गद्य-भाषा दैनन्दिन व्यवहार में कथित अथवा उच्चरित भाषा ही होती है। कथित भाषा में अनेकबार बदलाव भी आ जाता है। बदलाव मूलतः पारस्परिक वार्तालाप अथवा कथ्य के कथन में नाटकीयता, ऋजुता, चिन्तन-तत्त्व की प्रधानता और वर्णन-शैली की विविधता के कारण होता है। परिणामतः अभिव्यक्ति-भेद से गद्य की विभिन्न विधाएँ सहज ही रूप प्राप्त कर लेती हैं। नाट्य-विधाओं में जहाँ वार्तालाप का रूप मिलता है, वहाँ कथा-साहित्य में कथन का। इनके विपरीत रिपोर्ताज आदि में जहाँ वर्णन-वैविध्य को प्रमुखता प्राप्त होती है, वहाँ निबन्धादि में चिन्तन-तत्त्व प्रधान हो उठता है। तात्पर्य यह कि वार्तालाप, कथन, वर्णन और चिन्तन जैसी मुख्य प्रवृत्तियाँ गद्य-विधाओं की जननी हैं। इन्हें ध्यान में रखते हुए सम्प्रति हिन्दी-गद्य में प्रचलित विधाओं का जिस रूप में स्थूल व्यावहारिक वर्गीकरण किया जा सकता है, उसे अग्रांकित तालिका द्वारा प्रत्यक्ष किया जाता है। यथा–

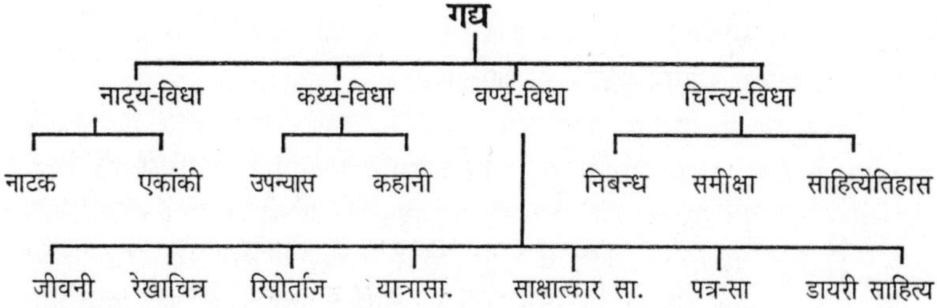

इनमें से नाटक, एकांकी, उपन्यास, कहानी, निबन्ध, समीक्षा, जीवनी आदि के अवान्तर विभाग भी कई आधारों पर सहजता पूर्वक ही किये जा सकते हैं।

साहित्यिक विधाओं के उपरि दोनों वर्गीकरणों की अपनी सीमाएँ हैं। अपनी सीमाओं में ही ये व्यावाहरिक हैं। आधुनिक युग की वैज्ञानिक उपलब्धियाँ इनकी

सीमाओं के भंजक हैं। आज कोई भी साहित्यिक विधा शुद्ध रूप में न तो मात्र 'दृश्य' कही जायेगी और न 'श्रव्य' अथवा 'पाठ्य' ही। आवश्यकतानुसार किसी भी विधा को दृश्य, श्रव्य अथवा पाठ्य बनाया जा सकता है। मुद्रण-यंत्रों की सुविधा से जहाँ प्रत्येक विधा को पाठय रूप में प्राप्त किया जा सकता है, वहाँ टेपरेकार्डर की सुलभता से उसे श्रव्य भी बना लिया जा सकता है। इसी प्रकार दृश्य-श्रव्य उपकरणों का सहारा लेकर प्रत्येक विधा को एक साथ ही देख-सुन कर भी आनन्द-लाभ किया जा सकता है। अस्तु, उपरि दोनों वर्गीकरणों की सीमाएँ स्वयं ही स्पष्ट हैं।

5. कवि के आन्तर और बाह्य सम्बन्धों की दृष्टि से

पाश्चात्य साहित्याचार्यों ने कवि के आन्तर और बाह्य सम्बन्धों के आधार पर काव्य के मोटे तौर पर दो विभाग किये हैं—(क) **व्यक्तिनिष्ठ** अथवा **विषयि प्रधान** (Subjective) और **वस्तुनिष्ठ** अथवा **विषय प्रधान** (Objective)। प्रथम में कवि निजी सुख-दुखात्मक अनुभूतियों (विषयी) को ही प्रकट करता है, और दूसरे में वह बहिर्जगत् से अपने को लीन करके बाह्य वस्तु (विषय) में सौन्दर्य का साक्षात्कार करता है। इसमें कवि विषय-वस्तु से यथासाध्य तटस्थता बनाये हुए कवि-कर्म करता है। प्रथम में सहज आत्माभिव्यक्ति होती है। बाह्य विषय से प्रेरणा ग्रहण कर उसमें कवि निःसंकोच भाव से स्वानुभूतियों को प्रकट करता है। परिणामतः विषयिप्रधान काव्य में वस्तु के यथातथ्य आकलन, चित्रण, वर्णन आदि का अभाव होता है। कवि की उद्दाम और आवेगपूर्ण अभिव्यक्ति का उसमें सहज प्रवाह होता है। इसके सर्वोत्तम उदाहरण गीत माने जायेंगे। गीत जहाँ विषयि-प्रधान होते हैं, वहीं महाकाव्य, ऐतिहासिक चरित्र आदि से सम्बन्धित प्रबन्ध और आख्यान विषय-प्रधान। विषयि-प्रधान कविताओं में तीन बातें प्रधान तौर पर प्राप्त होती है—**कल्पना, अनुभूति** और **चिन्तन**। विषयी की प्रधानता यानी कवि की आत्मनिष्ठता के कारण ही गीत-प्रधान मुक्तकों में आज व्यक्तिगत भावोच्छवास अधिक अभिव्यक्त होता है। हिन्दी की छायावादी कविता विषयि-प्रधान ही अधिक है।

विषय-प्रधान अथवा वस्तुनिष्ठ काव्य में वर्ण्य-विषय कवि के वैयक्तिक राग-द्वेष से प्रायः अछूता रहता है। कवि-अनुभूति का प्रकाशन उसमें भी होता है, पर परोक्ष रूप में। कविता की तरह की गद्य-विधाओं में भी ये दोनों रूप मिलते हैं। ललित निबंधों, संस्मरणों आदि में जहाँ व्यक्ति सापेक्षता होती है, वहीं उपन्यासों आदि में निरपेक्षता। हिन्दी की द्विवेदी युगीन कविता एवं प्रगतिवादी काव्यधारा में वस्तुनिष्ठता (विषय की प्रधानता) को प्रधानता प्राप्त है।

3.5. काव्य के तत्त्व

प्रत्येक वस्तु के निर्माण में जैसे कुछ तत्त्वों का योग होता है, वैसे ही काव्य-निर्माण में भी कुछ 'तत्त्व' सम्मिलित होते हैं। पर भौतिक अथवा स्थूल तत्त्वों की तरह काव्य के तत्त्वों की न तो पहचान करना सरल है और न उन्हें एक दूसरे से सर्वथा अलग करना। कारण, काव्य अमूर्त्त वस्तु है। अस्तु, उसके तत्त्व भी अमूर्त्त होते हैं। इसी कारण, इसकी विवेचना में पर्याप्त पार्थक्य दीखता है।

(क) पाश्चात्य मतानुसार

पाश्चात्य साहित्यशास्त्रियों के अनुसार काव्य के चार तत्त्व होते हैं–

1. भाव तत्त्व (Emotional Element)
2. बुद्धि-तत्त्व (Intellectual Element)
3. कल्पना-तत्त्व (Element of Imagination)
4. रूप-तत्त्व (Element of form)

1. भाव-तत्त्व–कोई भी काव्य भावशून्य नहीं हो सकता। काव्य में भावतत्त्व का तात्पर्य उस विशेष भावधारा से है जो किसी भी काव्य के मूल में निहित होती है। यह वह प्रधान भावना होती है जो काव्य-रचना के मूल में वर्तमान रहती है। कवि उसका चयन जीवन से करता है। वह किसी भी प्रकार का हो सकता है। यथा–वीर भाव, प्रेम भाव, राष्ट्र-प्रेम आदि। भाव के दो पक्ष स्वीकृत हैं–**सुखात्मक** और **दुखात्मक**। इन्हें ही क्रमशः **राग** और **द्वेष** भी कहा गया है। कतिपय विचारक भाव-तत्त्व को तीन शीर्षकों के अन्तर्गत विवेचित करने के पक्ष में हैं। वे क्रमशः ये हैं–**इन्द्रियजनित भाव, प्रज्ञात्मक** भाव और **गुणात्मक** भाव। काव्य में व्यक्त सभी भाव जीवन के विभिन्न क्षेत्रों से ही स्वीकृत होते हैं। उनमें कवि अपनी वासनाओं के योग से विभिन्न अनुभूतियों को वाणी देता है।

2. बुद्धि-तत्त्व–काव्य को मात्र भाव-भावित ही नहीं, बुद्धि-बोधित होना भी आवश्यक है। भाव के कारण उसमें जहाँ अविचारित रमणीयता आती है, वहाँ बुद्धि के कारण वह विचारित-सुस्थ भी बनता है। काव्य में वैसे स्थल भी आते हैं जहाँ कवि **गम्भीर जीवन-दर्शन, लोक-व्यवहारादि का ज्ञान**, विभिन्न **समस्याएँ** और उनके समाधान प्रस्तुत करता है। वैसे स्थलों का सम्बन्ध भाव की अपेक्षा बुद्धि अथवा मस्तिष्क से ही होता है। वैचारिक सिद्धता के लिए काव्य में बुद्धि-तत्त्व का संयोग आवश्यक है। महान् काव्यों में इनका योग अधिक होता है।

3. कल्पना-तत्त्व–पश्चिमी आचार्यों ने कल्पना को कविता का सर्वाधिक सशक्त तत्त्व माना है। '**कल्पना**' (Imagination) को व्युत्पन्न करने वाला संस्कृत

का 'क्लृप' (मानसिक सृष्टि करना) अंग्रेजी के 'इमेज' (Image मानसिक चित्र) का समानार्थी है। अस्तु, काव्य में कल्पना-तत्त्व का अर्थ वैसी शक्ति से है **जिसके द्वारा अप्रत्यक्ष और अमूर्त्त-वस्तु को प्रत्यक्ष और मूर्त्त रूप प्रदान किया जाता है।** पर ध्यातव्य यह है कि पश्चिमी आचार्यों ने कविता के लिए कल्पना को जितना अधिक महत्व दिया है, भारतीय आचार्यों ने उतना नहीं। आचार्य शुक्ल को भी ऐसा ही मान्य था। इसीलिए वे **'कल्पना'** को काव्य का केवल बोध-पक्ष मानते थे।

कल्पना को काव्य का मात्र बोध-पक्ष मानना उसकी शक्ति को सीमित करना है। कल्पना द्वारा निर्मित चित्रों का सम्बन्ध केवल वर्तमान में नहीं, वरन् भूत और भविष्य से भी होता है। इसी प्रकार वह चाक्षुष-चित्र, ध्वनि-चित्र, गंध-चित्र, स्पर्श-चित्र, वर्ण-चित्र, रेखाचित्र, गत्यात्मक चित्र, स्थिर चित्र, प्रकृति-चित्र, स्मृति-चित्र, स्थूल भौतिक चित्र, सूक्ष्म और संवेदनात्मक मानसिक चित्र आदि भी अंकित करने में सब प्रकार से समर्थ होती है। सूक्ष्म भावों के सुन्दर चित्र कल्पना के अभाव में प्रस्तुत ही नहीं किये जा सकते हैं।[1] महान कवियों में कल्पना-शक्ति अपरिसीम होती है जिसे वे अपनी कृतियों में जीवनानुभूतियों की गंभीर और सुन्दरतम अभिव्यक्ति के लिए प्रयुक्त करते हैं।

4. रूप-तत्त्व

रूप-तत्त्व का सम्बन्ध **कविता के छन्दोविधान** से है। काव्य का छन्दोविधान बहुत दूर तक उसके भाव-विधान पर निर्भर करता है। हिन्दी कविता में वर्णिक, मात्रिक और मुंक्त, तीन प्रकार के छन्द प्रयुक्त होते हैं। भारतीय भाषाओं की कविताओं में छन्दोविधान की प्रकृति प्रायः एक-सी है। इसके विपरीत अँगरेजी छन्दोविधान उच्चरित (Accented), अनुच्चरित (Unaccounted) और पदखण्डों (Syllabus) की गणना पर आधारित है।

1. चाक्षुष चित्र

क. खुले केश अशेष शोभा भर रहे, पृष्ठ ग्रीवा बाहु उर पर तर रहे,
बादलों में घिर अपर दिनकर रहे, ज्योति की तन्वी, तड़ित द्युति
ने क्षमा माँगी। **—निराला**

ख. गिर रहीं पलकें, झुकी थी नासिका की नोक।
भ्रूलता थी कान तक, चढ़ती रही बेरोक।
स्पर्श करने लगी लज्जा ललित कर्ण कपोल।
खिला पुलक, कदम्ब-सा था भरा गदबद बोल। **—प्रसाद**

ध्वनिचत्र — रणित भृंग घंटावली, झरत दान मधु-नीर।
मंद-मंद आवत चल्यौ, कुंजर कुंज समीर।। **—बिहारी**

गंध. चित्र – रँग गई पग-पग, धन्य धरा,—हुई जग जगमग मनोहरा।
वर्ण-गंध धर, मधु-मकरन्द भर, तरु-उर की अरुणिमा तरुणतर
खुली रूप-कलियों में पल भर स्तर-स्तर सुपरिसरा।—**निराला**

स्पर्श-चित्र – स्वेद सलिल रोमांच कुस, गहि दुलही अरु नाथ।
हियौ दियौ संग हाथ के, हथलेवा ही हाथ।। —**बिहारी**

वर्ण-चित्र – अधर धरत हरि के परत, आठ ठीठि पर जोति।
हरित बाँस की बाँसुरी, इन्द्रधनुष रँग होति।। —**बिहारी**

रेखाचित्र – कंजनयनि मज्जन किये, बैठी ब्योरति बार।
कच अँगुरिन बिच डीठि दै, चितवति नन्दकुमार।। —**बिहारी**

गत्यात्मक चित्र– जज्यौं उझकि झाँपति बदन, झुकति बिहँसि सतराय।
तत्यौं गुलालमुठी झुठी, झझफावत पिय जाय।।
—**बिहारी**

स्थिर चित्र – अहे दहेंड़ी जिन धरै, जिन तूँ लेहि उतारि।
नीके है छींके छुबै, ऐसे ही रहि नारि।।
—**बिहारी**

इसी प्रकार और भी विभिन्न प्रकार के चित्रों के उदाहरण प्रस्तुत किये जा सकते हैं।

(ख) भारतीय मतानुसार

भारतीय मत के अनुसार अग्रांकित काव्य-तत्त्व स्वीकार किये जाते हैं। यथा—

1. शब्दार्थ	3. गुण	5. ध्वनि या ध्वनिसमर्थित रस
2. रीति	4. अलंकार	6. छन्द

इनमें प्रथम पाँच (अंतिम के अतिरिक्त) मात्र व्यावहारिक सुविधा की दृष्टि से अलग-अलग शास्त्रतः विवेच्य (Logically distinguishable) बनते रहे हैं, पर वे होते हैं वस्तुतः अविभाज्य (Actually inseparable) ही। तभी उनकी संख्या के सम्बन्ध में आचार्यों में किंचित् वैमत्य भी मिलता है। शब्दार्थ कवि-कर्म का मूलाधार है। इसे काव्य-पुरुष का शरीर कहा गया है। इसीलिए आचार्यों ने काव्य का **पहला तत्त्व शब्दार्थ** को स्वीकार किया है। इसी प्रकार काव्य का पर्यवसान आस्वादन (आस्वाद्यते इति रसः—रसास्वादन) में होता है। रस काव्य का प्राणतत्त्व माना गया है। उसके अभाव में काव्य निष्प्राण होता है। अतः काव्य का **दूसरा तत्त्व** अथवा

ध्वनिसमर्थित रस है। इन दोनों तत्त्वों की स्वतंत्र सत्ता सिद्ध है। इनके अतिरिक्त आचार्यों ने शब्दार्थों में निहित कतिपय उन विशेषताओं की ओर भी ध्यान दिया जिनसे शब्दार्थों का पर्यवसान रसास्वादन में होता है। वे विशेषताएँ हैं—**रीति, गुण** और **अलंकार**। रीति का सम्बन्ध 'पद-मैत्री', गुण का भावानुकूल 'वर्ण-मैत्री' और अलंकार का शब्दार्थ के वाच्य-वैचित्र्यपूर्ण अभिव्यक्ति-प्रकारों से है। इसीलिए **आ. वामन** और उन्हीं के अनुरूप **राजशेखर** आदि ने गुणालंकारों से युक्त शब्दार्थों को काव्य माना।[1] गुणालंकारों का स्वरूप अन्वय-व्यतिरेक सिद्धान्त पर स्थिर किया गया है। वैसे विचारकों ने काव्य के तीन तत्त्व ही स्वीकार किये—शब्दार्थ, रस और अलंकार। इनके साथ ही छन्द तत्त्व सबको मान्य रहा है। काव्यशास्त्रपीय ग्रन्थों में छन्द को स्थान नहीं मिलने का कारण यह माना जायेगा कि उस पर स्वतन्त्र ग्रन्थ लिखे जाते रहे हैं।

भारतीय मतानुसार स्वीकृत तत्त्वों का अलग-अलग शीर्षकों के अन्तर्गत अपेक्षित विवेचन इसी पुस्तक में आगामी पृष्ठों में किया जायेगा।

(ग) अन्य तत्त्व

ऊपर निरूपित तत्त्वों के अतिरिक्त भी कुछ ऐसी बातें रह गयी हैं जिनकी चर्चा अपेक्षित है। कारण, उनके अभाव में कोई भी काव्य सत्काव्य अथवा शाश्वत महत्त्व का काव्य होने से वंचित रह जाता है। अस्तु, उन्हें **सत्काव्य के निर्णायक तत्त्व** कहना चाहिए। वे अग्रांकित रूप में स्वीकार किये जा सकते हैं। यथा—

1. सार्वजनीन तत्त्व
2. उदात्त तत्त्व
3. इन्द्रिय-संवेदन और सौन्दर्यबोध
4. समन्वय
5. उत्कृष्ट शैली
6. नवीन सन्देश

1. सार्वजनीन तत्त्व—काव्य में सार्वजनीन या सार्वकालिक तत्त्व की अभिव्यक्ति से अभिप्राय वैसी अनुभूतियों के चित्रण से है जो सतत परिवर्तनशील (विकासशील?) परिवेश में सदा एकरस और चिर नवीन बने रहें।

2. उदात्त तत्त्व—उदात्त तत्त्व के अन्तर्गत वह अकल्पनीय प्रभाव और अवर्णनीय सौन्दर्याकर्षण गणनीय है जिससे सहृदय का हृदय परिष्कृत और विशदीभूत होकर उत्कर्ष को प्राप्त करता है। तुलसी के श्रीराम में शील-सौन्दर्य-शक्ति तथा निराला के राम में नरता के रूप में इसी उदात्त तत्त्व का समावेश हुआ है।

---

1. गुणवदलंकृतं च वाक्यमेव काव्यम्। — राजशेखर।

3. इन्द्रिय-संवेदन और सौन्दर्यबोध—इन्द्रिय-संवेदन वह कारण है जिस पर समस्त सौन्दर्यबोध आश्रित रहता है। यह सौन्दर्यबोध नरक्षेत्र और नरेतर क्षेत्र दोनों का हो सकता है। यह रूप-सौन्दर्य भी हो सकता है और भाव-सौन्दर्य भी। उचित सौन्दर्य के सहज बोध के अभाव में काव्योत्कर्ष असम्भव है। महाकाव्यों के लिए आचार्य शुक्ल ने 'मार्मिक प्रसंग' को आवश्यक तत्त्व माना है। वह इसी तत्त्व के अन्तर्गत स्वीकार किया जायेगा।

4. समन्वय—समन्वय का तात्पर्य विभिन्न भंगिमाओं, जीवनदृष्टियों, भावानुभूतियों, प्रभावों आदि को सहज रूप में सहेज कर विन्यस्त करने से है। महान् कवियों में यह गुण सहज ही प्राप्त होता है। तुलसी का 'रामचरित मानस' और प्रसाद की 'कामायनी' इस दृष्टि से हिन्दी की महत्ती कृतियाँ कही जायेंगी।

5. उत्कृष्ट शैली—शैली की उत्कृष्टता के अभाव में काव्य न तो सुकण्ठ होता है और न सुपाठ्य ही। इसके लिए पदावली की समर्थता, प्रेषणीयता, प्रवाहमयता, ध्वन्यात्मबकता (Suggestiveness), प्रतीकात्मकता आदि आवश्यक गुणों का काव्य में होना आवश्यक है।

6. नवीन सन्देश—काव्य कोई भी हो, सन्देश-विहीन हो नहीं सकता। सन्देश की चिर नवीनता उत्कृष्टता काव्य का सहज लक्षण है। सन्देश-तत्त्व के अभाव में आचार्य मम्मट द्वारा निरूपित प्रयोजन 'कान्तासम्मित उपदेश' ही व्यर्थ सिद्ध हो जायेगा। अस्तु, संदेश-तत्त्व और वह भी चिर नवीन, का होना काव्य के लिए आवश्यक है।

3.6 काव्यशास्त्रीय चिन्तन के प्रस्थान

भारत में जो भी काव्यशास्त्रीय चिन्तन हुआ, **काव्यालोचन के जितने भी सिद्धान्त प्रत्यक्ष हुए, उनकी आख्या प्रस्थान है।** प्रतिष्ठापक आचार्यों के अतिरिक्त जिन सिद्धान्तों के अनुयायियों की सुदीर्घ परम्परा बनी, वे सम्प्रदाय रूप में परिणत हुए। इसके विपरीत जिन प्रतिष्ठापक आचार्यों के प्रस्थानों का परवर्त्ती आचार्यों द्वारा पोषण नहीं हुआ, जिनकी परम्परा नहीं बन सकी, वे सिद्धान्त या प्रस्थान तक ही सीमित रहे। तात्पर्य यह कि **सभी सम्प्रदाय किसी-न-किसी प्रस्थान (सिद्धान्त) पर आधारित हैं, पर सभी प्रस्थान सम्प्रदाय नहीं है।** इस सम्बन्ध में दो दृष्टियों से विचार किया जाता है—

क. शब्द-अर्थ की प्रधानता पर आधारित प्रस्थान

ख. काव्य की आत्मा के विचार से अग्रसारित प्रस्थान

इनका परिचय आगे प्रस्तुत किया जाता है।

क. शब्द-अर्थ की प्रधानता पर आधारित प्रस्थान

हिन्दू-चिन्तनधारा का वैशिष्टय है ऊर्ध्वमूल अधोशाखा। यह वैशिष्ट्य काव्यशास्त्रीय चिन्तन में भी मिलता है। सत्य है एक ही, पर वही विविध रूपों में प्रत्यक्ष होता है। काव्य अथवा साहित्य के मूल में होता है शब्द और उसका अर्थ। परिणामतः एक वर्ग के चिन्तकों ने काव्य में शब्द और अर्थ को समान महत्त्व प्रदान किया तो दूसरे वर्ग के चिन्तकों ने शब्द को ही प्रधान माना। एक तीसरा विचार भी आया कि शब्दार्थ अथवा शब्द प्रधान नहीं होता, वरन् काव्य में प्रधानता होती है व्यापार की। अस्तु, शब्द और अर्थ की प्रधानता-गौणता की समस्या को लेकर तीन प्रस्थानों को प्रतिष्ठा मिली–

1. शब्दार्थोभयप्राधान्य वादी प्रस्थान
2. शब्द प्राधान्यवादी प्रस्थान
3. व्यापारप्रधान्यवादी प्रस्थान।

काव्यशास्त्रीय चिन्तन की सुदीर्घ भारतीय परम्परा के अवलोकन मात्र से ही स्पष्ट है कि उपरि उल्लिखित प्रथम दोनों प्रस्थान सम्प्रदाय बने, पर अन्तिम मात्र प्रस्थान भर ही सीमित रहा। पुनः यह भी विदित होता है कि किसी भी काव्यशास्त्री ने केवल अर्थ को प्रधान नहीं माना है।

1. शब्दार्थोभयप्राधान्यवाद

शब्दार्थोभयप्राधान्यवाद के **प्रवर्तक प्रथम काव्यशास्त्री आचार्य भामह हैं। शब्दार्थौ सहितौ काव्यम्** का उद्‌घोष कर उन्होंने काव्य में शब्द (भाषा) और अर्थ (कथ्य) के सौन्दर्य को समान रूप से महत्त्वपूर्ण माना। इस प्रस्थान के अनुसार काव्य के कथ्य एवं उसकी अभिव्यक्ति-पद्धति में किसी को भी प्रधान और गौण मानना अनुचित हे। दोनों समान रूप में प्रधान होते हैं। कथ्य असुन्दर हो और भाषा सुन्दर अथवा कथ्यं सुन्दर हो और भाषा असुन्दर, ऐसा मूल्यांकन करना सुरुचि का परिचायक हो ही नहीं सकता। भामह प्रतिपादित इस सिद्धान्त का मम्मट, कुन्तक, क्षेमेन्द्र आदि आचार्यों ने पोषण तो किया ही, आनन्दवर्धन ने भी प्रायः स्वीकार किया है। अधिकांश आचार्य काव्य में मात्र शब्द-चमत्कार को महत्त्व न देकर उसकी भावराशि का भी पूरा ध्यान रखा है। भाषा-प्रयोग की सार्थकता भाव और विचार के अनुकूल होने में ही है। आनन्दवर्धन ने वाच्य-वाचक (शब्द-अर्थ) के मिश्रण से निर्मित भाषिक अभिव्यक्ति को काव्य घोषित कर शब्दार्थोभयप्राधान्यवाद का ही समर्थन किया है–

क. वाच्यवाचकसम्मिश्रः शब्दात्मा काव्यम्।
ख. विविधवाच्य-वाचक-रचना-प्रपञ्च-चारू काव्यम्।

अन्यत्र उन्होंने सहृदय में आह्लादोत्पादक शब्दार्थमयी रचना को काव्य (**विशिष्टार्थ-प्रतिपत्तिहेतुः शब्दसन्दर्भो हि काव्यम्**) स्वीकार कर भी इसी मत का पोषण किया है। आचार्य मम्मट ने काव्य-लक्षण उपस्थित करते हुए शब्द और अर्थ (शब्दार्थौ) के लिए तीन विशेषणों–'अदोषौ', 'सगुणौ' और 'अनलंकृती पुनः क्वापि'–का प्रयोग किया है। इससे विदित है कि वे भी काव्य में शब्द और अर्थ, दोनों को प्रधान मानते हैं या समान रूप में महत्त्व देते हैं। आचार्य कुन्तक ने काव्य में शब्द और अर्थ, दोनों के वक्रतापूर्ण विन्यास को महत्त्वपूर्ण स्वीकार किया है–

> शब्दार्थौ सहितौ वक्रकविव्यापारशालिनी।
> बन्धे व्यवस्थितौ काव्यं तद्विदाहलादकारिणी।।

वस्तुतः शब्दार्थोभयप्राधान्यवाद या शब्दार्थतुल्यप्राधान्यवाद अधिकांश आचार्यों को मान्य रहा है।

2. शब्द प्राधान्यवाद

शब्द प्राधान्यवाद के **प्रवर्तक आचार्य दण्डी** (सन् 650-700 ई.) हैं। उनके अनुसार काव्य का शरीर ऐसी पदावली (अर्थात् भाषा) है जो कवि-अभिप्रेत अर्थ को व्यक्त करती है–"**शरीरं तावदिष्टार्थव्यवच्छिन्ना पदावली**"[1] इस परिभाषा में 'पदावली' विशेष्य है जिसका विशेषण 'इष्टार्थव्यवच्छिन्ना' है। तात्पर्य यह कि यहाँ प्रधानता मिली है भाषा (शब्द) को और अर्थ-सौन्दर्य को गौण स्थान दिया गया है। इस प्रकार दण्डी ने काव्य में शब्द की प्रधानता का स्पष्ट निर्देश कर दिया है। ध्यातव्य है कि कवि के अभिप्रेत अर्थ की अभिव्यक्ति को आवश्यक स्वीकार करने के बावजूद दण्डी ने अर्थ को अभिव्यक्त करने वाली भाषा को ही महत्वपूर्ण माना है। इस मत के प्रबल समर्थक पण्डितराज जगन्नाथ भी हैं।

आनन्दवर्धन ने काव्य में शब्द और अर्थ, दोनों को यद्यपि समान महत्व दिया है, तथापि उनकी इस मान्यता–'**विशिष्टार्थप्रतिपत्तिहेतुः शब्दसन्दर्भो हि काव्यम्**', अर्थात् विशिष्ट अर्थ को प्रतिपादित करने वाला शब्दसन्दर्भ काव्य कहा जाता है, से शब्दप्राधान्यवाद का पोषण होता है। आनन्दवर्धन न केवल उदार, वरन् समन्वयवादी भी थे। तभी उन्होंने भाषिक सौन्दर्य की प्रधानता वाले अर्थात् कला या चमत्कार प्रधान काव्य को भी अपनी इस मान्यता द्वारा स्वीकृत स्वीकृति प्रदान की है। पण्डितराज जगन्नाथ भी शब्दप्राधान्यवादी थे। तभी उन्होंने रमणीय अर्थ प्रतिपादक शब्द (भाषा) को काव्य कहा–'**रमणीयार्थप्रतिपादकः शब्दः काव्यम्**।' इस परिभाषा में 'शब्द' विशेष्य है, अतः प्रधान है और 'रमणीयार्थप्रतिपादकः' विशेषण है, अतः गौण है। इस मान्यता के अनुसार काव्य का वर्ण्य ही केवल रमणीय, सुन्दर और आकर्षक नहीं होता, वरन् असुन्दर, अरुचिकर, उद्वेगकारी अर्थात विकर्षक विषयों को

भी समर्थ कवि भाषाबद्ध कर रुचिकर, मनोहारी और आकर्षक बना देते हैं। इसका श्रेय काव्य-भाषा को ही मिलना चाहिए। अतः अकारण नहीं कि शब्दाप्राधान्यवादी काव्यभाषा के कुशल प्रयोग को सर्वाधिक महत्व देते हैं। इस मत के अनुसार कोरा वाग्विलास या उक्ति-चमत्कार भी सुन्दर काव्य होता है। चमत्कारवादी भी इस मत के पोषक हैं। 'कला कला के लिए' जैसे पश्चिमी मत से भी इस मत की एक सीमा तक निकटता खोजी-पायी जा सकती है। शब्द-प्राधान्यवाद का किसी आचार्य ने स्पष्ट विरोध भले ही न किया हो, पर शब्द और अर्थ दोनों को समान महत्त्व प्रदान कर इस मत की उपेक्षा अवश्य की है।

3. व्यापारप्राधान्यवाद

व्यापारप्राधान्यवाद के **प्रतिष्ठाता आचार्य भट्टनायक** हैं जो साधारणीकरण के उद्भावक के रूप में ज्यादा प्रख्यात हैं। इस मत द्वारा उन्होंने शास्त्र और इतिहास-पुराण से काव्य के अन्तर को भी स्पष्ट करने की कोशिश की है। इस मत के अनुसार शास्त्र में 'शब्द' तत्त्व की, इतिहास-पुराण में 'अर्थ' तत्त्व की और काव्य में 'व्यापार' तत्व की प्रधानता होती है। अर्थात् काव्य में व्यापार ही प्रधान होता है एवं शब्द और अर्थ गौण होते हैं–

शब्दप्राधान्यमाश्रित्य तत्र शास्त्रं पृथग् विदुः।
अर्थतत्त्वेनयुक्तं तु वदन्त्याख्यानमेतयोः।।
द्वयोर्गुणत्वे व्यापारप्राधान्ये काव्यगीर्भवेत्।।–हृदयदर्पण

भट्टनायक की यह मान्यता असन्दिग्ध नहीं है। शास्त्र का क्षेत्र अति व्यापक है। अस्तु, शास्त्र के सभी प्रकारों में शब्द की प्रधानता नहीं मानी जा सकती। यह बात व्याकरण शास्त्र, मंत्रशास्त्र आदि के लिए भले ही सटीक है, पर अर्थशास्त्र, राजनीतिशास्त्र आदि के लिए नहीं। उनमें अर्थतत्त्व की ही प्रधानता होती है। इतिहास-पुराणादि में अर्थ (घटनाओं, परिस्थितियों आदि) की तो प्रधानता होती ही है। भट्टनायक-कदाचित् यह संकेत करना चाहते हैं कि इतिहास-पुराण के नियमों पर प्रणीत काव्य इतिहास-पुराण से भिन्न अपनी पहचान व्यापार तत्व की प्रधानता के आधार पर ही बनाते हैं। इस काव्यार्थ-बोध की प्रक्रिया एवं उसके स्वरूप को स्पष्ट करने के लिए भट्टनायक ने परम्परा से स्वीकृत अभिधा, लक्षणा और व्यंजना व्यापारों में से मात्र अभिधा का ग्रहण कर दो नये व्यापारों (भावकत्व और भोजकत्व) की कल्पना की है।

भट्टनायक-कल्पित भावकत्व और भोजकत्व को ध्वनिवादियों ने न केवल अनावश्यक घोषित किया, वरन् उनके द्वारा प्रतिष्ठित व्यापार प्राधान्यवाद का भी खण्डन किया। अभिनव गुप्त ने तर्क प्रस्तुत किया कि व्यापार का तात्पर्य यदि

रसात्मक ध्वनन व्यापार है तो वह ध्वनिमत का ही पुनर्स्थापन है, पर यदि उसका तात्पर्य अभिधा व्यापार से है तो काव्य में अभिधा की प्रधानता मानी ही नहीं जा सकती–"**व्यापारो हि यदि ध्वननात्मा रसानास्वभावस्तन्नापूर्वमुक्तम् अथाभिधैव व्यापारस्तथाप्यस्या प्राधान्यं नेत्यावेदितं प्राक।**" यह स्पष्ट है कि व्यापार से भट्टनायक का तात्पर्य ध्वनन व्यापार नहीं है। परवर्त्ती आचार्यों द्वारा भावकत्व और भोजकत्व व्यापारों को स्वीकृति नहीं मिली। व्यापार वस्तुतः साधन मात्र है, साध्य नहीं। इसी कारण प्रतीयमान अर्थ को प्रधान और उसे ध्वनित करने वाले व्यंजना-व्यापार को गौण माना गया। तात्पर्य यह कि व्यापार कवि-अभिप्रेत अर्थ को बोध कराने वाला सहायक अर्थात् अप्रधान ही होता है, प्रधान नहीं।

ख. काव्य की आत्मा के विचार से अग्रसारित प्रस्थान

नाट्याचार्य भरत यद्यपि प्रथम भारतीय समीक्षक नहीं हैं, तथापि उनका 'नाट्यशास्त्र' ही भारतीय समीक्षा-सिद्धान्त का प्रथम उपलब्ध सिद्ध ग्रन्थ है। आचार्य भरत से आरम्भ कर पण्डितराज जगन्नाथ तक भारतीय काव्यशास्त्रीय चिन्तन ने अपना मौलिक और विविधरूपा विकास-विस्तार किया। तत्पश्चात् वह अपनी मौलिक अन्तर्दृष्टि खो बैठा। इधर नवीन रूप में उसकी मौलिक चर्चा पुनः पिछली शताब्दी से आरम्भ हुई है, किन्तु इस बार वह बहुत कुछ पाश्चात्योन्मुखी हो रही है या कहना चाहिए कि हो चुकी है।

भारतीय चिन्तन में आत्मा को महत्वपूर्ण स्थान प्राप्त है। प्राणी के जीवन में आत्मा प्रधान या अंगी होती है एवं सभी अवयव गौण या अंग। आत्मा के बिना प्राणी का शरीर निर्मूल्य हो जाता है। काव्य के सन्दर्भ में इसे ही लाक्षणिक रूप मिला है। आत्मा के अभाव में काव्य-शरीर का कोई मूल्य नहीं रह जाता। काव्य की पहचान (अथवा अस्तित्व) के लिए, उक्ति को काव्योक्ति होने के लिए जिस अपरिहार्य तत्व, जिस मूल सत्ता का होना आवश्यक है, वही लाक्षणिक रूप में काव्य की आत्मा कही जाती है। इस पद्धति पर चिन्तन होने के कारन काव्य की आत्मा का प्रश्न भी स्वाभाविक रूप से महत्वपूर्ण हो गया। वह कौन-सी वस्तु है जिसकी सत्ता के अभाव में काव्य शिव नहीं, शव बन जाता है? और तभी उस सत्ता (आत्मा) की पड़ताल शुरू हुई।

विस्तृत अर्थ में काव्येतर रचनाओं से काव्य के अन्तर को स्पष्ट करने के लिए काव्य की आत्मा का प्रयोग व्यावर्तक धर्म के लिए होता है। काव्य की 'आत्मा' का प्रयोग सर्वप्रथम आचार्य वामन ने किया। उनके पूर्व इसी अर्थ-द्योतक के लिए काव्य का अपरिहार्य तत्त्व, अनिवार्य तत्त्व, मूल सत्ता, व्यावर्तक तत्त्व जैसे प्रयोग किये जाते थे। काव्य की आत्मा के विचार से, काव्यात्मा के प्रश्न के समाधान हेतुं अनेक काव्य-सिद्धान्तों अथवा प्रस्थानों की प्रतिष्ठा हुई। यथा–

प्रस्थान / सिद्धान्त	**प्रतिष्ठापक आचार्य**
1. रस-प्रस्थान	1. भरत (खिस्तपूर्व 500-200 वर्ष)
2. अलंकार-प्रस्थान	2. भामह (सन् 500-550 ई.)
3. रीति-प्रस्थान	3. वामन (सन् 800-ई. के लगभग)
4. ध्वनि-प्रस्थान	4. आनन्दवर्धन (सन् 840-870 ई.)
5. वक्रोक्ति-प्रस्थान	5. कुन्तक (सन् 225-1025 ई.)
6. औचित्य-प्रस्थान	6. क्षेमेन्द्र (सन् 1050 ई.)
7. चमत्कार-प्रस्थान	7. प्रभाकर (सोलहवीं शताब्दी)

इनमें अंतिम (चमत्कार) को मान्यता नहीं मिली। प्रथम छह प्रस्थानों को पूर्वाचार्यों ने सम्प्रदाय के रूप में स्वीकार किया—

रसलङ्कृति-वक्रोक्ति-रीतिध्वन्यौचिती-क्रमाः।
साहित्यशास्त्र एतस्मिन् सम्प्रदाया इमे स्मृताः।।

हालाँकि सिद्धान्त और सम्प्रदाय की कुछ कसौटी पर केवल रस, अलंकार, रीति और ध्वनि को ही सम्प्रदाय मानना यौक्तिक है, वक्रोक्ति, औचित्य और चमत्कार मात्र प्रस्थान (सिद्धान्त) ही ठहरते हैं। इन प्रस्थानों की अपेक्षित चर्चा प्रस्तुत पुस्तक में की गयी है। यहाँ संक्षेप में केवल काव्यात्मा सम्बन्धी विचार रखे जाते हैं। उपरि सातों प्रस्थानों के अतिरिक्त पिछली शताब्दी में डॉ. गणपतिचन्द्र गुप्त ने एक नया प्रस्थान **'आकर्षणशक्ति'** भी अग्रसारित किया है जिसकी ओर विद्वानों का अपेक्षित ध्यान नहीं गया है। इस प्रकार काव्य की आत्मा के विचार के क्रम में कुल आठ प्रस्थान अग्रसारित किये गये हैं।

रस-सिद्धान्त/रस-प्रतिष्ठान

भारतीय साहित्य-निरूपण की प्राचीनतम एवं प्रामाणिक उपलब्धि भरत मुनि प्रणीत 'नाट्यशास्त्र' है। उसमें रस-विवेचन यद्यपि नाटक केन्द्रित है, तथापि नाटयाचार्य भरत ने उसी में **'न हि रसाद्यते कश्चिदर्थः प्रवतते'** का मत स्थिर कर रस को काव्य का प्राणतत्व स्वीकार, किया। भारतीय समीक्षा का श्रेष्ठ अवदान रस-निष्पत्ति का आधार-सूत्र **'विभावानुभावव्यभिचारी संयोगात् रसनिष्पत्तिः'** भी भरत ने नाटक के विवेचन में ही प्रस्तुत किया। उक्त सूत्र में ही रस की लोकोत्तरता का भी संकेत हो गया है। उस पर चिन्तन के क्रम में आगे न केवल अलंकार, रीति, वक्रोक्ति, औचित्य आदि सिद्धान्तों का प्रतिपादन हुआ, बल्कि उसकी व्याख्या में भारतीय समीक्षा को अग्रगति मिली।

भरत के पूर्व रस शब्द का प्रयोग आत्मानन्द के अर्थ में स्वीकृत था। उपनिषद् में **'रसो वै सः'** एवं **'रसं ह्येवायं लब्ध्वाऽऽनन्दी भवति'** आनन्दवाची ही नहीं,

आस्वाद का अर्थ-बोधक भी है। अतः आकस्मिक नहीं कि नाट्यरस को विवेचित करते समय भरत मुनि के मन में रस का अर्थ आनन्दात्मकता भी रहा होगा। चूँकि काव्य का अर्थ सहृदय-संवेद्य होता है, संवेदना के स्तर पर गृहीत होता है, इसलिए नाट्य के प्रसंग में भरत ने रस को आस्वाद्य अथवा रसनीय माना।

भोजराज, रामचन्द्र-गुणचन्द्र, रामचन्द्र शुक्ल आदि ने **'सुखदुखात्मको रसः'** को स्वीकारते हुए रस की लोकोत्तरता और सार्वत्रिक आनन्दात्मकता की मान्यता पर आपत्तियाँ उठायीं। दुखात्मक, उद्वेगकारी, विकर्षक स्थितियाँ आनन्दात्मक कैसे हो जाती हैं? इसका समाधान साधारणीकरण के द्वारा किया गया है। रसवादी आचार्यों के अनुसार काव्य से प्राप्त रसरूप लोकोत्तर आनन्दात्मक अनुभूति ही काव्य की आत्मा है। इसके बावजूद रस-सिद्धान्त की कतिपय सीमाएँ हैं। इसका पूरा चिन्तन भावकेन्द्रित होने के कारण इसमें कलापक्ष अर्थात् भाषा पक्ष पर समुचित महत्व नहीं दिया जाता है। चमत्कारपरक, उक्तियों, नीतिपरक सूक्तियों, दोहों आदि के साथ रसवाद पूरा न्याय नहीं कर पाता है।

अलंकार-सिद्धान्त / अलंकार-प्रस्थान

अलंकार-सिद्धान्त के प्रवर्तक यद्यपि प्रथम काव्याचर्य भामह ही हैं, तथापि उन्होंने इसका श्रेय न लेकर चिन्तकों के एक वर्ग को दिया है। इस सिद्धान्त के प्रबल पोषकों में दण्डी, उद्भट, रुद्रट, प्रतिहारेन्दुराज, अग्निपुराणकार, जयदेव, अप्पय दीक्षित आदि के नाम महत्वपूर्ण हैं। इस मत में काव्य का प्राणतत्व अथवा नित्यधर्म अलंकार ही माना गया है और आचार्यों के अनुसार अलंकृत उक्ति ही काव्योक्ति होती है।

माना जाता है कि अलंकार-मत का विकास रस-मत की प्रतिक्रिया के रूप में हुआ। उसमें भाव-सौन्दर्य पर सर्वाधिक बल दिये जाने के कारण कला-सौन्दर्य उपेक्षित हो गया था। अलंकारवादियों ने कला-सौन्दर्य को प्रधान और भाव-सौन्दर्य को गौण स्थान दिया। आ. भामह ने अलंकार को परिभाषित करते हुए बड़ा व्यापक रूप दिया–**''वाचां वक्रार्थशब्दोक्तिरलङ्काराय कल्पते'** और **'वक्राभिधेयशब्दोक्तिरिष्टा वाचामलङ्कृति''**, अर्थात् जिस उक्ति में शब्द-अर्थ की वक्रता हो, जो वक्रता लोकोत्तर चमत्कार उत्पन्न करती हो, वह वाणी का अलंकार होती है। अलंकारवादियों ने एक विशिष्ट सौन्दर्य-दृष्टि अपनाते हुए माना कि ललनाओं का मुखमण्डल सहज सुन्दर होने के बावजूद अलंकरण के बिना दर्शकों को आकृष्ट और प्रभावित नहीं करता–**''न कान्तमपि निर्भूषं विभाति वतिनामुखम्।''** यह मान्यता सार्वजनीन अभिरुचि की परिचायिका नहीं है। कालिदास की मान्यता है कि **''किमिव हि मधुराणां मण्डनं नाकृतीनाम्''**, जो रसवादी सौन्दर्य-दृष्टि की परिचायिका है।

अलंकार की दो व्युत्पत्तियों **"अलंकारोतीति अलंकारः"** (जो अलंकृत या आभूषित करे) और **"अलंक्रियतेऽनेन असौ अलंकारः"** (जिससे अलंकृत या आभूषित किया जाये) में से अलंकारवादियों ने पहली को स्वीकार किया। इसी कारण वे काव्य की रूपसज्जा अर्थात् कलात्मक विन्यास के प्रति सर्वाधिक सचेष्ट रहे। उनके मत से अलंकार काव्य-सौन्दर्य का पर्यायभूत, अनिवार्य और व्यावर्तक तत्त्व है। इस दृष्टि से अग्रांकित कथन देखे जा सकते हैं–

1. काव्यं कल्पान्तरस्थायि जायते सद्लंकृति। — दण्डी
2. काव्यशोभाकारान् धर्मान् अलंकारान् प्रचक्षते। — वामन
3. काव्यं ग्राह्यमलंकारात। — वामन
4. सौंदर्यमलंकारः। — वामन
5. अलंकार रहिता विधवेव सरस्वती। — अग्निपुराणकार
6. अंगीकरोति यः काव्यं शब्दार्थावनलंकृती।
असौ न मन्यते कस्मादनुष्णमनलंकृती।। — जयदेव
7. जदपि सुजाति सुलच्छनी, सुबरन सरस सुवृत।
भूषण बिनु न बिराजई, कविता बनिता मित्त।।— केशवदास

इसमें वैमत्य नहीं कि अलंकारवादियों की, मुख्यतः भामह की महती देन है–काव्य-भाषा और शास्त्रीय भाषा में अन्तर स्पष्ट करना। पुनः कविता के सन्दर्भ के कारण साधारण भाषा की भी जिस असाधारणता का संकेत भामह ने किया था, उसका महत्व आज भी अक्षुण्ण है। यद्यपि अलंकार अपने-आप में विशिष्ट कथनभंगी अथवा कविता की भाषिक संरचना (Verbal Structure) भर नहीं, सौन्दर्योत्पादन के विशिष्ट माध्यम भी हैं, तथापि उन्हें काव्य की आत्मा अथवा प्राणतत्व अथवा जीवित तत्व नहीं माना जा सकता। दण्डी के अनुसार भी अलंकार की सार्थकता रस-पोषक होने में ही है–

कामं सर्वोऽप्यलंकारो रसमर्थे निषिञ्चतु।

और अग्निपुराणकार ने तो रस को स्पष्टतः जीवित तत्व घोषित ही किया है–

वाग्वैदग्ध्यप्रणानेऽपि रस एवात्र जीवितम्।

अलंकारवादी विचार चाहे जो हों, पर इससे इनकार नहीं किया जा सकता कि केवल इस आधार पर कालजयी सत्साहित्य की निर्मिति नहीं हो सकती। उसके लिए रसवादी दृष्टि से संतुलन बनाये रखना आवश्यक है। भामह प्रतिपादित यह प्रस्थान प्रायः रस-प्रस्थान के समानान्तर ही विकास करता गया है। यह कहना

असंगत नहीं कि काव्य की आत्मा की खोज में ही धीरे-धीरे भारतीय समीक्षा पुष्ट से पुष्टतर होती गयी है।

रीति-सिद्धान्त / रीति प्रस्थान

रीति-सिद्धान्त का प्रवर्तन आचार्य वामन ने किया। उन्होंने **'रीतिरात्मा काव्यस्य'** कह कर रीति को काव्य की आत्मा के रूप में प्रतिष्ठित किया। विशिष्ट पद-रचना को रीति मानते हुए उन्होंने विशेष की व्याख्या 'गुणात्मा' के रूप में की—**''विशिष्टा पदरचना रीतिः। विशेषो गुणात्मा।''** यही गुण सम्प्रदाय के रूप में भी विकसित और मान्य है। रीति-मत ने काव्य (पदों) की विशिष्ट संरचना को काव्य का अपरिहार्य या व्यावर्तक तत्त्व मानकर काव्यसमीक्षा का जो नया मानदण्ड प्रस्तुत किया, उसकी अनेक सीमाएँ हैं। फलतः वह मत लोकप्रियता नहीं प्राप्त कर सका।

कुछ विचारकों ने रीति को 'स्टाइल' (Style) के समकक्ष रखना चाहा है, किन्तु 'रीति' की परिधि और अर्थवत्ता 'स्टाइल' की अपेक्षा अधिक विस्तृत है। भाव को सर्वथा अलग कर, जो वामन को स्वीकार्य नहीं है, मात्र कथनभंगी अथवा 'स्टाइल' को प्रधानता देने वाले विचारकों के मत वस्तुमूलक समीक्षकों के अनुकूल पड़ेंगे। इस दृष्टि से रीति-मत में आधुनिक साहित्य का स्थापत्य और वस्तुविधान निहित माना जा सकता है। किन्तु ध्यातव्य है कि वामन की आदर्श रीति 'वैदर्भी' में दस शब्द-गुणों के साथ ही दस अर्थ-गुणों का भी, यानी काव्य के शरीर-तत्व के साथ ही आत्म-तत्व का भी समावेश है। पुनः **'विशेषो गुणात्मा'** रीति सामाजिक के हृदय की वृत्तियों (द्रुति, दीप्ति और व्याप्ति) से सम्बन्धित होने के कारण रस का ही समर्थक हो जाती है। अस्तु, काव्य की आत्मा रीति भी नहीं मानी जा सकती। रीति को काव्य सौन्दर्य को साधन भर ही माना जायेगा।

ध्वनि-सिद्धान्त / ध्वनि प्रस्थान

ध्वनि-सिद्धान्त के प्रतिष्ठापक आचार्य आनन्दवर्धन और प्रमुख पोषक आचार्य अभिनवगुप्त हैं। ध्वनि-सिद्धान्त अत्यन्त व्यापक आधार और विशिष्ट प्रक्रिया पर आधारित एक प्रकार की अर्थमीमांसा है। आनन्दवर्धन की समीक्षा-दृष्टि उदार और समन्वयवादी थी। उनका ध्वनि-मत रस का समर्थक तो है ही (क्योंकि सहृदय-संवेद्य होने के कारण रस भी अनिवार्यतः ध्वनित ही होता है), अलंकार-मत का भी प्रायः अविरोधी है (क्योंकि काव्य में ध्वनित होने वाले अलंकार के साथ ही ध्वनित होने वाली वस्तु को भी काव्य की आत्मा मानता है)। इस प्रकार उन्होंने रस-मत और अलंकार-मत में विरोध को कम करने के प्रयत्न तो किये ही, प्रायः आरम्भ से उपेक्षित काव्य वस्तु क़ो भी प्रतिष्ठित करनें का महत्वपूर्ण कार्य किया। यह उनकी सर्वथा

मौलिक उद्भावना है। तब भी इसका श्रेय वे स्वयं न लेकर पूर्ववर्ती आचार्यों को देते हैं—**'बुधैर्यसमाम्नातपूर्वः'**। यों वस्तुध्वनि, अलंकार ध्वनि और रसध्वनि में रसध्वनि की प्रधानता स्वीकार कर उसे ही काव्य की आत्मा मानने की भी वकालत की। तात्पर्य यह कि ध्वनिवादियों ने **"काव्यस्यात्मा ध्वनिरिति"** का उद्घोष तो किया, पर ध्वनि को वस्तु, अलंकार और रसादि में पुनर्विभाजित कर रस अथवा रससमन्वित ध्वनि को काव्य की आत्मा माना। आनन्दवर्धन की मान्यता है कि **"प्रतीयमानस्य अन्यभेददर्शनेऽपि रसभावमुखेनैव उपलक्षणं प्रधान्यात्।"** रस अथवा रसादि ध्वनि का पोषण ही अभिनवगुप्त भी करते हैं—**"रस एव वस्तुत आत्मा, वस्त्वलंकारध्वनी तु सर्वथा रस प्रति पर्यवस्येते।"** वे वस्तु और अलंकार ध्वनि में आत्मत्वमात्र उपचार रूप में ही मानते हैं—**"वस्त्वलंकारध्वनेरपि जीवितत्वमौचित्यादुक्तम्।"** अस्तु स्पष्ट है कि ध्वनिवादियों के मत से रसादिध्वनि ही काव्य की आत्मा है। इस दृष्टि से 'ध्वन्यालोक' (4/5 एवं अन्य कारिकाओं) में विशद प्रतिपादन हुआ है। ध्वनिवादियों द्वारा रसध्वनि को विशेष महत्त्व दिये जाने के कारण रसवादी चिन्तन को नयी ऊर्जा प्राप्त हो सकी एवं उसका विचार-प्रवाह सदा अग्रगति प्राप्त करता गया। ध्वनि-सिद्धान्त का भी कम विरोध नहीं हुआ, पर उसमें अन्तर्बल होने के कारण ही वह परीक्षाग्नि में खरा उतर सका। सम्प्रति **'रसादिध्वनि काव्य की आत्मा है'** की बात बहु मान्य है।

इसमें वैमत्य नहीं है कि ध्वनि-सिद्धान्त काव्य-समीक्षा का एक अति व्यापक मान प्रस्तुत करता है। ध्वनित होने वाले रस की प्रतिष्ठा मान्य तो रही है नाट्याचार्य भरत के समय से ही, पर आनन्दवर्धन की मान्यताओं से उसे नवीन ऊर्जा मिली।

वक्रोक्ति-सिद्धान्त / वक्रोक्ति-प्रस्थान

वक्रोक्ति का विवेचन भामह ने किया था, पर उसे सिद्धान्त का रूप नहीं दिया था। आचार्य कुन्तक ने ध्वनि-मत के विरोध में वक्रोक्ति-मत का प्रतिपादन करते हुए वक्रोक्ति को काव्य का जीवित तत्त्व—**'वक्रोक्ति काव्यजीवितम्'** घोषित किया। उनकी वक्रोक्ति अलंकार मात्र नहीं है, जैसा कि बहुधा भ्रम हो जाया करता है। वक्रोक्ति से तात्पर्य है—उक्ति का बाँकपन। अर्थात् लोकव्यवहार और शास्त्र की उक्ति से विलक्षण चमत्कारोत्पादक आह्लादक उक्ति। कवि-कौशल द्वारा प्रयुक्त विचित्रता ही कुन्तक की वक्रोक्ति है—**'वक्रोक्तिरेव वैदग्ध्यभङ्गीभणितिरुच्यते'**, जिसकी सार्थकता सहृदय-हृदय में आह्लाद उत्पन्न करने में है। तात्पर्य यह कि किसी बात को कहने की विशिष्ट अदा का जो महत्त्व बोलचाल की भाषा में है, वही महत्त्व वक्रोक्ति का काव्य-भाषा में है। व्यापक अर्थ में सम्प्रति वस्तुनिष्ठ अथवा रूपवादी (Formalistic) समीक्षा से इसकी निकटता स्थापित की जा सकती है, पर

ध्यातव्य है कि कुन्तक का वक्र व्यापार काव्य का साधन भर ही ठहरता है, साध्य नहीं। साध्य है आह्लाद ही–

शब्दार्थौ सहितौ वक्रकविव्यापारशालिनी।
बन्धे व्यवस्थितौ काव्यं तद्विदाहलादकारणि।।

तात्पर्य यह कि साध्य रूप में आह्लाद को वरीयता प्रदान कर स्वयं कुन्तक ने अपने मत को रस के सम्पोषक रूप में प्रतिष्ठित किया है। अन्यत्र भी वे रस के महत्त्व को स्वीकार करते हैं। प्रबन्ध वक्रता का स्वरूप निरूपित करते हुए वे कहते हैं कि निरन्तर रसधारा प्रवाहित करने वाले सन्दर्भों पर आधारित कवि वाणी ही जीवित रहती है–

निरन्तरः रसोद्‍गारगर्भ-सन्दर्भ-निर्भराः।
गिरः कवीनां जीवन्ति नं कथामात्रमाश्रिताः।।

ऐसी मान्यताओं से कुन्तक का मत स्वयं निरस्त हो जाता है–वक्रोक्ति काव्य का जीवित तत्व होने से रह जाता है। इसके बावजूद यह स्वीकार किया जायेगा कि काव्यशास्त्रीय चिन्तन में कुन्तक के अवदान महत्वपूर्ण हैं। कुन्तक की अपनी विशिष्ट सौन्दर्य-दृष्टि थी जो परवर्त्ती आचार्यों द्वारा अमान्य कर दी गयी।

औचित्य-सिद्धान्त/औचित्य प्रस्थान

काव्य की आत्मा की खोज में ही क्षेमेन्द्र ने औचित्य-सिद्धान्त का प्रवर्तन किया। उन्होंने अलंकार, गुण आदि काव्य के सभी सुन्दर तत्वों से अधिक महत्वपूर्ण औचित्य को माना और उसे ही रससिद्ध काव्य का स्थायी जीवन तत्व घोषित किया–**''औचित्यं रस-सिद्धस्य स्थिरं काव्यस्य जीवितम्।''**

औचित्य के महत्व से पूर्ववर्ती आचार्य अपरिचित नहीं थे। आनन्दवर्धन ने पहले ही स्वीकार किया था कि रस-भंग का एकमात्र कारण अनौचित्य होता है एवं रस की रमणीयता का आधारभूत तत्व औचित्य है–

अनौचित्याहृते नान्यत् रसभङ्गस्य कारणम्।
प्रसिद्धौचित्यबन्धस्तु रसस्योपनिषत्परा।।

इसके बावजूद उसे प्रस्थान रूप में प्रतिष्ठित किया जाना बाकी था जो क्षेमेन्द्र द्वारा पूरा किया गया।

औचित्य की परिभाषा उपस्थित करते हुए क्षेमेन्द्र ने कहा कि जिसके अनुरूप जो होता है, उसे उसके लिए उचित माना जाता है और उचित का भाव ही औचित्य है। इस परिणाम में ही सापेक्षता की धारणा अन्तर्निहित है। औचित्य को काव्य का

जीवित तत्व मानने में क्षेमेन्द्र की युक्ति है कि चूँकि रस, अलंकार, गुण आदि सभी काव्य तत्वों के सौन्दर्य का आधारभूत औचित्य है, इसलिए औचित्य ही काव्य का जीवित तत्व अर्थात् प्राणतत्व है। वे मानते हैं कि जिस काव्य में जीवित तत्व खोजने पर भी न मिले उसके अलंकार, गुण आदि सभी तत्व व्यर्थ हैं—

काव्यस्यालमलंकारैः किं मिथ्याजनितैर्गुणैः।
यस्य जीवितमौचित्यं विचिन्त्यापि न दृश्यते।।

अलंकार हों या गुण, वे औचित्य के अभाव में काव्य-सौन्दर्य को बढ़ा नहीं पाते—

"औचित्येन विना रुचिं प्रतनुते, नालंकृतिनो गुणाः।"

परवर्ती आचार्यों ने औचित्य को प्रस्थान स्वीकार नहीं किया। कारण स्पष्ट है। जो अनुचित है वह असुन्दर है, यह तो माना जा सकता है। किन्तु ऐसा नहीं माना जा सकता कि जो उचित है, वह सुन्दर भी होगा ही। अर्थात् औचित्य को काव्य-सौन्दर्य का सर्जक नहीं कहा जा सकता। औचित्य काव्य-सौन्दर्य का रक्षक भर होता है, सर्जक नहीं। यह औचित्य की एक बड़ी सीमा है।

चमत्कार-सिद्धान्त/चमत्कार-प्रस्थान

चमत्कार को काव्य में पहली बार कदाचित् अग्निपुराणकार ने ही महत्त्व दिया था। उन्होंने रस-निरूपण में चमत्कार और रस को समानार्थी बताया—

आनन्दः सहजस्तस्य व्यजते स कदाचन्।
व्यक्तिः सा तस्य चैतन्यचमत्काररसाह्वया।।—अग्निपु. 339/2

ध्वनिवादी भी चमत्कार के महत्त्व से परिचित थे। चौदहवीं शदी में विश्वेश्वर भट्ट ने **'चमत्कार-चन्द्रिका'** की रचना कर चमत्कार के महत्त्व को स्पष्ट किया, पर उसे प्रस्थान के रूप में प्रतिष्ठित किया सोलहवीं शदी में प्रभाकर ने। मात्र उन्नीस वर्ष की अवस्था में **'रस-प्रदीप'** में **'चमत्कार विशेष कारित्वम्'** को काव्य-लक्षण घोषित कर उन्होंने उसे प्रस्थान का रूप दिया। इसका पोषण गंगेश-पुत्र हरि प्रसाद ने 'काव्यालोक' में इस प्रकार किया—

विशिष्ट शब्दरूपस्य काव्यास्यात्मा चमत्कृतिः।
उत्पत्तिभूमिः प्रतिभा मनागत्रोपपादितन्।।—काव्यालोक 200

प्रभाकर के तर्क से पण्डितराज जगन्नाथ इतने प्रभावित हुए कि उन्होंने भी चमत्कार को काव्य का जीवित तत्त्व स्वीकार किया—**'काव्यजीवितं चमत्कारित्वं**

चाविशिष्टमेव।' उस समय तक संस्कृत की जगह हिन्दी आदि आधुनिक भारतीय भाषाओं में लेखन शुरू हो चुका था। संस्कृत का युग समाप्त हो चुका था। फलतः संस्कृत के आचार्यों का ध्यान चमत्कार-प्रतिष्ठान की ओर नहीं गया। हिन्दी के आचार्य कवियों ने चमत्कार पर सैद्धान्तिक विचार तो नहीं किया, पर रचनाओं में उसे पूरा महत्व दिया। हिन्दी की रीतिकालीन कविता इसका साक्ष्य है। रीतिकालीन कविता के प्रेरक-प्रभावक तत्त्वों में चमत्कार-प्रस्थान की महत्ती भूमिका रही है। अतः उसके सौन्दर्य-विश्लेषण हेतु इस प्रस्थान को ध्यान में रखना आवश्यक है। इन सब के बावजूद काव्य-समीक्षा में चमत्कार को महत्व प्रायः नहीं मिला। इसका सम्बन्ध भी काव्य के भाषा-सौन्दर्य से ही है।

काव्य की आत्मा की पड़ताल में काव्यालोचन से सम्बन्धित उपस्थित हुई अधिकांश समस्याओं का प्रायः समाधान आनन्दवर्धन एवं उनके विचारों के पोषक ध्वनिवादी आचार्य अभिनवगुप्त ने प्रस्तुत कर दिया था। इसके बावजूद सौन्दर्य-दर्शन और रुचि-वैभिभ्य के कारण नये प्रस्थानों का उभरना थमा नहीं। संस्कृत काव्य शास्त्र की सुदीर्घ परम्परा में गंगेश-पुत्र हरिप्रसाद का ग्रन्थ **'काव्यालोक'** अंतिम महत्वपूर्ण ग्रन्थ है। तत्पश्चात् हिन्दी के रीतिकालीन कवि आचार्यों का लेखन महत्वपूर्ण हो उठा।

काव्य की आत्मा की पड़ताल में पिछली शताब्दी में भी नवीन विचार प्रस्तुत किये गये हैं। हिन्दी के प्रसिद्ध विद्वान् एवं आलोचक डॉ. गणपतिचन्द्र गुप्त ने अपने **साहित्य-विज्ञान'** नामक सिद्ध ग्रन्थ में **काव्य की आत्मा के रूप में 'आकर्षक-शक्ति' का सिद्धान्त प्रतिष्ठित किया है।** आकर्षणशक्ति शक्ति मूलतः विज्ञान के क्षेत्र में प्रतिष्ठित सिद्धान्त है। उसे ही उन्होंने काव्य के सिद्धान्त रूप में प्रतिपादित किया है। मैंने इस सम्बन्ध में अन्यत्र अपेक्षित विचार किया है। यहाँ इतना भर संकेत करना पर्याप्त होगा कि वे रस, अलंकार, रीति आदि को आकर्षण का कारक मानने का तर्क प्रस्तुत करते हुए काव्य की आत्मा आकर्षणशक्ति को मानते हैं।

निष्कर्ष

उपरि विवेचन से विदित है कि काव्य की आत्मा के संधान में जो विभिन्न प्रस्थान विकसित-प्रतिष्ठित हुए वे आचार्यों की अलग-अलग रुचि, जीवन-दृष्टि, सौन्दर्य-दृष्टि और विवेचन-स्वातंत्र्य के परिणाम हैं। काव्य की आत्मा की खोज में चिन्तन स्थूलता से सूक्ष्मता की ओर अग्रसर होता गया है। शब्द और अर्थ जैसे काव्य के स्थूल तत्वों से लेकर रस ध्वनि को सूक्ष्म आत्मा के रूप में प्रतिष्ठा मिलना चिन्तन की एक सुदीर्घ यात्रा और परम्परा का परिणाम है। रसवादी चिन्तन भाववादी रहा है और अलंकारवादी चिन्तन कलावादी। रीति, वक्रोक्ति और चमत्कार का बल भी कलावाद पर ही रहा है। ध्वनिवादियों ने काव्य के भावपक्ष और कलापक्ष, दोनों अभिव्यंजना-सौन्दर्य को

महत्त्व देकर उनमें समन्वय और संतुलन स्थापित किया। उन्होंने काव्य के वस्तुपक्ष में भी अभिव्यंजित सौन्दर्य को महत्व दिया। औचित्यवादी चिन्तन ने भी दोनों पक्षों के सौन्दर्य के नियमन हेतु औचित्य को प्रधान माना। स्वतंत्र सौन्दर्य-दृष्टि पर आधारित इन प्रस्थानों में किंचित वैचारिक संघर्ष भी हुए पर किसी ने भी दूसरे को आत्मसात नहीं किया। रसवादी और अलंकारवादी चिंतन-धाराएँ प्रायः समानान्तर रूप में बढ़ती रही हैं। वस्तुतः महत्त्व सभी प्रस्थानों का है। सब के अपने-अपने सौन्दर्य-दर्शन हैं। किसी को भी एकदम नकारा नहीं जा सकता। इसके बावजूद काव्य की आत्मा के रूप में रस-ध्वनि प्रायः सबको स्वीकार्य है। आकर्षण-शक्ति के सिद्धान्त को अभी परीक्षाग्नि में और तपना है।

4. शब्दार्थ

'शब्दार्थ' का अर्थ है–शब्द और अर्थ का समुदाय। 'काव्य' अथवा 'साहित्य' मोटे तौर पर 'शब्द' और 'अर्थ' का समुदाय है। **राजशेखर** ने शब्दार्थों के परस्परोचित सहभाव (शब्दार्थयोः यथावत् सहभाव) को साहित्य कहते हुए स्पष्ट किया है कि शब्दार्थ काव्य का शरीर है और रस आत्मा–**'शब्दार्थौ ते शरीरं,....रस आत्मा....'**। **भोजराज** ने 'शृंगारप्रकाश' में भी किंचित् भिन्न शब्दों में इसे ही स्वीकार किया है–''तत् (काव्यं) पुनः शब्दार्थयोः साहित्यम् आमनन्ति। तद्यथा–'शब्दार्थौ सहितौ काव्यम्'' इति। कः पुनः शब्द? येन उच्चरितेन अर्थः प्रतीयते।...कोऽर्थः? यः शब्देन प्रत्याय्यते।...किं. साहित्यम्? यः शब्दार्थयोः सम्बन्ध।'' इसीलिए 'शब्दार्थ' को काव्य का पहला तत्त्व माना गया है। इसके अन्तर्गत **शब्द, शब्दों के अर्थ और शब्दों की अर्थबोधक शक्ति पर विचार किया जाता है।**

4. क. शब्द

काव्य अथवा साहित्य की साधना शब्द-साधना पर आश्रित है। इसी से प्रथम विचारणीय है–शब्द। शब्द का धातुगत अर्थ है–**शब्द करना, आविष्कार करना**।[1] शब्द के कई और अर्थ भी हैं–**अक्षर, वाणी, वाक्य, शून्य, श्रवण** और **ध्वनि**।[2] शब्दों के साधुत्व-असाधुत्व का निर्धारण व्याकरण करता है, पर उनकी 'सम्यक्प्रयोगयोग्यता' काव्यशास्त्र द्वारा ही मानक बनती हैं। इसीलिए काव्यशास्त्रीय दृष्टि से **सार्थक ध्वनि अथवा सार्थक ध्वनि-समूह ही शब्द है**। शब्द निरर्थक भी होते हैं, हो सकते हैं, पर काव्य में उनके लिए कोई स्थान नहीं है। काव्य अथवा साहित्य में ध्वनि अथवा ध्वनियों के समूह का सार्थक होना आवश्यक है। व्याकरण का अनुगमन होकर भी यहाँ काव्यशास्त्र की उससे स्पष्ट भिन्नता है। काव्यशास्त्रीय पदवाक्यविवेक करते

1. शब्दः शब्दकरणे। शब्दः आविष्कारे।–सिद्धान्त कौमुदी
2. शब्दोऽक्षरयशोगीर्व्योमवाक्ये से श्रवणे ध्वनौ।–हैमः

हुए स्वीकार किया गया है कि, "व्याकरण द्वारा निर्धारित साधु शब्द अभिधानादि कोषों में निर्दिष्ट होता है। शब्द विशेष का जो अभिधेय है, वह अर्थ है। **वह शब्द और उसका अर्थ दोनों मिलकर पद होता है।**"[3] स्पष्ट है कि काव्य या साहित्य में काव्यशास्त्रीय दृष्टि से सार्थक शब्द ही पद है। पद की यह परिभाषा व्याकरण-सम्मत नहीं है। व्याकरण के अनुसार—'**सुप्तिङन्तं पदम्**' मान्य है, किन्तु काव्यशास्त्र ने न्यायशास्त्रानुसार ही स्वीकार किया है कि अर्थयुक्त शब्द ही पद हैं—'**शक्तं पदम्**'। काव्य में पाँच प्रकार के पद (सार्थक शब्द) प्रयुक्त होते हैं—सविभक्तिक, समास, तद्धित, कृदन्त और क्रियापद।

काव्य में शब्द-प्रयोग की महत्ता इसी से स्पष्ट है कि "**एकः शब्दः सम्यक् ज्ञातः सुष्ठु प्रयुक्तः स्वर्गे लोके च कामधुग्भवति।**" तात्पर्य यह कि सम्यक् प्रयोग की दृष्टि से शब्दों की क्षमता-अक्षमता, योग्यता-अयोग्यता पर विचार कर लिया जाना आवश्यक है। अर्थ-प्रकाशन की दृष्टि से काव्य में प्रयुक्त शब्द प्रधानतया तीन प्रकार के होते हैं—वाचक, लक्षक और व्यंजक।

1. वाचक शब्द—साक्षात् संकेतित अर्थ का बोध कराने वाला शब्द 'वाचक शब्द' कहा जाता है। साक्षात् संकेतित अर्थ से तात्पर्य है **बिना किसी प्रकार की बाधा अथवा व्यवधान के जान लिये जाने वाला अर्थ।** वाचक शब्द चार प्रकार माना गया है—(क) जाति वाचक (आदमी, गाय आदि), **गुण वाचक** (हरा, कच्चा आदि), (ग) **क्रिया वाचक** (रोना, हँसना आदि) आदि (घ) **द्रव्य वाचक** (राम, मोहन, हिमालय, भारत, सूर्य आदि)।

2. लक्षक शब्द : लक्ष्यार्थ का बोध कराने वाला शब्द 'लक्षक' कहा जाता है। यही 'लाक्षणिक' शब्द भी कहा जाता है। यथा—'राम गदहा है' में 'गदहा' शब्द 'वाचक' है जिसका तात्पर्य है—'मूर्ख'। इस प्रकार पूरे वाक्य का अर्थ हुआ—'राम मूर्ख है।'

3. व्यंजक शब्द—व्यंग्यार्थ का बोध कराने वाला शब्द 'व्यंजक' शब्द कहा जाता है। यथा, सदा बुराई करने वाले व्यक्ति को लक्ष्य कर यदि कहा जाये—'आपने तो मेरी बड़ी भलाई की', तो इस वाक्य का व्यंग्यार्थ होगा—'तुमने आशा के प्रतिकूल मेरी बड़ी बुराई की।' ऊपरि वाक्य में आये शब्द (विशेषकर 'भलाई') व्यंजक शब्द है।

4. ख. अर्थ

शब्दोच्चारण से जिस वस्तु (व्यक्ति) की प्रतीति (उपस्थिति) होती है, वही 'अर्थ' है। अर्थ शब्द पर निर्भर करता है, शब्द में निहित होता है। प्रत्येक शब्द के उच्चारण

3. व्याकरणस्मृतिनिर्णीतः शब्दः निरुक्तनिघंटाभिर्निर्दिष्टः। तदभिधेयोऽर्थः। तौ पदम्।
—काव्यमीमांसा, प.-21

के पश्चात् एक-न-एक 'वस्तु' की प्रतीति होती है। वह 'वस्तु' (व्यक्ति) ही अर्थ है। यहाँ 'वस्तु' शब्द समस्त मूर्त्त-अमूर्त्त पदार्थों का बोधक है। ऊपर तीन प्रकार के शब्द बताये गये हैं। उनसे श्रोता या पाठक को तीन प्रकार के अर्थों की प्रतीति होती है। इसीलिए अर्थ तीन प्रकार के माने गये हैं—वाच्यार्थ, लक्ष्यार्थ और व्यंग्यार्थ।

1. वाच्यार्थ—वाचक शब्दों से निकलने वाला साक्षात् संकेतित अर्थ 'वाच्यार्थ' कहा जाता है। यही **मुख्यार्थ** अथवा **अग्रिमार्थ** के नाम से भी जाना जाता है। यहाँ शब्द होता है वाचक और अर्थ वाच्य। मुख्य अर्थ और उससे साक्षात् संकेतित अर्थ (बोधक अर्थ) में वाच्य-वाचक सम्बन्ध होता है। इस अर्थ की प्रतीति संकेतग्रहण के रूप में होती है। आचार्यों ने 'संकेतग्रहण'[1] के आठ साधन बतलाये हैं—(क) व्याकरण, (ख) कोश, (ग) उपमान (सादृश्य), (घ) आप्तवाक्य (प्रामाणिक वक्ता का कथन), (ङ.) व्यवहार, (च) सिद्ध पद का सान्निध्य, (6) टीका अथवा विवरण, और (ज) वाक्यशेष। इसे ही **'अभिधेयार्थ'** (अभिधार्थ) भी कहते हैं। वस्तुतः यह **'संकेतितार्थ'** होता है।

2. लक्ष्यार्थ—मुख्यार्थ के बाधित होने पर किसी रूढि? या प्रयोजन से जिस अभीष्ट अर्थ की प्रतीति होती है, वही 'लक्ष्यार्थ' कहा जाता है। इसकी पहचान के लिए तीन बातें ध्यान में रखी जाती हैं—मुख्यार्थ का असंगत हो जाना, मुख्यार्थ से अभीष्ट अर्थ (लक्ष्यार्थ) का सम्बन्धित होना और अर्थ ही सिद्धि के लिए किसी रूढ़ि (लोकप्रसिद्धि) या प्रयोजन का होना। यथा—'फुटबॉल-मैच में आज स्कूल हार गया', में 'स्कूल' का अर्थ 'स्कूल में पढ़नेवाले खिलाड़ी छात्र', ऐसा ही है। यहाँ शब्द.... मुख्यार्थ→लक्ष्यार्थ, इस प्रकार शब्द का लक्ष्यार्थ से मुख्यार्थ के द्वारा सम्बन्ध होता है। मुख्यार्थ मध्यगत होता है।

3. व्यंग्यार्थ—मुख्यार्थ और लक्ष्यार्थ के विफल हो जाने पर जो अभीष्ट अर्थ प्रत्यक्ष होता है, वही व्यंग्यार्थ कहा जाता है। इसे ही **'ध्वन्यर्थ'**, **'सूच्यर्थ'**, **'आक्षेपार्थ'**, **'प्रतीयमानार्थ'** आदि नामों से भी जाना जाता है। यथा—'घण्टी बज गयी'—इस एक वाक्य के कई अर्थ, जैसे—(क) 'छुट्टी हो गयी' (कुछ छात्रों के लिए), (ख) 'वर्ग बदलना चाहिए' (कुछ अन्य छात्रों के लिए), (ग) 'अब वर्ग से चलना चाहिए' (कुछ शिक्षकों के लिए), (घ) 'अब वर्ग में चलना चाहिए' (कुछ अन्य शिक्षकों के लिए), (ङ) 'वर्ग में खल्ली-डस्टर पहुँचाना चाहिए' (चपरासी के लिए), (च) 'वर्ग का निरीक्षण करना चाहिए' (प्राचार्य के लिए) आदि व्यंजित होते हैं।

उपरि विवेचित तीन प्रकार के अर्थों के अतिरिक्त चौथे प्रकार के अर्थ की भी कल्पना की गयी है। उसे **'तात्पर्यार्थ'** कहा गया है। कई मीमांसकों एवं विचारकों

1. काव्यशास्त्र में नव्य नैमामिकों के अनुसार ही **'इच्छामात्रं संकेतः'**, संकेत का स्वरूप स्वीकृत है। वाचक शब्द एवं उससे अभीष्ट अर्थ—इन दोनों के बीच जो सम्बन्ध होता है, उसके 'ग्रहण' या 'ज्ञान' को 'संकेतग्रहण' कहा जाता है।

ने 'तात्पर्य' नामक वृत्ति स्वीकार की है जिससे तात्पर्यार्थ का बोध होता है।

कुछ विचार और भी मिलते हैं। इन्दौर वाले भाषण में **आचार्य शुक्ल** ने अर्थ और अर्थ-भेद पर नये ढंग की बात की है। उनके अनुसार—"अर्थ चार प्रकार के होते हैं—**प्रत्यक्ष, अनुमित, आत्मोपलब्ध** एवं **कल्पित**।" 'प्रत्यक्ष' की बात हम छोड़ते हैं। भाव या चमत्कार से निस्संग विशुद्ध रूप में 'अनुमित' अर्थ का क्षेत्र दर्शन-विज्ञान से है। 'आत्मोपलब्ध' का क्षेत्र इतिहास है। 'कल्पित' अर्थ का प्रधान क्षेत्र काव्य है, पर भाव या चमत्कार से समन्वित होकर ये तीनों प्रकार के अर्थ काव्य के आधार हो सकते हैं।" वस्तुतः आचार्य शुक्ल ने जिसे यहाँ स्वीकार किया है, वह है पारम्परीण मत ही। नवीनता केवल कथन और व्यवस्थापन में है। काव्य प्रत्यक्ष को स्पष्ट करने के क्रम में **भामह** ने जब उसे शास्त्रप्रत्यक्ष से भिन्न बताया था तो वह यही स्वीकार कर रहा था। **राजशेखर** ने भी अपने ढंग से सिद्ध किया था कि शास्त्रीय न्याय से काव्य-न्याय (लोक-न्याय यानी कल्पित न्याय) भिन्न होता है। पुनः उद्भट ने अर्थ के दो भेद—**'विचारित सुस्थ'** और **'अविचारित रमणीय'**—स्वीकार कर भी इसी का पोषण किया है। उद्भट के विचारों का निर्देश **महिमभट्ट** ('व्यक्ति विवेक') में भी हुआ है। अस्तु, आचार्य शुक्ल के अर्थ सम्बन्धी विचार को परम्परा का बल प्राप्त है, किन्तु यहाँ वह विचारणीय नहीं है।

4. ग. शब्द-शक्ति

शब्द के अर्थबोधक—व्यापार को शब्द-शक्ति कहते हैं।
शब्द-शक्ति का अर्थ है—शब्द का अर्थ-बोध करानेवाली शक्ति। अर्थात् वह 'व्यापार' या 'वृत्ति' जिससे शब्द के अन्तर्निहित अर्थ पूर्ण व्यक्त हो उठते हैं। लोक में व्यवहृत प्रत्येक शब्द का कुछ-न-कुछ अर्थ होता है। वही अभिप्रेत अर्थ शब्द के जिस गुण, व्यापार अथवा वृत्ति से 'संकेतित', 'लक्षित' अथवा 'व्यंजित' होता है, उसे ही शब्द-शक्ति कहते हैं। यहाँ 'व्यापार' को समझ लेना आवश्यक है। **'कारण' जिसके द्वारा 'कार्य' सम्पादित करता है, वही 'व्यापार' है।** यथा, 'कुम्हार घड़ा बनाता है।' घड़ा-निर्माण है **'कार्य'** जिसके लिए मिट्टी, चाक, दण्ड एवं कुम्हार **'कारण'** है, पर 'चाक का घूमना', 'कुम्हार का हाथों से घूम रहे चाक पर रखी मिट्टी को आकार देना' आदि ही वे **'व्यापार'** हैं जिनसे घड़ा मिर्मित होता है। व्यापार के अभाव में कारण रहते हुए भी कार्य नहीं हो सकता। इसी प्रकार अर्थ-बोधन का कारण है 'शब्द', पर अर्थबोधक व्यापार हैं शब्द की शक्तियाँ—अभिधा, लक्षणा और व्यंजना। 'व्यापार' 'शक्ति' और 'वृत्ति' पर्यायवाची हैं।

ऊपर शब्दों के तीन प्रकार (वाचक, लक्षक और व्यंजक) और उनसे व्यक्त होने वाले अर्थ भी तीन प्रकार के (वाच्यार्थ, लक्ष्यार्थ और व्यंग्यार्थ) बताये गये हैं। इन अर्थों की प्रतीति तीन प्रकार (की शक्तियों अथवा वृत्तियों) से होती है। इसीलिए

शब्दशक्तियाँ भी तीन मानी गयी हैं–अभिधा, लक्षणा और व्यंजना। तात्पर्याख्यावृत्ति नामक चौथी शब्दशक्ति भी **कुमारिल भट्ट** के अनुयायी मीमांसकों ने मानी है जिससे तात्पर्यार्थ का बोध होता है। कई साहित्यिकों को भी यह मान्य है। इन लोगों का तर्क है कि शब्दों का अर्थज्ञान अभिधा आदि तीन व्यापारों से होता है, पर वाक्यों के अर्थज्ञान में तात्पर्या वृत्ति ही काम आती है। इस प्रकार **वाक्यार्थ-बोधक शक्ति ही तात्पर्याख्यावृत्ति है।** ऐसे विचारक तात्पर्यार्थ और वाक्यार्थ को एक मानने के पक्षधर हैं।[1] ध्वनिवादी विचारकों ने अभिहितान्वयवादियों (कुमारिल के अनुयायी मीमांसकों) का समर्थन करते हुए तात्पर्याख्यावृत्ति को मान्यता तो दी, पर 'व्यंजना' का समानार्थी नहीं स्वीकार किया। वे इतना तो स्वीकार करते हैं कि अभिधा-लक्षणा के उपरान्त तात्पर्याख्यावृत्ति सक्रिय होती है, पर व्यंग्यार्थ का प्रकाशन 'व्यंजना' से ही होता है। इस प्रकार इस (तात्पर्याख्या) वृत्ति के बारे में मतैक्य नहीं है।

1. अभिधा

साक्षात् संकेतित अर्थ अथवा मुख्य अर्थ के बोधक व्यापार को अभिधा कहते हैं।[2] शब्द का मुख्यार्थ साक्षात् संकेतित अर्थ होता है। सभी अर्थों में सर्वप्रथम जिस अर्थ का ज्ञान होता है, वह **मुख्यार्थ** अथवा **अग्रिमार्थ** है एवं जिस **मुख्य व्यापार** के कारण उक्त अर्थ का ज्ञान होता है उस व्यापार का नाम **'अभिधा'** है। यानी **'अभिधा'** ही वह शक्ति, वृत्ति या व्यापार है जिससे मुख्य अर्थ का बोध होता है। इसे ही **मुख्या शक्ति** अथवा **अग्रिमा शक्ति** भी कहते हैं। यथा, 'गदहा' शब्द के सुनते ही हमारे सामने एक विशिष्ट पशु का रूप उपस्थित होता है, किसी महल, पहाड़, मैदान आदि का नहीं। यहाँ–'मुख्या', 'अग्रिमा' या 'अभिधा' शक्ति ही काम करती है। यह शक्ति किसी शब्द का वही अर्थ बताती है जो व्याकरण, कोशादि से प्राप्त है और जिसे हम परम्परा से सुनते-सीखते चले आते हैं। इसी से यह अर्थ होता है–'साक्षात् संकेतित।' शब्द की **अभिधा शक्ति तीन प्रकार की होती है–योग, रूढ़ि और योगरूढ़ि**। इनके अनुरूप वाचक शब्द भी तीन प्रकार के–**यौगिक, रूढ़** और **योगरूढ़** होते हैं। **'रूढ़'** शब्दों के खण्ड नहीं होते। जबर्दस्ती खण्डित किये जाने पर उनका अर्थ बिखर जाता है। यथा, 'राजा', 'घर' आदि। ऐसे शब्दों में अवयवशक्ति नहीं होती, मात्र समुदाय शक्ति होती है। इनके विपरीत **'यौगिक'** शब्दों में अवयवशक्ति होती है एवं साथ ही समुदाय शक्ति भी। अर्थात जिस प्रकृति और प्रत्यय के योग से शब्द बनता है उनके अलग-अलग अर्थ तो होते ही हैं, इनका अपना अर्थ भी होता

---

1. तात्पर्याख्यां वृत्तिमाहुः पदार्थान्वयबोधने।
   तात्पर्यार्थं तदर्थं च वाक्यं तद्बोधकम्।।–सा. दर्पण 2/20
2. क. स मुख्योऽर्थो, तत्र मुख्यो व्यापारोऽस्याभिधोच्यते।–का. प्रकाश 2/8
   ख. तत्र संकेतितार्थस्य बोधनादग्रिमाभिधा।–सा. दप्रण 2/4

है। यथा, 'पाचक' (पच् + अक = पकाना, करनेवाला), 'नरपति', 'पाठक', 'गांगेय' आदि यौगिक शब्द हैं। **'योगरूढ़'** शब्द स्वरूपतः होते हैं यौगिक ही है, पर उनका अर्थ प्रायः रूढ़-सा हो जाता है। यथा, 'पंकज' (पंक + ज = कीचड़, जन्म लेनेवाला = कमल), 'चक्रधर' (विष्णु), 'पशुपति', 'चन्द्रमौलि', 'घनश्याम' आदि शब्द योगरूढ़ हैं।

2. लक्षणा

मुख्यार्थ के बाधित होने पर रूढ़ि या प्रयोजन के सहारे उससे सम्बन्धित अन्य (अभिप्रेत) अर्थ-बोधक व्यापार को लक्षणा कहते हैं।[1]

दैनिक बोलचाल, भाषण आदि में कई बार ऐसा देखा जाता है कि मुख्यार्थ से काम नहीं चलता। तब उसकी जगह कोई दूसरा अर्थ प्रत्यक्ष होता है। उस दूसरे अर्थ को प्रगट करनेवाली शक्ति लक्षणा है एवं उससे प्राप्त अर्थ होता है लक्ष्यार्थ। वस्तुतः **लक्ष्यार्थ शब्द का वास्तविक अर्थ न होकर आरोपित अर्थ होता है।** ऊपर 'गदहा' का उदाहरण दिया गया है। लेकिन यदि कहा जाये कि 'राम गदहा है', तो यहाँ 'गदहा' (पशु विशेष) का मुख्यार्थ काम नहीं आता। सभी जानते हैं कि 'राम' आदमी है, 'गदहा' नहीं, पर ऐसे प्रयोग बहुधा होते हैं। अस्तु, समझने वाले समझ लेते हैं कि 'राम बज्रमूर्ख हैं', अर्थात् राम की मूर्खता गदहोपम है। यदि आप **'हिन्दी शब्दसागर'** उलट जायें, तो भी वहाँ आपको यह अर्थ नहीं मिलेगा। तो स्पष्ट है कि अभिधा के अतिरिक्त कोई अन्य शक्ति अवश्य है जिसने 'गदहा' के मुख्यार्थ को दबाकर अन्य अभिप्रेत अर्थ का प्रकाशन किया है। अभिप्रेत अर्थ मुख्यार्थ से भिन्न होकर भी उससे सम्बन्धित है। साथ ही अभिप्रेत अर्थ (मूर्खता) को प्रकाशन का निश्चित प्रयोजन भी है–राम की मूर्खता को प्रभावशाली ढंग से व्यक्त करना। यह अर्थ जिस शक्ति से प्रकाशित हुआ, यही लक्षणा है।

इस विश्लेषण से स्पष्ट होता है कि लक्षणा की सिद्धि के लिए तीन शर्तें हैं। आचार्यों ने उन्हें लक्षणा के निमित्त के रूप में विवेचित किया है। यथा–

(क) मुख्यार्थ (अभिधा से प्राप्त) का बाधित होना
(ख) तद्‌योग (मुख्यार्थ योग) = मुख्यार्थ एवं अभिप्रेत अर्थ का सम्बन्ध, एवं
(ग) उक्त सम्बन्ध हेतु किसी **'रूढ़ि'** या **'प्रयोजन'** का होना।

---

1. (क) मुख्यार्थबाधे तद्योगे रूढ़ितोऽथ प्रयोजनात्।
अन्योऽर्थो लक्ष्यते यत् सा लक्षणारोपिता क्रिया।।–का. प्रकाश 2/8
(ख) मुख्यार्थबाधे तद्योगेऽन्योर्थः प्रतीयते।
रूढ़ेः प्रयोजनाद्‌वाऽसौ लक्षणा शक्तिरर्पिता।।–सा. दर्पण 2/5

लक्षणा के प्रकार—ऊपर लक्षणा की तीन शर्तें बतायी गयीं। अपनी **तीसरी शर्त के अनुसार** लक्षणा दो प्रकार की होती हैं—**रूढ़ि लक्षणा** और **प्रयोजनवती लक्षणा**। प्रथम का कोई उपभेद नहीं होता। द्वितीय के कई भेद-प्रभेद होते हैं। आगामी तालिका द्वारा लक्षणा के प्रमुख भेदों को स्पष्ट किया जाता है। यथा—

लक्षणा

- रूढ़िमूला लक्षणा
- प्रयोजनवती लक्षणा
  - गौणी प्र. ल.
    - सारोपा गौणी प्र. ल.
    - साध्यवसाना गौणी प्र. ल
  - शुद्धा प्र. ल.
    - उपादान शुद्धा प्र. ल.
      - सारोपाउपदान शु. प्र. ल.
      - साध्यवसाना उपादान शु. प्र. ल.
    - लक्षणशुद्धा प्र. ल.
      - सारोपालक्षणशुद्धा प्र. ल.
      - साध्यवसानालक्षण शु. प्र. ल.

प्रयोजनवती लक्षणा सादृश्य और सादृश्यतेर सम्बन्धों के आधार पर गौणी और शुद्धा, दो प्रकार की होती है एवं उनके भी कई उपभेद होते हैं। आगे प्रत्येक का सोदाहरण वर्णन किया जाता है।

1. रूढ़िमूला लक्षणा— मुख्यार्थ के बाधित होने पर जहाँ अभिप्रेत अर्थ किसी रूढ़ि (लोकप्रसिद्धि) के कारण लक्षित होता है, वहाँ रूढ़िमूला लक्षणा होती है।

कभी-कभी आपका वैसे व्यक्ति से पाला पड़ जाता है, जो बहुधा व्यर्थ की बातें किया करता है। वैसी स्थिति में आप कह उठते हैं—'मुँह में ताला लगाओ'। यह सिद्ध है कि मुँह में ताला नहीं लगाया जा सकता, पर वह व्यक्ति आपके कहने का अभिप्रेत अर्थ 'चुप रहना', 'बकवास नहीं करना' समझ लेता है और आगे बोलना बन्द कर देता है। यहाँ (ताला नामक वस्तु विशेष) की बाधा स्पष्ट है। साथ ही अभिप्रेत अर्थ यानी लक्ष्यार्थ (चुप रहना) का मुख्यार्थ से सम्बन्ध भी बना है। यह अर्थ 'रूढ़ि' के कारण प्रगट हुआ है। पूर्व उदाहरण **'राम गदहा है'** अथवा **'पंजाब लड़ाका है'**, **'मगध साहसी है'** जैसे वाक्य भी इसी के उदाहरण हैं। कतिपय अन्य उदाहरण—

क. दृग उदझत टूटत कुटुम, जुरत चतुर चित प्रीति।
परति गाँठ दुरजन हिये, दई नई यह रीति।।—बिहारी।

ख. **हाथ** जो / **चट्टान** को / तोड़े नहीं / वह टूट जाए। –केदारनाथ अग्रवाल

ग. उन हिंसक हुंकारों से, नतमस्तक आज **कलिंग** हुआ।–प्रसाद।

घ. हैं कुपथ पर पाँव मेरे, आज **दुनिया** की नजर में।–बच्चन।

रूढ़िमूला लक्षणा पर विचारने के क्रम में साहित्यिकों ने स्पष्ट किया है कि जो लक्षणाएँ आज रूढ़िमूला कही जाती हैं, वे भी कभी प्रयोजनवर्ती ही थीं। लोकप्रसिद्धि के कारण वे किसी विशेष अर्थ में धीरे-धीरे रूढ़ हो गयी हैं। आरम्भ में उनके अर्थों में भी प्रयोजन हो निहित था, पर कालान्तर में वे प्रयोजन समाप्त होकर रूढ़ि में परिणत हो गये।

2. प्रयोजनवती लक्षणा : **मुख्यार्थ के बाधित होने पर जहाँ अभिप्रेत अर्थ किसी प्रयोजन के कारण लक्षित होता है, वहाँ प्रयोजनवती लक्षणा होती है।**

प्रयोजनवती लक्षणा में मुख्यार्थ की बाधा होने पर लक्ष्यार्थ की प्रतीति के लिए किसी-न-किसी प्रयोजन (उद्देश्य) का होना आवश्यक है। मुख्यार्थ और लक्ष्यार्थ के सम्बन्ध–सादृश्य और सादृश्येतर सम्बन्ध–के आधार पर इसके दो भेद होते हैं–**गौणी** और **शुद्धा**।

3. गौणी प्रयोजनवती लक्षणा : **मुख्यार्थ के बाधित होने पर लक्ष्यार्थ का ग्रहण जहाँ सादृश्य सम्बन्ध के आधार पर होता है, वहाँ गौणी प्रयोजनवती लक्षणा होती है।**

गौणी से तात्पर्य है गुण-सादृश्य से। इसमें मूल बात है सादृश्य सम्बन्ध का होना। सादृश्य सम्बन्ध समान रूप, गुण, क्रिया या धर्म पर आधारित होता है। यथा–'चन्द्रमुखी जा रही है' जैसा कथन करने पर जो अर्थ प्रगट होता है, उसका आधार सादृश्य सम्बन्ध ही है। इसी प्रकार–

बीती विभावरी जाग री।
अम्बर-पनघट में डुबो रही **तारा-घट ऊषा नागरी**। –प्रसाद।

यहाँ 'अम्बर-पनघट' 'तारा-घट' और 'ऊषा-नागरी' में सादृश्य सम्बन्ध है जिससे यहाँ प्रयोजनवती गौणी लक्षणा है। इस रूप में उपस्थित किये जाने का प्रयोजन है–उपमेय की सौन्दर्यवृद्धि। ये उदाहरण भी देखे जा सकते हैं। यथा–

क. उदित **उदयगिरी मंच** पर, **रघुवर बाल पतंग**।
बिकसे **संत सरोज** सब, हरषे **लोचन भृंग**।।–तुलसी

ख. पग पग मग अगमन परति, चरण अरुण दुति झूलि।
ठौर ठौर लखियत उठे, **दुपहरिया से फूलि**।।—बिहारी।

उपमेय-उपमान में आरोप और अध्यवसान के आधार पर इसके दो भेद मान्य हैं—**सारोपा गौणी** लक्षणा और **साध्यवसाना गौणी लक्षणा**। इनका आगे यथास्थान निरूपण किया जायेगा।

4. शुद्धा प्रयोजनवती लक्षणा : मुख्यार्थ के बाधित होने पर लक्ष्यार्थ का ग्रहण जहाँ सादृश्येतर सम्बन्ध के आधार पर होता है, वहाँ शुद्धा प्रयोजनवती लक्षणा होती है।

सम्बन्ध कई प्रकार के होते हैं। यथा—सादृश्य, सामीप्य, तात्कर्म्य, अंगांगि, आधाराधेय, कार्यकारण, वैपरीत्य इत्यादि। इनमें से प्रथम (सादृश्य) के अतिरिक्त शेष सम्बन्धों के आधार पर लक्ष्यार्थ का ग्रहण होने से लक्षणा शुद्धा होती है। इसके आवश्यक उदाहरण अग्रांकित हैं। यथा—

1. सामीप्य सम्बन्ध : क. **'गंगा पर गाँव है'**—यहाँ मुख्यार्थ (गंगा-प्रवाह) से लक्ष्यार्थ (गंगा-तट) का सामीप्य सम्बन्ध है।

ख. अबला जीवन हाय तुम्हारी यही कहानी।
आँचल में है दूध और आँखों में पानी।।—गुप्त जी।

यहाँ (ख) 'आँचल' में 'दूध' का होना कथित है, जो असम्भव है। अतः मुख्यार्थ की बाधा स्पष्ट है। सामीप्य सम्बन्ध से 'आँचल' से 'वक्षोज' अभिप्रेत है जिसका प्रयोजन है मातृत्वभाव को प्रकाशित करना। अस्तु, यहाँ प्रयोजनवती शुद्धा लक्षणा है।

2. तात्कर्म्य सम्बन्ध : क. यहाँ **चपरासी ही प्राचार्य है**।
ख. आँसुओं का कोश डर, **दृग अश्रु की टकसाल**।— महादेवी
ग. पितु सुरपुर सियराम लषन वन मुनिव्रत भरत गह्यौ।
हौं रहि **घर मसान-पावक** अब मरिबोई मृतक दह्यौ।।—तुलसी

3. अंगांगि सम्बन्ध : क. राखी सजी पर **कलाई** नहीं है। (भाई के अर्थ में)
ख. मेरा निर्वाह तो अब इन्हीं **चरणों** में होगा
(पति के अर्थ में)

4. आधाराधेय सम्बन्ध : क. सारा गाँव तमाशा देखता रहा। (गाँव के निवासी के अर्थ में)
ख. रोता है **राजगृह** आज उसी शोक में। —रघुवीर

ग. हे लाज भरे **सौन्दर्य**! बता दो मौन बने रहते हो क्यों?—प्रसाद

5. कार्य-कारण सम्बन्ध : क. **संगति** ही ज्ञान है। (विद्वन्मण्डली की संगति)। ख. **पैसा** ही सुख है। (पैसे के द्वारा प्राप्त किये जाने वाले सुख के साधन)। ग. **नैट** ही विजय है। (नैट विमान द्वारा प्राप्त विजय)।

6. धार्य-धारक सम्बन्ध : क. रिक्शा आ गया। (रिक्शाचालक रिक्शा लेकर आ गया)।

ख. **टैंक** बढ़ते चले आ रहे हैं।

ग. **किताबें** आ रही हैं।

7. वैपरीत्य सम्बन्ध : विश्वासघाती मित्र के प्रति कथन—'मित्र! तुम्हारे **उपकार** से मेरा भला तो हुआ, पर तुम्हारी **सज्जनता** भी छिपी न रही।' इसमें वक्ता के उद्देश्य एवं मुख्यार्थ पर ध्यान से स्पष्ट है कि **'उपकार'**, 'भला' और **'सज्जनता'** से अभिप्रेत अर्थ 'अपकार', 'बुरा' और 'दुर्जनता' की प्रकट होता है, जो मुख्यार्थ के सर्वथा विपरीत है। आचार्यों ने लक्षणों में 'तद्योग' (मुख्यार्थयोग) शब्द से इन सम्बन्धों की ओर ही संकेत यो किया है। भर्तृमित्र ने 'तद्योग' (मुख्यार्थयोग) के पाँच भेद ही स्वीकार किये हैं।[1] किन्तु यह उससे अधिक भी हो सकता है। यह उपरिविवेचन से स्वतः सिद्ध है।

शुद्धा प्रयोजनवती लक्षणा दो प्रकार की होती है—उपादान लक्षणा और **लक्षण लक्षणा**। पुनः इसके उपभेद भी होते हैं।

5. उपादान लक्षणा—जहाँ लक्ष्यार्थ की संगति के लिए उसके अंगरूप में मुख्यार्थ भी बना रहता है, वहाँ शुद्धा उपादान लक्षणा होती है।

इसमें लक्ष्यार्थ के साथ-साथ वाच्यार्थ (मुख्यार्थ) भी बना रहता है। इसीलिए इसे **'अजहत्स्वार्था'** भी कहते हैं। संस्कृत के आचार्यों ने 'काकेभ्यो दधि रक्ष्यताम्' का उदाहरण रखा है। इसमें 'काकेभ्यः' पद का अर्थ 'कौए आदि', ऐसा मानना पड़ता है। इसी प्रकार—**'देखो! कहीं बिल्ली दूध पी न जाये'** में 'बिल्ली' आदि दूध पीने वाले अन्य जीव कुत्ते आदि? का भाव तो छिपा है ही, 'बिल्ली' का मुख्यार्थ भी बना रहता है। अन्य जीवों का ग्रहण यहाँ **तात्कर्म्य सम्बन्ध** से होता है। अस्तु, यहाँ शुद्धा उपादान (अजहत्स्वार्था) लक्षणा है। इसी प्रकार—

1. **कलम** उठी **कविता** लिखने को। —दिनकर
2. जब हुई हुकूमत आँखों पर, जन्मी चुपके मैं आहों में।

---

1. अभिधेयेन सम्बन्धात् सादृश्यात् समवायतः।
वैपरीत्यात् क्रियायोगात् लक्षणा पञ्चधा मता।—इसे मुकुल भट्ट ने 'अभिधामातृका' और मम्मट ने 'शब्दव्यापार विचार' में उद्धृत किया है।

कोड़ों की खाकर मार पली, पीड़ित की दबी कराहों में।–दिनकर

6. लक्षण लक्षणा– **जहाँ लक्ष्यार्थ की सिद्धि के लिए मुख्यार्थ अपना अर्थ पूरी तरह छोड़ दे, वहाँ लक्षण लक्षणा होती है।**

मुख्यार्थ के बाधित होने पर इसमें सादृश्येत्तर सम्बन्धों के आधार पर लक्ष्यार्थ स्फुटित होता है। लक्ष्यार्थ के स्फुटित होते ही मुख्यार्थ उससे अपना पूर्ण सम्बन्ध छुड़ा लेता है। इसीलिए इसे **'जहत्स्वार्था'** भी कहते हैं। यथा, 'आप तो पूरे **पण्डित**' हैं में 'पण्डित' का मुख्यार्थ 'ज्ञानी' पूरी तरह समाप्त हो जाता है एवं उससे सर्वथा विपरीत अर्थ 'मूर्ख' ही ग्रहण किया जाता है। इस प्रकार यहाँ मुख्यार्थ का तिरस्कार-सा है जिसके मूल में है–सम्बन्ध वैपरीत्य। इसी प्रकार–

1. मोहिं दीन्ह **सुख सुजस सुराजू, कीन्ह कैकेयी सब कर काजू।**
एहि ते मोर कहा अब नीका, तेहि पर दैन चहहु तुम टीका।। – तुलसी

2. मैंने चाहे कुछ इसमें विष अपना डाल दिया हो।
रस है यदि तो वह तेरे **चरणों की जूठन** है। –माखनलाल चतुर्वेदी

ऊपर प्रयोजनवती शुद्धा लक्षणा के दो भेदों का सोदाहरण विवेचन किया गया। **आरोप** और **अध्यवसान** के कारण उनके दो-दो भेद और होते हैं–**सारोपा और साध्यवसाना। साथ ही प्रयोजनवती गौणी लक्षणा के भी ये दोनों** (सारोपा और साध्यवसाना) भेद होते हैं। इस प्रकार **प्रयोजनवती लक्षणा कुल छह प्रकार** की होती है। इनके विवेचन के पूर्व सारोपा लक्षणा और साध्यवसाना लक्षणा को समझ लेना आवश्यक है। यथा–

सारोपा लक्षणा– **जहाँ आरोपभाव रहने पर भी आरोपविषय (उपमेय) और आरोप्यमान (उपमान) पूर्णतः स्पष्ट रहते हैं, वहाँ सारोपा लक्षणा होती है।**

सारोपा का अर्थ है आरोप के साथ। आरोप का अर्थ है एक वस्तु में दूसरी वस्तु का अभेद ज्ञापन। जिस वस्तु पर आरोप किया जाता है वह होता है–विषय या **'आरोपविषय'** एवं जिस वस्तु का आरोप किया जाता है, वह होता है **'आरोप्यमान'**। आरोप की स्थिति दो प्रकार की होती है–प्रथम स्थिति में आरोपविषय और आरोप्यमान पूरी तरह स्पष्ट रहते हैं। यथा, 'मुख-चन्द्र'। रूपक अलंकार में भी यही स्थिति होती है। इसीलिए **सारोपा लक्षणा रूपक अलंकार का बीज कही गयी है।** दूसरी स्थिति होती है रूपकातिशयोक्ति अलंकार वाली जिसमें केवल आरोप्यमान ही वाच्य रहता है, आरोपविषय नहीं। इस विवेचन से स्पष्ट है कि **सारोपा लक्षणा तीन प्रकार** की होती है–1. सारोपा गौणी, 2. सारोपा शुद्धा उपादान और 3. सारोपा शुद्धा

लक्षण लक्षणा। यथा–

1. सारोपा गौणी लक्षणा : मुख्यार्थ के बाधित होने पर जहाँ आरोपविषय एवं आरोप्यमान के स्पष्ट कथन द्वारा सादृश्य सम्बन्ध के आधार पर लक्ष्यार्थ की प्रतीति हो, वहाँ सारोपा गौणी लक्षणा होती है। यथा–

स्वर्ण-किरण-कल्लोलों पर बहता रे बालक मन। –निराला

यहाँ सुनहली किरणों (स्वर्ण-किरण) पर चमकती लहरों (कल्लोलों) का आरोप सृादश्य सम्बन्ध के आधार पर हुआ है। इसी प्रकार–

व्योम-सर में हो उठा विकसित **अरुण आलोक शतदल**। – दिनकर।

2. सारोपा शुद्धा उपादान लक्षणा : मुख्यार्थ के बाधित होने पर जहाँ आरोपविषय और आरोप्यमान के स्पष्ट कथन द्वारा सादृश्येतर सम्बन्धों से लक्ष्यार्थ की प्रतीति हो एवं मुख्यार्थ की स्थिति भी बनी रहे, वहाँ सारोपाशुद्धा-उपादान लक्षणा होती है।

यथा–स्वर्गलोक की **तुम अप्सरि** थी, थी वैभव में पली हुई।–प्रेमी।

यहाँ 'तुम' में 'अप्सरि' का आरोप, तात्कर्म्य सम्बन्ध (गुण सम्बन्ध भी हो सकता है) होने के कारण लक्षणा शुद्धा; आरोपविषय और आरोप्यमान को वाच्यता के कारण सारोपा और लक्ष्यार्थ के साथ मुख्यार्थ का भी बना होने के कारण उपादान है। अस्तु, यहाँ सारोपाशुद्धा उपादान लक्षणा है। इसी प्रकार–

नव अपांग-शर-हत व्याकुल उर।–निराला

3. सारोपा शुद्धा लक्षण लक्षणा : मुख्यार्थ के बाधित होने पर आरोपविषय और आरोप्यमान के स्पष्ट कथन द्वारा सादृश्येतर सम्बन्धों से जहाँ लक्ष्यार्थ की प्रतीति एवं मुख्यार्थ का पूर्ण परित्याग हो, वहाँ सारोपा शुद्धा लक्षण लक्षणा होती है। यथा–

आज **भुजंगों से बैठे हैं,** वे कंचन के घड़े दबाये।
विनय हार कर कहती है, **ये विषधर** हटते नहीं हटाये।। –प्रेमी

यहाँ 'भुजंग' और 'विषधर' (उपमान) में कंचन से पूर्ण घट दबाने वाले 'वे' और 'ये' यानी पूँजीपति (उपमेय) का आरोप है जिसका आधार है तात्कर्म्य सम्बन्ध (काटना, डँसना, कष्ट देना)। लक्ष्यार्थ के स्फुटित होते ही मुख्यार्थ (साँप) की यहाँ

पूर्ण समाप्ति हो जाती है। अस्तु, यहाँ सारोपा शुद्धा लक्षणा लक्षण है। इसी प्रकार–

क. अनियारे दीरघ नयनि, किती न तरुनि समान।
वह चितवनि और कछु, जिहि बस होत सुजान।।–बिहारी।
ख. तृष्णा-साँपिनी काहि न खाया, को जग जाहि न व्यापी माया।–तुलसी।

यहाँ प्रथम उदाहरण में सामान्य-विशेष सम्बन्ध है और द्वितीय में तात्कर्म्य सम्बन्ध।

साध्यवसाना लक्षणा : मुख्यार्थ के बाधित होने पर जहाँ आरोप स्पष्ट (वाच्य) नहीं होता, वहाँ साध्यवसाना लक्षणा होती है।

इसमें आरोपविषय (उपमेय) को आरोप्यमान (उपमान) पूर्णतः निगीर्ण कर लेता है। यहाँ केवल आरोप्यमान ही स्पष्टतः कथित (वाच्य) होता है। आचार्यों ने इस **रूपकातिशयाक्ति** का **बीज कहा है**। यह भी तीन प्रकार की होती है–1. साध्यवसाना गौणी, 2. साध्यवसाना शुद्धाउपादान और 3. साध्यवसाना शुद्धा लक्षण लक्षणा।

1. साध्यवसाना गौणी लक्षणा– मुख्यार्थ के बाधित होने पर जहाँ सादृश्य सम्बन्ध के कारण आरोप्यमान द्वारा लक्ष्यार्थ की प्रतीति हो, वहाँ साध्यवसाना गौणी लक्षणा होगी। यथा–

क. बाँधा है **विधु** को किसने, इन काली जंजीरों से।
मणि वाले फणियों का मुख, क्यों भरा हुआ हीरों से। –प्रसाद

ख. विद्रुम **सीपी सम्पुट** में मोती के दाने कैसे!
है हंस न शुक यह फिर क्यों चुगने को मुक्ता कैसे? – प्रसाद

2. साध्यवसाना शुद्धा उपादान लक्षणा– मुख्यार्थ के बाधित होने पर जहाँ सादृश्येतर सम्बन्धों से केवल आरोप्यमान द्वारा लक्ष्यार्थ की प्रतीति हो एवं मुख्यार्थ की स्थिति भी बनी रहे, वहाँ साध्यवसाना शुद्धा उपादान लक्षणा होती है। यथा–

अरी हृदय को थाम, **महल** के लिए **झोपड़ी** बलि होती है। –दिनकर

यहाँ 'महल' और 'झोपड़ी' में क्रमशः 'अमीर' और 'गरीब' का अध्यवसान हुआ है। आरोप का आधार है सामीप्य सम्बन्ध। पुनः लक्ष्यार्थ (महल के निवासी और झोपड़ी के निवासी) के साथ ही मुख्यार्थ (महल और झोपड़ी) की उपस्थिति भी बनी

रहती है। अस्तु, यहाँ साध्यवसाना शुद्धा उपादान लक्षणा है। इसी प्रकार—

उठती है नग्न **तलवार** जब स्वतन्त्रता की। —निराला

3. साध्यवसाना शुद्धा लक्षणलक्षणा— मुख्यार्थ के बाधित होने पर जहाँ सादृश्येतर सम्बन्धों से केवल आरोप्यमान के कथन द्वारा लक्ष्यार्थ की प्रतीति एवं मुख्यार्थ का पूर्ण परित्याग हो, वहाँ साध्यवसाना शुद्धा लक्षण लक्षणा होती है। यथा—

क. **झंझा** झकोर गर्जन था, **बिजली** थी नीरदमाला।
पाकर इस शून्य हृदय को, आ सबने डेरा डाला।।—प्रसाद

ख. सहता गया **जिगर के टुकड़ों**
का बल हाँ, पाया! — माखनलाल चतुर्वेदी

लक्षणा के उपरि विवेचित प्रकार ही प्रमुख हैं। कई आचार्यों ने इसके अन्य भेदोपभेदों की कल्पनाएँ की हैं। इस दृष्टि से **'अगूढ़व्यंग्या'** एवं **'गूढ़व्यंग्या'** के नाम ज्यादा लिये गये हैं। पं. विश्वनाथ ने तो लक्षणा के अस्सी भेद तक किये हैं। वस्तुतः उसे अतिवादी दृष्टि मानना ही व्यावहारिक होगा। मम्मट ने स्वीकार किया है कि लक्षणा का प्रयोजन व्यंग्य अर्थात् ध्वनि है। व्यंग्य के अभाव में लक्षणा निरूढ़ होगी जिसे अभिधा की परिधि में समेटना होगा। प्रयोजनवती लक्षणा व्यंग्ययुक्त तो होती ही है, उसका प्रयोजन गूढ़ और अगूढ़ दोनों होता है। गूढ़ता ऐसी अवश्य हो कि वह सहृदयग्राह्य बने। अस्तु, प्रयोजन के आधार पर लक्षणा-भेद को निम्नांकित रूप में उपस्थित किया जायेगा। यथा—

लक्षणा

- रूढ़िमूला ल. (व्यंग्य रहित)
- प्रयोजनवती लं. (व्यंग्य सहित)
  - गूढ़व्यंग्या प्र. ल.
  - अगूढ़व्यंग्या प्र. ल.

इनके अलग से उदाहरण प्रस्तुत करने की आवश्यकता नहीं। ऊपर के विवेचन में इनके कई उदाहरण आ गये हैं।

3. व्यंजना

अपने-अपने अर्थ का बोध करा कर 'अभिधा' एवं 'लक्षणा' के विरत हो

जाने पर जिस शक्ति द्वारा अभिप्रेत अर्थ (व्यंग्यार्थ) का बोध होता है, उसे व्यंजना शक्ति कहते हैं।[1]

व्यंजना (वि + अंजन + आ) का अर्थ है—विशेष प्रकार के अंजन से युक्त। अंजन का कार्य है दृष्टिदोष को दूर कर आँखों को निर्मल बनाना। व्यंजना शक्ति भी वैसा ही कार्य करती है। यह शब्द के वाच्यार्थ एवं लक्ष्यार्थ (एवं तात्पर्यार्थ) को छोड़ कर उसमें अन्तर्निहित अकथित किन्तु अभिप्रेत अर्थ को घोतित कराती है। पूर्व पृष्ठों में व्यंग्यार्थ के स्पष्टीकरण के क्रम में **'घण्टी बज गयी'**, वाक्य का विश्लेषण हुआ है। ध्यातव्य है कि मात्र तीन शब्दों के इस वाक्य में 'छुट्टी होना', 'वर्ग बदलना', 'वर्ग छोड़ना', 'वर्ग में जाना', 'खल्ली पहुँचाना', 'निरीक्षण करना' आदि अनेक अर्थों की गुंजाइश कहाँ से हुई। ये सभी अर्थ न तो साक्षात् संकेतित हैं और न लक्षित ही। अभिधा और लक्षणा दोनों शक्तियाँ यहाँ विरत हो गयी हैं। उन शक्तियों से ये अर्थ-बोध नहीं होता। अर्थ-बोध विषयक सामान्य नियम है—**शब्दबुद्धिकर्मणां विरम्य व्यापाराभावः**। इस नियम से अभिधा वाच्यार्थ तक, लक्षणा लक्ष्यार्थ तक एवं तात्पर्या अन्वय तक ही सीमित है। अर्थ की प्रतीति यदि इनकी सीमाओं का अतिक्रमण करने पर होती है तो स्पष्टतः यह व्यंजना-व्यापार का परिणाम है। उपरि वाक्य में वाच्यार्थ से काम नहीं चलता। अर्थ लक्षित भी नहीं होता। कारण, लक्षणा की पहली शर्त है—मुख्यार्थ की बाधा, सो 'घण्टी' का मुख्यार्थ, जो थाली की तरह गोलाकार पदार्थ है, तो बजी ही है। अतः किसी प्रकार की बाधा भी नहीं है। अस्तु, उस वाक्य, से निकलने वाले अर्थ न तो वाच्य हैं और न लक्ष्य, पर सन्दर्भ विशेष से निकलनेवाले वे सभी अर्थ प्रतीयमान या व्यंग्य है। यह करामात व्यंजना शक्ति की है जिससे अभीष्टार्थ की प्राप्ति हुई है।

संस्कृत के आचार्यों को **'गंगायां घोषः'** (गंगा पर अहीरों की बस्ती) का उदाहरण अधिक प्रिय रहा है। इस वाक्य में 'गंगायां' का अर्थ 'गंगा-प्रवाह' नहीं 'गंगा-तट' करना आवश्यक हो जाता है। गंगा-प्रवाह पर बस्ती हो नहीं सकती, अतः यहाँ मुख्यार्थ उपपन्न नहीं होता। इसलिए सामीप्य सम्बन्ध से 'गंगा-तट' अर्थग्रहण होगा, किन्तु इतने से काम नहीं चलता। यदि इतने ही काम चलाना होता तो वक्ता सीधे 'गंगातटे घोषः' भी कह सकता था। फिर 'गंगायां घोषः' कहने की क्या आवश्यकता थी? निश्चय ही उसका भी कोई विशेष प्रयोजन अवश्य होगा। वह प्रयोजन है (गंगा-तट पर बसे गाँव के) अहीरों के पावनत्वादि को सूचित करना। निवासियों की चारित्रिक पवित्रता, शुद्धता, उज्ज्वलता, भव्यता, सततप्रगतिशीलता, पास-पड़ोस के ग्रामीणों के मन में उनके प्रति आदर भाव इत्यादि का इससे सहज ही संकेत हो उठता है। इस अभीष्ट अर्थ की प्राप्ति जिस शक्ति से होती है, वही

1. विरतास्वाभिधाद्यासु ययाऽर्थो बोध्यते परः।
सा वृत्तिव्यंजना नाम शब्दस्यार्थादिकस्य च।। — सा.त्र दर्पण 2/12

है 'व्यंजना'। व्यंजना-शक्ति का सहारा तभी लिया जाता है जब अभीष्ट अर्थद्योतन में अभिधा और लक्षणा असमर्थ हो जाती है। अर्थात् **अभिधेयार्थ स्पष्टतः कथित (वाच्य) होता है, लक्ष्यार्थ लक्षित होता है या सूचित कराया जाता है, पर व्यंग्यार्थ ध्वनित होता है।** यह अकथित अथवा अलक्षित होने पर भी भावक (मम्मट के शब्दों में प्रतिभाजुष्) द्वारा समझ अवश्य लिया जाता है।

अभिधा और लक्षणा मात्र शब्दाश्रित होती है, पर व्यंजना शब्दाश्रित और अर्थाश्रित दोनों। अर्थ की व्यंजकता मात्र व्यंजना में ही हो सकती है। तात्पर्य यह कि वाच्यार्थ, लक्ष्यार्थ और कभी-कभी व्यंग्यार्थ भी—तीनों व्यंजना का कार्य सम्पन्न कराते हैं। कभी-कभी तो एक व्यंग्यार्थ दूसरे व्यंग्यार्थ की एवं दूसरा तीसरे व्यंग्यार्थ की व्यंजना कराता है। इसके अनेक भेद-प्रभेद स्वीकृत हैं। आगामी तालिका में व्यंजना के प्रमुख भेदों को उपस्थित किया जाता है। यथा—

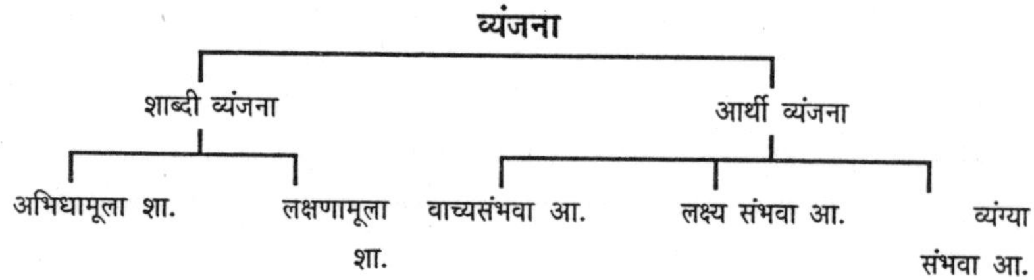

इनका आवश्यक विवेचन आगे किया जाता है।

1. अभिधामूला शाब्दी व्यंजना : अनेकार्थक शब्दों का संयोगादि से प्रकृतोपयोगी एकार्थ निश्चय हो जाने पर जिस शक्ति द्वारा अभीष्ट अर्थ (व्यंग्यार्थ) ध्वनित होता है, उसे अभिधामूला शाब्दी व्यंजना कहते हैं।

शाब्दी व्यंजना शब्दों पर आधारित होती है। कभी-कभी शब्द अनेकार्थक होते हैं। वैसी स्थिति में एक ही शब्द के अनेक साक्षात् संकेतित् अर्थ होते हैं। उन अर्थों में से वक्ता आदि से सम्बन्धित अथवा प्रसंगानुसार अनुकूल अर्थ (प्रकृतोपयोगी एकार्थ) निश्चित कर लिया जाता है। वही अभीष्ट अर्थ 'व्यंग्यार्थ' होता है। अनेकार्थक शब्दों को प्रकृतोपयोगी एकार्थ में नियंत्रित करने के लिए कुल चौदह[1] तरीके बताये हैं—1. संयोग, 2. असंयोग, 3. साहचर्य, 4. विरोध, 5. प्रयोजन, 6. प्रकरण, 7. लिंग, 8. अन्यसन्निधि, 9. सामर्थ्य, 10. औचित्य, 11. देश, 12. काल,

1. भर्तृहरि ने 'वाक्यपदीय' में इन्हें इस प्रकार गिनाया है—
संयोगो विप्रयोगश्च साहश्चर्य विरोधिता, अर्थः प्रकरणं लिंग शब्दस्यान्यस्य संनिधि।
सामर्थ्यमौचिती देशः कालो व्यक्तिः स्वरादयः शब्दार्थस्यानरवच्छेदे विशेषस्मृतिहेतवः।।

13. व्यक्ति और 14. स्वर।

इनमें से अंतिम 'स्वर' का विचार मात्र वेदों में किया जाता है, लौकिक काव्यों में नहीं। इनमें से कुछ के उदाहरण आगे रखे जाते हैं। यथा–

क. संयोग : 1. **परशुराम** बोले, शिव! शिव! तूने की यह मूर्खता बड़ी।
—दिनकर।

2. **शंख-चक्र** लेकर हरि कर में, राज रहे थे आगे। – समदर्शी।

यहाँ अनेकार्थक शब्द 'राम' (परशुराम, बलराम, दाशरथि राम) का 'परशु' और 'हरि' (विष्णु, सूर्य, सिंह, बन्दर आदि) का 'शंख-चक्र' के संयोग से प्रकृति के अनुकूल अर्थ (परशुराम एवं विष्णु) नियत किया गया है।

ख. असंयोग : 1. नहीं शोभा पाती है **नग** बिन, सोने की वह कान्त **मुद्रिका**।
—समदर्शी

2. सोहत **नाग न मद** बिना, **तान** बिना नहिं **राग**।
—काव्यशास्त्र

यहाँ 'नग', (नगीना, पर्वत, संख्या आदि), 'नाग' (सर्प, हाथी, बादल, पुन्नाग आदि) और 'तान' (स्वर का विस्तार, खिंचाव, सूत्र, ज्ञान का विषय आदि) अनेकार्थक शब्द हैं जिनसे यहाँ क्रमशः 'नगीना', 'हाथी' और 'स्वर की विस्तार' ही अभिप्रेत अर्थ है। इन अर्थों का बोध निषेधात्मक अभिव्यक्ति एवं 'मुद्रिका', 'मद' और 'राग' के कारण होता है।

ग. साहचर्य : 1. **कृष्णार्जुन** ने किया वहाँ तक मोद भरा संलाप। —समदर्शी

2. करो नमन **बेनीमाधव** को, दुख से मुक्ति पाओ।

यहाँ प्रथम उदाहरण में 'कृष्ण' के साहचर्य से 'अर्जुन' (पाण्डुपुत्र) और द्वितीय में 'बेनी' के साहचर्य से 'माधव' (विष्णु) अभिप्रेत अभिप्रेत अर्थ लक्षित होता है।

घ. विरोध : 1. राहु ग्रस्यो **द्विजराज**।

2. **भार्गवार्जुन** में संग्राम हुआ।

यहाँ प्रथम उदाहरण में 'द्विजराज' का अभिप्रेत अर्थ 'चन्द्रमा' और द्वितीय में 'अर्जुन' का अभिप्रेत अर्थ 'कार्तवीर्य सहस्रर्जुन' होगा—ये सुप्रसिद्ध विरोधी हैं।

ङ प्रयोजन : 1. **पय** बिन पान न होत सरस है।

2. संसार-मुक्ति हेतु क्यों **स्थाणु** को भजते नहीं?

प्रयोजन का तात्पर्य है 'अर्थ' या 'उद्देश्य'। यहाँ 'पय' (दूध, जल) का अर्थ 'जल' और 'स्थाणु' (शिव, ठूँठ) का अर्थ 'शिव' प्रयोजन से निश्चित होता है। इनका क्रमशः 'दूध' और 'ठूँठ' अर्थ यहाँ नहीं किया जा सकता। वैसी स्थिति में अर्थसिद्धि नहीं होगी।

च. प्रकरण : 1. वृक्ष जानिये **दल** झरै, दल साजै नृप जानि।
2. चातक की चकित पुकारें, **श्यामा-ध्वनि** सरस रसीली।
— प्रसाद।

प्रथम उदाहरण में वृक्ष के प्रकरण में 'दल' का अर्थ 'पत्ता' और नृप के प्रकरण में 'सेना' होगा। वैसे ही द्वितीय उदाहरण में 'श्यामा' का अर्थ 'कोयल' ही होगा (स्त्री, रात्रि, वसंत आदि नहीं)

छ. लिंग : लिंग का तात्पर्य किसी 'लक्षण', 'चिह्न', 'धर्म', व्याकरणिक नियम आदि से है। यथा–

1. कुशिकानन्दन के तप-तेज से, **सुमन** लज्जित दुर्मन हो उठे।
2. काहे को सोचति सखी, काहे होत बिहाल।
बुधि छल-बल करि राखि हैं, तेरी पति नव बाल।।''

यहाँ प्रथम उदाहरण में 'सुमन' (देवता, फूल) का अभिप्रेत अर्थ 'देवता' होगा, कारण 'दुर्मन' होना देवता का ही विशेष धर्म है, फूल का नहीं। द्वितीय उदाहरण में 'पति' (मर्यादा, स्वामी) का अभिप्रेत अर्थ 'मर्यादा' होगा, स्वामी नहीं।

ज. अन्यसंनिधि : इसका तात्पर्य किसी प्रसिद्ध पद से अर्थगत सम्बन्ध वाले पद की समीपता से है। यथा–

1. **विष** मय यह गोदावरी, अमृतन के फल देति।–केशव।
2. मधुशाला में पीकर **मधु** सब झूम रहे थे।

यहाँ प्रथम उदाहरण में 'गोदावरी' (नदी) के सान्निध्य से 'विष' का अभिप्रेत अर्थ 'जल' ही ग्रहण किया जायेगा (जहर नहीं) एवं द्वितीय उदाहरण में 'मधुशाला' के सान्निध्य से 'मधु' का अभिप्रेत अर्थ 'मदिरा' ही होगा (शहद नहीं)।

झ. सामर्थ्य : 1. **ब्याल** वृक्ष तोरयो यहाँ।
2. **मधु** ने मुदित किया कोकिल को।

यहाँ प्रथम उदाहरण में 'ब्याल' का अभिप्रेत अर्थ है 'हाथी' (साँप नहीं) एवं द्वितीय में 'मधु' का अर्थ है 'बसंत' (शहद, मदिरा आदि नहीं)। कारण, वृक्ष को ताड़ने की सामर्थ्य हाथी में तो है, पर साँप में नहीं एवं कोयल को मुदित करने का सामर्थ्य वसंत में हो है, मदिरा आदि में नहीं।

ञ. औचित्य : 1. तरु पर **द्विज** बैठो उड़े, देख कपि सब साथ।
2. **हरि** के चढ़ते ही उड़े, डरकर **द्विजगण** साथ।

इन उदाहरणों में 'द्विज' का अभिप्रेत अर्थ 'पंछी' ही होगा, ब्राह्मण आदि नहीं। इसी प्रकार द्वितीय उदाहरण में प्रयुक्त 'हरि' का अभिप्रेत अर्थ 'हरि' नामक व्यक्ति

विशेष अथवा 'बन्दर' ही होगा, विष्णु आदि नहीं।

ट. देश : देश का तात्पर्य है स्थान अथवा क्षेत्र विशेष की प्रकृति। अभिप्रेत अर्थ का निश्चय उक्त आधार पर ही किया जाता है। यथा–

1. ज्यों बिहरत **घनश्याम** नभ, त्यों बिहरत ब्रज राम।
2. 'मरु में **जीवन** दूरि है।'

यहाँ प्रथम उदाहरण में 'घनश्याम' का अर्थ देश (नभ) के कारण 'बादल' होगा एवं द्वितीय उदाहरण में 'जीवन' का अर्थ देश (मरु) के कारण 'पानी' होगा।

ठ. काल : काल से तात्पर्य है समय विशेष। यथा–

1. '**कुबलय** निशि फूल्यो'।
2. भीम **विभावसु** धधक रहा था, नैश ध्वान्त में।–समदर्शी।

यहाँ प्रथम उदाहरण में 'कुबलय' का अर्थ काल (निशि) के कारण कोकाबेलि करना होगा, कमल नहीं। उसी प्रकार द्वितीय उदाहरण में 'विभावसु' का अर्थ अग्नि होगा, सूर्य नहीं।

ङ. व्यक्ति : व्यक्ति का तात्पर्य स्त्रीलिंग-पुल्लिंगादि की सूचना से है। यथा–

1. ए री मेरी **बीर** जैसे जैसे इन आँखिन तैं,
   कढ़िगौ अबीर पै अहीर तो कढ़ै नहीं।–पद्माकर।
2. र रे **बीर** पौन, तेरो सबै ओर गौन, वीरी
   तो सो और कौन, मनै ढरकौंहीं बानि दै।–घनानन्द।

उपरि उदाहरणों में प्रयुक्त 'बीर' शब्द अनेकार्थक (योद्धा, भाई, पति, सखी आदि) है, किन्तु प्रथम उदाहरण में 'वीर' स्त्रीलिंग में प्रयुक्त है और द्वितीय उदाहरण में पुल्लिंग में। अतः 'बीर' का प्रथम उदाहरण में अभिप्रेत अर्थ 'सखी', किन्तु द्वितीय उदाहरण में 'भाई' करना पड़ेगा।

उपर्युक्त उदाहरणों में विदित है कि अनेकार्थक शब्दों में प्रकृतोपयोगी एकार्थ का निश्चय करती है अभिधा शक्ति ही, पर उसके पश्चात् वह विरत हो जाती है और अभिप्रेत अर्थ को ध्वनित करती है व्यंजना शक्ति। अग्रांकित उदाहरण भी इसी (अभिधामूला शाब्दी व्यंजना) के ही हैं। यथा–

1. चिर जीवौ जोरी जुरै, क्यों न सनेह गँभीर।
   को घटि में **वृषभानुजा**, वे **हलधर के बीर**।। – बिहारी।
2. कुंज-भवनु तजि भवन कौ, चलियै नन्दकिसोर।
   फूलति कलि गुलाब की, चटकाहट चहुँ ओर।।–बिहारी।

यहाँ प्रथम उदाहरण में 'बृषभानुजा' और 'हलधर के बीर' का अभिधा से 'राधा' और 'कृष्ण' अर्थ निश्चित होता है जिससे ध्वन्यर्थ निकलता है कि यह जोड़ी एक दूसरे के लिए सर्वथा उपयुक्त है। द्वितीय उदाहरण में गुलाब की कली के खिलने की चटकाहट का अभिधा से 'सबेरा होने ही वाला है' अर्थ निश्चित होता है जिसका ध्वन्यर्थ है कि अब कुंजभवन से निकल कर घर चलना चाहिए।

अभिधामूला शाब्दी व्यंजना और श्लेष में भ्रम न हो इस हेतु यहाँ इतना ध्यान में रखना आवश्यक है कि प्रथम में अभिधा के विरत होने पर ही व्यंग्यार्थ ध्वनित होता है, पर दूसरे में सभी अर्थ प्रसंगानुसारी होने के कारण वाच्यार्थ ही होते हैं। साथ ही प्रथम में विशेष्य और विशेषण दोनों अनेकार्थक होते हैं, पर द्वितीय में केवल विशेष्य पद ही अनेकार्थक होता है।

2. लक्षणामूला शाब्दी व्यंजनाः जिस प्रयोजन की सिद्धि के लिए लक्षणा का आश्रय लिया जाता है, उस प्रयोजन को व्यंजित करने वाली शक्ति लक्षणामूला शाब्दी व्यंजना कही जाती है।

यह व्यंजना शब्दाश्रित तो होती है, पर लक्षणामूला (अभिधामूला नहीं) भी होती है। लक्षणा की पहली शर्त है मुख्यार्थ की बाधा। मुख्यार्थ की बाधा के मूल में है, किसी प्रयोजन विशेष की सिद्धि; हेतु वक्ता द्वारा जान-बूझ कर वैसा कथन किया जाना। यथा, जब किसी से कोई कहता है–**'क्यों सिर खा रहे हो?'** तो उसे पूरी तरह पता होता है कि 'सिर' खाने की कोई वस्तु विशेष नहीं है। वैसा प्रयोग वह अपनी खीझ अथवा झुँझलाहट एवं उस व्यक्ति विशेष का अनावश्यक रूप से बातूनी होने के स्वभाव को उजागर करने के लिए कहता है। 'सिर खाना' का यहाँ मुख्यार्थ बाधित हो गया है; मुख्यार्थ 'खाना' एवं लक्ष्यार्थ 'बकवास करना', इन दोनों में वैपरीत्य सम्बन्ध है एवं व्यक्ति विशेष के 'अनावश्यक रूप से बातूनी होने', 'बकवास करने' की प्रतीति कराना विशेष प्रयोजन है। अतः यहाँ लक्षणामूला शाब्दी व्यंजना है। अग्रांकित उदाहरण विचारणीय है। यथा–

फली सकल मन कामना, लूट्यौ अगणित चैन।
आजु अँचै हरि रूप सखि, भये प्रफुल्लित नैन।।

इस उद्धरण में 'फली', 'लूटयौ' और 'अँचै' का लक्षणा से अभिप्रेत अर्थ निकलता है जिससे व्यंग्यार्थ है कि आज मुझे हरि के दर्शन से बड़ा आनन्द मिला। ऊपर 'गंगायां गांवः' (गंगा पर गाँव) का उदाहरण विश्लेषित हुआ है। उक्त उदाहरण भी शब्दाश्रित प्रयोजनवती लक्षणामूला (लक्षणामूला शाब्दीव्यंजना) का ही है। **इस व्यंजना के उतने ही भेद स्वीकृत हैं जिनते प्रयोजनवती लक्षणा के।** उदाहरण के निमित्त भी प्रायः वे ही पद उपस्थित किये जाते हैं। आगे के उदाहरण देखे जा सकते हैं। यथा–

जल उठा **स्नेह दीपक-सा, नवनीत हृदय** था मेरा।
अब शेष **धूम-रेखा** से, चित्रित कर रहा चितेरा।।–प्रसाद।

यहाँ प्रथम पंक्ति में सारोपा लक्षण-लक्षणा और द्वितीय पंक्ति में साध्यवसाना लक्षण-लक्षणा से विरह जन्य निराशा की अतिशयता व्यंग्य है। अस्तु, यहाँ लक्षणामूला शाब्दी व्यंजना है। इसी प्रकार

क. किस तापस की तपती हो तुम कन्या?
मदन भस्म से रचित कौन हो धन्या?
होम-शिखा-सम उजली कौन अनन्या? –इलाचन्द्र जोशी।

ख. इस **हृदय-कमल** का घिरना, **अलि-अलकों** की उलझन में।
आँसू-मरन्द का गिरना, मिलना **निश्वास-पवन** में।।–प्रसाद

3. **आर्थी-व्यंजना** : **वाक्य के सम्पूर्ण अर्थ में अन्तर्निहित व्यंग्यार्थ का बोध जिस शक्ति द्वारा वक्तादि की विशेषताओं के कारण होता है, उसे आर्थी व्यंजना कहते हैं।**

पूर्व वर्णित अभिधामूला और लक्षणामूला व्यंजनाएँ शाब्दी हैं। कारण, अभिधा और लक्षणा दोनों शब्दवृत्तियाँ हैं। उन्हें शाब्दी कहने का महत्वपूर्ण कारण यह भी है कि उनमें शब्दों की परिवृत्ति नहीं हो सकती–**'शब्दस्य परिवृत्यसहत्वात् शब्दमूलकत्वेन व्यपदेशः'** (नागेश भट्ट) अर्थात् प्रयुक्त मूल शब्द को हटाकर उनकी जगह पर्यायवाची शब्द रखे जाने पर व्यंग्यार्थ नष्ट हो जायेगा। उनमें मूल शब्दों का बदलाव हो ही नहीं सकता। उनके विपरीत आर्थी व्यंजना में शब्द-परिवृत्ति (शब्द का बदलाव) सम्भव है। इसमें पर्यायवाची शब्द रखे जाने पर व्यंजना नष्ट नहीं होती है। यानी आर्थी व्यंजना शब्द पर नहीं, वाक्य के पद्य के सम्पूर्ण अर्थ पर आश्रित होती है। **इसमें व्यंग्य आर्थ होता है, शाब्द नहीं।** इसमें व्यंग्यार्थ की प्रतीति निम्नांकित दस बातों[1] पर निर्भर करती है–1. वक्ता, 2. श्रोता (बोधव्य), 3. वाक्य, 4. अन्यसन्निधि, 5. वक्तव्य, 6. प्रकरण, 7. देश, 8. काल, 9. काकु (कंठस्वर) और 10. चेष्टा। इनके आधार पर आर्थी व्यंजना दस प्रकार की होती है। यहाँ एक उदाहरण विचारणीय है। यथा–

घाम घरीक निवारियै, कलित ललित अलिपुंज।
जमुना तीर तमाल तरु, मिलित मालती कुंज।।–बिहारी।

---

1. क. वक्तृबोधव्यवाक्यानामन्यसन्निधिवाच्ययो।
प्रस्तावदेशकालानां काकोचेष्टादिकस्य च।–सा. दर्पण 2/16

ख. वक्तृबोधव्यकाकूनां वाच्यवाक्यान्यसन्निधेः।
प्रस्तावदेशकालादेर्वैशिष्ट्यात् प्रतिभाजुषाम्।
योऽर्थस्यान्यार्थधीहेतुः व्यापारो व्यक्तिरेव सा।।–का. प्रकाश 3/21, 22

यहाँ वक्तव्य (वाच्य)—वैशिष्टय से नायिका की रति-क्रीड़ा की अभिलाषा व्यंजित है। इसमें 'जमुना तीर' में देश-वैशिष्टय एवं 'घाम घरीक निवारियै' में काल-वैशिष्टय भी है, पर सम्पूर्ण दोहे में वक्तव्य-वैशिष्टय है। व्यंग्य शब्दाश्रित नहीं, अर्थाश्रित है, अतः व्यंजना आर्थी है।

चूँकि शब्दशक्ति की दृष्टि से अर्थ तीन प्रकार के (वाच्य, लक्ष्य और व्यंग्य) स्वीकृत हैं, इसलिए इस आधार पर **आर्थी व्यंजना के तीन अन्य प्रकार** भी स्वीकृत होते हैं—1. **वाच्यसंभवा**, 2. **लक्ष्यसंभवा** और 3. **व्यंग्यसंभवा**। उपरि कथित दस भेदों के ये तीन-तीन भेद अलग-अलग स्वीकार किये जाने पर आर्थी-व्यंजना कुल तीस प्रकारों की हो जाती है। यहाँ कतिपय उदाहरण प्रस्तुत किये जाते हैं। यथा—क. वक्ता (वक्तृवैशिष्टयोत्पन्न) की दृष्टि से :

वक्ता : वक्ता से तात्पर्य है कवि-कल्पित पात्र (व्यक्ति) या स्वयं कवि का कथन। इस विशिष्टता के कारण व्यंग्यार्थ की प्रतीति वाच्य, लक्ष्य या व्यंग्य, तीनों से होना सम्भव है। अतः वक्ता की विशिष्टता के कारण व्यंजना तीन प्रकार की होती है—वाच्यसंभवा, लक्ष्यसंभवा और व्यंग्यसंभवा।

1 वक्तृवैशिष्टयोत्पन्न वाच्यसम्भवा—

1. कनक कनक ते सौ गुणी, मादकता अधिकाय।
   वा खाये बौराय नर, भा पाये बौराय।। —बिहारी।
2. तंत्रीनाद कवित्तरस, सरस राग रतिरंग।
   अनबूड़े बूड़े, तिरे जे बूड़े सब अंग।। —बिहारीं

प्रथम उदाहरण में व्यंग्यार्थ है—'धन पाकर सामान्य व्यक्ति पागल हो जाता है।' व्यंग्यार्थ दोहे के सम्पूर्ण अर्थ पर आश्रित होने के कारण 'आर्थी', वक्ता की विशिष्टता से प्रतिभासित होने के कारण 'वक्तृवैशिष्टयोत्पन्न' और वाच्यार्थ से ध्वनित होने के कारण 'वाच्यसम्भवा' है। द्वितीय उदाहरण में वाच्यार्थ से परस्पर विरोधी बातें प्रतिभासित होती हैं जिसका व्यंग्यार्थ है कि तंत्रीनाद आदि में आकण्ठ मग्न होने पर ही पूर्ण रसास्वादन होता है। अस्तु, इनमें वक्तृवैशिष्टयोत्पन्न वाच्यसंभवा आर्थी व्यंजना है।

2. वक्तृवैशिष्टयोत्पन्न लक्ष्यसम्भवा

1. कत सकुचत, निधरक फिरौ, रतियौ खोरि तुम्हें न।
   कहा करौ जो जाइ ये, लगै लगौहैं नैन।—बिहारी।
2. पावक झर तें मेह झर, दाहक दुसह बिसेषि।
   दहै देह वाके परस, याहि टगन ही देखि।।—बिहारी।।

प्रथम उदाहरण में वाच्यार्थ है—'संकोच क्यों करते हो, निधड़क फिरा करो, तुम्हारा रत्ती भर भी दोष नहीं है। यदि ये लगौहैं (दूसरे के नेत्रों से लग जाने वाले) नैन कहीं

लग जायें, तो तुम क्या करोगे'', जिसका लक्ष्यार्थ है—'दोषी तुम स्वयं हो। न तो तुम्हें संकोच है और न डर। यदि तुम न जाओ तो क्या तुम्हारी आँखें तुम्हें घसीट ले जायेंगी।' एवं इसका व्यंग्यार्थ है—'तुम बड़े निर्लज्ज हो, बेहूया हो; यदि तुम चाहो तो अपना स्वभाव बदल सकते हो।' यहाँ व्यंग्यार्थ सम्पूर्ण अर्थ पर आश्रित होने के कारण 'आर्थी', वक्ता की विशिष्टता से प्रतिभासित होने के कारण 'वक्तृवैशिष्टयोत्पन्न' और लक्ष्यार्थ से ध्वनित होने के कारण लक्ष्यसम्भवा है। द्वितीय उदाहरण में वर्षा के देखने (दृगन ही देखि) में जलने का वाच्यार्थ बाधित है, जिसका लक्ष्यार्थ है 'जलन के समान दुखदायक' एवं उससे प्रतिभासित व्यंग्यार्थ है कि विरह की स्थिति में सुखदायक वस्तुएँ भी दुखदायक होती हैं। यह उक्ति नायिका की है। अतः इन उद्धरणों में वक्तृवैशिष्टयोत्पन्न लक्ष्यसम्भवा आर्थी व्यंजना है।

यहीं यह जान लेना आवश्यक है कि **लक्षणामूला शाब्दी-व्यंजना में लक्ष्यार्थ ही व्यंग्यार्थ होता है, पर लक्ष्यसम्भवा आर्थी व्यंजना में लक्ष्यार्थ से व्यंग्यार्थ ध्वनित होता है।** इस सूक्ष्म अन्तर को ध्यान में रखना आवश्यक है।

3. वक्तृवैशिष्टयोत्पन्न व्यंग्यसम्भवा

सन सूक्यौ, बीत्यौ वनौ, ऊखौ लई उखारि।
हरी-हरी अरहरि अजैं, धरि धरहरि जिय नारि।।—बिहारी।

यहाँ व्यंग्य है—'अरहर की सघनता' जिससे व्यंग्यार्थ 'उपयुक्त सहेटस्थल' प्रतिभासित हो रहा है। इसके मूल में हैं—वक्ता की विशिष्टता। अस्तु, यहाँ वक्तृवैशिष्टयोत्पन्न व्यंग्यसम्भवा आर्थी व्यंजना है।

आर्थी व्यंजना के अन्य भेदों के उदाहरण भी इसी प्रकार निरूपित किये जा सकते हैं। अनावश्यक विस्तार-भय से यहाँ सबका विवेचन नहीं किया जा रहा है। तब भी कतिपय उदाहरण आगे रखे जाते हैं। यथा—

क. मैया मोहिँ दाऊ बहुत खिझायौ।
मोसौं कहत मोल कौ लीन्हौ, तु जसुमात कब जायौ। —सूरदास।

ख. जेहि विधि होइहिं **परम हित**, नारद सुनहु तुम्हार।
सोइ हम करब न आन कछु, वचन न वृथा हमार।। —तुलसी।

ग. सखी **री स्याम** सबै इकसार।
मीठे वचन सुहाये बोलत अन्तर जाननिहार।।
भँवर कुरंग काक अरु कोकिल कपटनि की चटसार।
कमलनैन मधुपुरी सिधारे, मिटि गयौ मंगलाचार।।—सूरदास।

घ. है यह वैदिकवाद/विश्व का **सुख-दुखमय** उन्माद।—पंत।

ङ मैं वही, जिसको किया था विधिविहित अर्द्धांगिनी।
भूलें न मुझको नाथ! मैं हूँ **अनुचरी-चिरसंगिनी**।।—गुप्तजी

च. ऊधौ! भूलि भलै भटके।
तुमहिँ दियौ बहराइ **इतहि कौ,** वे कुब्जा कहँ अटके।।—सूरदास।

छ. प्रिय प्यारी तनु स्रमित भये।
सकुचि उठी नागरि पट लीन्हौं, स्याम लजाइ गये।।
ऐसे गुन किनि तुमहिँ सिखाये, तिरनी कटि कस दीन्हीं।
सूर कहति पिय सौँ तिय बातैं, **आजु तुमहिँ** मैं चीन्ही।।
—सूरदास

ज. 1. मानस सलिल सुधा प्रतिपाली, जिअइ कि लवन पयोधि मराली।।—तुलसी
2. मैं सुकुमारि नाथ बन जोगू, तुमहिं उचित तप मों कहँ भोगू।।—तुलसी

झ. 1. ललन चलन सुनि पलन में, अँसुबा झलकै आइ।
भई लखाइ न सखिन्ह हूँ, झूठे ही **जमुहाइ**।। —बिहारी।
2. लखि गुरुजन बिच **कमल सौं, सीस छुवायौ** स्याम।
हरि सनमुख करि **आरसी, हियैं लगाई** बाम।।—बिहारी।।

उपिर अंकित सभी उदाहरणों में व्यंजना सम्पूर्ण अर्थ पर आश्रित होने के कारण 'आर्थी' एवं वाच्यार्थ से प्रतिभासित होने के कारण 'वाच्यसम्भवा' है, किन्तु सबका वैशिष्टयजन्य वैभिन्य है। इनमें निहित व्यंजनाओं का बोध क्रमशः श्रोता, वाक्य, अन्यसंनिधि, वक्तव्य, प्रकरण, देश, काल, काकु और चेष्टा के वैशिष्टय के कारण सम्भव हुआ है। अतः ये क्रमशः श्रोतृवैशिष्टयोत्पन्न वाच्यसम्भवा, वाक्यवैशिष्टयोत्पन्न वाच्यसम्भवा, अन्यसंनिधिवैशिष्टयोत्पन्न वाच्यसंभवा, वक्तव्यवैशिष्टयोत्पन्न वाच्यसंभवा, प्रकरणवैशिष्टयोत्पन्न वाच्यसंभवा, देशवैशिष्टयोत्पन्न वाच्यसंभवा, कालवैशिष्टयोत्पन्न वाच्यसंभवा, काकुवैशिष्टयोत्पन्न वाच्यसंभवा और चेष्टावैशिष्टयोत्पन्न वाच्यसंभवा व्यंजना के उदाहरण हैं। इसी प्रकार और प्रकारों के उदाहरण भी रखे जा सकते हैं।

भारतीय आचार्यों की शब्दशक्ति सम्बन्धी धारणाएँ गहन चिन्तन एवं काव्य के आन्तरिक गुण 'सौन्दर्य' के मार्मिक भावन से निष्पन्न हैं। अभिधा में वक्रता की गुंजाईश नहीं होती। उसकी पहुँच सीधी होती है। कल्पना-प्रसूत चित्रों में रंग और रूप भरा जाता है लक्षणा से, पर व्यंजना का आधार वक्रता होती है। वक्रताशाब्दी हो या आर्थी, काव्य-सौन्दर्य को उत्पन्न करने, उक्ति को रस-पेशल बनाने एवं गहरे रूप में सम्प्रेषण करने की अचूक रीति है। सूरदास (सूरसागर) के कृष्ण-राधा-गोप-गोपी मिलन एवं छेड़छाड़ और 'भ्रमरगीत' के प्रसंग इस दृष्टि से बेजोड़ है।

5. रीति

'रीति' **शब्द 'रीङ्'** धातु (रीङ् गतौ) से **'क्ति'** (क्तिन्) प्रत्यय के योग से बना है, जिसका अर्थ है—मार्ग, पंथ, वीथि, पद्धति, प्रणाली, गति, प्रस्थान, प्रवृत्ति, लेखन प्रकार आदि। सम्प्रति 'रीति' के अर्थ में **'शैली'**[1] शब्द अपेक्षया अधिक प्रचलन पा रहा है। हिन्दी-साहित्य में 'रीति' शब्द एक विशिष्ट अर्थ—लक्षणाबद्ध काव्य (लक्षण उपस्थित कर या लक्षण को ध्यान में रख कर रचित काव्य)—के अर्थ में भी प्रयुक्त हुआ है। इस प्रकार के काव्य का सृजन रीतिकाल की प्रमुख प्रवृत्ति थी। साहित्यशास्त्र में, विशेषतः आधुनिक आलोचकों द्वारा 'रीति' का ग्रहण विशिष्ट लेखन-प्रकार अथवा 'शैली' के अर्थ में ग्रहण किया जाता है।

प्राचीन आचार्यों में 'रीति' के लिए **'मार्ग'** नाम का अधिक प्रचलन था। इस पर विचार तो प्रारम्भ से ही किया जाता रहा, पर रीति-मत के सुदृढ़ स्थापक हैं **'आचार्य वामन'**। उन्होंने **'विशिष्ट पदरचना'** यानी **'पदों की संघटना'** को रीति कहा जिसकी विशिष्टता 'गुणों पर आधारित' (गुणात्मा) होने में है—**'विशिष्टा पदरचना**

---

1. 'शैली' का विवेचन साहित्यशास्त्रीय ग्रन्थों में नहीं हुआ है। यह **'शील'** शब्द में **'ष्यङ्'** और **'ङीप्'** प्रत्ययों के योग से (**शीलमेन स्वार्थे ष्यङ् ङीपि या लोपः**) व्युत्पन्न है, जिसका अर्थ है 'स्वभाव'। 'मनुस्मृति' (1/4) की टीका में 'कुल्लूकभट्ट ने शैली का अर्थ सूत्र की व्याख्यान-पद्धति किया है—**'प्रायेण आचार्याणामित्रं शैली यत् सामेन्यानाभिधाय विशेषेण विवृणोति।'** अस्तु, स्पष्ट है कि 'शैली' शब्द 'स्वभावगत वैशिष्ट्य का नायक' है। 'रीति' से मिलता-जुलता शब्द केवल 'शैली' ही नहीं, वरन् 'प्रवृत्ति', 'वृत्ति' आदि भी हैं। इन सब पर किंचित् आगे विचार किया जायेगा। अँग्रेजी में रीति के अर्थ में 'स्टाइल' शब्द चलता है।

   'स्टाइल' (Style) शब्द लैटिन के Stilus, Stylus शब्द से विकसित है, जिसका अर्थ है 'लोहे की कलम'। 'स्टाइल' का अर्थ है लेखन-रीति यानी लिखने का विशेष प्रकार। सम्प्रति 'स्टाइल' शब्द का प्रयोग अनेक क्षेत्रों में प्रचलित रीतियों के लिए होता है। मुख्य अर्थ है 'विशिष्ट-लेखन-प्रकार' ही, पर भाषणकला, शिल्पशास्त्र, मूर्तिकला, चित्रकला, संगीतकला, नृत्यकला, नाटयाभिनय, क्रीड़ा-जगत आदि के क्षेत्रों में वैशिष्टय द्योतन के निमित्त भी 'स्टाइल' शब्द का प्रयोग होता है। चित्रकला के क्षेत्र में इसी अर्थ में 'कलम' शब्द भी चलता है। यों चित्रकला में 'कलम', 'शैली', 'स्कूल' प्रायः समान अर्थ का द्योतन करते हैं। लैटिन कहावत— Stylus virum arguit अथवा अँग्रेजी कहावत—Style is the man यानी **'रीति मानव-स्वभाव का सूचक है'**, बड़ी ही महत्त्वपूर्ण है।

रीतिः, विशेषो गुणात्मा' (काव्या. 1/2/7)। अस्तु, वामन के अनुसार ओज, प्रसादादि गुणों से मण्डित पद-रचना रीति है। इस प्रकार गुण को रीति की आत्मा के रूप में प्रतिष्ठित कर उन्होंने रीति को काव्य की आत्मा (**रीतिरात्मा काव्यस्य**) के रूप में प्रतिष्ठित करने की कोशिश की। गुणों से सम्बद्ध किये जाने के कारण ही रीति-मत गुण-सम्प्रदाय के नाम से भी जाना जाता है। प्राचीन आचार्यों में गुण और अलंकार विषयक किंचित् भ्रान्ति भी थी। वामन ने ही पहली बार गुण और अलंकार में भी स्पष्ट अन्तर किया। उनके अनुसार काव्य के शोभाकारक धर्म 'गुण' हैं एवं उसका अतिशय करनेवाले 'अलंकार'[1]।

परवर्त्ती आचार्यों ने वामन की '**विशिष्टा पदरचना रीतिः**' को तो स्वीकार किया, पर 'रीतिरात्मा काव्यस्य' को नहीं। काव्य की आत्मा 'रस' को स्वीकारते हुए ही उन्होंने रीति को रस का उपकार करने वाली (**उपकर्त्री रसादीनाम्**) और काव्य-शरीर में अंगव्यवस्थावत् (**रीतिरंग संस्थाविशेषवत्**) स्वीकार किया।[2] अर्थात् **रसादि काव्यसौन्दर्य के उन्मीलन के लिए उपकार करनेवाली पदों की विशिष्ट संघटना ही रीति है**। इस प्रकार रीति का महत्त्व **लेखन-प्रकार** अथवा **शैली** (विशिष्ट पदरचना) के रूप में स्वीकृत हुआ।

5. क. रीति-भेद

लेखन की भिन्न-भिन्न शैलियों का विभिन्न अंचलों में प्रचलन प्रायः एक ही समय में हुआ होगा। अंचल विशेष में विकसित-प्रचलित होने के कारण ही सम्भवतः उनका नामकरण भी उक्त अंचल के नाम पर हुआ। आरम्भ में वे नाम भौगोलिक महत्त्व के—अंचल विशेष के सूचक—रूप में प्रचलित हुए। कालान्तर में उन नामों का भौगोलिक महत्त्व समाप्त हो गया एवं वे लेखन-शैलियाँ विषय और रूप (Matter & Form) से सम्बद्ध की गयीं। परिणामतः युद्ध, संघर्ष आदि भयानक वस्तुओं के लिए एक प्रकार की लेखन-शैली (गौड़ी रीति) रूढ़ हुई तो शृंगार आदि सुकुमार वस्तुओं के लिए दूसरे प्रकार की (वैदर्भी रीति)। यह स्थिति भी कुछ शतियों तक बनी रही। विकास के तीसरे और अन्तिम दौर में रीतियाँ **कवि-स्वभाव** से सम्बद्ध कर दी गयीं। ऐसा '**कुन्तक**' (के 'वक्रोक्तिजीवितम्') के पश्चात् हुआ। उन्होंने पूर्व प्रचलित नामों—**वैदर्भी, गौड़ी, पांचाली**—से अंचल विशेष की छाप को मिटाने के लिए ही उनके लिए नये नाम भी चलाये—**सुकुमार मार्ग** (वैदर्भी रीति), **विचित्र मार्ग** (गौड़ी रीति) और **मध्यम मार्ग** (पांचाली रीति)। यह और बात है कि आगे भी पूर्व प्रचलित नाम ही अधिक प्रचलित और लोकप्रिय रहे।

रीति विषयक मत के विकास के अवगाहन से विदित होता है कि रीति-संख्या

---

1. काव्यशोभायाः कर्तारो धर्माः गुणाः। तदतिशयहेतवस्त्वलंकाराः। —काव्या. 3/1/1, 2.
2. पदसंघटना रीतिः अंगसंस्थाविशेषवत्।
   उपकर्त्री रसादीनाम्... ....।।—सा. दर्पण 7/1

के निर्धारण में मत-वैभिन्न्य रहा है। वस्तुतः किसी भी साहित्यकार की रचना-रीति दूसरे साहित्यकार की रचना-रीति से भिन्न होगी ही। जितने साहित्यकार होंगे, रचना-रीतियाँ भी शुद्ध रूप में उतनी ही होनी चाहिए। **आचार्य दण्डी** ने इसे समझा था। उनकी उक्ति इसी का पोषक है[3], किन्तु व्यावहारिक सुविधा की दृष्टि से विशेष लक्षणों के आधार पर उनकी संख्या को सीमित करना आवश्यक प्रतीत हुआ। आचार्य **भरत** ने 'प्रवृत्ति'[4] (भाषा और वार्ता का प्रकटन) चार प्रकार की गिनायी है–**आवन्ती, दाक्षिणात्या, औड्रमागधी** और **पांचाली**। इन्हें उस काल की रीतियों का स्थानापन्न माना जा सकता है। आचार्य **वामन** ने **वैदर्भी, गौड़ी, पांचाली** तीन रीतियाँ स्वीकार की। राजशेखर ने (कर्पूरमंजरी के मंगल श्लोक में) वैदर्भी (वच्छोमी) और पांचाली (पांचालिका) के अतिरिक्त **मागधी** का उल्लेख किया है। **रुद्रट** ने **लाटीया** भी मानी है। **भोजराज** ने मागधी और लाटी के अतिरिक्त आवन्ती को भी स्वीकार किया है। विभिन्न आचार्यों द्वारा स्वीकृत सभी रीतियों का यदि मान्यता दी जाये तो उनकी संख्या कुल छह होती हैं–'वैदर्भी', 'गौड़ी', 'पांचाली', 'मागधी', 'लाटी' और 'आवन्ती'। आचार्य वामन द्वारा स्वीकृत संख्या से यह दोगुणी है। परवर्त्ती आचार्यों ने इसे अस्वीकृत कर वामन के अनुरूप ही रीति-भेद स्वीकृत किया है। कारण, लेखन-प्रकार अथवा शैली (पद-रचना) के तीन प्रधान रूप स्थिर किये गये हैं–(क) समासहीनता अथवा माधुर्य गुण, (ख) दीर्घ समासता अथवा ओज गुण और (ग) अल्प समासता अथवा दोनों की अन्तरालवर्तिनी। इन्हीं आधारों पर रीतियाँ भी तीन प्रकार की मानी गयी हैं अथवा यों कहें कि 'रीति' के **तीन प्रधान** भेद मान्य हैं–1. **वैदर्भी** (सुकुमार मार्ग), 2. **गौड़ी** (विचित्र मार्ग) और 3. **पांचाली** (मध्यम मार्ग)।

1. वैदर्भी – माधुर्य गुण-व्यंजक वर्णों से युक्त समासहीन अथवा अत्यल्प समासवाली ललित रचना वैदर्भी है।[5]

वैदर्भी काव्य की सर्वथा मधुर और ललित शैली है। इसका नामकरण विदर्भ आदि प्रदेशों में प्रचलित रीति के आधार पर हुआ है। यह सर्वोत्तम, सर्वगुण सम्पन्न और सर्वाधिक समुज्ज्वल रीति[6] मानी गयी है। इसमें ट, ठ, उ, ढ से रहित ककार से मकार तक वर्ण प्रयुक्त होते हैं। संयुक्त होने पर पंचमाक्षर पहले आते हैं और स्पर्श वर्ण पीछे। रेफ और णकार ह्रस्व स्वर से अन्तरित होते हैं। समास या तो होता ही नहीं है, अथवा होता भी है तो अत्यल्प। अर्थात् इसमें माधुर्य गुण, सुकुमार वर्ण, असमास (या अत्यल्प समास) और लालित्य रचना का एकत्र योग होता है। शृंगार,

---

3. क. अस्त्यनेको गिरां मार्गः सूक्ष्मभेदः परस्परम्। –काव्यादर्श 1/40
   ख. प्रतिवचनं प्रतिपुरुषं तदवान्तरजातितः प्रतिप्रीति।
   आनन्त्यात् संक्षिप्य प्रोक्ता कविभिश्चतुर्धैव।।–भावप्रकाशन, पृ.-11
4. पृथिव्यां नानादेशवेशभाषाचारवार्ताः ख्यापयतीति प्रवृत्तिः।– ना. शा., पृ.-165
5. माधुर्यव्यञ्जकवर्णै रचना ललितात्मिका।
   आवृत्तिरल्पवृत्तिर्वा वैदर्भी रीतिरीष्यते।। –सा. दर्पण 9/2-3
6. क. समग्रगुणा वैदर्भी। –काव्या. 1/2/11.
   ख. वैदर्भीमिव रीतीनामधिकमुद्भासमानाम्।–तिलकमंजरी, पृ.-230 (धनपाल)।

करुण आदि रसों के लिए यह अधिक उपयुक्त है। वामन ने इसके सर्वोत्तम होने के दो कारण गिनाये हैं–(क) गुणों की विशदता–**गुणस्फुटत्व**, और (ख) गुणों की समग्रता–**गुण-साकल्य**। अनेक साहित्यकारों और साहित्याचार्यों ने वैदर्भी रीति की बहुविध महत्ता स्वीकार की है। 'बाल रामायण' (3/14) में वैदर्भी को वाग् माधुर्यगुण चुराने वाला कहा गया है।[7] राजशेखर ही नहीं, अपितु धनपाल, पद्मगुप्तपरिमल, श्री हर्ष, नीलकण्ठ आदि ने भी वैदर्भी की महत्ता मानी है। अस्तु, वामन द्वारा प्रतिपादित इसकी अभिधा 'समग्रगुणा' असत्य नहीं है। इसका उदाहरण अग्रांकित है। यथा–

क. यह घाट वही जिस पर हँस कर,
वह कभी नहाती थी धँस कर,

आँखें रह जाती थीं फँस कर,
कँपते थे दोनों पाँव, बन्धु!
–निराला।

ख. चारू चन्द्र की चंचल किरणें,
खेल रही हैं जल-थल में

स्वच्छ चाँदनी बिछी हुई है,
अवनि और अम्बर-तल में।
–गुप्तजी।

2. गौड़ी– ओज गुण-प्रकाशक वर्णों से युक्त दीर्घ समासों वाली औद्धत्यपूर्ण विकट रचना गौड़ी है।[8]

ओजस्वी काव्य अथवा ओजगुण-सम्पन्न काव्य की शैली है–गौड़ी। इसीलिए यह रौद्र, भयानक, वीर आदि रसों के लिए अधिक उपयुक्त है। गौड़ आदि प्रदेशों में प्रचलित रीति के आधार पर इसका नामकरण हुआ है। कठोर वर्ण-योजना और संयुक्ताक्षरों के प्रयोग इसमें अनिवार्य हैं। इसमें **ओज गुण, कठोर वर्ण, दीर्घ समास ओर विकट रचना का एकत्र योग होता है।** इसमें वर्णों के आडम्बर पर विशेष बल दिया जाता है। (गौडेष्वक्षरडम्बरः–वाण)। इसके विवेचन में वामन ने अपेक्षया अधिक न्याय किया है। उसके अनुसार इसमें **ओज तथा कान्ति गुणों की प्रधानता रहीं है।**[9] तभी इसमें **ओजस्विता का संचार**[10] **रहता है। कुन्तक ने इसे ही 'विचित्र मार्ग' कहा है जो अलंकार-समुच्चय से चर्चित और कलात्मक शब्दसौष्ठव से मण्डित होता है। गौड़ी रीति का उदाहरण अग्रांकित है।** यथा–

अनिमेष राम–विश्वजिद्दिव्यशर-भंग-भाव–
विद्धांग–बद्धकोदण्ड-मुष्टि-खर-रुधिर-स्राव,

---

7. वाग्वैदर्भी मधुरिमगुणं स्यन्दते श्रोत्रलेह्यम्।–बालरामायण 2/14
8. ओजः प्रकाशकैर्वर्णैबन्ध आडम्बरः पुनः
समासबहुला गौड़ी। –सा. दर्पण 9/3-4
9. ओजः कान्तिमती गौड़ीया। –काव्या. 1/2/12
समस्तात्युद्भटपदाभोजः–कान्तिगुणान्विताम्।
गौडीयामिति गायन्ति रीतिं रीतिविचक्षणाः।।–काव्या. 1/2
10. वर्णैः शेषैः पुनर्द्वयोः।
समस्त-पञ्चषट्पदो बन्धः पाञ्चालिका मता।–सा. दर्पण 1/4

रावण-प्रहार-दुर्वार-विकल-वानर-दल-बल—
मूर्च्छित-सुग्रीवागंद-भीषण-गवाक्ष-गय-नल—
वारित-सौमित्री-भल्लपति-अगणित-मल्लरोध,
गर्जित-प्रलयाविध-क्षुब्ध-हनुमत्केवल प्रबोध,
उद्‍गीरित-वहि्न-भीम-पर्वत-कपि-चतुःप्रहर—
जानकी-भीरु-उर-आशाभर-रावण-सम्बर।—निराला

3. पांचाली—वैदर्भी-गौड़ी रीतियों के बीच की काव्य-शैली पांचाली रीति है।[11] पांचाल आदि प्रदेशों में प्रचलित लेखन-शैली पांचाली कही गयी है। यह वैदर्भी और गौड़ी की अन्तरालवर्तिनी मानी गयी है। इसमें **वैदर्भी-गौड़ी से इतर वर्ण-योजना, अल्प समास, माधुर्य और सौकुमार्य का एकत्र योग** होता है। इसमें ओज और कांति गुणों का अभाव होता है। राजशेखर ने इसमें शब्द और अर्थ का समान गुम्फन स्वीकार किया है।[12] इस प्रकार यह **मध्यम रीति** है। यथा—

क. काट अन्ध-उर के बन्धन-स्तर
बहा जननि, ज्योतिर्मय निर्झर
कलुष-भेद-तम हर प्रकाश
भर जगमग जग कर दे।
—निराला।

ख. भारत के नभ का प्रभा-पूर्य
शीतलच्छाय सांस्कृतिक सूर्य
अस्तमित आज रे तमस्तूर्य दिङ्मण्डल।
—निराला।

इनके अतिरिक्त कई विचारकों ने **4. आवन्ती** (आवन्तिका), **5. लाटी** (लाटीया) और **6. मागधी** रीति की भी चर्चा की है। 'आवन्ती' वैदर्भी-पांचाली के मध्य की रीति मानी गयी है। समस्त **रीतियों के मिश्रण की अभिधा 'लाटी' है**। एवं इसका निर्वाह नहीं होने पर खण्डरीति 'मागधी' कही जाती है।[13] भोजराज कृत 'मागधी' का लक्षण अस्पष्ट हे। 'कर्पूरमंजरी' के मंगलश्लोक में उल्लिखित 'मागधी' का निर्देश सम्भवतः 'गौड़ी' के लिए है। इसी सम्भावना के कारण 'बाल रामायण' (10/15) में वर्णित 'मैथिली' रीति को 'मागधी' रीति का नामान्तर स्वीकारा जाता है। इस आधार पर **'मागधी' वैदर्भी-गौड़ी की अन्तरालवर्तिनी रीति** सिद्ध होती है। साहित्यशास्त्रीय ग्रन्थों में मैथिली स्वतंत्र रीति के रूप में स्वीकृत नहीं हुई है। केवल श्रीपाद ने उसे स्वतंत्र स्थान दिया था जिसका उल्लेख केशव कृत 'अलंकार शेखर' में हुआ है। वस्तुतः उपरि विवेचित वैदर्भी, गौड़ी और पांचाली ही प्रधान रीतियाँ हैं। आवन्ती, लाटी और मागधी गौण रीतियाँ हैं। अतः इसका और विवेचन यहाँ अनपेक्षित है।

रीति-विवेचन में प्रथम महत्वपूर्ण योगदान है **आ. वामन** का। दूसरे महत्वपूर्ण

---

11. माधुर्यसौकुमार्योपपन्ना पाञ्चाली।—काव्या. 1/2/13
आश्लिष्टश्लथभावां तां पूरणच्छायया श्रिताम्।
मधुरां सुकुमारां च पाञ्चाली कवयो विदुः।।
12. शब्दार्थयोः समो गुम्फः पाञ्चालीरीतिरिष्यते।—राजशेखर
13. द्रष्टव्य—भोजराज कृत 'सरस्वती कण्ठाभरण' (2/23, 33)।

विवेचक हैं—आ. **कुन्तक**, किन्तु दोनों की अवधारणाओं में पर्याप्त अन्तर है। दोनों के मतों को ध्यान में रखते हुए रीति-मत का और भी समुचित विकास और व्यवस्थापन किया जाना चाहिए था, पर वैसा हो नहीं सका। **कुन्तक** के विवेचन की महती देन है—**रीति (मार्ग) को 'कवि-स्वभाव' (व्यक्ति-स्वभाव) सम्बद्ध करना।**[14] इसकी प्रेरणा उन्हें भामह से मिली है। भामह की प्रेरणा का ही परिणाम है कि **उन्होंने देश-भेद से रीति (मार्ग-शैली) भेद मानना असंगत और युक्तिहीन समझा।**[15] साथ ही यह भी स्पष्ट किया कि सभी सत्कवियों ने कौशल (कवि-कौशल यानी शैली) प्रकार का आकलन करना तो सम्भव नहीं है, पर दिशा-निर्देश के रूप में केवल तीन रीतियों (मार्गों) के नाम गिनाये जा सकते हैं।[16] वे तीन मार्ग हैं—सुकुमार, विचित्र और मध्यम। इन मार्गों के लक्षण-निर्धारित करने के उपरान्त उन्होंने इनमें **'सामान्य'** (औचित्य और सौभाग्य) एवं **'विशेष'** (माधुर्य, प्रसाद, लावण्य और आभिजात्य) गुणों की स्थिति भी स्वीकार की। परवर्त्ती विचारकों ने कुन्तक की पहली बात तो स्वीकार की, पर दूसरी नहीं। परिणामतः रीतियों के वैदर्भी आदि पूर्वप्रचलित नाम ही चलते रहे, पर अब वे नाम देश नहीं, **रचना-सरणि वाचक** यानी शैली प्रकार के द्योतक हैं। **सम्प्रति तत्र ये मार्गाः कवि प्रस्थान हेतवः'** (व. जी.)। रीतियों के मुख्य भेदक समास और वर्ण-विन्यास ही हैं जिसका निर्देश दण्डी[17] ने ही कर दिया है।

आ. वामन ने रीति की स्वतंत्र सत्ता स्थापित की, किन्तु परवर्त्ती आचार्यों को वह मान्य नहीं हुआ। रीति को रस के अधीन माना गया। **आनन्दवर्धन** के अनुसार रीति का प्रमुख नियामक **रस** है। रस के अतिरिक्त **वक्तृ-औचित्य, वाच्यौचित्य** और **विषयौचित्य** भी रीति के नियामक हेतु हैं।[18] उनकी यह मान्यता मनोविज्ञान-सम्मत है। इस प्रकार नियामकों की कुल संख्या चार है।

काव्यशास्त्र में **प्रवृत्ति** और **वृत्ति** जैसे काव्यांग भी रीति के सहधर्मी-रूप में प्रयुक्त हुए हैं। अस्तु, इन पर भी यहीं विचार कर लेना अनपेक्षित नहीं होगा।

---

14. "कविस्वभावभेदनिबन्धनत्वेन काव्यप्रस्थानभेदः समञ्जसतां गाहते। सुकुमार स्वभावस्य कवेः तथाविधैव सहजाशक्तिः समुद्भवति, शक्तिशक्तिमतोरभेदात्...यद्यपि कविस्वभावभेदनिबन्धनत्वादनन्त—भेदभिन्नत्वमनिवार्य, तथापि परिसंख्यातुमशकात्वात् सामान्येन वैविध्यमेवोपद्यते।"—गुलाबराय द्वारा उद्धृत।
15. यस्मात् देशभेदनिबन्धनत्वे रीतिभेदानां देशानामानन्त्याद् असंख्यात्वं प्रसज्येत्। न च विशिष्टरीतियुक्तत्वेन काव्यकरणं...देशधर्मतया व्यवस्थापयितुं शक्यते।...तस्मिन् सति तथाविधं काव्यकरणं सर्वस्य स्यात्।—व. जी., पृ.-99
16. एवं मार्गत्रितयलक्षणं दिङ्मात्रमेव प्रदर्शितम्। न पुनः साकल्येन सत्कविकौशलप्रकाराणां केनचिदपि स्वरूपमिधातुं पार्यते।—व. जी. 1/35-36 (वृत्ति)।
17. अस्त्यनेको गिरां मार्गः सूक्ष्मभेदः परस्परम्।
तत्र वैदर्भगौड़ीयौ वर्ण्येते प्रस्फुटान्तरौ।—काव्यादर्श 1/40
18. क. तन्नियमे हेतुरौचित्यं वक्तृवाच्ययोः।।—ध्वन्या. 3/6
ख. काव्यप्रभेदाश्रयतः स्थिता भेदवती हि सा।।—ध्वन्या. 3/8।

5. ख. रीति और प्रवृत्ति

नाट्याचार्य भरत ने रीति का प्रत्यक्ष विवेचन नहीं किया है, पर विभिन्न प्रदेशों (जनपदों) में प्रचलित जिन चार प्रकार की प्रवृत्तियों का निरूपण किया है, उन्हीं में रीति भी समाहित मानी जा सकती है। वहाँ प्रवृत्ति ही रीति-स्थानीया है। भरत के पश्चात् **राजशेखर, भोज** आदि ने भी प्रवृत्ति पर विचार किये हैं। आ. भरत के अनुसार, **"जो पृथ्वी के नाना देशों के वेश, भाषा तथा आचार की वार्ता को व्यक्त करे, वह प्रवृत्ति है।"**[19] प्रदेश-भेद से उन्होंने **चार प्रकार** की प्रवृत्तियाँ मानी है—

क. **आवन्ती** (पश्चिम भारत की)
ख. **दाक्षिणात्या** (दक्षिण भारत की)
ग. **औड्रमागधी** (पूर्वी भारत की)
घ. **पांचाली** (मध्यदेश और उत्तरी भारत की)

इससे इतना अनुमित होता है कि भारत के विभिन्न अंचलों में प्रचलित रहन-सहन, आचार-व्यवहार और बोल-चाल (आचार-व्यवहार-उच्चार) के ढंग में जो वैभिन्न्य था, वह सामान्य आंचलिक वैशिष्ट्य के रूप में रूढ़ हो चुका था। रूढ़ हो चुकी सामान्य विशेषताओं को ध्यान में रख कर ही आ. भरत ने भौगोलिक (आंचलिक) आधार पर प्रवृत्तियों का नामकरण किया है।

पूर्व विवेचित रीति की प्रवृत्ति के साथ पड़ताल करने पर स्थिर होता है कि रीति की अपेक्षा प्रवृत्ति की परिधि व्यापक है। रीति का सम्बन्ध मात्र भाषा-प्रयोग (बोलने और लिखने) तक सीमित है, जबकि प्रवृत्ति का सम्बन्ध सम्पूर्ण जीवनचर्या से है। प्रवृत्ति में वेश-भूषादि, आचार-व्यवहार, भाषा-प्रयोग, रहन-सहन सब का अन्तर्भाव हो जाता है। रीति का मूल तत्त्व है आन्तरिक (और अमूर्त), पर प्रवृत्ति के मूल तत्व हैं बाह्य और मूर्त। रीति का आधार है व्यक्ति-स्वभाव (कवि-स्वभाव), प्रवृत्ति का नाटक से—**राजशेखर** ने प्रवृत्ति को मात्र **वेश-विन्यासक्रम** (वेष-विन्यासक्रमः प्रवृत्तिः) स्वीकार किया है। इस प्रकार **रीति** है शुद्ध साहित्यिक, जबकि प्रवृत्ति जीवनचर्या से सम्बन्धित यानी व्यवहारात्मक है। सम्प्रति **रीति** और **प्रवृत्ति** सर्वथा भिन्न-भिन्न अर्थों के द्योतक हैं।

5. ग. रीति और वृत्ति

वृत्ति (वृत् + क्तिन्) शब्द 'वृत्' (वर्तन) धातु से 'क्तिन्' प्रत्यय के योग से निर्मित है। 'वर्तन' का अर्थ है जीवन। अस्तु, 'वृत्ति' हुई जीवन का सहायता पहुँचाने वाली; व्यवहार अथवा पुरुषार्थ-साधक व्यापार। 'वृत्ति' के अनेक अर्थ हैं। काव्यशास्त्र में भी 'वृत्ति' के कई अर्थ हैं। यहाँ 'वृत्ति' के मात्र उन दो रूपों से ही तात्पर्य है जो 'रीति' के सहधर्मी हैं। वे दोनों रूप अग्रांकित हैं—

---

19. पृथिव्यां नानादेशवेशभाष.ारवार्ताः ख्यापयतीति प्रवृत्ति।—ना. शा. 14/36।

क. **नाटयवृत्ति**—यह चार प्रकार की मानी गयी है—भारती, सात्वती, कैशिकी और आरभटी।

ख. **काव्यवृत्ति**—यह तीन प्रकार की मानी गयी है—**उपनागरिका, परुषा और कोमला** (ग्राम्या)।

आनन्दवर्धन और अभिनवगुप्त ने इन्हें ही क्रमशः **अर्थवृत्ति** (नाटयवृत्ति) और **शब्दवृत्ति** (काव्यवृत्ति) कहा है। वृत्ति में व्यवहार-सूचक सारे क्रिया-कलापों और चेष्टाओं का अन्तर्भाव हो जाता है। तभी **व्यवहार या व्यापार को ही वृत्ति कहा गया है।**[20] अभिनवगुप्त के अनुसार पात्र (नायकादि) की वैचित्र्ययुक्त कायिक, वाचिक और मानसिक चेष्टा ही वृत्ति है।[21] ऐसे व्यापारों और चेष्टाओं का वर्णन काव्य में सर्वत्र किया जाता है। इसी कारण आद्याचार्य **भरत** ने ही वृत्ति को काव्य-माता घोषित किया है—

सर्वेषामेव काव्यानां वृत्तयो मातृकाः स्मृताः[22]। — ना. शा. 20/4।

काव्यप्रवृत्तियों के उद्भावक हैं **उद्भट**। उन्होंने वृत्ति को चित्त की अवस्था मानते हुए अनुप्रास-जातीय रूप में विवेचित किया है। **रुद्रट** ने काव्यवृत्तियों पर नयी दृष्टि से (अनुप्रास-जातीय रूप में ही) विचार किया। उन्होंने दो वृत्तियों के पूर्व-स्वीकृत नाम तो बदले ही, दो नयी वृत्तियाँ भी जोड़ दीं। इस प्रकार उनकी संख्या पाँच हो गयी[23] मधुरा (उपनागरिका), प्रौढ़ा, परुषा, ललिता (कोमला), और भद्रा। **भोज** ने वृत्ति का लक्षण **काव्यव्यापी च सन्दर्भो वृत्तिरित्यभिधीयते**।' करते हुए अनुप्रास-जातियों को अस्वीकार कर वर्णों के पारस्परिक सम्बन्ध-असम्बन्ध से युक्त रचना-संघटना के आधार पर बारह प्रकार की—गम्भीरा, ओजस्विनी, प्रौढ़ा, मधुरा, निष्ठुरा, श्लथा, कठोरा, कोमला, मिश्रा, परुषा, ललिता और अमिता—वृत्तियाँ मानी। तात्पर्य यह कि काव्यवृत्तियों (शब्दवृत्तियों) के विवेचन में आचार्यों में मतानैक्य है। तीन वृत्तियाँ ही बहुमान्य हैं।

एक बात स्पष्ट है। ध्वनि-परवर्ती आचार्यों (एक-दो अपवाद को छोड़ कर) ने आनन्दवर्धन के अनुरूप ही **शब्दवृत्ति** और **अर्थवृत्ति** स्वीकार की। इनमें **अर्थवृत्ति** (नाट्यवृत्ति) का रीति से दूरागत सम्बन्ध है। रसानुकूलता को आधार मानने पर कैशिकी वृत्ति की पांचाली रीति से, सात्त्वती और आरभटी वृत्तियों की गौड़ी रीति से

---

20. क. व्यवहारों हि वृत्तिरित्युच्यते। —ध्वन्या. 3/33।
    ख. तस्माद् व्यापारः पुमर्थसाधको वृत्तिः।—अभिनवगुप्त (अभिनव भारती)।
21. काय-वाङ्मनसा चेष्टा एव सह वैचित्र्येन वृत्तयः।—अभिनवगुप्त (वही)।
22. क. भरत मुनि ने वृत्ति को नाटक की माता भी कहा है—'एवमेते बुधैर्ज्ञेया वृत्तयो नाट्यमातरः'। ना. शा. 22/4।
    ख. स च सर्वत्र वर्ण्यते इत्यतो वृत्तिः काव्यस्य मातृका इति।—अभिनव भारती।
23. काव्यालंकार 2/19

और भारती वृत्ति की वैदर्भी रीति से किंचित् समानान्तरता स्थापित होती है।

जहाँ तक **वर्णवृत्ति** (उपनागरिका, परुषा और कोमला) की बात है, डॉ. नगेन्द्र[24] ने रीति से उसके सम्बन्ध की तीन स्थितियाँ मानी हैं–(क) वृत्ति को शब्द-व्यवहार मानकर आनन्दवर्धन ने रीति से वृत्ति की एकता मान ली है, (ख) वृत्ति को वर्ण-गुम्फ मानने के कारण अनेक आचार्य –मम्मट, विश्वनाथ, पंडितराज जगन्नाथ आदि–रीति का अंग अथवा पर्याय मानते हैं, और (ग) वृत्ति विशेष प्रकार वर्ण-व्यवहार या वर्ण-संयोजन होने के कारण रीति का बाह्य अंग है। तात्पर्य यह कि रीति के बाह्य तत्त्व (वर्णवृत्ति या शब्दवृत्ति या काव्यवृत्ति) है, किन्तु वास्तविकता यह है कि सम्प्रति रीति और वृत्ति (वर्णवृत्ति) प्रायः पर्याय ही समझे जाते हैं। आगे इनका सोदाहरण निरूपण किया जाता है।

उपनागरिका वृत्ति : टवर्ग-रहित, माधुर्य गुण-व्यंजक, सानुनासिक एवं अनुस्वार युक्त वर्णयोजना वाली रचना उपनागरिका वृत्ति है। श्रृंगार, हास्य और करुण रसों में इस वृत्ति की सत्ता होती है। यथा–

वह मधुर मधुमास था, जब गंध से,
मुग्ध होकर झूमते थे मधुप-दल। –पंत

भामह ने इसे ही उपनागरिका अनुप्रास कहा है। अनुप्रास-प्रकारों में वृत्यनुप्रास का आधार यही है। **प्रतिहारेन्दुराज** के अनुसार 'उपनागरिका' नामकरण नगर की चतुर और विदग्ध बनिताओं (नागारिकाओं) की सुकुमार वाक्यावली के समान होने के कारण हुआ है।[25] **अभिनवगुप्त** ने भी ऐसा ही मत दिया है।[26] श्रुतिमधुरता और संगीतमयता उपनागरिका की विशिष्टता होती है।

परुषा वृत्ति–ओज गुण-व्यंजक, द्वित्ववर्णाबहुला एवं संयुक्ताक्षर प्रधान रचना परुषा वृत्ति है। इसका अपर नाम दीप्ता वृत्ति भी है। यथा–

क्रुद्ध फिरत अति जुद्ध जुरत नहिं रुद्ध मुरत भट,
खग्ग बजत अति बग्ग तजत सिर पग्ग सजत चट।–भूषण।

यह ओज गुण-प्रकाशक होती है। इसमें र, श, ष, ट वर्ग, रेफमुक्त एवं संयुक्ताक्षरों के प्रयोग का प्राचुर्य होता है। कर्णकटु और कठोर वर्णों के विन्यास से वीर, रौद्र, भयानक और वीभत्स रस एवं उग्र भावों का इस वृत्ति में प्रकाशन उत्तम

---

24. भारतीय काव्यशास्त्र की भूमिका, पृ.-39-40
25. एषा खलु नागरिकया वैदग्धीजुषा वनितया उपमीयते तदुपनागरिका। नागरिकया उपमिता उपनागरिकेति।–काव्यालंकारसारसंग्रह, पृ.-5
26. नागरिकया उपमिता अनुप्रासवृत्तिः श्रृंगारादौ विश्राम्यति।–ध्वन्या. लोचन 3/33

रूप में होता है। रोषपूर्ण उक्तियों, युद्धों के वर्णन आदि में इसी वृत्ति का प्रयोग होता है।

कोमला वृत्ति : माधुर्य और ओज गुण-व्यंजक वर्णों से भिन्न प्रसादगुणसम्पन्न वर्ण-रचना कोमला वृत्ति है। उद्भट ने इसे ही **ग्राम्या** के नाम से वर्णित किया है। यथा–

क. नव-नव सुमनों से चुन-चुन कर, धूलि सुरभि मधुरस हिमकण।
मेरे उर की मृदु कलिका में, भर दे कर दे विकसित मग।।
—का. दर्पण

ख. सुनो / सच बतलाना
क्या तुमको कभी भी
किसी ने भी
इतना उजला, कोमल, पारदर्शी प्यार दिया?—धर्मवीर भारती।

कोमलाक्षरों (ल, ब, स तथा वर्गों के तृतीय वर्णों) के प्रयोग बाहुल्य के कारण यह 'कोमला' कही गयी है। ग्रामीण नारियों की स्वाभाविक वाक्यावली के समान होने के कारण यह 'ग्राम्या' नाम से वर्णित हुई है। शृंगार, शांत, अद्भुत आदि रसों एवं सुकुमार भावों की अभिव्यक्ति में इस वृत्ति का प्रयोग मिलता है।

अन्य आचार्यों से **राजशेखर** का मत भिन्न है। वे रीति, प्रवृत्ति और वृत्ति में स्पष्ट पार्थक्य मानते हैं। उनके अनुसार **वेश के विन्यास का प्रकार प्रवृत्ति है, विलास के विन्यास का प्रकार वृत्ति** है और **वचन के विन्यास का प्रकार रीति है**।[27] यहाँ इतना और अलम् है कि यदि पाठक के मन में किसी भ्रामक धारणा की सृष्टि न हो तो रीति, प्रवृत्ति, वृत्ति और गुण को किंचित् समानान्तरता को एक सीमा तक समझने की दृष्टि से अग्रांकित तालिका[28]। उपयोगी सिद्ध हो सकती है। यथा–

रीति	**प्रवृत्ति**	**अर्थवृत्ति**	**वर्णवृत्ति**	**गुण**
वैदर्भी	दाक्षिणात्या	भारती	उपनागरिका	प्रसाद
गौड़ी	औड्रमागधी	सात्त्वती, आरभटी	परुषा	ओज
पांचाली	पांचाली, आवन्ती	कैशिकी	कोमला	माधुर्य

उपरि तालिका में भारती की समानान्तरता वैदर्भी के साथ स्थापित की गयी है, पर शारदातनय के अनुसार भारती की सत्ता सर्वत्र होती है—**'वृत्तिः सर्वत्र भारती'** (भाव प्रकाशन)। दूसरी ओर वैदर्भी में समस्त गुणों का सद्भाव स्वीकार किया गया है—**'समग्रगुणा वैदर्भी'** (वामन)।

---

27. वेषविन्यासक्रमः प्रवृत्तिः, विलासविन्यासक्रमो वृत्तिः, वचनविन्यासक्रमो रीतिः। का. मीमांसा, तृ. अ.।
28. बलदेव उपाध्याय—भारतीय साहित्यशास्त्र, दूसरा भाग, पृ.-165।

5. घ. रीति और शैली

रीति का सबसे निकट का सहधर्मी है : शैली। अर्थ वैशिष्टय की दृष्टि से दोनों में अधिक अन्तर प्रायः है भी नहीं। पूर्व पृष्ठों में उल्लेख किया जा चुका है कि 'शील' से व्युत्पन्न 'शैली' शब्द का व्युत्पत्यर्थ है **'स्वभाव'**, पर शास्त्र में इसका प्रयोग **'व्याख्यान-पद्धति'** के अर्थ में हुआ है। अभिव्यक्ति-पद्धति अथवा लेखन-प्रकार के लिए रीति के पर्याय के रूप में शैली शब्द का प्रचलन आधुनिक होते हुए भी सम्प्रति अधिक लोकप्रिय है। इसका प्रमुख कारण है रीति के अँग्रेजी पर्याय 'स्टाइल' (Style) के लिए शैली शब्द का प्रचलन। यद्यपि ''रीति के विषय में भारतीय आलोचकों ने जो मार्मिक समीक्षा प्रस्तुत की है वह ('स्टाइल' विषयक) पाश्चात्य आलोचना के साथ अनेक अंशों में आश्चर्यजनक साम्य रखती है।''[29] तथापि यह सत्य है कि पाश्चात्य आलोचकों ने व्यक्ति-तत्त्व यानी कवि (साहित्यकार) के आत्माभिव्यंजक रूप पर भारतीय आचार्यों की अपेक्षा अधिक बल दिया है। रीति और शैली (Style) में मुख्य अन्तर यही है। तभी ऐसा समझा जाता है कि ''रीति-सिद्धान्त आधुनिक विवेचना के लिए बहुत वैज्ञानिक और पूर्ण नहीं है। आज हम शैली पर विचार करते हैं, तो उसकी विशेषताएँ अधिक स्पष्ट और वैज्ञानिक ढंग से प्रकट की जा सकती है।''

शैली के मूल तत्त्व दो हैं—**वस्तु-तत्व** और **व्यक्ति-तत्व**। इनमें प्रधानता है व्यक्ति-तत्व की। वस्तु-तत्व की दृष्टि से रीति और शैली (Style) में अन्तर नहीं है। भारत और योरोप के प्राचीन काव्यशास्त्रों में रीति और शैली के वस्तु-तत्व पर ही अधिक विचार हुए हैं। इस दृष्टि से विचारकों के मत भी प्रायः समान हैं।

शैली में व्यक्ति-तत्व का प्रकाशन दो रूपों में होता है। प्रथम, पात्र और परिस्थितियों के साथ सामंजस्य के रूप में और द्वितीय, कवि अथवा साहित्यकार की आत्माभिव्यक्ति के रूप में। नाटकों में पात्रों के शील-स्वभाव के अनुरूप भाषा-प्रयोग और सुख-दुख क्रियात्मक लोकस्वभाव से युक्त अभिनय की बात स्वीकार कर नाटयाचार्य **भरत** ने व्यक्ति-तत्त्व के प्रथम रूप को ही स्वीकार किया है।[30] रीतियों के नियामकों में **आनन्दवर्धन** द्वारा वक्ता, वाच्य और विषय की स्वीकृति भी वही है। रीति-विचार में कवि का आत्मभिव्यंजक पक्ष भी अछूता नहीं है। 'कवि अनन्त, कवि-मार्ग अनन्ता' के अनुरूप ही **दण्डी** द्वारा प्रत्येक कवि की निजी शैली को

---

29. भगीरथ मिश्र—काव्यशास्त्र, पृ.-207।

30. क. वयोऽनुरूपः प्रथमस्तु वेषो, वेषानुरूपश्च गति-प्रचार।
गतिप्रचारानुगतं च पाठयं, पाठयानुरूपाऽभिनयश्च कार्यः।।—ना. शा. 14/68

ख. नानाशीलाः प्रकृतयः शीले नाट्यं प्रतिष्ठितम्।
तस्मात् लोकप्रमाणं हि कर्त्तव्यं नाट्यमोक्तृभिः।।—वही 26/117

ग. योऽयं स्वभावो लोकस्य सुखदुःखसमन्वितः।
सोऽङ्गाद्यभिनयोपेतः नाट्यमित्यभिधीयते।।—वही 1/117

मान्यता दिये जाने[31], कुंतक का कवि-स्वभाव को ही शैली का मूलाधार मानने[32] एवं दण्डी के मत का **शारदातनय** द्वारा अनुमोदित किये जाने[33] से यही सिद्ध होता है कि कवि के आत्माभिव्यंजक पक्ष को भी रीति में महत्त्व मिला है। तब भी यह निर्विवाद है कि रीति की अपेक्षा 'स्टाइल' (शैली) में आत्माभिव्यंजना को अधिक महत्त्व प्राप्त है। पश्चिम में **'स्टाइल इज द मैन'** (Style is the man) की जिस रूप में मान्यता रही है, उस रूप में भारत में नहीं सोचा गया कि 'रीति मानव-स्वभाव का सूचक है'। प्राचीन लोकोक्ति **'स्वाभावो मूर्ध्नि वर्तते'** के प्रचलन एवं 'स्वभाव' की व्यापकता एवं प्रभावशीलता विषयक कुन्तक की चेतावनी[34] के बावजूद रीति-विवेचकों द्वारा आत्माभिव्यंजना को समुचित महत्त्व नहीं दिया जाना अपने-आप में सुखद आश्चर्य है। आधुनिक आलोचना में शैली, रीति का स्थान ले चुकी है। अस्तु, यहाँ शैली के सम्बन्ध में किंचित् विचार करना अप्रासंगिक नहीं होगा।

शैली (या रीति) जहाँ एक ओर कवि के स्वभाव और व्यक्तित्व की प्रकाशिका—कवि की निजता की पहचान—होती है, वहीं दूसरी ओर उसके परिवेश, युग और वर्गविशेष के कवियों की सामान्य विशेषताओं से भी युक्त होती है। शैली (या रीति) विशिष्ट अभिव्यक्ति-पद्धति अथवा कथन-प्रणाली है। कवि के स्वभाव और व्यक्तित्व के अतिरिक्त वर्ण्य-विषय, भाव, उद्देश्य, पात्र, परिस्थिति आदि के अनुरूप ही उसमें वर्ण-संयोजन, शब्द-संगठन, वाक्य-निर्माण, अलंकारादि के प्रयोग होते हैं। किसी कवि की रचना को शैली की भिन्नता के आधार पर दूसरे कवि की रचना से सहज ही अलग कर लिया जा सकता है।

शैली (या रीति) मूलतः तीन बातों पर निर्भर करती है—कहनेवाला क्या कहना चाहता है, किससे कहना चाहता है और किस रूप में कहना चाहता है। यदि कहने वाला एक ही हो, तब भी कहने वाले की पद्धति और जिससे कहा जायेगा—दोनों के अन्तर के कारण शैली में अन्तर हो जायेगा। यही कारण है कि एक ही कवि के दो प्रकार के भावों या विचारों को व्यक्त करने वाली रचनाओं में अन्तर हो जाता है। पाठक को बदल देने पर भी रचना शैली में भिन्नता हो जायेगी। फिर भी, शैली का जो सम्बन्ध कवि के स्वभाव और व्यक्तित्व से है, उसे कदापि विस्मृत नहीं किया जा सकता। चाहे जिस परिस्थिति में कोई हो, उसकी निजता अथवा विशिष्टता उससे

---

31. क. अस्त्यनेको गिरां मार्गः सूक्ष्मभेदः परस्परम्।—काव्यादर्श 1/40।
    ख. तद्‌भेदास्तु न शक्यन्ते वक्तुं प्रतिकविस्थिताः।।—वही 1/101।
32. कविस्वभावभेदनिबन्धनत्वेन काव्यप्रस्थानभेदः....। व. जी., पृ.-46।
33. प्रतिवचनं प्रतिपुरुषं तदवान्तरजातितः प्रतिप्रीति।
    ... ...।
    पुंसि पुंसि विशेषेण कापि कापि सरस्वती।। —भाव प्रकाशन, पृ.-11-12।
34. ... स्वभावानुसारिण्यावेव व्युत्पत्त्यभ्यासौ प्रवर्तेते।
    तौ च स्वभावाभिव्यंजनेनैव साफल्यं भजतः। — व. जी., पृ.-47

अलग नहीं होती।

कतिपय पाश्चात्य विचारक शैली को पोशाक मानते हैं। इस प्रकार के कथन में संशोधन करते हुए दूसरे विचारक उसे त्वचा कहते हैं। तात्पर्य यह कि जिस प्रकार प्राण पर बिना संकट डाले त्वचा का शरीर से अलग किया जाना असम्भव है, उसी प्रकार अभिव्यक्ति के प्रकृत रूप को बिना विकृत किये शैली का स्थानान्तरण भी असम्भव है। इससे शैली का महत्व स्पष्ट हो जाता है। इन सारी बातों को ध्यान में रखते हुए शैली (या रीति) के कई रूप निश्चित किये जा सकते हैं। वस्तुतः कई प्रकार की शैलियाँ काव्य में व्यवहृत होती भी हैं। **भगीरथ मिश्र** के अनुसार हिन्दी-काव्य में कुल छह प्रकार[35] की अग्रांकित शैलियाँ प्रचलित प्रतीत होती हैं। यथा–

1.	सरस शैली	4.	क्लिष्ट या विदग्ध शैली
2.	मधुर शैली	5.	उदात्त शैली
3.	ललित शैली	6.	व्यंग्य या तीक्ष्ण शैली।

उन्होंने इनके लक्षण और उदाहरण भी प्रस्तुत किये हैं। यहाँ ध्यातव्य है कि इन छह शैलियों में तीन–सरस, मधुर और उदात्त शैलियाँ, क्रमशः वैदर्भी, पांचाली ओर गौड़ी रीतियों के नामान्तर भर हैं। शेष तीन–ललित, विदग्ध और व्यंग्य (3, 4, 6)–नयी शैलियाँ हैं। गुलाबराय ने भी छह प्रकार की शैलियों का उल्लेख किया है[36]।

1.	गाढ़त्व या शैथिल्य प्रधान।	4. प्रसाद (गुण) वाली।
2.	कान्ति प्रधान	5. सरलता वाली।
3.	ओज (गुण) वाली।	6. प्रौढ़ि (नामक) शैली।

इनमें प्रसाद और सरलता (4, 5) को अलग मानने की आवश्यकता नहीं है। 'प्रौढ़ि' शैली का संकेत 'काव्यप्रकाश' में ही हुआ है। 'कांति' (2) वैदर्भी के निकट है। इनके अतिरिक्त उन्होंने परम्परा से मान्य 'समास' और 'व्यास' शैलियों का भी उल्लेख किया है। अस्तु, कहना पड़ता है कि गुलाबराय की अपेक्षा भगीरथ मिश्र के शैली-प्रकार सम्बन्धी विचार अधिक महत्त्व के हैं।

इसमें वैमत्य नहीं है कि आज शैली शब्द रीति का स्थानापन्न हो गया है। रीति की अपेक्षा शैली शब्द को अर्थ-परिधि भी अधिक व्यापक है। रीति शब्द जहाँ शैली के मात्र समष्ठि अथवा सामूहिक रूप का द्योतक है, वहाँ 'शैली' से समूह और व्यक्ति–वर्ग और व्यक्ति, दोनों की विशिष्टताओं का बोध होता है।

35. काव्यशास्त्र, पृ.-207।
36. सिद्धान्त और अध्ययन, पृ.-230।

5. ङ. पाश्चात्य विचारक और रीति

पाश्चात्य विचारकों के 'रीति' अथवा 'शैली' विषयक विचार भारतीय विचार के प्रायः अनुरूप पड़ते हैं। भारत की तरह ही यूनानी विचारक **किवण्टिलियन** (Quintilian- 35-96 A.D.?) ने प्राचीन यूनानी काव्य की तीन रीतियाँ भौगोलिक आधार पर ही मानीं–एटिक (Attic), एशियाटिक (Asiatic) और रोडियन (Rhodian)। ये क्रमशः वैदर्भी, गौड़ी और पांचाली के अनुरूप कही जायेंगी।

प्रसिद्ध विचारक **अरस्तू** ने ('रेटारिक्स' में) **साहित्यिक** (Literary) और **वादात्मक** (Controversial), दो मुख्य रीतियाँ मानी एवं वादात्मक के पुनः दो उपप्रकार–राजनीतिक (Political) और उग्र (Forensic), भी स्वीकृत किये। उसके अनुसार रीति या शैली में **प्रसादगुण** (perspicuity) और **औचित्य** (Properiety) का होना आवश्यक है। अरस्तू की मान्यता है कि रीतियाँ भावानुरूप परिवर्त्तनशील होनी चाहिए। उनकी उदात्त (Dignified) रीति विषयक मान्यता 'Every thing that deviates from the ordinary modes of speech' आचार्य **कुन्तक** स्वीकृत उक्ति के बाँकपन के अनुरूप है।

रीति-विवेचन में अरस्तू के पश्चात **डेमेट्रियास** (Demetrius) का महत्वपूर्ण नाम है। उसने अपनी पुस्तक (On style) में गम्भीर विचार करते हुए चार प्रकार की रीतियाँ मानी। साथ ही यह भी कहा कि उनके सम्यक निर्वाह के अभाव में उन्हीं के विपरीत चार दुष्ट रीतियाँ स्थान बना लेती हैं। यथा–

1. प्रसन्न मार्ग (Plain Style)
2. उदात्त मार्ग (Stately style)
3. मसृण मार्ग (Polished Style)
4. ऊर्जस्वी मार्ग (Powerful Style)

इनके निर्वाह के अभाव में दुष्ट रीतियाँ–

1. शिथिल मार्ग (Fregid Style)
2. कृत्रिम मार्ग (Affected Style)
3. नीरस मार्ग (Arid Style)
4. प्रतिकूल मार्ग (Disogresable Style)

रीति विषयक **प्रो. मरी** (Murry- The Problem of Style) का विवेचन भारतीय रसध्वनि के निकट पड़ता है। औचित्य (Precision) यानी भाव की अभिव्यक्ति के औचित्य (Precision of imotional Suggestion) को वे रीति का आवश्यक गुण मानते हैं। इसके साथ ही वे लय की सांगीतिक अभिव्यक्ति (Musical Suggestion of the rhythem) और मूर्त्त विषय की रूपात्मक अभिव्यक्ति (Visual Suggestion of the imagery) को भी महत्व देते हैं। भावाभिव्यक्ति का यह औचित्य रसध्वनि की परिधि में सहज ही रखा जायेगा।

रीतियों के विवेचन में **विंचेस्टर** (Winchester) ने जो स्वीकार किया है, वह भी भारतीय मत के अनुकूल है। वे दो प्रकार की रीतियाँ मानते हैं–पहले प्रकार की

रीति में स्पष्टता और संक्षिप्तता होती है, जबकि दूसरे प्रकार में विस्तार और आडम्बर।[37] वस्तुतः ये क्रमशः वैदर्भी (सुकुमार) और गौड़ी (विचित्र) के अनुरूप लगते हैं। कहा जायेगा कि भारत और पश्चिम में रीति के सम्बन्ध में पर्याप्त विचार हुए हैं। उनमें अनेकविध साम्य है।

---

37. There are two opposites tendencies in personal expression–on the one hand to clearness and precision-on the other largeness and profession. Minds of the class insist as sharply divided ideas, on clearness of image, on temperance and preciasion of epithat. The other class has a great volume of thought, but less wel-defined; more abundent and vivid imagery, more welth of colour, but less sharpness of definition. – Some principles of Literary Criticism.

6. गुण

'गुण' का शब्दार्थ है—**शोभाकारी** धर्म अथवा **दोषाभाव**। आचार्य भरत द्वारा निरूपित गुण का लक्षण अभावात्मक हे। उनके अनुसार **गुण दोष का विपरीत भाव है**।[1] काव्य-शोभाकरत्व के विचार से विभिन्न काव्यांग एक-से होने पर भी दण्डी के अनुसार कुछ साधारण धर्म होते हैं और कुछ असाधारण धर्म।[2] इस प्रकार उन्होंने अलंकार तथा गुणों का विवेक किया, पर उनकी धारणा अस्पष्ट ही रहीं। वह काम किया वामन ने।

गुण की स्वतंत्र सत्ता और यथार्थ प्रतिष्ठा देने का श्रेय आचार्य **वामन** को है। उन्होंने लक्ष्य किया कि काव्य के शोभावर्धन में कुछ तो नित्य धर्म होते हैं और कुछ अनित्य। उन्होंने नित्य धर्म को गुण और अनित्य धर्म को अलंकार घोषित किया। उनके मतानुसार **गुण काव्य का शोभाविधायक धर्म** है (पर अलंकार अतिशय करने वाला)। रीति का स्वरूप नित्यगुणात्मक मानने के कारण ही उन्होंने गुण को रीति से अभिन्न स्वीकार किया। हिन्दी आलोचकों में डॉ. श्यामसुन्दर दास भी गुण को शैली (रीति) के अन्तर्गत ही मानते हैं।

ध्वनिवादी आचार्य **आनन्दवर्द्धन** ने गुणों को स्वतंत्र नहीं रसाश्रित माना।[4] परवर्त्ती **ध्वनिवादियों** एवं रसवादियों ने गुणों के स्वतंत्र अस्तित्व को स्वीकार तो किया, पर उसे रसाश्रित ही माना। इस प्रकार गुण काव्यशोभा का मुख्य कारक हेतु अथवा **नित्य धर्म नहीं, रस का अभिव्यंजक उपाय माना गया**। आचार्य शुक्ल ने

---

1. एत एव विपर्यस्ता गुणाः काव्येषु कीर्तिताः। – ना. शास्त्र 17/15
2. पूर्व मार्गविभागार्थमुक्ताः काश्चिदलंक्रियाः।
   साधारणमलंकारजातमत्र विविच्यते।।—काव्यादर्श 2/204
3. क. काव्यशोभायाः कर्त्तारो धर्मा गुणाः। तदतिशयहेतवस्त्वलंकाराः। – काव्या. 3/1/1,2
   ख. गुणा वस्तुतो रीतिनिष्ठा अपि उपचारात् शब्दधर्मा इत्युक्तम्।—कामधेनु टीका
4. तमर्थमवलम्बते येऽङ्गिनं ते गुणाः स्मृताः।
   अङ्गाश्रितास्त्वलंकाराः मन्तव्याः कटकादिवत्।।—(इसका बीज वामन में ही मिलता है)

भी गुण को रसाश्रित ही स्वीकार किया है। अस्तु, कहा जायेगा कि

गुण रस का धर्म है जो उसके साथ नियत रूप (अचल भाव) से रहते हुए उसकी श्रीवृद्धि (उत्कर्ष) में सहायक होता है।[5]

गुणों की संख्या के बारे में आचार्यों में पर्याप्त मत-वैषम्य है। आचार्य भरत को दश गुण मान्य हैं—**माधुर्य, ओज, प्रसाद, श्लेष, समता, सुकुमारता, अर्थव्यक्ति, उदारता, कांति** और **समाधि**। परवर्त्ती साहित्याचार्यों में दण्डी, वामन और जयदेव को भी प्रायः ये मान्य हैं। **वामन** द्वारा शब्द गुण और अर्थगुण की अलग-अलग कल्पना किये जाने के कारण गुणों की संख्या बीस हो गयी। **अग्निपुराणकार** के अनुसार अठारह गुण हैं जो 'शब्द गुण', 'अर्थ गुण' और 'उभय गुण' नामक तीन वर्गों में पुनर्विभाजित हैं। **भोजराज** और विद्यानाथ के मतानुसार गुण चौबीस हैं। इस प्रकार गुणों की संख्या के सम्बन्ध में मतैक्य नहीं है। यह स्थिति ध्वनिपूर्वकाल की है। **ध्वनिवादी** आचार्य **आनन्दवर्द्धन** एवं उन्हें आधाररूप में ग्रहण करने वाले **मम्मट, विधाधर, पं. विश्वनाथ,** पंडितराज **जगन्नाथ** आदि आचार्यों ने गुणों की संख्यात्मक वृद्धि की अपेक्षा उनके वैज्ञानिक अध्ययन पर बल दिया। परिणामतः इन आचार्यों ने **सहृदय के चित्त की तीन अवस्थाओं (क) द्रुति (चित्त का आर्द्र तथा गलित हो जाना, Melting), (ख) दीप्ति (चित्त की उज्ज्वलता अथवा विस्तृति (Glowing) और (ग) व्याप्ति (चित्त की व्यापकता अथवा विकासात्मकता, (Expanding) के आधार पर केवल तीन गुणों को ही मान्यता दी**। वे गुण हैं क्रमशः 1. **माधुर्य,** 2. **ओज** और 3. **प्रसाद**। यही मत अब सर्व स्वीकृत है।

1. माधुर्य गुण—सहृदय के चित्त के द्रवण और आह्लादन में समर्थ अंगीरस का धर्म ही माधुर्य गुण है।[6]

'माधुर्य' का अर्थ है—मिठास; अर्थात काव्य में प्रयुक्त शब्दावली एवं उससे प्रकट होने वाले अर्थ में मन को मोह लेने का गुण। इस गुण की स्थिति के मूल में चंचलता अथवा आतुरता का अभाव ही असल है। **चंचलता और आतुरता माधुर्य गुण के बाधक हैं**। संयोग शृंगार में आतुरता और चंचलता का आधिक्य होने के कारण ही यह गुण अपेक्षाकृत कम पाया जाता है। संयोग, करुण और वियोग का आह्लाद एक सीमा तक वैयक्तिक ही अधिक होता है। इनके प्रतिकूल शांत रस का आह्लाद अधिक व्यापक और अंचचल होता है। इसीलिए इस गुण की स्थिति शांत रस की रचनाओं

---

5. क. ये रसस्याङ्गिनो धर्माः शौर्यादय इवात्मनः।
उत्कर्षहितवस्ते स्युरचलस्थितयो गुणाः।।—का. प्रकाश 8/66.
ख. रसस्याङ्गित्वमाप्तस्य धर्मः शौर्यादियो यथा। गुणाः,—सा. दर्पण 8/1

6. क. चित्तद्रवीभावमयो ह्लादो माधुर्यमुच्यते।
सम्भोगे करुणे विप्रलम्भे शान्तेऽधिकं क्रमात्।।—सा. दर्पण 8/3
ख. आह्लादकत्वं माधुर्यं शृंगारे द्रुतिकारणम्।
करुणे विप्रलम्भे तच्छान्ते चातिशयान्वितम्।।—का. प्रकाश 8/68, 69

में सर्वाधिक स्वीकार की गयी है। तात्पर्य यह कि माधुर्य गुण संयोग से अधिक करुण में, करुण से अधिक वियोग में और सबसे अधिक शांत रस की रचनाओं में होता है। **पांचाली** रीति की रचनाओं में इस गुण का प्रायः प्राचुर्य देखा जा सकता है। **पं. विश्वनाथ** ने इसके कतिपय बाह्यार्थनिरूपक लक्षण भी बताये हैं। यथा—

क. माधुर्य गुण संयोग शृंगार, करुण, वियोग शृंगार एवं शांत रस में उत्तरोत्तर क्रमशः अधिक पाया जाता है।

ख. माधुर्यव्यंजक वर्णों का प्रयोग होना चाहिए। अर्थात् ट. ठ, ड, ढ से रहित ककार से मकार तक वर्ण प्रयुक्त हो सकते हैं।

ग. पंचमाक्षरों (ङ, ञ, न, म) के कुशल प्रयोग (अपने वर्ग के अन्य वर्णों से संयोग) से माधुर्य की वृद्धि होनी चाहिए।

घ. 'र' और 'ण' के प्रयोग हृस्व-स्वर से अन्तरित हों।

ङ. रचना समासहीन अथवा ईषद् समासों वाली होनी चाहिए।

इसका उदाहरण अग्रांकित हैं। यथा—

क. कंकन किंकिनि नूपुर धुनि सुनि,
कहत लषन सन सम हृदय गुनि।
मानहुँ मदन दुंदुभी दीन्ही,
मनसा विस्व विजय कर लीन्हीं।।
—तुलसी

ख. खग-गुल कुल-कुल-सा बोल रहा
किसलय का अंचल डोल रहा
लो, यह लतिका भी भर लायी
मधु मुकुल नवल रस-गागरी!
बीती विभावरी जाग री!
—प्रसाद

ग. एक पल, मेरे प्रिया के दृग पलक
ये उठे ऊपर, सहज नीचे गिरे,
चपलता ने इस विकम्पित पुलक से
दृढ़ किया मानों प्रणय सम्बन्ध था!
लाज की मादक सुरा की लालिमा
फैल गालों में, नवीन गुलाब-से,
छलकती थी बाढ़-सी सौन्दर्य की
अधखुले सस्मित गढ़ों से, सीप-से!
—पंत

घ. वर दे, वीणावादिनी वरदे!
प्रिय स्वतंत्र-स्व अमृत-मंत्र नव
भारत में भर दे!
—निराला।

ङ (प्रिय) यामिनी जागी।
अलस पंकज-दृग अरुण-मुख-
तरुण-अनुरागी।
—निराला।

2. ओज गुण—सहृदय के चित्त में उत्साह, वीरता, आवेश आदि की जागृति में समर्थक अंगीरस का धर्म ही ओज गुण है।[7]

'ओज' का अर्थ है—तेज, प्रताप, दीप्ति आदि। यह **चित्त का दीप्तिकारक अथवा विस्तारक** गुण है। **गौड़ी** रीति की रचना में इसका प्राचुर्य दिखायी पड़ता है। यह गुण वीर, वीभत्स और रौद्र रस में उत्तरोत्तर क्रमशः अधिक मिलता है। इसका बाह्य लक्षण निम्नांकित रूप में स्वीकृत है। यथा—

क. ओज गुण वीर, वीभत्स और रौद्र रस में क्रमशः अधिक पाया जाता है।

ख. इसमें प्रत्येक वर्ग के पहले-दूसरे और तीसरे-चौथे वर्णों की संयुक्ताक्षरता अनुकूल मानी जाती है।

ग. इसमें ट, ठ, ड, ढ, श, ष आदि वर्णों का प्रयोग ओजवर्द्धक होता है।

घ. ऊपर-नीचे रेफ युक्त वर्ण-प्रयोग, दीर्घ समासता और उद्धत पदसंघटना आवश्यक है। इसका उदाहरण अग्रांकित है। यथा—

क. माखे लषनु कुटिल भई भौहें, रद-पट फरकत नयन रिसौहें।
रघुबसिंन्ह महँ जहँ कोउ होई, तेहि समाज अस कहइ न कोई।।—तुलसी

ख. बजा लोहे के दन्त कठोर, नाचती हिंसा जिह्वा लोल।
भृकुटि के कुण्डल वक्र मरोड़, फुहुँकता अन्धरोष फन खोल!
बहा नर-शोणित मूसलधार रुण्ड-मुण्डों की कर बौछार!
प्रलय-घन-सा घिर भीमाकार गरजता है दिगन्त संहार।
छेड़कर शस्त्रों की झनकार महाभारत गाता संसार।।
—पंत।

---

7. क. ओजश्चित्तस्य विस्ताररूपदीपत्वमुच्यते।
वीरबीभत्सरौद्रेषु क्रमेणाधिक्यमस्यतु।।—सा. दर्पण 8/4-5

ख. दीप्त्यात्मविस्तृतेर्हेतुरोजो वीररसस्थिति।
बीभत्सरौद्ररसमोस्तस्याधिक्यं क्रमेण च।।—का. प्रकाश 8/69-70

ग.   गिरि जनि गिरै स्याम के कर तैं।
करत विचार सबै ब्रजवासी, भय उपजत अति उर तैं।।
लै लै लकुट ग्वाल सब धाये, करत सहाय जु तुरतैं।
यह अति प्रबल, स्याम अति कोमल, रबकि-रबकि हरबर तैं।।
सप्त दिवस कर पर गिरि धारूयौ, बरसि थक्यौ अम्बर तैं।
गोपी ग्वाल नन्दसुत राख्यौ, मेघ-धार जलधर तैं।।।
जमलार्जुन दोउ सुत कुबेर के, तेउ उखारे जर तैं।
सूरदास प्रभु इन्द्र-गर्व हरि, ब्रज राख्यौ कर बर तैं।।
—सूरदास।

घ. हिमाद्रि-तुंग-शृंग से प्रबुद्ध शुद्ध भारती,
स्वयं प्रभासमुज्ज्वला स्वतंत्रता पुकारती।
अमर्त्य वीर-पुत्र हो दृढ़ प्रतिज्ञ सोच लो,
प्रशस्त पुण्य-पन्थ है—बढ़े चलो, बढ़े चलो।।
—प्रसाद।

3. प्रसाद गुण— सहृदय के चित्त में शीघ्रतापूर्वक (द्रुत गति से) व्याप्त करने में समर्थ अंगीरस का धर्म ही प्रसाद गुण है।[8]

'प्रसाद' का अर्थ है—व्याप्त हो जाना, विकसित हो जाना अथवा खिल उठना। अर्थात् किसी रचना में निहित वे गुण जिनके कारण रचना शीघ्र ही पाठक के हृदय में प्रवेश पाती है। वैसे गुणों में सहजता, सरलता, स्वच्छता आदि हैं। तात्पर्य यह कि जो रचना सुनते ही समझ में आ जाये।[9] वह प्रसाद गुणयुक्त होती है। यह गुण सभी रसों में होता है। इस गुण के लिए सरल, सहज, सुबोध शब्दावली का प्रयोग आवश्यक है। अर्थ की सरलता, निर्मलता और स्वच्छता इसकी विशेषता होती है। इसका उदाहरण निम्नांकित है। यथा—

क.   चारू चन्द्र की चंचल किरणें
खेल रही हैं जल-थल में।
स्वच्छ चाँदनी बिछी हुई है
अवनि और अम्बर तल में।।
—गुप्तजी

---

8. क. चित्तं व्याप्नोति यः क्षिप्रं शुष्केन्धनमिवानलः।
स प्रसादः समस्तेषु रसेषु रचनासु च।। — सा. दर्पण 8/6-7
ख. शुष्केन्धनाग्निवत् स्वच्छजलवत्सहसैव यः।
व्याप्नोत्यन्यत् प्रसादोऽसौ सर्वत्र विहितस्थितिः।।—का. प्रकाश 8/70

9. शब्दास्तद्व्यञ्जका अर्थ-बोधकाः श्रुतिमात्रतः।—सा. दर्पण 8/8

ख. कैसे कहती हो सपना है,
अलि! उस मूक मिलन की बात।
भरे हुए अब तक फूलों में
मेरे आँसू उनके हास!
—महादेवी

ग. मुझको न सुख-सांर दो।
कुछ बात दिल की कह सकूँ,
उपहास जग का सह सकूँ,
सुख-दुःख में सम रह सकूँ,
इतना मुझे अधिकार दो।
—शिवमंगल सिंह 'सुमन'

घ. बह चुकीं बहकी हवाएँ चैत की
कट गयीं पूलें हमारे खेत की।
कोठरी में लौ बढ़ाकर दीप की
गिन रहा होगा महाजन सेंत की।
—अज्ञेय

ङ. राम सो बड़ो है कौन, मोसों कौन छोटो।
राम सों खरों है कौन, मोसों कौन खोटो।।—तुलसी

7. दोष

काव्यशास्त्र में काव्य-दोषों का निरूपण प्रारम्भ से ही किया जाता रहा है। इसके बावजूद दोष का लक्षण स्पष्ट करने का प्रथम श्रेय **आ. मम्मट** को है। उन्होंने **मुख्य अर्थ के अपकर्षक** या विघातक तत्त्व को दोष कहा है।[1] मुख्य अर्थ के अपकर्ष से उनका तात्पर्य है—उद्देश्य की प्रतीति का विघातक। उनके टीकाकार **वामानाचार्य** ने स्पष्ट रूप से कहा है कि काव्य के उद्देश्य की प्रतीति के बाधक तत्त्व ही दोष हैं।[2] मम्मट के मत को स्पष्ट करते हुए **पं. विश्वनाथ** ने भी स्वीकार किया कि **रस के अपकर्षक तत्त्व ही दोष हैं।**[3]

दोष की संख्या के सम्बन्ध में आचार्यों में वैमत्य रहा है। नाट्याचार्य **भरत** ने दोषों की संख्या दस मानी है, किन्तु **मम्मट** तक उनकी संख्या में पर्याप्त विस्तार हो चुका था। दोषों के वर्गीकरण में भी आचार्यों में वैमत्य रहा है। मम्मट तीन प्रकार के दोष मानते हैं—**शब्दगत, अर्थगत,** और **रसगत**। शब्दगत दोषों के अन्तर्गत ही पदगत, पदांशगत और वाक्यगत दोष भी रखे गये हैं। **पं. विश्वनाथ** का दोष-विवेचन मम्मटानुसारी ही है। उन्होंने शब्दगत दोषों को तीन वर्गों में रखा है, इसलिए दोष पाँच प्रकार के कहे गये हैं—पद-दोष, पदांश-दोष, वाक्य-दोष, अर्थ-दोष एवं रस-दोष। कतिपय विचारकों ने इनके अतिरिक्त **वर्णन-दोष** का भी अलग से विचार किया है। सब के मतों का समाहार करते हुए कहा जायेगा कि दोष **मुख्यतः चार प्रकार** के स्वीकार किये जायेंगे। यथा—

क. **शब्दगत दोष,** ग. **रसगत दोष** और
ख. **अर्थगत दोष,** घ. **वर्णनगत दोष**।

इनके अनेक उपभेद भी स्वीकृत हैं। यहाँ इनके कतिपय मुख्य रूपों का

---

1. मुख्यार्थहतिर्दोषो....। का. प्रकाश 7/41
2. दोषत्वं च ह्युद्देश्य प्रतीतिप्रतिबन्धकत्वम्।—
3. रसापकर्षका दोषाः...। — सा. दर्पण 7/1।

निदर्शन भर किया जाता है।

8. क. शब्दगत दोष : जहाँ किसी शब्द के प्रयोग मात्र से ही काव्य की सहृदय-संवेद्यता में किसी प्रकार की बाधा उपस्थित हो, वहाँ काव्य-दोष शब्दगत होता है। इस प्रकार का दोष पद, पदांश और वाक्यांश में होता है। **आ. मम्मट** ने इसके सैंतीस उपभेद या प्रचलित रूप स्थिर किये हैं। वस्तुतः इसके चालीस से अधिक प्रचलित रूप स्थिर किये जा सकते हैं। कुछ के नाम इस प्रकार हैं– (क) श्रुति-कटुत्व, (2) अश्लीलता, (3) अनुचितार्थता, (4) अप्रयुक्तता, (5) ग्राम्यता, (6) अप्रतीत्व, (7) संदिग्धता, (8) न्यूनपदत्व, (9) अधिकपदत्व, (10) व्यर्थपदत्व, (11) पुनरुक्ति, (12) अस्थानपदत्व, (13) अक्रमत्व, (14) अन्वयदोष, (15) दुष्क्रमत्व, (16) प्रसिद्धि-विरुद्धता, (17) कष्टार्थ, (18) निर्हेतु, (19) असमर्थता, (20) निरर्थकता, (21) प्रतिकूलवर्णता, (22) अवाचकता, (23) क्लिष्टता, (24) निहितार्थता, (25) नेयार्थता, (26) च्युत-संस्कृति इत्यादि। इनके नाम स्वयं ही लक्षण-बोधक हैं। यहाँ कुछ के उदाहरण प्रस्तुत किये जाते हैं। यथा–

श्रुति-कटुत्व : क. यह घाट वही जिस पर हँस कर,
वह कभी नहाती थी धँस कर।
–निराला।

ख. पर क्या न विषयोत्कृष्टता करती विचारोत्कृष्टता।
–का. दर्पण

अश्लीलता : मधुरता में **मरी अजान**। – पंत।
ग्राम्यत्व : बस मिले प्रेम का मुझे **परोसा** मेरा। – गुप्तजी।
संदिग्धता : **मार** से बचाओ नाथ, आयी हूँ शरण में।–अवन्तिका।
निरर्थकता : देव होकर तुम सदा मेरे रहो।
और देवी ही मुझे रक्खो **अहो**! – गुप्त जी।
असमर्थता : भारत के नभ का प्रभापूर्य
... ...
अस्तमित आज रे तमस्तूर्य दिङ्मण्डल।–निराला।
च्युतसंस्कृति : **शरण** किसे छलता है? दोनों ओर प्रेम पलता है!–गुप्तजी
अवाचकता : कनक-से दिन मोती-सी रात, सुनहली साँझ गुलाबी प्रात।
मिटाता रँगता बारम्बार, कौन जग का यह चित्राधार।।
–महादेवी
प्रतिकूल वर्णता : झटकि चढ़ति उतरति अटा, नैक न थाकति देह।
भई रहति नट को बटा, अटकी नागर नेह।। –बिहारी।

न्यूनपदता : यदि मुझे बाँधना चाहे मन, तो पहले बाँध अनन्त गगन।
—दिनकर।

यहाँ 'मन' के पूर्व 'तुम्हारा' पद आना चाहिए था।

अप्रतीत्व : **नव पौरी** पर **दसम दुआरा**, तेहि पर बाज राज घरियारा।
—जायसी।

मुहावरा दोष : ये नाप रहे निज घर का मग,
कुछ श्रमजीवी धर डगमग डग
भारी है जीवन! **भारी पग**!!—पंत।

अन्तिम पंक्ति में प्रयुक्त दूसरे मुहावरे 'भारी पग' (उनका पैर भारी है) का अर्थ 'पैर भी नहीं उठते हैं' लिया गया है, जबकि उसका वास्तविक अर्थ होता है—'गर्भवती'।

8. ख. अर्थगत दोष : काव्य की पद-योजना ठीक रहने पर भी यदि अभीष्ट अर्थ की अभिव्यक्ति दूषित हो, तो दोष अर्थगत माना जाता है। ध्यातव्य है कि शब्दगत दोष अर्थ को प्रभावित तो करते हैं, पर उन्हें अर्थदोष नहीं माना जाता। कारण, अपेक्षित पदों (पद, पदांश, वाक्यांश) के उचित प्रयोग से शब्दगत दोष तो दूर किये जा सकते हैं, पर अर्थगत दोष नहीं। अर्थगत दोष को दूर करने के लिए व्यंजित होने वाले अर्थ के स्वरूप में परिवर्तन करने के उपरांत ही अभीष्ट अर्थ की प्राप्ति सम्भव हो सकती है। अर्थगत दोषों की संख्या तेईस मानी गयी है। यथा—(1) अपुष्टत्व, (2) ग्राम्यत्व, (3) दुष्क्रमत्व, (4) व्याहतत्त्व, (5) अश्लीलता, (6) कष्टत्व, (7) अनवीकृतत्व, (8) निर्हेतुता, (9) प्रकाशित विरुद्धता, (10) साकांक्षता, (11) सहचर भिन्नता, (12) संदिग्धता, (13) पुनरुक्तता, (14) ख्याति विरुद्वता, (15) विद्या-विरुद्धता, (16) अस्थान युक्तता, (17) अनियमपरिवृत्तत्व, (18) सनियमपरिवृत्तत्व, (19) अविशेष परिवृत्तत्व, (20) विशेष परिवृत्तत्व (21) विध्ययुक्तता, (22) अनुवादायुक्तता और (23) त्यक्त-पुनः स्वीकृत। आगे कुछ के उदाहरण प्रस्तुत किये जाते हैं। यथा—

अश्लीलता : जहाँ लज्जाजनक अर्थ (अश्लील) अर्थ की व्यंजना भी हो—
कटि के नीचे चिकुर-जाल में, उलझ रहा था बायाँ हाथ।

कष्टत्व : जहाँ अभीष्ट अर्थ अत्यधिक कष्ट से मालूम हो :—
तो पर वारौं चार मृग, चार विहँग फल चार। – भिखारीदास।

यहाँ सुन्दरी के नेत्रों पर मृग, घूँघट पर हय, गति पर गज एवं कटि पर सिंह (चार मृग); मधुर वाणी पर कोयल, ग्रीवा पर कपोत, केश पर मयूर और नासिका पर शुक (चार विहँग); दाँतों पर दाड़िम, स्तनों पर श्रीफल, अधरों पर बिम्बाफल और कपोलों पर मधूक (चार फल) न्यौछावर करने की बात कही गयी है।

प्रकाशित विरुद्धता : जहाँ अर्थ का प्रकाशन इस प्रकार कराया जाता हो कि कवि के अकौशल के कारण दूसरा विरोधी अर्थ भी प्रकाशित हो उठे—

मनु निरखने लगे ज्यों-ज्यों यामिनी का रूप।
वह अनन्त प्रगाढ़ छाया फैलती अपरूप।।—प्रसाद।

यहाँ 'यामिनी का रूप' के विशेषण-रूप में 'अपरूप' प्रयुक्त है जिसका अभिप्रेत अर्थ 'अपूर्व' अथवा 'रमणीय' लिया जायेगा, पर हिन्दी में 'अपरूप' का प्रचलित अर्थ है 'नष्टरूप' या 'विकृत रूप' जो प्रकाशित अर्थ के विरुद्ध है।

साकांक्षता : जहाँ अभिव्यक्ति की पूर्णता के लिए वाचक पदों की आकांक्षा बनी रहे—

इधर रह गंधर्वों के देश, पिता की हूँ प्यारी संतान।—प्रसाद।

इस पंक्ति का अर्थ करते समय प्रथम चरण में 'मैं' और द्वितीय चरण में 'अपने' पद की आकांक्षा बनी रहती है। इन्हें जोड़कर सम्पूर्ण अर्थ की अभिव्यक्ति संभव होती है।

पुनरुक्तता : जहाँ अर्थ की पुनरुक्ति होती है—

मृदु बानी मीठी लगे, बात कविन की उक्ति।—भिखारीदास।

यहाँ 'मृदुबानी' के उपरान्त 'बात' और 'उक्ति' के प्रयोग से अर्थ की पुनरुक्ति होती है।

ख्यातिविरुद्धता : जहाँ लोकप्रसिद्ध अर्थ का प्रतिपादन नहीं होता है—

सखि! नील नभस्सर में निकला, यह हंस अहा! तरता-तरता।
अब तारक-मौक्तिक शेष नहीं, निकला जिनको चरता-चरता।।—गुप्त।

हंस का मोती चुगना लोकप्रसिद्ध अर्थ है, पर यहाँ हंस का 'तारक-मौक्तिक चरना' अर्थ किया गया है।

7. ग. रसगत दोष : रसास्वादन में विरोध, बिलम्ब, व्याघात, अपकर्ष आदि उत्पन्न करने वाले तत्त्व ही रस-दोष (रसगत दोष) कहे जाते हैं।

काव्य में रस वाच्य नहीं, व्यंग्य होता है। उसका कथन नहीं किया जाता, उसकी सदा अभिव्यक्ति होती है। और रसाभिव्यक्ति निर्भर करती है विभाव, अनुभाव और व्यभिचारी भाव के संयोग पर। संयोग के लिए आवश्यक है विभावादि रस-सामग्री की औचित्यपूर्ण योजना। औचित्यपूर्ण योजना के अभाव यानी अनौचित्य में रसाभिव्यक्ति हो तो सकती है, पर वह सर्वथा निर्दोष नहीं होगी। पाठक को रसानुभूति तो होगी, पर उसमें किसी-न-किसी प्रकार का व्याघात, विलम्ब आदि भी

होगा। रसगत्-दोष यही है। **राकेशगुप्त**[4] आदि नवीन विचारकों ने रस-दोष विषयक प्राचीन आचार्यों के मतों से असहमति भी व्यक्त की है, पर उसे मात्र असहमति के लिए असहमति ही समझना ठीक है। वस्तुतः रसगत्-दोष की कल्पना मनोविज्ञान सम्मत है। इसे अस्वीकार नहीं किया जा सकता कि अभीष्ट भावादि की अभिव्यक्ति औचित्यपूर्ण हो। जहाँ कहीं अनौचित्य होगा, रसानुभूति निर्दोष नहीं होगी। इसलिए रसगत् दोषों की सत्ता स्वीकार करनी पड़ती है। रसगत दोष दस प्रकार के[2] माने गये हैं। यथा–

1. रस-स्थायि-व्यभिचारिभावों की स्वशब्दवाच्यता
2. विभावानुभावों की कष्टकल्पना
3. विरोधी विभावानुभावों की वर्णना
4. रस की पुनः-पुनः दीप्ति
5. अनवसर में रस-वर्णना
6. अनवसर में रस-विच्छेद
7. गौण रसों की विकृत वर्णना
8. प्रधान रस का विस्मरण
9. प्रकृति-विपर्यय, और
10. अनुपकारक रसों की वर्णना।

यहाँ मात्र कुछ के उदाहरण रखे जाते हैं। यथा–

(क) स्वशब्दवाच्यत्वता

कर मूसत नाचत, नगन, लखि हलधर को स्वाँग।
हँसि हँसि गोपी फिरि हँसै, मनहुँ पिये-सी भाँग।।
–पद्माकर।

(ख) अनवसर में रस-वर्णना

सजि सिंगार सर पै चढ़ी, सुन्दरि निपट सुवेस।
मनो जीति भुवलोक सब, चलि जितन दिवि देस।।
–भिखारीदास।

(ग) प्रधान रस का विस्मरण

पीतम पठै सहेज निज, खेलन अटकी जाय।
तकि तेहि आवत उतहिं ते, तिय मन-मन पछिताय।।
–भिखारीदास।

---

4. द्रष्टव्य – साइकोलॉजिकल स्टडीज इन रस, पृ.-172-174
5. काव्य-प्रकाश–7/60/62 और सा. दर्पण – 7/12/15

7. घ. वर्णनगत दोष

वर्णनगत दोष का सम्बन्ध मूलतः कथ्य से होता है। कौन-सी बात किससे, कब और किस रूप में कही जाये; इसका अपरिज्ञान ही इस दोष की आधारशिला है। इसके भी कई प्रकार स्थिर किये जा सकते हैं। यथा–

1. पुनरुक्ति
2. पूर्वापर विरोध,
3. प्रकृति विरोध।
4. अर्थ विरोध
5. स्वभाव विरोध, इत्यादि।

वर्णनगत दोषों के अधिकांश प्रकाश प्रबन्धों में पाये जाते हैं। इनके अतिरिक्त कई अन्य प्रकार के दोष भी आचार्यों ने गिनाये हैं। कतिपय नये दोषों की भी खोज की जा सकती है। वस्तुतः कविता की सफलता निर्दोष होने में ही है।

8. ध्वनि

दैनन्दिन व्यवहार में 'ध्वनि' का अर्थ होता है–सुनाई पड़ने वाला शब्द, आवाज या नाद, किन्तु पारिभाषिक शब्द के रूप में यह अग्रांकित पाँच अर्थों में व्यवहृत होता है। यथा–

क. व्यंजक शब्द	:	जो ध्वनित करे वह व्यंजक शब्द–'ध्वनि यः सः व्यंजकः शब्दः ध्वनिः'।
ख. व्यंजक अर्थ	:	वह व्यंजक अर्थ जो ध्वनित करे या कराये।[1]
ग. व्यंग्य अर्थ	:	वह (अर्थात वस्तु, अलंकार और रस) जिसे ध्वनित कराया जाये।[2]
घ. व्यंजना शक्ति	:	वह (अर्थात् व्यंजना शब्दशक्ति) जिसके द्वारा ध्वनित किया जाये।[3]
ङ व्यंग्य प्रधान काव्य	:	वह (अर्थात् काव्य जिसमें वस्तु, अलंकार और रस) जिसमें ध्वनित होते हैं–'ध्वन्यतेऽस्मितन्निति ध्वनिः'।

ये पाँचों अर्थ ऊपरी दृष्टि से विच्छिन्न दीखते हुए भी एक-दूसरे से परस्पर सम्बद्ध होते हैं। पारस्परिक आन्तर सम्बद्धता के कारण ये आवश्यकतानुरूप विभिन्न अर्थों का द्योतन करते हैं। यों सामान्य काव्यशास्त्रीय दृष्टि से 'ध्वनि' का प्रयोग व्यंग्यार्थ (प्रतीयमानार्थ) के लिए होता है।

ध्वनि-सिद्धान्त का विकास व्याकरण के 'स्फोट'[4] (जिससे अर्थ फूटता है–(**'स्फुटति अर्थो अस्मादिति स्फोटः'**)–सिद्धान्त के सादृश्य पर हुआ है। स्फोट

---

1. ध्वनति ध्वनयति वा यः सः व्यंजकोऽर्थो ध्वनिः।
2. ध्वन्यते इति ध्वनिः।
3. ध्वन्यते अनेन इति ध्वनिः।
4. ध्वनति स्फोट व्यनक्ति इति ध्वनिः।

में, शब्द में प्रयुक्त विभिन्न ध्वनियों की स्वतंत्र सत्ता नहीं होती, प्रत्युत उनके सम्मिलित रूप का ग्रहण होता है। शब्द की अन्तिम ध्वनि के उच्चरित हो जाने पर ही स्फोट द्वारा अर्थ ही प्रतीति होती है। उदाहरणार्थ, 'कमल' शब्द लिया जा सकता है—'क, म, ल' कहने में 'क' की ध्वनि नष्ट होने पर 'म' और 'म' की ध्वनि नष्ट होने पर 'ल' आता है, तब भी 'कमल' के अर्थ-ग्रहण में किसी प्रकार की गड़बड़ी नहीं होती। कारण, 'क, म' के संस्कार 'ल' के संयोग मात्र से ही अर्थाभिव्यक्ति नहीं करते, वरन् वे संस्कार ही उत्तरोत्तर स्फोट में सहायक होते हैं। यानी **अर्थाभिव्यक्ति स्फोट से होती है**।[5] तभी **ध्वन्यालोक** (4/67) की 'लोचन' टीका में 'ध्वनि' का अर्थ घण्टे की टंकार (अनुरणन) के पश्चात् देर तक होने वाली झंकार किया गया है।[6] व्याकरण जहाँ अभिव्यंजक शब्द (शब्दगत झंकार) को। स्फोट मात्र शब्द का ही नहीं, वाक्य का भी होता है।

जैसे शब्द की अर्थाभिव्यक्ति स्फोट से होती है, वैसे ही काव्य-सौन्दर्य के उद्घाटन के लिए स्फोट (व्यंजना शक्ति) आवश्यक हैं, मात्र वाच्यार्थ से वह सम्भव नहीं है। वास्तविक काव्य-सौन्दर्य का उद्घाटन व्यंजना शक्ति ही कराती है। मात्र अभिधा या लक्षणा शक्तियाँ वैसा करने में असमर्थ होती हैं। ध्वनि-सिद्धान्त में शब्द-शक्तियों को अप्रतिम महत्त्व मिलने का यही कारण है। वस्तुतः ध्वनि-सिद्धान्त की भव्य अट्टालिका व्यंजना-शक्ति की सुदृढ़ नींव पर ही टिकी है।

ध्वनि-सिद्धान्त के प्रतिपादक आचार्य हैं **आनन्दवर्धन**। उन्होंने **ध्वन्यालोक** में इसका विशद विवेचन किया है। अधिकांश विवेचकों के अनुसार उसकी कारिका और वृत्ति, दोनों आनन्दवर्धन कृत हैं। ध्वनि के प्रमुख व्याख्याता **अभिनवगुप्त** हैं जिन्होंने 'ध्वन्यालोक' की 'लोचन' टीका लिखी है। इसके उन्नायकों में **आ. मम्मट, पं. विश्वनाथ** आदि के नाम लिये जायेंगे। ध्वनि-विरोधी आचार्यों में **प्रतिहारेन्दुराज, कुन्तक, भट्टनायक, महिमभट्ट** आदि के नाम प्रमुख हैं।

यद्यपि 'ध्वन्यालोक' से ही ध्वनि को अस्तित्व मिला है, तथापि उसकी प्रथम कारिका ही ऐसा सोचने को बाध्य करती है कि ध्वनि की कोई पूर्ववर्ती परम्परा, भले ही वह मौखिक ही क्यों न हो, अवश्य रही होगी। ध्वन्यालोककार की स्पष्ट घोषणा है कि काव्य की आत्मा ध्वनि है जिसे बुद्धिमान् जन पहले से ही मानते आये हैं—

काव्यास्यात्मा ध्वनिरिति बुधैर्यः समाम्नातपूर्वः।

इसकी 'लोचन' टीका से भी इस अनुमान का पोषण होता है—'अविच्छन्नेन प्रवाहेण तौ एदत् उक्तम्, विनापि विशिष्टपुस्तकेषु विवेचनात्।'

---

5. पूर्व पूर्ववर्णानुभवाहित संस्कारसचिवेन अन्य वर्णानुभवेन अभिव्यंज्यते स्फोटः।
—शंकरन के 'सम ऐस्पेकस ऑफ संस्कृत क्रिटिसिज्म', पृ. 64 से उद्धृत।
6. एवं घण्टानादस्थानीयः अनुरणनात्मोपलक्षितः व्यंग्योऽप्यर्थः ध्वनिरिति व्यवहृत।

8. क. परिभाषा

ध्वनि (काव्य) को परिभाषित करने के पूर्व **आनन्दवर्धन** ने उसका महत्व उद्घोषित किया है। उनके अनुसार प्रतीयमान अर्थ कुछ और ही चीज है जो महाकवियों की वाणी में (वाच्यार्थ से भिन्न) वैसे ही भासित होता है, जैसे अंगनाओं के प्रसिद्ध अवयवों (मुख, नेत्रादि) से लावण्य।[7] तात्पर्य यह कि जैसे अंगनाओं के लावण्य (रमणियों के सौन्दर्य) को मात्र उनके अवयव-सौष्ठव से मनोगत नहीं किया जाता, वैसे ही महाकवियों की वाणी मात्र सर्वथा शुद्ध वाक्य-रचना, व्याकरणिक शुचिता, कुशल पद-संघटना के कारण नहीं, वरन् उनके अतिरिक्त 'कुछ और ही चीज' ('अन्यत् एव') यानी प्रतीयमानार्थ के कारण सहृदयों द्वारा समादृत होता है। इस महत्व-प्रकाशन के उपरान्त वे ध्वनि (काव्य) की परिभाषा स्थिर करते हैं। उनके अनुसार **जहाँ अर्थ स्वयं को अथवा शब्द अपने अर्थ (वाच्यार्थ) को गौण करके उस अर्थ (प्रतीयमानार्थ) को व्यक्त (प्रकाशित), करे, विद्वान् लोग उस काव्य-विशेष को ध्वनि (काव्य) कहते हैं :**

यात्रार्थ : शब्दों वा तमर्थ-उपसर्जनीकृतस्वार्थौ।
व्यक्तः काव्यविशेषः स ध्वनिरिति सूरिभिः कथितः।। –ध्वन्या. 1/13

उपरि लक्षण में प्रयुक्त 'तमर्थ' (उस अर्थ) से जिसका संकेत हुआ है, उसी (प्रतीयमान) अर्थ के महत्व का प्रकाशन पूर्व उद्धत कारिका (ध्वन्या. 1/4) में किया गया है।

आनन्दवर्धन की उपरि उद्धृत परिभाषा के आधार पर ही आगे **आ. मम्मट** ने कहा कि **वाच्यार्थ की अपेक्षा व्यंग्यार्थ के अधिक चमत्कारक्षम (और रमणीय) होने पर रचना उत्तम अथवा ध्वनि (काव्य) कही जाती है–**

इदमुत्तममतिशयिनि व्यंग्ये वाच्याद् ध्वनिर्बुधैः कथितः।

8. ख. ध्वनि (–काव्य) के भेद

ध्वनि का मूलाधार है व्यंजना। व्यंजना (व्यंग्यार्थ) की प्रधानता के आधार पर काव्य के तीन भेद स्वीकृत हुए हैं–उत्तम (ध्वनि-काव्य), मध्यम (गुणीभूतव्यंग्य काव्य) और अवर (चित्रकाव्य)। इन तीनों प्रकार के काव्यों के पुनः अनेक भेदोपभेद किये गये हैं।

जैसे व्यंजना, लक्षणामूला और अभिधामूला होती है, वैसे ही ध्वनि भी लक्षणामूला (**अविवक्षितवाच्य ध्वनि**) और अभिधामूला (**विवक्षितान्यपरवाच्य ध्वनि**) होती है।

---

7. प्रतीयमानं पुनरन्यदेव, वस्त्वस्ति वाणीषु महाकवीनाम्।
यत्तत्प्रसिद्धावयवातिरिक्तं, विभाति लावण्यमिवांगनासु।।–ध्वन्यालोक–1/4

पुनः प्रथम के **अर्थान्तरसंक्रमित** और **अत्यन्ततिरस्कृत** एवं द्वितीय के **असंलक्ष्यक्रम** और **संलक्ष्यक्रम** नामक दो-दो प्रमुख भेद होते हैं। अर्थान्तरसंक्रमित और अत्यन्ततिरस्कृत के पद तथा वाक्य द्वारा व्यंग्यार्थ ध्वनित होने के कारण दोनों के **चार उपभेद** हो जाते हैं। पद, पदांश, वाक्य, प्रबन्ध, वर्ण और रचना के द्वारा व्यंग्यार्थ ध्वनित होने के कारण असलंक्ष्यक्रम के **छह उपभेद** होते हैं। शब्दशक्ति, अर्थशक्ति और शब्दार्थोभय शक्ति से उदभूत होने के कारण संलक्ष्यक्रम के तीन एवं इनमें से प्रथम दोनों के चौदह (2 + 12) भेद किये जाते हैं। इस प्रकार ध्वनि के शुद्ध भेदों की संख्या 51 होती है। इनके परस्पर मिश्रण से ध्वनि के भेदों की संख्या हजारों (51 × 51 = 2601 × 4 = 10,404 + 51 = 10,455) तक होती है। यहाँ इस विस्तार को स्वीकार करना आवश्यक नहीं। वस्तुतः ध्वनि के सर्वाधिक महत्वपूर्ण भेद कुल चार हैं। थोड़ा और विस्तार करने पर उनके प्रमुख भेदों की संख्या अट्ठारह ठहरती है। यहाँ इनका ही निरूपण करना पर्याप्त होगा। अग्रांकित तालिका द्वारा ध्वनि के प्रमुख भेदों को ही दिखाया गया है। यथा–

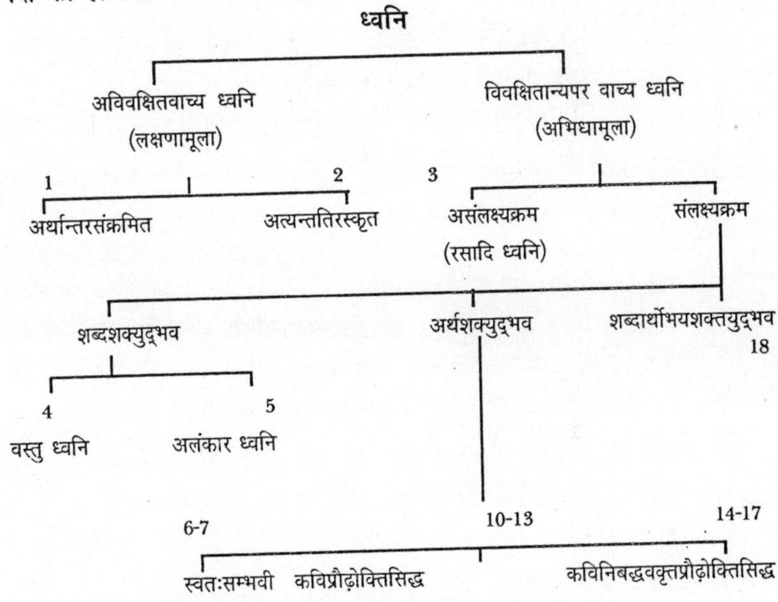

(इन तीनों के चार-चार भेद होते हैं–वस्तु से वस्तु ध्वनि, वस्तु से अलंकार ध्वनि, अलंकार से अलंकार ध्वनि और अलंकार से वस्तु ध्वनि।) आगामी पंक्तियों में इनका सोदाहरण निरूपण किया जाता है।

1. अर्थान्तरसंक्रमित ध्वनिकाव्य – मुख्यार्थ जहाँ अनुपयुक्त होकर अपने

आप को अन्य अर्थ में परिणमत (अर्थान्तर संक्रमित) करे, वहाँ अर्थान्तरसंक्रमित वाच्यध्वनि होती है। यथा–

सीता-हरन तात जनि कहहु पिता सन जाइ।
जौं मैं राम त कुल सहित कहिहि दसानन आइ।।–मानस 3/31

यहाँ 'राम' के मुख्यार्थ (दाशरथि राम) 'शिव-धनुष-भंजक', 'राक्षस-संहारक', 'अहल्या-उद्धारक, 'पुरुषार्थी', 'अद्वितीय वीर' आदि का सर्वथा तिरोभाव नहीं होता, वरन् उपादान (अजहतस्वार्था) लक्षणा से उसका और आधिक चमत्कार पूर्ण व्यंग्य अर्थ–'राम के हाथों रावण का कुल-सहित शीघ्र ही संहार होगा'–में संक्रमण होता है। अतः यहाँ **अर्थान्तरसंक्रमित वाच्यध्वनि** है। यह ध्वनि उपादान लक्षणा पर आधारित होती है। इसमें मुख्यार्थ का सर्वथा परित्याग नहीं होता, व्यंग्यार्थ के साथ ही उसकी स्थिति भीा बनी रहती है। वह केवल अनुपयुक्त या असम्बद्ध हो जाता है। कुछ अन्य उदाहरण निम्नांकित हैं। यथा–

क. महाराष्ट्र कुलदेवी उसकी ही आराध्य **भवानी** थी।–सु. कु. चौहान
ख. तुम थे नहीं।/**सिर्फ** माटी की मूरत।
क्या / माटी की मूरत थी। –कीर्ति चौधरी

प्रथम उदाहरण में 'भवानी' का मुख्यार्थ (देवी, पार्वती आदि) संक्रमित होकर अन्य अर्थ 'युद्ध में विजय दिलानेवाली देवी विशेष' हो गया है। द्वितीय उदाहरण में 'सिर्फ' से एकलव्य का खेद, दैन्य आदि व्यंजित है। जिसे वह साक्षात् गुरु द्रोण समझ रहा था, वह मिट्टी की मूर्त्ति भर थी।

2. अत्यन्ततिरस्कृत वाच्यध्वनि : जहाँ मुख्यार्थ ऊपरी दृष्टि से सार्थक लगे, पर वह असंगत होकर सर्वथा तिरस्कृत होता हुआ प्रतीत हो एवं विपरीत अर्थ (व्यंग्यार्थ) की सिद्धि करे, वहाँ अत्यन्ततिरस्कृत वाच्यध्वनि होती है। यथा–

कहेउ लखन मुनि **सीलु** तुम्हारा, को नहिं जान विदित संसारा।
माता पितहि **उरिन भये नीकें,** गुरु रिनु रहा सोचु बड़ जीकें।।
— मानस - 1/275/1,2

लक्ष्मण की इस उक्ति में 'सीलु' (शील) और 'उरिन भये नीकें' का वाच्यार्थ ऊपर से सार्थक-सा लगता है, पर वह अपने में पूर्णतः असंगत होकर तिरस्कृत (त्यक्त) हो जाता है एवं सर्वथा विपरीत अर्थ का द्योतन करता है। माता के प्रति परशुराम का जैसा शीलाचार (मातृ-हन्ता) रहा, वह सर्वविदित है, अतः गुरु के प्रति कर्त्तव्यनिष्ठा की डींग हाँकना व्यर्थ है। यहाँ मुख्यार्थ का पूर्णतः तिरस्कार है। इस

ध्वनि का मूलाधार है लक्षण लक्षणा (जहतस्वार्था लक्षणा)। इसके अन्य उदाहरण अग्रांकित हैं। यथा–

क. बाँधा है **विधु** को किसने इन **काली जंजीरों** से?
मणिवाले फणियों का मुख क्यों भरा हुआ हीरों से?–प्रसाद।

ख. तुम्हारे छूने में था **प्राण**, संग में पावन **गंगा-स्नान**।
तुम्हारी वाणी में कल्याणी, **त्रिवेणी की लहरों का गान**।।–पंत

ग. सखि फागुन आया, **वन पर हलद चढ़ गयी**।–नरेश मेहता।

प्रथम उद्धरण में 'विधु' और 'जंजीर' के मुख्यार्थ तिरस्कृत हैं। 'फणियों' का मुख्यार्थ भी तिरस्कृत है। गुण के आधार पर उनके व्यंग्यार्थ (मुख, लटें, वेणी) ध्वनित हैं। द्वितीय उद्धरण में 'प्राण', 'गंगा-स्नान' और 'त्रिवेणी की लहरों का गान' के मुख्यार्थ का तिरस्कार और उनके व्यंग्यार्थ (क्रमशः 'संजीवनी सुधा', प्रेरणा दायिनी'; 'पवित्रता', 'पुण्य' एवं 'गतिशीलता', 'शक्तिमत्ता') का द्योतन है। तीसरे उद्धरण में 'हल्दी चढ़ना' (विवाह-पूर्व कृत्य विशेष) के मुख्यार्थ का तिरस्कार है–व्यंग्यार्थ, मुख्यार्थ को सर्वथा छोड़ कर ही व्यक्त होता है।

उपरि विवेचित दोनों (अर्थान्तरसंक्रमित एवं अत्यन्ततिरस्कृत) ध्वनिकाव्य **अविवक्षितवाच्यध्वनि** के भेद हैं। इसमें वाच्यार्थ की 'विवक्षा' (कहने या व्यक्त करने की इच्छा) नहीं होती, (वाच्यार्थ का बोध स्वयं हो जाता है, पर वह प्रयोजनीय नहीं होता–वह अनुपयुक्त होता है), इसलिए इसे अविवक्षित वाच्य ध्वनि कहते हैं। लक्षणा पर आधारित होने के कारण इसका अन्य नाम **लक्षणामूला ध्वनि** भी है।

ध्वनि का दूसरा भेद **विवक्षितान्यपरवाच्यध्वनि** है। यहाँ वाच्यार्थ की 'विवक्षा' रहती तो है, पर वह अपने तक सीमित न रहकर अन्यपरक होती है, यानी वाच्यार्थ ही व्यंग्यार्थ को प्रकाशित करता है। अभिधा पर आधारित होने के कारण इसका अन्य नाम **अभिधामूला ध्वनि** भी है। इसके कतिपय प्रमुख भेदों का निरूपण आगामी पंक्तियों में किया जाता है।

3. असंलक्ष्यक्रमव्यंग्यध्वनि : वाच्यार्थ से व्यंग्यार्थ की प्रतीति का क्रम जहाँ लक्षित नहीं होता, वहाँ असंलक्ष्यक्रमव्यंग्यध्वनि होती है।

इसमें व्यंग्यार्थ की प्रतीति होती है वाच्यार्थ से ही, पर सहृदय को उसके क्रम का अनुभव ही नहीं होता कि वाच्यार्थ कब व्यंग्यार्थ में परिणत हो गया। क्रम उसमें भी रहता अवश्य है, पर भाव या रस के आस्वाद से तन्मय हो जाने के कारण विभाव, अनुभाव और संचारी के वर्णन रूप में प्राप्त वाच्यार्थ एवं उससे अनुभूत हो रहे भाव या रस-रूप व्यंग्यार्थ के मध्य क्रम का पता नहीं चलता। इसकी व्याख्या **शतपत्रभेदन्याय** से की जाती है। कमल की सौ पंखुड़ियों को एक साथ ही सूई से बेधने पर जैसे

यह लक्षित करना मुश्किल है कि कब 50वीं और कब 75वीं पंखुड़ी बिंधी, वैसे ही इसमें भी क्रम को लक्षित करना दुष्कर है। इसे ही **रसादिध्वनि** भी कहते हैं। भाव-भेद से रसादिध्वनि **आठ प्रकार** की मानी गयी हैं–**रस, भाव, रसाभास, भावाभास, भावोदय, भावशान्ति, भावसन्धि और भावशवलता।**[8] इस प्रकार इसमें सम्पूर्ण रस-सिद्धान्त को ध्वनिवादियों ने समेटने की चेष्टा की है। विवेचकों ने **ध्वनिप्रकाशकतत्त्व के आधार** पर असंलक्ष्यक्रमव्यंग्यध्वनि कुल छह **प्रकार** की मानी है। यथा–

क.	पद-प्रकाश्य ध्वनि	घ. वर्णगत ध्वनि
ख.	पदांश-प्रकाश्य ध्वनि	ङ. रचनागत ध्वनि
ग.	वाक्यगत ध्वनि	च. प्रबन्धगत ध्वनि

इनमें से कुछ के उदाहरण अग्रांकित हैं। यथा–

क. पद-प्रकाश्य ध्वनि : इसमें पद-विशेष से व्यंग्यार्थ प्रकाशित होता है। यथा–

अ. **आज** रहने दो गृह काज, प्राण रहने दो गृहकाज।–पंत।
आ. विरह की घड़ियाँ हुई अलि, **मधुर** मधु की यामिनी-सी। –महादेवी।

प्रथम उद्धरण में 'आज' पद से प्रेमी का अधैर्य व्यंजित है–पता नहीं कल क्या होगा, अतः आज ही मिल लें। द्वितीय उद्धरण में 'मधुर' पद विरहिणी की उन्माद-दशा को व्यंजित करता है; भ्रांतिवश ही उसे विरह जन्य दुखानुभूति मिलनजन्य सुखानुभूति प्रतीत होती है।

ख. पदांश-प्रकाश्य ध्वनि : व्यंग्यार्थ की व्यंजना इसमें पदांश से होती है। यथा–

अ. सिखा दो **ना** हे मधुप-कुमारि, मुझे भी अपने मीठे गान।
कुसुम के चुने कटोरे से, करा दो **ना** कुछ-कुछ मधुपान।–पंत
आ. दुख **ही** जीवन कथा रही, क्या कहूँ आज जो नहीं कही।–निराला।

यहाँ प्रथम उद्धरण में पदांश 'ना' कवि की प्रार्थना, दैन्य, आकांक्षा आदि की व्यंजना करता है और द्वितीय उद्धरण में 'ही' से कवि को मानसिक थकान की व्यंजना होती है।

ग. वाक्यगत ध्वनि : इसमें ध्वनि की व्यंजना पूरे वाक्य से होती है। यथा–

अ. नहीं अब गाया जाता देव, थकी अँगुली, हैं ढीले तार।

---

8. इन सब का विवेचन आगामी पृष्ठों में 'रस' के अन्तर्गत किया गया है। द्रष्टव्य–'अन्य रसादि काव्य-भेद'।

विश्व वीणा में अपनी आज, मिला लो यह अस्फुट झंकार।।—महादेवी।

आ. लो वह देखो वीर सिकन्दर सारी दुनिया छोड़।
दो गज़ जमीं खोजने को चल पड़ा कब्र की ओर।।

यहाँ प्रथम उद्धरण की प्रथम पंक्ति (दोनों चरणों) में 'श्रम' संचारी है, पर कवयित्री न तो कुछ बजाती हैं और न गाती ही हैं। वास्तविक श्रम का अभाव है जिससे दैन्य, अकिंचनता आदि की व्यंजना होती है। द्वितीय उद्धरण में निर्वेद भाव है जिससे सांसारिक और भौतिक सम्पन्नता, संग्रह आदि की व्यर्थता की व्यंजना होती है।

इसी प्रकार **रचना-प्रकाश्य, वर्ण-प्रकाश्य** और **प्रबन्ध-प्रकाश्य** असंलक्ष्यक्रमव्यंग्य ध्वनियों के उदाहरण भी प्रस्तुत किये जा सकते हैं। कवि निराला कृत 'भिक्षुक', धूमिल कृत 'मोचीराम' आदि कविताएँ प्रबन्ध-प्रकाश्य ध्वनि के उत्तम उदाहरण हैं

संलक्ष्यक्रमव्यंग्यध्वनि

जहाँ वाच्यार्थ से व्यंग्यार्थ की प्रतीति का क्रम लक्षित रहता है, वहाँ संलक्ष्यक्रमव्यंग्य ध्वनि काव्य होता है। वाच्यार्थ (व्यंजक) और व्यंग्यार्थ (व्यंग्य) के मध्य यह क्रम-सम्बन्ध वैसा ही होता है जैसे 'रणन' (घण्टानाद) के पश्चात् 'अनुरणन' (गूँजती हुई ध्वनि) का क्रम। इसीलिए इसे **अनुरणन ध्वनि** भी कहते हैं। शब्द, अर्थ और शब्दार्थ—तीनों शक्तियों से उद्भूत होने के कारण यह ध्वनि तीन प्रकार की होती है—

क.	शब्दशक्ति से उद्भूत	—	शब्दशक्तयुद्भव
ख.	अर्थशक्ति से उद्भूत	—	अर्थशक्तयुद्भव
ग.	शब्दार्थोभयशक्ति से उद्भूत	—	शब्दार्थोभयशक्तयुद्भव।

शब्दशक्त्युद्भव : जहाँ वाच्यार्थ के पश्चात् व्यंग्यार्थ बोध कराने की शक्ति किसी शब्द विशेष में निहित होती है, वहाँ शब्दशक्त्युद्भव संलक्ष्यक्रमव्यंग्य ध्वनिकाव्य होता है। इसके निमित्त तीन बातें आवश्यक हैं—(क) श्लिष्ट पद का प्रयोग, (ख) प्रसंगानुसार उसका एक अर्थ में नियमन और (ग) पद का पर्यायवाची रखने पर काव्यसौन्दर्य (व्यंग्यार्थ) का नष्ट हो जाना। तात्पर्य यह कि व्यंग्यार्थ की प्रतीति प्रयुक्त शब्द विशेष की व्यंजना से होती है। यह अधिकांश समासोक्ति के रूप में होती है। यह ध्वनि दो प्रकार की होती है—**वस्तु ध्वनि** और **अलंकार ध्वनि**। इनका निरूपण आगे किया जाता है। यथा—

4. वस्तु ध्वनिः यदि व्यंग्यार्थ सामान्य वस्तु (यानी तथ्य या विचार) की सूचना मात्र देता है, तो शब्दशक्त्युद्भव वस्तुध्वनि होती है। यथा—

क. घाम घरीक निवारियै, कलित ललित अलि-पुंज।
जमुना-तीर तमाल-तरु-मिलित मालती-कुंज।।—बिहारी

इस दोहे में स्वयंदूती नायिका वचन-चातुरी से अपना अभिप्राय प्रकट करती है। 'यमुना-तीर' से व्यंजित है कि नायिका वहाँ जल भरने के मिस जायेगी, 'घाम घरीक निवारियै' से समय की व्यंजना होती है, 'तमाल-तरु-मिलित मालती-कुंज' से प्रेमी-प्रेमिका के मिलनोपयुक्त एकान्त की व्यंजना होती है। 'घाम निवारियै' के वाच्यार्थ में नायिका की पथिक के प्रति सहानुभूति प्रशंसनीय हैं, पर उसमें व्यंजित है रमणेच्छायुक्त आमंत्रण। इसमें व्यंजना सामान्य प्रकार की है—इससे एक विचार का प्रकाशन भर हुआ है। अतः, इसमें शब्दशक्ति से उद्भूत **वस्तुध्वनि** है। इसी प्रकार

कुँज-भवनु तजि भवन कौं, चलियै नन्दकिशोर।
फूलति कली गुलाब की, चटकाहट चहुँ ओर।।—बिहारी।

दोहे की दूसरी पंक्ति में गुलाब की कली के खिलने की चटकाहट से प्रातः काल की व्यंजना होती है। यहाँ भी व्यंजना सामान्य वस्तु रूप में है जिससे तथ्य विशेष (सवेरा होने) की व्यंजना हुई है। अस्तु, वस्तु ध्वनि है।

5. अलंकार ध्वनि : शब्द शक्ति से उदभूत ध्वनि से उद्भूत व्यंग्यार्थ यदि किसी अलंकार रूप में अवस्थित होता है, तो वहाँ शब्दशक्त्युद्भव अलंकार ध्वनि काव्य होता है। यथा—

चाहे फटा फटा हो मेरा **अम्बर अशून्य** है आली।
आकर किसी अनिल ने है यहाँ धूलि तो डाली।।—गुप्त जी।

यहाँ 'अम्बर' और 'अशून्य' शिलष्ट शब्द हैं। इनसे प्रसंगोचित अर्थ (क्रमशः 'वस्त्र' और 'प्रिय के संदेश के रूप में प्राप्त धूलि से युक्त') का ग्रहण होता है। यदि 'अम्बर' और 'अशून्य' के पर्यायवाची यहाँ रखे जायें तो व्यंग्यार्थ भी नष्ट हो जायेगा। अस्तु, यहाँ पदगत अलंकार ध्वनि है। कारण, इन पदों से व्यतिरेक अलंकार की ध्वनि प्रस्फुटित होती है। इसी प्रकार—

क. शैल-सुता अपर्ण-अशना, पल्लव वसना बनेगी।
रूखी री यह डाल, वसन वासन्ती लेगी।। — निराला।

ख. मैं **नीर भरी** दुख की **बदली**।
विस्तृत नभ का कोई कोना
मेरा न कभी अपना होना
परिचय इतना इतिहास यही

उमड़ी कल थी, मिट आज चली।
मैं नीर भरी दुख की बदली।। —महादेवी।

प्रथम उद्धरण में 'डाल' प्रस्तुत के साथ ही पार्वती (शैल-सुता) की व्यंजना तथा उनका उपमानोपमेय भाव व्यंजित है। द्वितीय उद्धरण में महादेवी अपनी तुलना बदली से कर रही हैं जिससे समता की व्यंजना और व्यतिरेक अलंकार व्यंग्य है। अस्तु, ये शब्दशक्त्युद्भव अलंकार ध्वनिकाव्य के उदाहरण हैं।

अर्थशक्त्युद्भवसंलक्ष्यक्रमव्यंग्य ध्वनिकाव्य

जहाँ व्यंग्यार्थ की प्रतीति आर्थी व्यंजना से ही 'अनुरणन' रूप होती है, अर्थात् वाच्यार्थ का बोध होने के पश्चात् व्यंग्यार्थ का बोध होता है एवं व्यंग्यार्थ का चमत्कार अर्थ की विशिष्ट व्यंजना में निहित होता है, वहाँ अर्थशक्त्युद्भव ध्वनिकाव्य होता है। इसके तीन भेद होते हैं—**स्वतःसम्भवी, कविप्रौढ़ोक्तिसिद्ध** और **कविनिबद्धपात्रप्रौढ़ोक्तिसिद्ध**। ध्वनित करने एवं ध्वनित होनेवाली वस्तु के आधार पर इन तीनों के पुनः चार-चार भेद किये जाते हैं। यथा—**वस्तु से वस्तुध्वनि, वस्तु से अलंकार ध्वनि, अलंकार से अलंकार ध्वनि** और **अलंकार से वस्तुध्वनि**। इस प्रकार इसके (अर्थशक्त्युद्भव के) **बारह मुख्य भेद** होते हैं। ध्वनि को प्रकाशित करनेवाली भाषा के अंग के अनुसार इन सबको **पदगत, वाक्यगत** और **प्रबन्धगत**, इन तीन प्रकारों से भी विभाजित किया जाता है। शब्दशक्त्युद्भव ध्वनि से इसका मुख्य अन्तर यह है कि यह शाब्दी नहीं, आर्थीव्यंजना पर आधारित है। यह ध्वनिकाव्य **शब्द-परिवृत्ति-सहिष्णु** होता है, अर्थात् यह अर्थ-निर्भर होता है, शब्द-निर्भर नहीं। शब्द का पर्यायवाची रख दिये जाने पर भी व्यंग्यार्थ में किसी प्रकार की त्रुटि नहीं होती। आगे इनके कतिपय रूपों पर विचार किया जाता है।

6-9. स्वतःसम्भवी : स्वतःसम्भवी से तात्पर्य है जो स्वतः संभव है, यानी जो स्वयं प्रकाशित (ध्वनित) होता है। होता है यह भी कवि-कल्पना-प्रसूत ही, पर व्यावहारिक जीवन में यह असत्य नहीं होता। इसका जगत् में अस्तित्व अवश्य होता है। यह चार प्रकार का होता है—6. वस्तु से वस्तु, 7. वस्तु से अलंकार, 8. अलंकार से अलंकार और 9. अलंकार से वस्तु।

6. स्वतःसंभवी वस्तु से वस्तु ध्वनि

क. **तू अकिंचन** भिक्षुक है मधु का
अलि तृप्ति कहाँ जब प्रीति नहीं। — निराला।

ख. चूनरी लाल नीला लहँगा, **बिखरे कुंतल सहमे उरोज**।
किस **चपल कन्हैया** को उसकी, कजरारी आँखें रहीं खोज।।—पंत।

प्रथम उद्धरण में 'भिक्षुक' में भेद किया गया है। 'अकिंचन' पद से 'अलि' के असंतोष, स्वार्थपरायणता, मधुपान का लोभ, पुष्प-परिवर्तन आदि व्यंजित है। व्यंग्यार्थ, एक वस्तु (अलि) से अन्य वस्तु (रसिक) स्वयं प्रकाशित हो रहा है। व्यंग्यार्थ का प्रकाशन पदगत है। द्वितीय उद्धरण में नायिका की मानसिकता व्यंजित है। 'बिखरे कुंतल', 'चपल कन्हैया' में अल्हड़पन एवं साहचर्यजन्य प्रेमी का प्रकाशन (द्योतन) होता है। 'सहमे उरोज' में विशेषण-विपर्यय एवं लक्षणा भी है। इन सब से व्यंग्य है नायिका की बाल्यावस्था का अन्त और कैशोरावस्था का आरम्भ। ये दोनों उदाहरण **पदगत-स्वतःसंभवी वस्तु से वस्तुध्वनि** काव्य के हैं। इसी प्रकार **वाक्यगतस्वतःसंभवी वस्तु से वस्तुध्वनि काव्य** के अग्रांकित उदाहरण द्रष्टव्य हैं। यथा—

क. कोटि मनोज लजावनिहारे, सुमुखि कहहु को आहिं तुम्हारे।
सुनि सनेहमय मंजुल बानी, सकुचि सीय मन महुँ मुसुकानी।
— मानस 2/116/1-2

ख. सुनि सुनि प्रीतम आलसी, धूर्त सूम धनवन्त।
नवल बाल हिय में हरष, बाढ़त जात अनन्त।।—भिखारीदास

प्रथम उद्धरण में सीता के 'संकोच' और 'मुस्कान' से राम का पति होना व्यंग्य है। द्वितीय उद्धरण में पति के गुणों (आलसी, धूर्त, सूम, धनवंत) को सुनकर पत्नी इसलिए प्रसन्न है वह घर में ही रहेगा (आलसी होने के कारण), किसी के बहकावे में नहीं आयेगा (धूर्त होने के कारण) रूपये-पैसे बर्बाद नहीं करेगा (सूम होने के कारण), घर में किसी प्रकार की कमी भी नहीं होगी (धनवंत); फिर तो वह मेरे वशीभूत हो ही जायेगा (रूप-सौन्दर्य और नोंक-झोंक के कारण)। दोनों उद्धरणों में व्यंग्यार्थ अर्थाश्रित तो है ही, वाक्यगत स्वतःसंभवी भी हैं जिनका प्रकाशन वस्तु से वस्तुध्वनि के रूप में हुआ है।

7. स्वतःसम्भवी वस्तु से अलंकार ध्वनि

क. युद्ध ठना मोती की लड़ियों से,
दूबों के पानी का। —माखनलाल चतुर्वेदी।

ख. नीरव थी प्राणों की पुकार,
मूर्छित जीवन-सर निस्तरंग नीहार घिर रहा था अपार।
निस्तब्ध अलस बन कर सोई चलती न रही चंचल बयार।।
पीता मन मुकुलित कंज आप अपनी मधु बून्दे मधुर मौन।
निस्वन दिगंत में रहे रूद्ध सहसा बोले मनु 'अरे कौन?——कामायनी।

प्रथम उद्धरण में 'दूवों के पानी' (ओस कण) और 'मोती' वस्तु (उपमेय-उपमान)

से प्रतीप अलंकार व्यंग्य है। द्वितीय उद्धरण में इड़ा पर दृष्टि पड़ते ही मनु की निस्तब्धता व्यंग्य है। वस्तु से यहाँ रूपक अलंकार की ध्वनि है। मनु के हृदय-कमल के भीतर मन-मधुकर मकरन्द रूप भावनाओं का आनन्द ले रहा है। दोनों में व्यंग्यार्थ का प्रकाशन पदगत और स्वतःसम्भवी है।

8. स्वतःसम्भवी अलंकार से अलंकार ध्वनि

क. निशि गयी **मोती** सजाकर, हाट फूलों के लगाकर,
लाज से गल जायेंगे, मत पूछ इनसे मोल री। —महादेवी।

ख. अति मधुर **गंधवह** बहता, परिमल बून्दों से सिंचित।
सुख स्पर्श कमल केशर का, कर आया रज से रंजित।।
जैसे असंख्य मुकुलों का, मादन विकास कर आया।
उनके अछूत अधरों का, कितना चुम्बन भर लाया।।—कामायनी।

प्रथम उद्धरण में रूपकातिशयेक्ति (व्यंजक) से व्यतिरेक (व्यंग्यार्थ) अलंकार की ध्वनि है। ध्वनि पदगत है। 'मोती' (ओसकण) असाधारण हैं। मूल्य आँका जाता है सामान्य मोती का, ये तो असाधारण मोती हैं—पूछने पर लाज से गल जायेंगे; अतः व्यतिरेक की ध्वनि होती है। द्वितीय उद्धरण में (तीसरी पंक्ति) वाच्य रूप है उत्प्रेक्षा जिससे पवन के ऊपर कामी नायक के व्यवहार के आरोप की व्यंजना होती है। अतः व्यंग्य रूप है यहाँ समासोक्ति अलंकार। ये दोनों उदाहरण पदगत स्वतःसंभवी अलंकार से अलंकारध्वनि के हैं। अस्तु, इनमें स्वतः संभवी अलंकाररूप व्यंजक अर्थ से अलंकार रूप व्यंग्य अर्थ का प्रकाशन होता है।

9. स्वतःसम्भवी अलंकार से वस्तुध्वनि

क. रे रोक **युधिष्ठिर** को न यहाँ, जाने दे उनको स्वर्ग धीर।
पर फिरा हमें गाण्डीव, गदा, लौटा दे **अर्जुन भीम** वीर।।—दिनकर।

ख. अधिकांश जनता का / रद्दी की टोकरी का जीवन है/
संज्ञाहीन, अर्थहीन / **बेकार चिरे-फटे टुकड़ों-सा** पड़ा है।
—केदारनाथ सिंह

प्रथम उद्धरण में वाच्यरूप है **रूपकातिशयोक्ति** (युधिष्ठिर - नरमदल के नेता एवं अर्जुन और भीम गरम दल के नेता) जिससे वस्तु (व्यक्ति) व्यंग्य है। यहाँ व्यंग्य का प्रकाशन पदगत हुआ है। द्वितीय उद्धरण में वाच्यरूप है **उपमा** अलंकार जिससे वस्तु (तथ्य) —'टुकड़े फटे-चिरे हैं, पर क्रान्ति की आग भड़का सकने में समर्थ है'—व्यंग्य है। जनता की बेकारी, दीनदशा, खण्डित तन और मन व्यंग्य है। उपरि दोनों उदाहरण पदगत स्वतःसंभवी अलंकार से वस्तुध्वनि के हैं। अग्रांकित उदाहरण

में वस्तु-ध्वनि, अलंकारध्वनि और रसध्वनि तीनों का सौन्दर्य एक साथ ही फूटता है। यथा–

> प्रिय तुम भूले मैं क्या गाऊँ!
> जुही-सुरभि की एक लहर से निशा बह गयी, डूबे तारे।
> अश्रु-बिन्दु में डूब-डूब कर **दृग-तारे** ये कभी न हारे।।
>
> –रामकुमार वर्मा

यहाँ उपमान रूप आकाश के तारों से उपमेय रूप दृग-तारों विशेष गुण कथन से वाच्य रूप में व्यतिरेक अलंकार है जिससे आराधिका की वियोगदशा में प्रेमातिरेक रूप वस्तु का ध्वनन होता है। इस प्रकार अलंकार से उद्भूत वस्तुध्वनि है। ध्वनन-क्रिया पदगत नहीं, वाक्यगत होती है साथ ही अर्थाश्रित भी। अस्तु इसे **वाक्यगत स्वतःसंभवी अलंकार से वस्तुध्वनि** का उदाहरण कहा जायेगा। दूसरी ओर 'तारे' में शब्दालंकार यमक स्पष्ट है। वह वाच्य रूप है। अस्तु वाच्यरूप यमक से व्यतिरेक का व्यंग्य भी माना जायेगा। इस प्रकार यह **वाक्यगत स्वतःसंभवी अलंकार से अलंकार ध्वनि** का उदाहरण होता है। पुनः आराधिका का निरन्तर आँसुओं में डूबा रहना, फिर भी न हार मानना न आस्था खोना लौकिक और स्वाभाविक कृत्य है। इस प्रकार इससे वियोग-दशा की करुणा की ध्वनि–करुण रस ध्वनि व्यंग्य है।

10-13. कविप्रौढ़ोक्तिसिद्ध-अर्थशक्त्युद्भव : जहाँ व्यंजक (प्रसंगानुरूप) अर्थ सर्वथा कवि-कल्पना-प्रसूत होता है, वहाँ कवि प्रौढ़ोक्तिसिद्ध ध्वनिकाव्य होता है। इसमें कवि-कल्पना द्वारा स्थापित सत्य व्यावहारिक जीवन का नहीं होता। वह केवल कवि-परम्परा में मान्य होता है। उसकी अनुभूति मात्र कविता के धरातल पर ही होना सम्भव है। स्वतःसम्भवी की तरह की इसके भी चार भेद होते हैं। इनकी स्थिति भी **पदगत, वाक्यगत** और **प्रबन्धगत**, तीनों रूपों में होती है। आगे इन्हें सोदाहरण उपस्थित किया जाता है।

10. कविप्रौढ़ोक्तिसिद्ध वस्तु से वस्तु ध्वनि

क. सिय वियोग दुख केहि विधि, कहौं बखानि।
फूल बान से मनसिज, बेधत आनि।।

ख. **भींगी रात** चलो सोते अब, कल दूँगा इसका उत्तर।–गुरुभक्तसिंह

व्यावहारिक जीवन में मनसिज (काम) द्वारा न तो फूल के बाण मारना संभव है और न रात का भींगना। इनका अनुभव मात्र कल्पना के स्तर पर ही संभव है। उपरि उद्धरणों में यही कथित है। दोनों में व्यंजक अर्थ अलंकारहीन यानी 'वस्तुरूप' हैं और 'कविप्रौढ़ोक्तिसिद्ध' भी। 'फूल बान'–पद से कविप्रौढ़ोक्ति द्वारा विरह-दशा

और प्रेमाधिक्य (वस्तुरूप) एवं 'भींगी रात' से आधी रात (वस्तु रूप) व्यंग्य है। अस्तु, इनमें कवि प्रौढ़ोक्तिसिद्ध वस्तुरूप व्यंजक अर्थ से वस्तुरूप व्यंग्यार्थ का द्योतन होता हैं

11. कविप्रौढ़ोक्तिसिद्ध वस्तु से अलंकार ध्वनि

क. सुरा सुरभिमय बदन अरुण वे, नयन भरे आलस अनुराग;
कल कपोल था जहाँ बिछलता, कल्पवृक्ष का पीत पराग। —कामायनी।

ख. राजन! शशिकर निज उज्ज्वल कर से अम्बर
को केवल निशि में ही कर पाता भास्वर।
पर निर्मल आपका यश अपनी आभा से
क्षण-क्षण भास्वर करता रहता भू-अम्बर।।—का. रूपरेखा

उपरि उद्धरणों में 'कल्पवृक्ष के पीले पराग का देव-रमणियों के गोरे और स्निग्ध कपोलों पर बिछलना' एवं 'मानव शरीर से निकली ज्योति का चाँदनी के समान धरती से आसमान तक को आलोकित करना' कवि-कल्पना-प्रसूत है। अलंकार के अभाव में वे 'वस्तुरूप' हैं, किन्तु उनसे प्रकाशित व्यंग्य अलंकार रूप है। प्रथम उदाहरण में **'चतुर्थ प्रतीप'** व्यंग्य रूप है और द्वितीय उद्धरण में **व्यतिरेक** अलंकार। अस्तु, इनमें कवि प्रौढ़ोक्तिसिद्ध वस्तुरूप व्यंजक अर्थ से अलंकाररूप व्यंग्यार्थ का द्योतन होता है। प्रथम में व्यंग्य है देव-रमणियों की विलासप्रियता और अतृप्त भोगेच्छा एवं द्वितीय में राजा का विमल यश।

12. कविप्रौढ़ोक्तिसिद्ध अलंकार से अलंकारध्वनि

क. देव-कामिनी के नयनों से जहाँ नील नलिनों की सृष्टि
होती थी, अब वहाँ हो रही प्रलयकारिणी भीषण वृष्टि।—कामायनी।

ख. चितवति चकित चहुँदिसि सीता, कहँ गये नृप-किसोर मन चीता।
जहँ विलोक मृगसावकनैनी, जनु तहँ बरिस कमलसित श्रेणी।।
—मानस।

उपरि उद्धरणों में व्यंजक अर्थ कवि प्रौढ़ोक्तिसिद्ध एवं अलंकाररूप है। कारण, न तो देव-कामिनियों के नेत्रों से नीले कमलों की सृष्टि होती थी और न सीता 'मृगशावकनैनी' थी। प्रथम में कवि-कल्पित तथ्य हेतुत्प्रेक्षा और द्वितीय में रूपक के रूप में रखा गया है। उनसे प्रकाशित होनेवाला व्यंग्यार्थ भी अलंकार रूप में है। प्रथम ने यह **प्रतीप अलंकार** रूप में और द्वितीय में **उत्प्रेक्षा अलंकार** रूप में (सीता की भोली चितवन से श्वेत कमलों की सृष्टि) व्यंग्य हे। अस्तु, इनमें कवि प्रौढ़ोक्तिसिद्ध अलंकार रूप व्यंजक अर्थ से अलंकाररूप व्यंग्य अर्थ प्रकाशित होता है।

13. कविनिबद्धप्रौढ़ाक्तिसिद्ध अलंकार से वस्तुध्वनि

क. पहले आँखों में थे **मानस** में कूद मग्न प्रिय अब थे।
छीटें वही उड़े थे बड़े-बड़े अश्रु वे कब थे।।–गुप्त जी।

ख. वह इष्टदेव के मंदिर की पूजा-सी,
वह दीपशिखा-सी शांत, भाव में लीन,
वह क्रूर काल ताण्डव की स्मृति-रेखा-सी,
वह टूटे तरु की छुटी लता-सी दीन,
दलित भारत की ही विधवा है।। –निराला।

उपरि उद्धरणों में व्यंजक (प्रासंगिक) अर्थ कवि प्रौढ़ोक्तिसिद्ध हैं। कारण, व्यावहारिक जीवन में किसी भी नारी का प्रियतम न तो आँखों में होता और न 'मानस' (श्लिष्ट पद) में। विधवाएँ भी 'इष्टदेव के मन्दिर की पूजा-सी' नहीं होती। ये कवि-कल्पनाएँ भर हैं। पुनः, प्रथम उद्धरण में उत्प्रेक्षा और **द्वितीय में उपमा** के कारण व्यंजक अर्थ अलंकाररूप हो गये हैं जिनसे प्रथम उद्धरण में 'पानी' (आँसू नहीं) और द्वितीय में विधवा की तेजस्विता, पवित्रता, दयनीय दशा आदि 'वस्तुरूप' ध्वनि की व्यंजनाएँ होती हैं। अस्तु, इनमें कविप्रौढ़ोक्तिसिद्ध अलंकाररूप व्यंजक अर्थ से वस्तुरूप व्यंग्यार्थ प्रकाशित होता है।

14-17 कविनिबद्धपात्रप्रौढ़ोक्तिसिद्ध अर्थशक्त्युद्भव ध्वनि

जहाँ प्रासंगिक अर्थ कवि द्वारा कल्पित (निबद्ध) पात्र (वक्ता) के पारस्परिक वार्तालाप से प्राप्त होता है, वहाँ कविनिबद्धपात्रप्रौढ़ोक्तिसिद्ध अर्थशक्त्युद्भव ध्वनि होती है। इससे प्राप्त होने वाला अर्थ दैनन्दिन जीवन के स्तर पर व्यावहारिक भी हो सकता है या सर्वथा काल्पनिक (कविप्रौढ़ोक्ति मात्र) भी। ध्वनित करने वाली और ध्वनित होने वाली वस्तु के आधार पर इसके भी **चारभेद** होते हैं। पुनः, इसकी स्थिति भी तीनों रूपों में (पदगत, वाक्यगत और प्रबन्धगत) होती है। आगे इसके कतिपय उदाहरण रखे जाते हैं।

14. कविनिबद्धपात्रप्रौढ़ोक्तिसिद्ध वस्तु से वस्तुध्वनि

क. धूम-धुँआरे, काजर कारे, हम ही बिकरारे बादर।
मदन-राज के वीर बहादुर, पावस के उड़ते फणिधर।।–पंत।

ख. यह हलचल यह क्रांति अशुभ वह समय था।
जब देखा था तुम्हें कहाँ ले चलोगी
अरे रक्त-रंजित मतवाले नेत्र ये
अरे शिथिल यह देह रूप के भार से। –भगवतीचरण वर्मा।

प्रथम उद्धरण में 'मदनराज के वीर' और 'उड़ते फणिधर' कवि-कल्पित (निबद्ध) पात्र हैं। कथन 'वस्तु रूप' है, आलंकारिक नहीं। इनसे ध्वनित होनेवाला व्यंग्य भी 'वस्तुरूप' ही है—उद्दीपनगत काम-वेदना ही व्यंग्य है। द्वितीय उद्धरण में 'तुम्हें' से संकेतित पात्र कविनिबद्ध है। सारा कथन 'वस्तुरूप' में है। उससे ध्वनित व्यंग्य भी 'वस्तुरूप' है—'रक्तरंजित नेत्र' और 'शिथिल देह' से यौवन व्यंग्य है। अस्तु, इन दोनों उद्धरणों में कविनिबद्धपात्रप्रौढ़ोक्तिसिद्ध वस्तुरूप व्यंजक अर्थ से वस्तु रूप व्यंग्यार्थ प्रकाशित होता है।

15. कविनिबद्धपात्रप्रौढ़ोक्तिसिद्ध वस्तु से अलंकारध्वनि

क. अब कठोर हो वज्रादपि औ कुसुमादपि सुकुमारी।
आर्यपुत्र दे चुके परीक्षा अब है मेरी बारी।।—गुप्तजी।

ख. अब न कपोलों पर छाया-सी, पड़ती मुख की सुरभित भाप।
भुज-मूलों में, शिथिल वसन की, व्यस्त न होती है अब माप।।
—कामायनी।

प्रथम उद्धरण में कविनिबद्ध पात्र (यशोधरा) की दो प्रौढ़ोक्तियाँ हैं—'वज्रादपि कठोर' और 'कुसुमादपि सुकुमारि'। ये उक्तियाँ वस्तुरूप हैं। इनसे यहाँ व्यंग्य है **अतिशयोक्ति** अलंकार की ध्वनि। द्वितीय में कविनिबद्ध पात्र (मनु) की प्रौढ़ोक्ति है—'चिर किशोरवय एवं नित्य विलासी कामतप्ता देव-बालाओं का परिचुम्बन करते समय चूमने वाले के मुख से निःसृत सौरभित श्वास का उनके कपोलों को छाया-सी शांतिदायिनी प्रतीत होना।' यह प्रौढ़ोक्ति 'वस्तुरूप' है। इससे प्रकाशित व्यंग्य अर्थ (अतिशय स्वच्छता) **गम्योत्प्रेक्षा** अलंकाररूप है। व्यंग्य अर्थ यदि **द्वितीय पर्याय** अलंकाररूप ग्रहण किया जाये तो व्यंग्य है 'शून्यता' (जिन कुंजों में चुम्बन और आश्लेष होता था, वहाँ अब शून्यता है)। अस्तु, उपरि उद्धरणों में कविनिबद्ध-प्रौढ़ोक्तिसिद्ध वस्तुरूप व्यंजक अर्थ से अलंकाररूप व्यंग्यार्थ प्रकाशित होता है।

16. कविनिबद्धपात्रप्रौढ़ोक्तिसिद्ध अलंकार से अलंकार ध्वनि

क. राज्य के भूखे युधिष्ठिर को बना जामात्र।
खिलाया है खेल, दुहिता नहीं, दे विष-पात्र।।—रामकुमार वर्मा।

ख. उनकी यह कुंज कुटीर वही झरता उड़ अंशु अबीर जहाँ,
अलि, कोकिल, कीर, शिखी सब हैं सुन चातक की रट पीय कहाँ।
अब भी सब साज-समाज वही, तब भी सब आज अनाथ यहाँ,
सखि, जा पहुँचे सुध-संग कहीं यह अंध सुगंध समीर वहाँ।।—गुप्तजी।

प्रथम उद्धरण में कविनिबद्ध पात्र (दुर्योधन) की प्रौढ़ोक्ति 'दुहिता नहीं,

विष-पात्र' अलंकार रूप (अपह्नुति) है जिससे व्यंग्य भी अलंकाररूप (व्याजोक्ति) है। द्वितीय उद्धरण में कविनिबद्ध पात्र (यशोधरा) की प्रौढ़ोक्ति (तीसरी पंक्ति) भी 'विशेषोक्ति' (कारण होने पर भी कार्य का न होना) अलंकार रूप है एवं उससे प्रकाशित व्यंग्य भी 'विनोक्ति' (अशोभन की विनोक्ति) अलंकार रूप है। अस्तु, इन उद्धरणों में कविनिबद्धपात्रप्रौढ़ोक्तिसिद्ध अलंकार रूप व्यंजक अर्थ से अलंकाररूप व्यंग्यार्थ ध्वनित होता है।

17. कविनिबद्धपात्रप्रौढ़ोक्तिसिद्ध अलंकार से वस्तुध्वनि

क. जीवन-निशीथ का अंधकार।
भग रहा क्षितिज के अंचल में मुख आवृत कर तुमको निहार।
तुम इड़े उषा-सी आज यहाँ आयी हो बन कितनी उदार।।—कामायनी।

ख. तारा, गुरु-पत्नी तारा तुम कौन हो।
धूमरहित तुम अग्निशिखा की ज्वाल हो।—भगवतीचरण वर्मा।

प्रथम उद्धरण में कविनिबद्धपात्र (मनु) की प्रौढ़ोक्ति है—जीवन-निशीथ का अंधकार क्षोभ के कारण अपना मुख ढक कर भागा जा रहा है। 'जीवन-निशीथ' में रूपक होने के कारण व्यंजक अर्थ अलंकाररूप है। इससे व्यंग्य अर्थ 'वस्तुरूप' है—'तुम्हारे दर्शन (ज्ञान-प्रसार) मात्र से ही मेरे जीवन में कर्मण्यता आ रही है।' द्वितीय में कविनिबद्ध पात्र (चन्द्रमा) की प्रौढ़ोक्ति है—'तुम निर्धूम अग्नि-ज्वाला हो'। यह 'रूपक' अलंकाररूप है। इस रूपक से व्यंग्य है—'तारा के विलक्षण सौन्दर्य से चन्द्रमा के मन में वासना का उदय'। व्यंग्य अर्थ 'वस्तुरूप' में प्रकाशित होता है। अस्तु, उपरि उद्धरणों में कविनिबद्धपात्रप्रौढ़ोक्तिसिद्ध अलंकाररूप व्यंजक अर्थ से वस्तुरूप व्यंग्य अर्थ प्रकाशित होता है।

18. शब्दार्थोभयशक्त्युद्भव संलक्ष्यक्रमव्यंग्यध्वनि काव्य

जहाँ शाब्दी व्यंजना एवं आर्थी व्यंजना, दोनों ही से 'रणन' के उपरान्त 'अनुरणन' रूप व्यंग्यार्थ की प्रतीति होती है, वहाँ शब्दार्थोभयशक्त्युद्भव संलक्ष्यक्रमव्यंग्य ध्वनिकाव्य होता है। तात्पर्य यह कि इस ध्वनिकाव्य में मात्र शाब्दी व्यंजना अथवा मात्र आर्थी व्यंजना से व्यंग्यार्थ का चमत्कार उत्पन्न नहीं होता। व्यंग्यार्थ के चमत्कारपूर्ण होने के लिए काव्य में प्रयुक्त शब्द एवं उन शब्दों के अर्थ, दोनों ही की व्यंजना होती है। पुनः, व्यंग्यार्थ मात्र वाक्य द्वारा ही ध्वनित हो सकता है। (पूर्व विवेचित लक्षणामूला और शब्दाशक्तिमूला ध्वनियाँ पद अथवा वाक्य द्वारा ध्वनित हो सकती हैं। अर्थशक्तिमूला में ध्वनन की क्रिया, पद, वाक्य पर प्रबन्ध तीनों द्वारा हो

सकती है।) यह लक्षण भी इसे औरों से भिन्नता प्रदान करता है। इसका कोई भेद नहीं होता। इसमें 'वस्तुरूप' व्यंजक अर्थ से 'अलंकार-रूप' व्यंग्यार्थ का प्रकाशन होता है। श्यामनन्दन शास्त्री ने इसका निम्नांकित उदाहरण रखा है–

चन्द्रमुखी हासमयी राज रही श्यामा।
तारक आभूषण से आज सजी रामा।।–का. रूपरेखा।

यहाँ चाँदनी रात का वर्णन 'वस्तुरूप' है। इससे 'समासोक्ति' अलंकार-रूप व्यंग्यार्थ प्रकाशित होता है। व्यंग्यार्थ सम्पूर्ण वाक्य द्वारा तो ध्वनित होता ही है, शब्द उनके अर्थ–दोनों पर ही निर्भर भी है। ('चन्द्रमुखी', 'हासमयी', 'श्यामा', 'रामा' शब्द अपरिवर्तनीय हैं)।

उपरि विवेचित अठारह ध्वनि-भेद ही मुख्य हैं। पूर्व पृष्ठों में इन्हें ही तालिका द्वारा प्रस्तुत भी किया गया है।

9. गुणीभूत व्यंग्य

पूर्व पृष्ठों में स्पष्ट किया गया है कि **व्यंग्य अर्थ का गौण हो जाना अथवा व्यंग्य अर्थ का मुख्य अर्थ के तुल्य हो जाना ही** गुणीभूत व्यंग्य काव्य है।[1] इसे ही मध्यम काव्य भी कहा जाता है। **पं. विश्वनाथ** के अनुसार मुख्यरूप से काव्य दो प्रकार का ही होता है—ध्वनिकाव्य और गुणीभूत व्यंग्य काव्य।[2] पंडितराज **जगन्नाथ** गुणीभूत व्यंग्य को भी उत्तम काव्य की कोटि में ही स्थान देते हैं, कारण इसमें भी व्यंग्यार्थ का अस्तित्व होता है। आचार्यों ने गुणीभूत व्यंग्य के **आठ भेद** स्वीकार किये हैं—

1.	अगूढ़ व्यंग्य	5. सन्दिग्धप्राधान्य व्यंग्य
2.	अपरांग व्यंग्य	6. तुल्य-प्राधान्य व्यंग्य
3.	वाच्यसिद्ध्यंग व्यंग्य	7. काक्वाक्षिप्त व्यंग्य
4.	अस्फुट व्यंग्य	8. असुन्दर व्यंग्य

1. अगूढ़ व्यंग्य

जहाँ व्यंग्यार्थ गूढ़ नहीं होता यानी वाच्यार्थ के समान ही सहज रूप में स्पष्ट हो जाता है, वहाँ अगूढ़ व्यंग्य होता है। यथा—

गोधन गजधन वाजिधन, और रतनधन खान।
जब आवै संतोष मन, सब धन धूरि समान।।

यहाँ अंतिम चरण 'सब धन धूरि समान' में मुख्यार्थ की बाधा स्पष्ट है। व्यंग्यार्थ है कि संतोष सर्वोपरि धन है। उसके समक्ष और धन व्यर्थ है। यहाँ व्यंग्यार्थ गूढ़ नहीं है, वाच्यार्थ की तरह है स्पष्ट है। अतः अगूढ़ व्यंग्य है। इसी प्रकार—

---

1. क. अतादृशि गुणीभूतव्यंग्य व्यंग्ये तु मध्यमम्।—का. प्रकाश।
   ख. अपरं तु गुणीभूतव्यंग्यं वाच्यादनुत्तमे व्यंग्ये।—सा. दर्पण।
2. काव्यं ध्वनिर्गुणीभूतव्यंग्यं चेतिद्विधामतम्। —सा. दर्पण।

बीती विभावरी जाग री।
अम्बर-पनघट में डुबो रही, तारा-घट ऊषा-नागरी।।
खग-कुल कुलकुल-सा बोल रहा, किसलय का अंचल डोल रहा।
लो यह लतिका भी भर लायी—मधु मुकुल नवल रस-गागरी।।

यहाँ आकाशरूपी पनघट पर ऊषा नागरी द्वारा तारारूपी घड़ों का डुबाया जाना वाच्यार्थ है। वाच्यार्थ की बाधा स्पष्ट है। उससे लक्ष्यार्थ है ऊषा का आगमन और आकाश के तारों का क्रमशः लुप्त होते जाना और व्यंग्यार्थ है—रात्रि का बीतना। पुनः लतिका द्वारा मुकुलों की गागरी में रस भर कर लाया जाना कथित है। इसमें भी मुख्यार्थ की बाधा है। लक्ष्यार्थ है—लतिका की कलियों का खिलना और मकरन्द से पूर्ण होना जिससे व्यंग्यार्थ—प्रभात होने—का बोध होता है। व्यंग्यार्थ यहाँ गूढ़ नहीं है, उसका बोध प्रथम पंक्ति से ही हो जाता है। अस्तु, यहाँ अगूढ़व्यंग्य है।

2. अपरांग व्यंग्य : व्यंग्यार्थ जहाँ अन्ततः वाच्यार्थ रूप में वर्तमान किसी अन्य प्रधान अंग (रस, भाव, भावाभास आदि) का चमत्कारक हो जाता है, वहाँ अपरांग व्यंग्य होता है। यथा—

डिगत पानि डिगुलात गिरि, लखि सब ब्रज बेहाल।
कंप किसोरी दरसि कै, खरे लजाने लाल।।—बिहारी।

यहाँ सात्विक भाव 'कंप' से व्यंजित रति स्थायी या शृंगार रस 'लज्जा' (लजाने) संचारी का अंग है। यह वाच्यार्थ रूप में वर्तमान है जिसमें व्यंग्य से चमत्कार आ गया है। अस्तु, यहाँ अपरांग व्यंग्य है। इसी प्रकार—

जिस पर पाले का एक पर्त-सा छाया,
हत जिसकी पंकज-पंक्ति अंचल-सी काया।
उस सरसी-सी आभरण-रहित सित-वसना,
सिहरे प्रभु माँ को देख, हुई जड़ रसना।।—मैथिशरण गुप्त।

यहाँ प्रथम तीन पंक्तियों में कौशल्या के वैधव्य का अर्थचित्र प्रस्तुत किया गया है। अंतिम पंक्ति के 'सिहरे' (रोमांच सात्विक) और 'जड़ रसना' (जड़ता संचारी भाव) के वाच्यार्थ में कौशल्या के वैधव्य की कारुणिक व्यंजना हो गयी है। करुण रस और उपमालंकार (तीसरी पंक्ति) का अंगरूप होने के कारण यहाँ अपरांग व्यंग्य है।

3. वाच्यसिद्धभंगव्यंग्य : जहाँ वाच्यार्थ के अपने आप में पूर्ण नहीं होने पर उसकी सिद्धि के लिए व्यंग्यार्थ सहायक (अंगभूत) बनता है, वहाँ वाच्यसिद्ध्यंगव्यंग्य होता है। **निराला जी** कविता 'जुही की कली' इसका उत्तम उदाहरण है। निम्नांकित उदाहरण भी द्रष्टव्य है—

पंखुड़ियों में ही छिपी रह कर न बातें व्यर्थ।
ढूँढ़ कोषों में न प्रियतम नाथ का तू अर्थ।
हटा घूँघट पर न मुख से मत उझक कर झाँक।
बैठ पर्दे में दिवानिशि मोल अपनी आँक।
कर कभी मत किसी सुन्दर का निवेदन ध्यान।
री सजनि वन की कली नादान।।—महादेवी वर्मा।

यहाँ 'कली' से मुग्धा नायिका व्यंग्य है। इस व्यंग्यार्थ के स्पष्ट होने से ही वाच्यार्थ की सिद्धि होती है। अतः, यहाँ वाच्यसिद्धयंगव्यंग्य है।

4. अस्फुट व्यंग्य : जहाँ व्यंग्य के अत्यधिक गूढ़ होने के कारण उसे कठिनता से ही समझा जाता है, वहाँ अस्फुट व्यंग्य होता है। व्यंग्यार्थ का अस्फुट अथवा प्रच्छन्न होना ही इसकी विशिष्टता होती है। यथा—

प्रिय! नहीं देखने पर तुमको दर्शन-अभिलाषा जगती।
पर जभी देखती हूँ, बिछुड़न की आशंका घर करती।।—का. रूपरेखा।

यहाँ व्यंग्यार्थ है—'कोई ऐसा उपाय करो कि बिछुड़ना न पड़े', पर यह अति प्रच्छन्न रूप में ही व्यक्त हुआ है। इसी प्रकार—

खिले नव पुष्प जग प्रथम सुगन्ध के
प्रथम वसन्त में गुच्छ-गुच्छ।

यहाँ वाच्यार्थ है प्रकृति-वर्णन, पर वस्तुतः वैसा ही नहीं। यहाँ भी व्यंग्यार्थ अस्फुट है। व्यंग्यार्थ है कि युवावस्था के आते ही अनेक नयी आशायें प्रकट हो गयीं।

5. सन्दिग्धप्राधान्य व्यंग्य : जहाँ संदेह बना रहे कि वाच्यार्थ उत्तम है या व्यंग्यार्थ, वहाँ संदिग्धप्राधान्य व्यंग्य होता है। यथा—

मानहु बिधि तन-अच्छ छबि, स्वच्छ राखिवै काज।
दृग-पग-पोछन कौं करे, भूषण पायन्दाज।।—बिहारी।

यहाँ वाच्यार्थ है उत्प्रेक्षालंकार—आभूषण मानों नेत्र के पावों को पोछने के लिए पायंदाज हैं एवं व्यंग्यार्थ है—शरीर की सहज शोभा के आगे आभूषण की शोभा नगण्य है। वाच्यार्थ और व्यंग्यार्थ दोनों के समान रूप में चमत्कारोत्पादक होने के कारण यह निश्चय करना कठिन होता है कि दोनों में प्रधानता किसकी है। अतः यहाँ संदिग्धप्राधान्य व्यंग्य है। इसीप्रकार—

पति-रितु-औगुन-गुन बढ़तु, मानु, माह कौ सीतु।
जातु कठिन है अति मृदौ, रमणी मन नवनीतु।।—बिहारी।

6. तुल्यप्राधान्य व्यंग्य : जहाँ वाच्यार्थ और व्यंग्यार्थ दोनों ही समान रूप से चमत्कारोत्पादक हों, वहाँ तुल्य प्राधान्य व्यंग्य होता है। यथा–

आज बचपन का कोमल गात, जरा का पीला पात!
चार दिन सुखद चाँदनी रात, और फिर अंधकार, अज्ञात!–पंत।

यहाँ व्यंग्य है कि सभी दिन एक समान नहीं होते। व्यंग्यार्थ, वाच्यार्थ के समान ही चमत्कारोत्पादक है। दोनों तुल्य हैं। अतः, यहाँ तुल्यप्राधान्य व्यंग्य है। इसीप्रकार–

निशा को धो देता राकेश, चाँदनी में जब अलकें खोल।
कली से कहता था मधुमास, बता दो मधुमदिरा का मोल।।–प्रसाद।

यहाँ प्रस्तुत 'राकेश'–'निशा' तथा 'मधुमास'-'कली' पर अप्रस्तुत नायक-नायिका के व्यवहार का समारोपण प्रतीत होता है। वाच्यार्थ और व्यंग्यार्थ दोनों समान रूप में प्रधानता पाने के अधिकारी हैं। अस्तु, यहाँ तुल्य प्राधान्य व्यंग्य है।

7. काक्वाक्षिप्त व्यंग्य : जहाँ व्यंग्यार्थ वस्तुतः होता नहीं है, पर 'काकु' (कंठस्वर वैशिष्ट्य) के कारण उसकी प्रतीति होने लगे, वहाँ काक्वाक्षिप्त व्यंग्य होता है। यथा–

हैं दससीस मनुज रघुनायक, जिनके हनूमान से पायक।

यहाँ काकु से व्यंग्य है–राम मनुज नहीं है। इसी प्रकार–

मैं सुकुमारि नाथ बन जोगू, तुम्हहि उचित तप मो कहुँ भोगू।

यहाँ काकु से व्यंग्य है कि पति का अनुगमन करना ही पत्नी का कर्त्तव्य है।

8. असुन्दर व्यंग्य : जहाँ व्यंग्यार्थ की अपेक्षा वाच्यार्थ ही सुन्दर (अधिक रमणीय और चमत्कारोत्पादक) होता है, वहाँ असुन्दर व्यंग्य होता है। यथा–

विहँग सोर सुनि सुनि समुझि, पिछुवारे की बाग।
जाति परी पियरी खरी, प्रिया भरी अनुराग।।

प्रिय से मिलने के लिए प्रिया की व्याकुलता यहाँ व्यंग्य है। यही बात वाच्यार्थ से भी स्पष्ट है। व्यंग्यार्थ की अपेक्षा वाच्यार्थ अधिक सुन्दर भी है। अस्तु, यहाँ असुन्दर व्यंग्य है। इसी प्रकार–

मैंने अहिंसा को
एक सत्तारूढ़ शब्द का गला काटते हुए देखा
मैंने इमानदारी को अपनी चोर जेबें
भरते हुए देखा
मैंने विवेक को
चापलूसों के तलवे चाटते देखा...। –धूमिल।

यहाँ व्यंग्य है आधुनिक जीवन में मूल्यगत ह्रास। यह वाच्यार्थ से भी स्पष्ट है। साथ ही व्यंग्यार्थ की अपेक्षा वाच्यार्थ अधिक सुन्दर भी है। अस्तु, यहाँ असुन्दर व्यंग्य है।

ऊपर गुणीभूत व्यंग्य के आठ भेदों का सोदाहरण निरूपण किया गया। ध्वन्यालोककार ने गुणीभूत व्यंग्य को ध्वनिकाव्य का ही निष्पन्दित रूप स्वीकार किया है। इसलिए यह भी सहृदय के लिए अतिरमणीय होता है।[3] इस मान्यता से ही इस काव्य की महत्ता सिद्ध होती है।

---

3. ध्वनिनिष्पन्दरूपों द्वितीयोऽपि महाकविविषयोऽतिरमणीयोलक्षणीयः सहृदयैः।

—ध्वन्यालोक—3/42

10. वक्रोक्ति

काव्यालोचन को आचार्य **कुन्तक** (या कुन्तल) की मौलिक देन है—वक्रोक्ति-सिद्धान्त। वे इसके प्रवर्तक (?) और प्रतिष्ठापक आचार्य हैं। उन्होंने न केवल **'वक्रोक्तिः काव्यजीवितम्'** घोषित किया, अपितु वक्तोक्ति की अर्थ-व्याप्ति की परिधि में ही सभी काव्यांगों को भी अन्तर्भुक्त किया। इस प्रकार वक्रोक्ति सर्वांगपूर्ण काव्यालोचन-सिद्धान्त के रूप में प्रतिष्ठित हुआ।

पूर्ववर्ती आचार्यों में रीति-सिद्धान्त के संस्थापक आचार्य **वामन** ने गुणों को काव्यशोभा का कारक-धर्म स्वीकार कर स्वतंत्र अस्तित्व तो प्रदान किया ही था, अलंकार को काव्य का अनित्य धर्म मान का उच्च आसन से अपदस्थ भी कर दिया था। आगे **आनन्दवर्धन** द्वारा प्रतिष्ठित ध्वनि-सिद्धान्त ने अलंकार को और भी महत्त्वहीन बना दिया। इससे अलंकारवादियों को गहरा आघात लगा। परिणामतः वे अलंकार-सिद्धान्त में निहित किसी वैसे तत्व के चिन्तन में जुटे जिसे काव्य के मूलाधार के रूप में प्रतिष्ठित किया जा सके। उक्त चिंतन, कहना चाहिए कि अलंकारवाद की प्रकारान्तर से पुनर्प्रतिष्ठा के लिए किये गये प्रयत्न का परिणाम है वक्रोक्ति-सिद्धान्त की प्रतिष्ठा और व्यवस्था। इसका सारा श्रेय आचार्य कुन्तक को है।

वक्रोक्ति मत की प्रतिष्ठा के लिए बीज **कुन्तक** को **भामह** से ही प्राप्त हुए। उन्हीं से प्रेरणा पाकर कुन्तक ने वक्रोक्ति को काव्यसिद्धान्त के रूप में व्याख्यायित-स्थापित किया। आद्याचार्य **भामह** ने जिस विशिष्ट अर्थ में वक्रोक्ति को स्वीकार किया है, कदाचित् वह पूर्वाचार्यों द्वारा निश्चित और परम्परा से मान्य था। तभी उन्होंने वक्रोक्ति के महत्व को अनेकधा स्वीकार करते हुए भी उसके स्वतंत्र लक्षण निरूपित करने की आवश्यकता नहीं समझी। वक्रोक्ति विषयक भामह की सर्वप्रसिद्ध उक्ति है :

सैषा सर्वैव वक्रोक्तिः, अनयार्थो विभाव्यते।
यत्नोऽस्यां कविभिः कार्यः कोऽलंकारोऽनया विना।।—काव्या. 2/85

भामह के **'सैषा सर्वैव वक्रोक्तिः'** का अर्थ करते हुए प्रायः सभी ने अतिशयोक्ति को वक्रोक्ति का पर्याय माना है, पर "तात्पर्य यह नहीं है कि अतिशयोक्ति मात्र वक्रोक्ति है, बल्कि यह है कि वक्रोक्ति में अतिशयोक्ति अवश्य रहती है, पर रमणीयता उत्पन्न करना अतिशयोक्ति का नहीं, वक्रोक्ति का व्यापार है।"[1] उनके मत से अर्थ का विभावन वक्रोक्ति से होता है यानी **अर्थ का रमणीय और आस्वादयोग्य होना वक्रोक्ति पर निर्भर करता है–'अनयार्थो विभाव्यते'**।[2] इस प्रकार काव्य में सर्वत्र वक्रोक्ति ही होती है। अलंकार के लिए उक्ति के वाँकपन की अनिवार्यता **भामह** ने ही स्वीकार की–**'कोऽलंकारोऽनयाविना'** (2/85)। वक्रोक्ति के अभाव में ही उन्होंने हेतु, सूक्ष्म और लेश को अलंकार नहीं माना–'वक्रोक्त्यनभिधानतः' (2/86)। भामह की यह मान्यता कि 'वक्र शब्द और अर्थ का प्रयोग वाणी का अलंकार (सौंदर्य) है।[3], अथवा 'वाणी की शोभा वक्र शब्द और अर्थ से ही निष्पन्न होती है।'[4] एवं कतिपय अन्य उक्तियाँ[5] उन्हें अलंकारवादी की अपेक्षा वक्रोक्तिवादी ही मानने को विवश करती हैं। अलंकार के व्यापक अर्थ को ध्यान में रखते हुए ही उन्हें अलंकारवादी कहना उचित माना जा सकता है, अन्यथा अपर दृष्टि से वे प्रथम वक्रोक्तिवादी–वक्रोक्ति के महत्व प्रतिपादक आचार्य ठहरते हैं। वे वक्रोक्ति-रहित वाक्य को काव्य नहीं **'वार्ता'** मानते (काव्या. 2/87) हैं। तात्पर्य यह कि भामह के मत से उक्ति का वाँकपन ही वचनों की अलंकृति है। इस प्रकार वक्रोक्ति की परिधि में ही काव्य का समस्त शोभाविधायक तत्त्व सिमट जाता है। भामह के विपरीत आचार्य दण्डी[6] ने स्वभावोक्ति को वक्रोक्ति की परिधि से अलग करते हुए **वाङ्मय के दो वर्ग** किये–**स्वाभावोक्ति** और **वक्रोक्ति**। यहाँ वक्रोक्ति में ही रसोक्ति भी निहित है, पर **भोजराज[7] ने उसे अलग करते हुए वाङ्मय के तीन** वर्ग किये–**वक्रोक्ति, रसोक्ति** और **स्वभावोक्ति**, किन्तु **कुन्तक**[8] ने मात्र वक्रोक्ति को ही अलंकृति एवं अन्य सब को **'अलंकार्य'** या **'विषय'** माना एवं भामह से प्रेरणा ग्रहण कर उसे व्यापक काव्य-सिद्धान्त

1. देवेन्द्र नाथ शर्मा–'काव्यालंकार' (भामह कृत), पृ.-42
2. 'अनयार्थो विभाव्यते' की व्याख्या करते हुए श्री ताताचार्य ने लिखा है–'काव्यार्थः रसचर्वणानुगुणविशदप्रतीतिगोचरीक्रियते।' – ग. त्र्य. देशपाण्डे।
3. वक्राभिधेयशब्दोक्तिरिष्टा वाचामलंकृतिः।–काव्या. 1/36।
4. वाचां वक्रार्थशब्दोक्तिरलंकाराय कल्पते।–वही, 5/66।
5. वही, 1/30 एवं 6/23।
   –भामह एवं दण्डी के समय तक वक्रोक्ति की अलंकार-विशेष के रूप में मान्यता नहीं थी। वह कल्पना परवर्ती है। सर्वप्रथम आचार्य 'वामन' ने अलंकार-विशेष-अर्थालंकार–के रूप में उसका लक्षण किया। तदनन्तर आचार्य रुद्रट ने उसे अर्थालंकार नहीं, शब्दालंकार स्वीकार कर लक्षण किया। परवर्ती आचार्यों में रुद्रट का मत चला। वक्रोक्ति अब भी शब्दालंकार के रूप में मान्य है।
6. द्विधा भिन्नं स्वभावोक्तिर्वक्रोक्तिश्चेति वाङ्मयम्।–काव्यादर्श 2/362
7. वक्रोक्तिश्च रसोक्तिश्च स्वभावोक्तिश्चेति वाङ्मयम्।–सर. कण्ठा. 5/8।
8. शब्दार्थौ सहितौ वक्रकविव्यापारशालिनी।
   बन्धे व्यवस्थितौ काव्यं तदिवदाह्लादकारिणि।।–व. जी. 1/7।
   उभावेतावलंकार्यौ तयोः पुनरलंकृतिः।
   वक्रोक्तिरेव वैदग्ध्यभंगी-भणितिरुच्यते।।–प. जी. 1/10।

के रूप में व्याख्यायित-स्थापित किया।

भामह के अनुसार वक्रोक्ति मात्र वाक्-चातुरी या उक्ति-चमत्कार नहीं, वह कवि का वक्र व्यापार अथवा कवि का वक्र कौशल है। उससे युक्त एवं सहृदयों के लिए आह्लादकारी बन्ध में व्यवस्थित शब्दार्थ ही काव्य है। शब्दार्थ, काव्य-शरीर होने के कारण 'अलंकार्य' है जिसका एकमात्र अलंकार 'वक्रोक्ति' है और **'वैदग्ध्यभंगीभणिति ही वक्रोक्ति'** है।[9] इस लक्षण–'वक्रोक्तिः... ....वैदग्ध्यभंगीभणितिः' में कुल तीन शब्द हैं–वैदग्ध्य, भंगी और भणिति। **वैदग्ध्यता** का अर्थ है विदग्धता यानी कवि-कर्म का कौशल। भंगी का अर्थ है–विच्छित्ति, चमत्कार, चारुता आदि एवं **भणिति** से तात्पर्य है–कहने की शैली मानी कथन-प्रकार। अस्तु, कुन्तक के अनुसार **विदग्धतापूर्ण भंगिमा से युक्त कथन-प्रकार ही वक्रोक्ति** है। यह कवि-कर्म के कौशल से उद्भूत चारूकथन है। **कुन्तक** का आग्रह **कवि-कौशल** पर है। उनके द्वारा वक्रोक्ति की अनेकत्र की गयी व्याख्याओं[10] से भी इसी का पोषण होता है। इसे ही वे **कवि-व्यापार** भी कहते हैं[11]। परवर्त्ती आचार्य महिमभट्ट कृत लक्षण में इन सब का समाहार हुआ है। उनके अनुसार काव्य-सौन्दर्य की वृद्धि के लिए–वैचित्र्य की सिद्धि के लिए जहाँ प्रसिद्ध मार्ग का परित्याग कर वही अर्थ अन्य प्रकार से प्रतिपादित किया जाता है, वहाँ वक्रोक्ति होती है।[12] कुन्तक के वक्रोक्ति छह प्रकार की मानी है। यथा–

1.	वर्णविन्यास वक्रता	4.	वाक्य वक्रता
2.	पद-पूर्वाध वक्रता	5.	प्रकरण वक्रता
3.	पद-परार्ध वक्रता	6.	प्रबन्ध वक्रता

इनका आवश्यक विवेचन आगे किया जाता है।

10.1. वर्णविन्यास वक्रता : जहाँ वर्णों के विन्यास से काव्य-सौन्दर्य में चमत्कार उत्पन्न होता है, वहाँ वर्णविन्यास वक्रला होती है।

वर्ण से तात्पर्य यहाँ व्यंजन वर्णों से है। सफल कवि-कर्म की पहली पहचान है काव्य में वर्णों (व्यंजनों) का योग्य विन्यास अथवा कौशलपूर्ण संगठन। काव्य में चित्रांकन (चित्रात्मकता) और संगीत-विधान (सांगीतिकता) वर्णों के कुशल और औचित्यपूर्ण विन्यास पर ही निर्भर करते हैं। कुन्तक ने व्यंजन वर्णों के कुशल

---

9. इसकी व्याख्या में कहा गया है–"वैदग्ध्यं विदग्धभावः, कविकर्मकौशलं, तस्य भंगी विच्छित्तिः, तया भणितिः। विचित्रैवाभिधा वक्रोक्तिरित्युच्यते।"

10. क. शास्त्रादिप्रसिद्धशब्दार्थोपनिबन्धव्यतिरेकि।–व. जी., पृ.-14
    ख. प्रसिद्धप्रस्थानव्यतिरेकि।–वही, पृ.-29
    ग. अतिक्रान्तिप्रसिद्धव्यवहारसरणि।–वही, पृ.-195

11. कविव्यापारवक्रत्वप्रकाराः सम्भवन्ति षट्। –वही, 1/18

12. प्रसिद्धं मार्गमुत्सृज्य यत्र वैचित्र्यसिद्धये।
    अन्यथैबोच्यते सोऽर्थ सा वक्रोक्तिरुदाहता।। व्यक्तिविवेक, पृ.-75

संगठन से उत्पन्न होने वाले सौन्दर्यविषयक सभी प्रकारों का विवेचन इसी वक्रता में ही हो जाता है। कुन्तक के अनुसार अनुप्रास का विधान सायास नहीं होना चाहिए। वह जितना अयत्नज होगा, उतना ही उत्तम और आकर्षक भी। उसके लिए कवि का आग्रह नहीं, 'नातिनिर्बन्धविधान' आवश्यक है। वैसे ही यमक-विधान के लिए तीन बातें आवश्यक हैं–प्रसाद गुण, श्रुतिपेशलता और औचित्ययुक्तता (व. जी. 2/4)। काव्य की वृत्तियों–कोमला परुषा एवं उपनागरिका–का आधार भी वर्णविन्यासवैचित्र्य ही है। इस वक्रता के कतिपय उदाहरण अग्रांकित हैं। यथा–

1. तुलसी मनरंजन रंजित अंजन नैन सुखंजन जात कसे।–तुलसी
2. कनक कनक तें सौगुनी, मादकता अधिकाय। –बिहारी।
3. मधुर बाला का मधुर मधु मुग्ध राग। – पंत।
4. पास ही रे हीरे की खान। –निराला।
4. पनघट पर घट का घटाटोप–
गत-गोरव; गौरव-निहित गोप,

वह बंद प्रणयमय कोप नन्द-नन्दन पर;

व्याकुल कालिन्दी-कुंज-कूल,
उड़ती वृन्दावन-मध्य धूल,
अब कहाँ तनों में फूल, मनोहर मधुकर! –जा. व. शास्त्री।

10.2. पद-पूर्वार्ध वक्रता : जहाँ शब्द-विशेष के प्रयोग-वैचित्र्य से काव्य में चमत्कार उत्पन्न होता है, वहाँ पद-पूर्वार्ध वक्रता होती है।

यह पद-वक्रता का एक प्रकार है। पद दो प्रकार के होते हैं–सुबन्त और तिङन्त। अस्तु, इसमें पद (सुबन्त अथवा तिङन्त) + पूर्वार्ध (प्रातिपदिक अथवा धातु) + वक्रता (विन्यास-विचित्रता) होती है। व्याकरण सम्बन्धी प्रयोग-वैचित्र्य के कारण उत्पन्न चमत्कार ही इसका क्षेत्र है। इसके अन्तर्गत रूढ़ि, पर्याय, उपचार, विशेषण, संवृति, प्रत्यय, वृत्ति, भाव (धातु), लिंग और क्रिया के प्रयोग-वैचित्र्य को स्वीकार किया गया है। इन आधारों पर ही यह दस प्रकार की मानी गयी है। यथा–

क.	रूढ़िवैचित्र्य वक्रता	च.	प्रत्यय वक्रता
ख.	पर्याय वक्रता	छ.	वृत्ति वक्रता
ग.	उपचार वक्रता	ज.	भाववैचित्र्य वक्रता
घ.	विशेषण वक्रता	झ.	लिंगवैचित्र्य वक्रता
ङ.	संवृत्ति वक्रता	ञ.	क्रिया वक्रता।

2. क. रूढ़िवैचित्र्य वक्रता : जहाँ रूढ़िवैचित्र्य से चमत्कार उत्पन्न होता है, वहाँ यह वक्रता होती है। 'रूढ़ि' से तात्पर्य है–परम्परागत अभिधान, परम्परा से अर्थ-विशेष की मान्यता। इसमें असम्भाव्य धर्म का आरोप अथवा विद्यमान धर्म का

वैचित्र्य होता है। कुन्तक ने लक्षणामूला ध्वनि के दोनों रूपों (अ) **अर्थान्तर संक्रमित** एवं (आ) **अत्यन्त-तिरस्कृत** का इसी में अन्तर्भाव कर लिया है। इस वक्रता में रूढ़ शब्द का वाच्य अर्थ स्वयं अपने उत्कर्ष या अपकर्ष का विधान करता है। परिणामतः काव्य में चमत्कार आ जाता है। यथा–

1. पाइ महावर देइ को, आपु भई **बे-पाइ**। –बिहारी।
2. **धरनिसुता** धीरज धरयौ, समय कुसमय विचारि।
3. महाराष्ट्र कुल-देवी उसकी ही आराध्य भवानी थी। –सु. कु. चौहान।
4. तुम्हारे छूने में था **प्राण**, संग में पावन **गंगा-स्नान**।–पंत।

2. ख. पर्यायवक्रता : जहाँ किसी शब्द के पर्याय-विशेष के प्रयोग से अर्थ का अतिशय पोषण अथवा चमत्कारपूर्ण या असम्भाव्य अर्थ का द्योतन हो, वहाँ पर्यायवक्रता होती है। तात्पर्य यह कि उचित स्थान पर सटीक पर्याय (शब्द विशेष) के प्रयोग में यह वक्रता होती है। यथा–

1. बीती **विभावरी** जाग री! –प्रसाद।
2. प्रिय! **यामिनी** जागी। –निराला।
3. धीरे-धीरे उतर क्षितिज से आ वसन्त-**रजनी**। –निराला।
4. **अबला** जीवन हाय तुम्हारी यही कहानी। –मैथिलीशरण गुप्त।
5. एक कनक एक **कामिनी,** दुर्गम घाटी दोय। –का. शास्त्र।
6. **नारी**! तुम केवल श्रद्धा हो, विश्वास रजत नग पगतल में।–प्रसाद।

उपरि प्रथम तीन उद्धरणों में 'विभावरी', 'यामिनी' और 'रजनी' पर्याय हैं, पर प्रथम में 'तारों भरी रात', द्वितीय में प्रहर-प्रहर में बीतनेवाली रात और तृतीय में 'रज-रहित शुभ्र रात' के बोधक हैं। इसी प्रकार अंतिम तीन उद्धरणों में 'अबला', 'कामिनी' और 'नारी' क्रमशः 'विवश और दुर्बल स्त्री', 'वासना की प्रेरिका स्त्री' और 'आस्था एवं करुणा के भावों से युक्त मानवी' के द्योतक हैं। उचित स्थान पर उचित पर्याय प्रयुक्त होने के कारण ये पर्यायवक्रता के उदाहरण हैं। तुलसी की उक्ति 'अब **चित्त** चेतु चित्रकूटहिं चलु' (वि. प. 24) और सूर के पद '**मोहन** मुरली अधर धरी' (सू. सा. 1845) में पर्यायवक्रता का सौन्दर्य सहज ही स्पष्ट है।

2. ग. उपचार वक्रता : जहाँ भिन्न एवं दूरान्तर वस्तु का किसी वस्तु के साथ अभेद-स्थापन किया जाये, वहाँ उपचार वक्रता होती है।

इसमें भेद के भीतर आरोप रहता है। उपचार का अर्थ है–अत्यन्त भिन्न पदार्थों में सादृश्य अथवा साधर्म्य के कारण अभेद की प्रतीति यनी भेद-ज्ञान की समाप्ति। उपचार के लिए वस्तुओं में दूरान्तर होना आवश्यक है। दूरान्तर से तात्पर्य दो वस्तुओं

में देश अथवा कालगत भिन्नता (दूरी) से नहीं, धर्म अथवा स्वभाव की भिन्नता से है। इसमें मूर्त पर अमूर्त के सौन्दर्य का, अचेतन में चेतन पदार्थ के धर्म का आरोप होता है जिससे काव्य में चारुत्व आ जाता है। रूपक आदि अलंकारों का अन्तर्भाव इसी वक्रता में किया गया है। आचार्य **रुय्यक** के अनुसार तो ध्वनि के समस्त प्रपंच का भी अन्तर्भाव इसी वक्रता में किया जा सकता है। इसके कतिपय उदाहरण अग्रांकित हैं। यथा–

1. **आँखियाँ** हरि दरसन की **भूखी**। –सूरदास।
2. एक राम **घनस्याम** हित, चातक तुलसीदास।– तुलसी।
3. सिकता की **सस्मित सीपी** पर मोती की **ज्योत्सना रही विचर**।–पंत
4. यह कितनी स्पृहणीय बन गयी, **मधुर जागरण-सी** छविमान। **स्मिति की लहरों-सी** उठती है, नाच रही ज्यों **मधुमय तान**।।–प्रसाद

प्रथम उद्धरण में 'आँखों' पर चेतनप्राणी के धर्म 'भूख' के आरोप, द्वितीय में 'राम' पर 'श्याम घन' एवं 'तुलसीदास' पर 'चातक' के आरोप, तीसरे में 'सीपी' के 'सस्मित' होने एवं 'ज्योत्सना' के 'विचरने' तथा चौथे में उपमेय 'आशा' ('यह'=अमूर्त) के लिए मूर्त उपमान 'स्मिति की लहरों' आदि में उपचारवक्रता है। द्वितीय उद्धरण में दो स्वभावतः भिन्न पदार्थों में अभेदभाव के पोषण का आधार जहाँ किंचिन्मात्र सादृश्य है, वहाँ अन्य उदाहरणों में एक पदार्थ के धर्म का दूसरे पर आरोप है।

2. घ. संवृत्ति वक्रता : काव्य में चमत्कारोत्पादन अथवा लावण्यवृद्धि हेतु जहाँ सर्वनाम आदि के प्रयोग द्वारा वस्तु का गोपन किया जाता है, वहाँ संवृत्ति वक्रता होती है।[13]

संवृत्ति का अर्थ है–गोपन यानी किसी वस्तु को छिपाना। अनेक बार पूर्ण भावाभिव्यक्ति हेतु वाचिक कथन चमत्कारपूर्ण नहीं होता–विचित्रता की विवक्षा, कौतूहल और काव्यसौन्दर्य की वृद्धि के लिए गोपन उपयोगी होता है। वैसा किया जाना अधिक कलात्मक भी होता है। वैसे स्थलों पर संवृतिवक्रता से काम लिया जाता है। यथा–

1. वह चितवनि **औरे** कछू, जिहि बस होत सुजान।–बिहारी।
2. चल चरणों का व्याकुल पनघट, कहाँ आज **वह** वृन्दाधाम।–पंत।
3. कहीं न **कोई** कह दे कुछ, ये ऋतु इतनी बदनाम है!
ये फागुन की शाम है!–धर्मवीर भारती।

---

13. यत्र संव्रियते वस्तु वैचित्र्यस्य विवक्षया।
सर्वनामादिभिः कैश्चित् सोक्ता संवृतिवक्रता।।–व. जी. 2/16

2. ङ विशेषण वक्रता : जहाँ विशेषण के कुशल और औचित्यपूर्ण प्रयोग के कारण वाक्य में क्रिया अथवा कारक को विशेष लावण्य प्राप्त होता है, वहाँ विशेषण वक्रता होती है।[14]

1. निद्रा के उस **अलसित** वन में क्या वह भावी की छाया।–पंत।
2. मौन हुई हैं **मूर्च्छित** तानें, और न सुन पड़ती अब बीन।–प्रसाद।
3. भेंट हैं तुमको सखे ये **अश्रुगीले** गीत। –महादेवी।

उपरि उद्धरणों में 'अलसित', 'मूर्च्छित' और 'अश्रुगीले' विशेषणों के कारण सौन्दर्यवृद्धि हुई है। विशेषणों के कुशल प्रयोग कवि की विदग्धता के परिचायक होते हैं।

2. च. प्रत्यय वक्रता : जहाँ प्रत्यय के प्रयोग से किसी विशेष औचित्य विषयक चमत्कार उत्पन्न हो, वहाँ प्रत्यय वक्रता होती है।[15] यथा–

1. गई-**बहोर** गरीब नेवाजू। –तुलसी।
2. **अभी** वक्त ही क्या लेकिन इतना सन्नाटा छाया। –धर्मवीर भारती।

इन उद्धरणों में 'बहोर' और 'अभी' का प्रत्यय रूप प्रयोग चमत्कारोत्पादक है। अग्रांकित उद्धरण में तीन प्रकार की वक्रता के एकत्र उदाहरण देखे जा सकते हैं। यथा–

सोने के हंसों-सी धूप यह नवम्बर की
उस आँगन में भी उतरी होगी
सीपी के ढालों पर **केसर की लहरी-सी**
गोरे कन्धों पर फिसली होगी बिन आहट
गदराहट बन-बन ढली होगी अंगों में।

यहाँ 'सोने के हंसों-सी' एवं 'केसर की लहरी-सी' में विशेषण वक्रता, 'उस' में संवृति-वक्रता और 'गदराहट' में प्रत्यय वक्रता है।

2. छ. वृतिवैचित्र्य वक्रता : जहाँ वृत्तियों में और मुख्यतः अव्ययीभाव में रमणीयता होती है, वहाँ वृत्तिवैचित्र्यवक्रता होती है।[16] यहाँ 'वृत्ति' से तात्पर्य समास, तद्धित तथा सुव् धातु आदि व्याकरण की वृत्तियों से है, कोमला, परुषा और

---

14. विशेषणस्य महात्म्यात् क्रियायाः कारकस्य वा।
यत्रोल्लसति लावण्यं सा विशेषणवक्रता।।–व. जी. 2/15
15. प्रस्तुतौचित्य-विच्छित्तिं स्वमहिम्ना विकाशयन।
प्रत्ययः पदमध्येऽन्यामुल्लासयति वक्रताम्।।–व. जी. 2/18
16. अव्ययीभावमुख्यानां वृत्तीनां रमणीयता।
यत्रोल्लसित सा ज्ञेया वृत्तिवैचित्र्यवक्रता।।–व. जी. 2/19

उपनागरिका वृत्तियों से नहीं। हिन्दी कविता में इसके उदाहरण विरल हैं।

2. ज. भाववैचित्र्य वक्रता : जहाँ क्रिया साध्यरूपा ने होकर सिद्धरूपा (सिद्ध रूप में प्रयुक्त) हो, वहाँ भाववैचित्र्यवक्रता होती है।[17]

भाव का तात्पर्य है क्रिया। क्रिया-व्यापार के रूप में ही यहाँ 'भाव' गृहीत है। क्रिया सामान्यतः होती है साध्यरूपा ही, यानी किसी व्यापार का निष्पादन करना ही उसका लक्ष्य होता है। किन्तु अनेक बार चमत्कार-उत्पादन-हेतु उसे सिद्धरूप में भी प्रयुक्त किया जाता है। वैसी स्थिति में भाववैचित्र्यवक्रता होती है। कहना चाहिए कि इसमें क्रिया के 'क्त' प्रत्ययान्त रूप का चामत्कारिक प्रयोग होता है। यथा–

1. पीता मन **मुकुल्लित कंज** आप, अपनी मधु बूँदें मधुर मौन।–प्रसाद।
2. व्योम-सर में हो उठा **विकसित** अरुण आलोक शतदल।–दिनकर।
3. मरुत-पुलक भर अंग **प्रकम्पित**, बार-बार देखती चपल-चितु,
   स्पर्श-**चकित कर्षित** हो **हर्षित**, लक्ष्य पार करती चल-चितवन।
   –निराला।
4. चली स्नान-हित शोभा-**वलयित**, गीत-सदृश चित प्रिय-छवि-निर्मित,
   क्षालित शत-तरंग-तनु-**पालित**, **अवगाहित** निकली द्युति निर्मल।
   –निराला।

2. झ. लिंगवैचित्र्य वक्रता : जहाँ लिंग-विषयक प्रयोगों में वैचित्र्य हो किन्तु अनौचित्य नहीं हो तो वहाँ लिंगवैचित्र्य वक्रता होती है।

लिंग-प्रयोग में वैचित्र्य के कई कारण होते हैं–(क) भिन्न लिंग वाले शब्दों का समानाधिकरण्य, (ख) सुन्दरता या कोमलता की निष्पत्ति के लिए पुल्लिंग शब्दों का स्त्रीलिंग में प्रयोग अथवा पौरुष और कठोरता की व्यंजना के लिए स्त्रीलिंग शब्दों का पुल्लिंग में प्रयोग और (ग) अर्थ के औचित्य को ध्यान में रखकर लिंग की अवहेलना करना। परिणामतः इनसे प्रयोग चमत्कारपूर्ण हो जाता है। यथा–

1. नयन सरोज मयन **सरसी** के....। –तुलसी।
2. सिखा दो ना हे **मधुपकुमारि**! मुझे भी अपने मीठे गान।–पंत।
3. उधर गरजतीं सिंधु **लहरियाँ**,, कुटिल काल के जालों-सी;
   चली आ रहीं फेन उगलती, फन फैलाये **ब्यालों**-सी। –प्रसाद।
4. बालिका मेरी मनोरम **मित्र** थी। –पंत।

यहाँ प्रथम दो उद्धरणों में पुल्लिंग (सर, मधुप) का स्त्रीलिंग (सरसी, मधुपकुमारि)

---

17. साध्यतामनादृत्य सिद्धत्वेनाभिधीयते।
    यत्र भावो भवत्येषा भाववैचित्र्यवक्रता।।–व. जी. 2/20

में प्रयोग हुआ है। तृतीय में भिन्नलिंगी शब्दों (लहरी, ब्याल) में समानाधिकरण्य है एवं चतुर्थ में अर्थसौकर्य और औचित्य के कारण वैचित्र्य है।

2. भ. क्रियावैचित्र्य वक्रता : जहाँ क्रिया-प्रयोग से चमत्कार उत्पन्न हो, वहाँ क्रियावैचित्र्य वक्रता होती है।

इस वक्रता का आधार है क्रिया-योजना की विचित्रता। क्रिया-योजना का सौन्दर्य कई प्रकार से चामत्कारिक हो उठता है—(क) क्रिया एवं कर्ता में अंतरगता—'**कर्तुरत्यन्तरंगत्वम्**', (ख) कर्ता के योग से क्रिया का विचित्र लगना—'**कर्त्रन्तरविचित्रता**', (ग) क्रियाविशेषण से क्रिया की रमणीय बनना, (घ) उपचार मनोज्ञता और (ङ) कर्म आदि का गोपन। क्रिया के प्रयोग की रमणीयता कई बार अन्य दोषों को भी ढक देती है। कतिपय उदाहरण—

1. उपमा एक न नैन **गही**। — सूरदास।
2. **तिर** रही अतृप्ति जलधि में नीलम की नाव निराली। —प्रसाद।
3. नीले वितान के तले दीप बहु **जागे**। — गुप्तजी।
4. सौंह करै भौंहन हँसै, दैन कहै **नटि जाय**। —बिहारी।
5. **फहर** रहे थे केतु उच्च अट्टों पर **फर-फर**। —गुप्तजी।
6. **जीती जीती** है रन बंसी। —सूरदास।

यहाँ प्रथम और चतुर्थ उद्धरणों में क्रिया एवं कर्ता की अंतरंगता, द्वितीय और तृतीय में कर्तन्तरविचित्रता, पंचम में क्रियाविशेषण से क्रिया में रमणीयता और षष्ठ में उपचार-सौंदर्य (उपचार मनोज्ञता) है। सूर ने 'बंसी' के लिए 'रण जीतने' की क्रिया से बाँसुरी पर प्रेमिका के व्यवहार का आरोप किया है।

10.3. पदपरार्ध वक्रता

पद के पूर्वार्ध (प्रातिपदिक अथवा धातु) के प्रयोग की विचित्रता की तरह ही पद के परार्ध (यानी सुप् अथवा तिङ् प्रत्यय) के प्रयोग-वैचित्र्य भी काव्य में मिलते हैं। पद के उत्तरार्ध (उत्तरांश) के प्रयोग-वैचित्र्य के कारण जहाँ चमत्कारोत्पादन होता है, वहाँ पदपरार्ध वक्रता होती है। पद के उत्तरार्ध की अपर संज्ञा **प्रत्यय** है। इसी कारण इसे **प्रत्ययवक्रता** भी कहते हैं। वक्रता की रमणीयता काल, कारक, संख्या, पुरुष आदि के विशिष्ट प्रयोगों पर आधारित होती है। इसके निम्नांकित प्रकार होते हैं—

क. कालवैचित्र्य वक्रता
ख. कारकवैचित्र्य वक्रता
ग. संख्यावैचित्र्य वक्रता
घ. पुरुषवैचित्र्य वक्रता।
ङ. उपग्रह वैचित्र्य वक्रता।
च. प्रत्यय (पदमध्यप्रत्यय) वक्रता।
छ. पद (अव्युत्पन्न पद) वक्रता।

3. क. काल-वैचित्र्य वक्रता : जहाँ औचित्य के अनुरूप काल के प्रयोग से चमत्कार का उत्पादन होता है, वहाँ कालवैचित्र्य वक्रता होती है।[18] यथा

1. उपमा हरि तन देखि **लजाने**।
कोउ जल में कोउ बनहिं रहे दुरि, कोऊ गगन समाने।।–सूरदास।
2. आलम जौन से कुंजन में करी केलि तहाँ अब सीस **धुन्यो** करैं।
नैनन में जो सदा रहते तिनकी अब कान कहानी सुन्यो **करैं**।।–आलम

प्रथम उद्धरण में 'लजाने' (लजा गये) के 'ने' प्रत्यय के वाच्यार्थ (भूतकाल के) वैचित्र्य से कृष्ण के विभिन्न अंगों के सौन्दर्य हेतु उपमानों की वर्तमान और भविष्य सम्बन्धी सभी संभावनाओं के चुक जाने की व्यंजना होती है। द्वितीय उद्धरण के 'धुन्यो' और 'सुन्यो' के वाच्यार्थ (वर्तमान काल) के वैचित्र्य से भूतकाल (अतीत की स्मृति से विरह-वेदना की तीव्रता) के द्योतन का चमत्कार उत्पन्न होता है। पंत के 'परिवर्तन' की निम्नांकित पंक्तियों में वाच्यार्थ (सुखद वर्तमान) से भविष्य (दुखद भविष्य) के चमत्कारपूर्ण द्योतन में कालवैचित्र्य वक्रता ही है–

आज गर्वोन्नत हर्म्य अपार, रत्न-दीपावलि मंत्रोच्चार।
उलूकों के कल भग्न विहार, झिल्लियों की झनकार।।–पंत।

3. ख. कारकवक्रता : जहाँ अभिप्राय विशेष की अभिव्यक्ति हेतु कारकों के प्रयोग में विपर्यय कर दिया जाता है; जहाँ अचेतन में चेतनत्व के अध्यारोप करने से चेतन की क्रिया का प्रयोग होता है, वहाँ कारक-वैचित्र्य-वक्रता होती है।[19] यथा–

1. बिनु गोपाल बैरिन भई **कुंजैं**। –सूरदास।
2. **तम** ने इन पर अंचल से, बुन-बुन कर चादर तानी।
इन पर **प्रभात** ने फेरा, आकर सोने का पानी।।–महादेवी वर्मा।
3. गुलालों से पथ रवि का लीप, जला पश्चिम में पहला दीप।
बिहँसती **संध्या** भरी सुहाग, दृगों से झरता स्वर्ण पराग।।
–महादेवी वर्मा
4. कोमल **अंचल** ने पोछा, मेरी गीली आँखों को।
वायु उड़ा ले गयी कहाँ, रंगीन मृदुल पाँखों को।।

---

18. औचित्यान्तरतम्येन समयो रमणीयताम्।
यातिं यत्र भवत्येषा कालवैचित्र्यवक्रता।।–व. जी. 2/26
19. यत्र कारकसामान्यं प्रधान्येन निबध्यते।
तत्त्वाध्यारोपणान्मुख्यगुणभावाभिधानतः।।
परिपोषभितुं कांचिद् भंगीभणितिरम्यताम्।
कारकाणां विपर्यासः सोक्ता कारकवक्रता।।–व. जी. 2/27, 28

इन उद्धरणों में 'कुंज', 'तम', 'प्रभात', 'संध्या', 'अंचल' और 'वायु' के कर्तृप्रयोग चमत्कारोत्पादक हैं। इन सब पर चेतन पदार्थ के योग्य क्रिया का प्रयोग हुआ है।

3. ग. संख्या वक्रता : जहाँ वचन के विपर्यय से—एक वचन के स्थान पर बहुवचन अथवा बहुवचन के स्थान पर एकवचन के प्रयोग से विवक्षित अर्थ की चमत्कारपूर्ण प्रतीति हो, वहाँ वचन वक्रता होती है।[20] वस्तुतः यह वचन वक्रता ही है। यथा—

गीली अलकों से बारि-बून्दें चुआती हुई,
झीनी **झोलियों** से मुक्त **मुक्ता** लुटाती हुई,
कोयल-सा श्यामल स्वर/ भींगी अमराई से आता है पल-पल पर
सुरमीली **आँखों** को ढाँक रही श्याम **अलक,**
साँवली **बदलियों** का उड़ता-सा **घूँघट-पट,**
छिपता-सा इन्दु-बदन जाता है झलक-झलक,
उठती नत चितवन जब हल्की-सी विद्युत वन। — गि. कु. माथुर।

यहाँ 'झोलियों', 'आँखों' और 'बदलियों' का बहुवचन में किन्तु 'मुक्ता', 'अलक' और 'घूँघट-पट' का एकवचन मेकं प्रयोग चमत्कारपूर्ण है। इनमें संख्या (वचन) विपर्यय है।

3. घ. पुरुष वक्रता : जहाँ चमत्कार-उत्पादन के लिए पुरुषों के प्रयोग में विपर्यय होता है, वहाँ पुरुष वक्रता होती है।[21] अर्थात् इसमें उत्तम पुरुष या मध्यम पुरुष के लिए अन्य पुरुष अथवा प्रातिपदिक के प्रयोग से वक्रता उत्पन्न होती है। यथा—

1. करके ध्यान आज **इस** जन का निश्चय वे मुसकाये।
फूल उठे हैं कमल, अधर-से बन्धूक सुहाये।। —गुप्त।
2. झंझा झकोर गर्जन है या, बिजली थी नीरद-माला।
पाकर **इस** शून्य हृदय को, किसने आ डेरा डाला।।—प्रसाद।

इन उद्धरणों में उत्तम पुरुष के लिए अन्य पुरुष ('इस जन' और 'इस हृदय') का प्रयोग वैचित्र्योत्पादक और रमणीय है।

3. ङ. उपग्रह वक्रता : संस्कृत भाषा की धातुओं में दो पद होते हैं—परस्मैपद

---

20. कुर्वति काव्यवैचित्र्यं विवक्षा परतंत्रिताः।
यत्र संख्याविपर्यासं तां संख्यावक्रतां विदुः।। —व. जी. 2/28
21. प्रत्यक्तापरभानश्च विपर्यासिन योज्यते।
यत्र विच्छित्तये सैषा ज्ञेया पुरुषवक्रता।।—व. जी. 2/30

और आत्मनेपद। जहाँ चमत्कारोत्पादन हेतु परस्मैपद के स्थान पर आत्मनेपद अथवा आत्मनेपद के स्थान पर परस्मैपद का प्रयोग होता है, वहाँ उपग्रह वक्रता होती है। यह विशेषता संस्कृत-धातुओं की है। अतः हिन्दी में इसके उदाहरण नहीं खोजे-पाये जा सकते हैं।

3. च. प्रत्यय वक्रता : जहाँ छोटे-छोटे प्रत्ययों के प्रयोगों में चमत्कार होता है, वहाँ प्रत्यय वक्रता होती है।

आचार्य कुन्तक निरूपित लक्षण[22] के अनुसार यह वस्तुतः प्रत्यान्तर-वैचित्र्य-वक्रता है, जिसे 'तिङ्' आदि प्रत्यय से विहित अन्य प्रत्यय ('तरप्' आदि) के प्रयोग-वैचित्र्य में देखा पाया जा सकता है। वैसे प्रत्ययान्तर-विहित-वैचित्र्य हिन्दी में विरल हैं। हिन्दी काव्य से इसके उदाहरण निम्नांकित रूप में उपस्थित किये जाते हैं। यथा–

1. पिय सों कह्यो **सँदेसड़ा**, हे भौंरा हे काग। –जायसी।
2. **आखड़ियाँ** झाईं परी, पंथ निहारि-निहारि।–कबीर।
3. ये न मग हैं नव चरण की **रेखियाँ** हैं।
   बलि-दिशा की ओर देखा-**देखियाँ** हैं।। –एक भारतीय आत्मा।

उपरि उद्धरणों में 'ड़ा' और 'याँ' प्रत्ययों के प्रयोग चमत्कारपूर्ण और रमणीय हैं।

3. छ. पद-वक्रता : जहाँ उपसर्ग और निपात (अवयव) के प्रयोग-वैचित्र्य रसादि के स्फुरण, द्योतन आदि में चमत्कारी होते हैं, वहाँ पद-वक्रता होती है।[23]

पद के चार प्रकार मान्य हैं–नाम (संज्ञावाची पद), आख्यात (धातु पद), उपसर्ग (धातुपूर्व जुटनेवाले 'प्र', 'परा' आदि) और निपात (अव्यय)। अद्यावधि ऊपर 'नाम' और 'आख्यात' की वक्रताओं के लक्षण-उदाहरण रखे गये हैं, 'उपसर्ग' और 'निपात' के नहीं। उपसर्ग और निपात पदों को 'अव्युत्पन्न पद' (अवयव रहित पद) भी कहा जाता है। अव्युत्पन्न पदों यानी उपसर्ग और निपात पदों का विन्यास-वैचित्र्य ही पद-वक्रता है। यथा–

1. अखियाँ **अतिहि** अजान भई। सूरदास।
2. एक दिवस अति मुदित उदधि के बीचि-**विचुम्बित** तीरे।
   सुख की **भाँति** मिला प्राची से आकर धीरे-धीरे।। –रा. न. त्रिपाठी।
3. प्रिय! **निराश्रिति** की कठिन बाँहें नहीं, शिथिल पड़ती हैं **प्रलोभन** भार से।
   अल्पता की संकुचित आँखें सदा, उमड़ती हैं अल्प भी **अपनाव** से।।

–पंत

---

22. विहितः प्रत्ययादन्यः प्रत्ययः कमनीयताम्।
    यत्रं कामपि पुष्णाति सान्या प्रत्ययवक्रता।।–व. जी. 2/32
23. रसादिद्योतनं यस्यामुपसर्गनिपातयोः।
    वाक्यैकजीवितत्वेन साऽपरा पदवक्रता।।–व. जी. 2/33

4. दीनता के ही **विकम्पित** पात्र में, दान बढ़ कर छलकता है **प्रीति से**।
—पंत

10.4. वाक्य वक्रता : जहाँ प्रयोग-वैचित्र्य के कारण पूरा वाक्य रमणीय, चमत्कारपूर्ण और सहृदय-संवेद्य हो, वहाँ वाक्य वक्रता होती है।

'वाक्य' से तात्पर्य है—परस्पर अन्वित पद-समूह। अस्तु, वाक्य वक्रता का चमत्कार परस्पर अन्वित पद-समूह यानी सम्पूर्ण वाक्य में होता है, किसी पद अथवा पदांश में नहीं। वस्तु विशेष का मनोहारी वर्णन जितना कवि-प्रतिभा से सम्बन्धित है, उतना ही उसके निर्माण-कौशल से भी। कवि-प्रतिभा और कवि-कौशल-वैचित्र्य के प्रकारों की गणना सम्भव नहीं है। अस्तु, वाक्यवक्रता के अनन्त रूप हो सकते हैं।

कुन्तक ने वाक्य-वक्रता में ही **वस्तु-वक्रता** का भी अन्तर्भाव कर लिया है। वाक्य-वक्रता का मूलाधार है कवि-प्रतिभा ही, पर उसकी प्रेरिका होती है वस्तु-वक्रता। काव्य में वस्तुओं का वर्णन दो प्रकार का होता है—(क) स्वाभाविक और (ख) विलक्षण। इसलिए वस्तु-वक्रता भी दो प्रकार की मानी गयी है—(अ) **सहजा** और (आ) **आहार्या**। प्रथम में कवि भावना-प्रत्यक्ष से वस्तु का वर्णन स्वाभाविक, सहज, सुकुमार और रमणीय रूप में करता है, जबकि द्वितीय में महत्त्व कवि के निर्माण-कौशल का होता है। **कुन्तक ने इसे ही कवि-कौशल-शालिनी कहा है।**[24] **उन्होंने समस्त अलंकार वर्ग को इसी (आहार्या) वाक्यवक्रता में अन्तर्भूत किया है।** अलंकार के लिए कुन्तक के दो बातें—**'वैचित्र्य'** और **'कविप्रतिभानिर्वतित्व'**—स्वीकार की है। अर्थात् कवि-प्रतिभा से उद्भूत वर्णन-वैलक्षण्य का चमत्कार ही अलंकार है। यहाँ अलंकार का स्वतंत्र उदाहरण प्रस्तुत करना आवश्यक नहीं। इस प्रकार वाक्य-वक्रता का सम्बन्ध वस्तुतः कवि के निर्माण-कौशल से है।

काव्य के वर्ण्य यानी वस्तुएँ कुन्तक ने दो प्रकार की मानी हैं—चेतन और अचेतन। चेतन के भी दो प्रकार हैं—मुख्य (मानव एवं देवता) और अमुख्य (पशु-पक्षी आदि)। मुख्य चेतन का वर्णन कवि के भावना-प्रत्यक्ष से सम्बद्ध होने के कारण होता है रस-सिद्ध, जबकि अमुख्य चेतन और अचेतन (ऋतु, नदी, पहाड़, लता, वृक्षादि) का वर्णन होना चाहिए रसोद्दीपक यानी कल्पना-आधारित किन्तु निर्माण-कौशल से युक्त। तात्पर्य यह कि मुख्य चेतन के वर्णन में होता है 'स्वभाव प्राधान्य' और अमुख्य चेतन एवं अचेतन के वर्णन में 'रस-प्राधान्य'।

यह आवश्यक नहीं कि विभिन्न काव्यांगों के होने पर काव्य रमणीय हो ही। काव्य में जो भी मनोहारिता, रमणीयता और हृदयहारिता होती है उसके लिए

---

24. अपरा सहजाहार्यकविकौशलशालिनी।
निर्मितिर्नूतनोल्लेखलोकातिक्रान्तगोचरा।।—व. जी. 3/2।

आवश्यक है कवि-प्रतिभा और निर्माण-कौशल। कुन्तक की स्पष्ट घोषणा है कि जैसे चित्र विशेष की मनोहारिता फलक, रेखा और रंगकारी में नहीं अपितु चित्रकार के अंकन-कौशल में होती है, वैसे ही काव्य की हृदयहारिता कवि-मार्गों (रीतियों) की शब्दशोभा, अर्थशोभा, गुणमहिमा तथा अलंकार-प्रयोग में नहीं प्रत्युत् उन सब से भिन्न कवि के निर्माण-कौशल में होती है।[25] इस प्रकार यह निर्माण-कौशल ही वाक्यवक्रता है। वस्तु का रमणीय और वैचित्र्यपूर्ण वर्णन ही इसकी सीमा और शक्ति है।

10.5. प्रकरण-वक्रता : प्रबन्ध के प्रकरण-विशेष का सरस, रमणीय, उपादेय एवं औचित्य और प्रभावपूर्ण होना ही प्रकरण-वक्रता है।

'प्रकरण' से तात्पर्य है—प्रबन्ध का एकदेश यानी किसी प्रबन्ध का प्रसंग-विशेष। प्रबन्ध में एकाधिक प्रकरण अथवा प्रसंग होते हैं। प्रबन्ध होता है अंशी अथवा अंगी और उसमें निबद्ध प्रकरण या प्रसंग होते हैं अंश या अंग। प्रकरण, प्रसंग, अंश अथवा अंग—चाहे जिस नाम से अभिहित करें—के अदोष, रमणीय, औचित्यपूर्ण आदि होने पर ही अंशी अथवा प्रबन्ध का भी सर्वतोभद्र होना निर्भर करता है। प्रबन्ध की उत्तमता के लिए कुन्तक ने उसके प्रकरणों की उत्तमता यानी प्रकरण-वक्रता को अनिवार्य माना है। अस्तु, कहना चाहिए कि प्रबन्ध के प्रकरण-विशेष की मनोहारिता और चमत्कारिता ही प्रकरण-वक्रता है। इसका मूल सम्बन्ध कवि-कौशल से है। प्रकरण-वक्रता कई बातों पर निर्भर करती है। कुन्तक ने इसके नौ नियामक तत्त्वों का निरूपण किया है। यथा—

1.	पात्र-प्रवृत्ति	6.	प्रकरण-रस
2.	उत्पाद्य कथा	7.	अवान्तर वस्तु-योजना
3.	आवृत्ति	8.	प्रकरणान्तर-योजना
4.	उपकार्योपकारक भाव	9.	संध्यंग-विनिवेश।
5.	प्रासंगिक योजना।		

इन नियामकों के अनुरूप ही प्रकरण वक्रता भी नौ प्रकार की मानी गयी है। यहाँ इनमें से एक-दो के बारे में आवश्यक बातें स्पष्ट की जाती हैं।

प्रकरण-वक्रता का प्रथम और सर्वाधिक महत्वपूर्ण नियामक तत्त्व है—**पात्र प्रवृत्ति** अर्थात् नायक-नायिका आदि प्रमुख पात्रों की **चारित्रिक दीप्ति** के लिए प्रसंग-विशेष की सोत्साह रमणीय प्रस्तुति। इस दृष्टि से 'रामचरित मानस' का 'धनुर्भंग-प्रसंग' उदाहृत किया जा सकता है। 'साकेत' और 'रश्मिरथी' की अग्रांकित

---

25. मार्गस्थवक्रशब्दार्थगुणालंकारसम्पदः।
अन्यद्वाक्यस्य वक्रत्वं तथाभिहितिजीवितम्।।
मनोज्ञफलकोल्लेखवर्णच्छयाश्रियः पृथक्।
चित्रस्येव मनोहारि कर्तुः किमपि कौशलम्।। व. जी. 3/3,4

पंक्तियाँ भी प्रकरण-वक्रता के ही उदाहरण हैं—

क. यदि मैं उकसायी गयी भरत से होऊँ,
तो पति-समान ही स्वयं पुत्र भी खोऊँ। — गुप्त जी।

ख. हे अम्ब तुम्हारा राम जानता है सब।
इस कारण वह कुछ खेद मानता है कब? —गुप्तजी।

ग. पूछो मेरी जाति, शक्ति हो तो, मेरे भुजबल से,
रवि-समान दीपित ललाट से, और कवच-कुण्डल से।
पढ़ो उसे जो झलक रहा है मुझमें तेज प्रकाश,
मेरे रोम-रोम में अंकित है मेरा इतिहास।—दिनकर।

प्रथम उद्धरण में कैकेयी और द्वितीय में राम की उक्तियों में जिन प्रवृत्तियों का प्रकाशन हुआ है, उनसे निर्वेद-प्रकरण रस-निर्भर हो उठा है। उनसे कैकेयी और राम की चारित्रिक दीप्ति सहज ही स्पष्ट हो उठी है। अंतिम उद्धरण कर्ण की उक्ति है जिससे उसकी चारित्रिक दीप्ति का प्रकाशन होता है।

उत्पाद्य कथा से अभिप्राय है—मूल कथा में किसी कल्पित नवीन कथांश की ययोजना से प्रकरण को अधिक रसोद्दीपक और मनोहारी रूप में उपस्थित करना। रसोद्दीपन आदि के लिए कवि को नये कथांश की कल्पना करने अथवा पारम्परीण कथा में औचित्यमूलक परिवर्तन करने की छूट होती है। 'रामचरित मानस' का पुष्ववाटिका-प्रसंग, 'साकेत' में वसिष्ठ द्वारा अयोध्यावासियों को दिव्य-दृष्टि प्रदान करने का प्रसंग, 'चित्रकूट चरित (लक्ष्मीकांत वर्मा) में आदीवासी युवजनों के आक्रोश का प्रसंग आदि उसी प्रकार की प्रकरण-वक्रता के उदाहरण हैं।

आवृत्ति से अभिप्राय है—किसी सामान्य या लघु प्रसंग की नवीन भाव-भंगी के साथ पुनः-पुनः आवृत्ति। इसे नवीन प्रसंगोद्भावना कहना अधिक सार्थक हे। प्रसंगों की आवृत्ति पुनरुक्ति नहीं होती, प्रत्युत् प्रसंग को बार-बार नवीन और रमणीय रूप में उपस्थित करना इसकी विशिष्टता होती है। इस दृष्टि से 'सूर-सागर' के 'भ्रमर-गीत-प्रसंग' का नाम लिया जा सकता है।

इसी प्रकार अन्य नियामकों पर आधारित प्रकरण-वक्रता विषयक विचार भी उपस्थित किये जा सकते हैं।

10.6. प्रबन्ध-वक्रता

प्रबन्ध-वक्रता सब से व्यापक वक्रोक्ति है। इसका सम्बन्ध सम्पूर्ण प्रबन्ध से होता है। प्रबन्ध से अभिप्राय है—काव्य-प्रबन्ध और नाट्य-प्रबंध। प्रबन्ध-वक्रता कवि की प्रतिभा और निर्माण-कौशल की वास्तविक कसौटी है। इसका आश्रय न पद है न पदांश, न वाक्य है न प्रकरण मात्र—पद-पदांश-वाक्यादि की वक्रताएँ प्रबन्ध-वक्रता

में तरंगों की तरह होती हैं। उनसे प्रबन्ध-सौन्दर्य में वृद्धि होती है, पर प्रबन्ध-वक्रता के नियामक तत्व कुछ और ही हैं। प्रबंध-वक्रता के अनेक रूप होते हैं। यहाँ मात्र कुछ के आवश्यक संकेत किये जाते हैं।

क. रसपरिवृत्तिजन्य वक्रता : पौराणिक-ऐतिहासिक कथा पर आधारित नवीन रचना में मूल कथा और रस को परिवर्तित कर अधिक रमणीय और मनोहारी रूप में उपस्थित करना ही रसपरिवृत्ति-जन्य प्रबन्धवक्रता है। इस दृष्टि से 'रामचरित मानस', 'साकेत', 'रावण' (हरदयालु सिंह) आदि के नाम लिये जा सकते हैं। इन सब में करुण रस प्रधान 'रामायण' की कथा को ही आधार बनाया गया है; पर कथानक और रस सभी प्रबन्धों में परिवर्तित रूप में ही प्राप्त होते हैं।

ख. एकदेशसमापनजन्य वक्रता : पुराण-इतिहास प्रसिद्ध कथा के चुने हुए अंश विशेष पर आधारित प्रबन्ध को रमणीय और मनोहारी रूप में उपस्थित करना ही एकदेश समापन जन्य प्रबन्ध वक्रता है। 'रामायण' और 'महाभारत' के विभिन्न प्रसंगों पर रचित प्रबन्ध इसी के क्षेत्र में पड़ते हैं। इस दृष्टि से 'प्रिय-प्रवास', 'वैदेही-वनवास', 'चित्रकूट-चरित', 'रश्मि-रथी', 'कनुप्रिया' आदि के नाम गिनाये जा सकते हैं।

ग. फलान्तरवैचित्र्य जन्य वक्रता--प्रबन्ध-रचना का प्रारम्भ होता है निश्चित उद्देश्य से ही, पर उसके पूरे विस्तार में नायक के महनीय व्यक्तित्व, बुद्धि-वैभव, चारित्र्य-वैशिष्ट्य आदि के कारण मुख्य फल के साथ ही अन्य आनुषंगिक फलों की भी सिद्धि हो जाती है। वैसी स्थिति में फलान्तरवैचित्र्यजन्य प्रबन्धवक्रता होती है। इस दृष्टि से 'रामचरित मानस' की आरम्भिक भूमिका वाला अंश (बाल काण्ड) एवं 'उत्तर काण्ड' में उपसंहार वाला अंश विशेष रूप से ध्यातव्य हैं। सुमित्रानन्दन पंत कृत 'लोकायतन' को इसी कोटि में रखा जायेगा।

घ. नामकरणवैचित्र्यजन्य वक्रता : जहाँ मुख्य कथा को प्रेरित करने वाली केन्द्रीय घटना के आधार पर नामकरण करने से प्रबन्ध में रमणीयता और चमत्कारिता आती है, वहाँ नामकरणवैचित्र्यजन्य प्रबन्धवक्रता होती है। इस दृष्टि से 'कुरुक्षेत्र', 'अंधायुग', 'राम की शक्तिपूजा', 'संशय की एक रात', 'प्रवाद-पर्व', 'जयद्रथ-बध' आदि के नाम लिये जायेंगे।

ङ. कथावैलक्षण्यजन्य वक्रता : कई बार प्रबंधों में मूल कथावृत्त के एकाकार होने के बावजूद उनमें उद्देश्य या दृष्टिगत भेद होने के कारण वस्तु-योजना आदि में भिन्नता हो जाती है। विस्तृत वृत्त को संक्षिप्त कर दिया जाता है या संक्षिप्त वृत्त को विस्तृत कर दिया जाता है—इस प्रकार वस्तु-योजना नीवन हो जाने के कारण जो वैलक्षण्य उपस्थित होता है उसे कथावैलक्षण्यजन्य प्रबन्धवक्रता की अभिधा प्राप्त होती है। उदाहरणार्थ रामाख्यान पर आधारित हिन्दी के विभिन्न प्रबन्धों—'रामायनी कथा' (विष्णु दास), 'रामचरित मानस', 'साकेत', 'अरुण रामायण' (पोद्दार रामावतार

अरुण) आदि—के नाम गिनाये जा सकते हैं।

प्रबन्ध वक्रता के और भी कई रूपों का विवेचन आचार्य कुन्तक ने किया है।

वक्रोक्ति के उपरि विवेचन से स्पष्ट है कि यह काव्यालोचन का महत्त्वपूर्ण सिद्धान्त है। इसमें पद-पदांश से आरम्भ कर प्रबन्ध-वक्रता तक के वैचित्र्यजन्य काव्य-सौन्दर्य का विवेचन किया गया है। आचार्य कुन्तक की दृष्टि इतनी तलस्पर्शिनी है कि उन्होंने गुण, रीति, अलंकार, ध्वनि, प्रबन्ध-संगठन, रस, औचित्य आदि सब का अन्तर्भाव वक्रोक्ति में ही करने का प्रयत्न किया है। एक सीमा तक वे सफल भी हुए हैं। वस्तुतः कवि के रचना-कौशल से काव्य में उत्पन्न चमत्कार के सूक्ष्म विश्लेषण-हेतु वक्रोक्ति-सिद्धान्त सर्वाधिक व्यापक कसौटी है। वक्रोक्ति की महत्ता और इसकी कई विशेषताओं के संकेत पूर्व और पश्चिम के अनेक विवेचकों ने किये हैं। पर काव्य-सिद्धान्त के रूप में प्रतिष्ठा और विवेचन का सारा श्रेय आचार्य कुन्तक को जाता है।

11. रस

काव्य-सिद्धान्तों में 'रस'–सिद्धान्त प्राचीनतम है। रस का व्यवस्थित विवेचन सर्वप्रथम नाटयाचार्य **भरतमुनि** के **'नाटयशास्त्र'** में मिलता है। उसमें कहा गया है कि नाट्यवेद के लिए ब्रह्मा ने **अथर्ववेद** से रसों का ग्रहण किया था। नाट्य-रस की महत्ता के सम्बन्ध में **नन्दिकेश्वर** को मान्यता है कि नाट्य-रस से प्राप्त होने वाला आनन्द ब्रह्मानन्द से भी अधिक होता है (**अपि ब्रह्मपरानन्दादिदमभ्यधिकं मतम्–'अभिनयदर्पण'**)।

उपलब्ध ग्रन्थों में **'नाटयशास्त्र'** ही रस-विवेचक प्रथम ग्रन्थ है, किन्तु उसके कर्त्ता **भरतमुनि** ही रसविवेचक प्रथम आचार्य नहीं है।[1] 'नाटयशास्त्र' के अनुशीलन से अनुमित होता है कि भरत-पूर्व रस-विवेचन की सुदीर्घ परम्परा रही होगी। कम-से-कम उसकी दो स्पष्ट परम्पराएँ थीं। पहली परम्परा थी **द्रुहिण** यानी **ब्रह्मा** की जिसमें आठ रसों की स्वीकृति थी। शांत रस को उसमें स्थान नहीं मिला था। दूसरी परम्परा थी **वासुकि** की जिसमें शांत रस सहित नौ रसों को मान्यता थी। यद्यपि **भरत** ने द्रुहिण की आठ रसों वाली परम्परा को ही स्वीकार कर रस-विवेचन किया, तथापि उन्होंने यत्र-तत्र वासुक्ति-परम्परा के श्लोकों[2] को भी विवेचन के क्रम में स्थान दिया है। अनुमान किया जायेगा कि द्रुहिण-परम्परा का रस-विवेचन नाट्य-रस-विवेचन के लिए अधिक अनुकूल होगा, तभी **भरत** ने उसे स्वीकार किया। इसके विपरीत, असम्भव नहीं कि, वासुकि-परम्परा की रस-चर्चा काव्य-रस की चर्चा (?) के निकट पड़ती हो। यदि **उद्भट** के विवेचन को अपवाद मान लिया जाये, तो ऐसा स्वीकार करना पड़ता है कि आनन्दवर्धन-पूर्व तक रस का विवेचन नाट्याश्रित ही रहा है।

---

1. जनश्रुति के आधार पर **नन्दिकेश्वर** को रस का प्रवर्तक आचार्य माना जाता है। 'काव्य-मीमांसा' (1, पृ.-2) में राजशेखर की उक्ति है–'रूपकनिरुपणीयं भरतः, रसाधिकारिकं नन्दिकेश्वरः।'
2. नानाद्रव्यैर्बहुविधैर्व्यंजन भाव्यते यथा।
   एवं भावा भावयन्ति रसानभिनयै, सह।।–ना. शा. 6/36
   इस श्लोक के सम्बन्ध में **शारदातनय** (भावप्रकाशन) का साक्ष्य है कि यह वासुकि कृत है–'इति वासुकिनाप्युक्तो भावेभ्यो रससम्भवः।'

तात्पर्य यह कि रस-मीमांसा आरम्भ हुई नाट्य-रस के रूप में; काव्य-रस की मीमांसा उसके बहुत बाद प्रायः **आनन्दवर्धन** से आरम्भ होती है। आनन्दवर्धन-पूर्व **उद्भट** का रस-विवेचन निश्चय ही काव्याश्रित अधिक है।

11.1. व्युत्पत्ति और परिभाषा

व्युत्पत्ति की दृष्टि से 'रस' के दो अर्थ होते हैं—(क) **आस्वाद** (रस्यते इति रसः, रस आस्वादन-स्नेहयोः) और (ख) **द्रवत्व** (सरते इति रसः)। दैनन्दिन व्यवहार में रस शब्द के जितने भी अर्थ प्रचलित हैं, उन सब में इन दोनों अर्थों (आस्वाद और द्रवत्व) का अन्तर्भाव है। आस्वाद के मूल में है—**आनन्द**। आनन्दवाची अर्थ में 'रस' का प्रयोग वैदिक साहित्य में भी मिलता है। **तैत्तिरीय उपनिषद्** (2/7) में आध्यात्मिक अर्थ में जहाँ रस प्रयुक्त है, वहाँ भी आनन्दवाची ही है—**"रसो वै सः। रसं ह्येवायं लब्ध्वाऽऽनन्दी भवति।' ऋग्वेद** के विभिन्न उद्धरणों का विश्लेषण करने के उपरान्त **डॉ. नगेन्द्र** ने मत दिया है कि व्यावहारिक दृष्टि से वहाँ रस का प्रयोग वाणी (शब्द + अर्थ) का रस (वागूरस) के अर्थ में हुआ है एवं "वागूरस" को काव्यरस मानना युक्ति संगत हैं।"[3] इसमें वैमत्य नहीं कि रस शब्द का साहित्यशास्त्रीय प्रयोग अपेक्षया परवर्त्ती है। सम्प्रति साहित्यशास्त्र में 'रस' का प्रयोग 'काव्यास्वाद' यानी 'काव्यानन्द' के अर्थ में होता है। काव्य (अथवा साहित्य) में रस को ग्रहण करने का माध्यम जिह्वा नहीं, हृदय और बुद्धि है। इस प्रकार काव्य में रस का सम्बन्ध है आस्वाद से, यानी **काव्यास्वादन से प्राप्त होने वाली आनन्द की अनुभूति ही रस है।** यही आनन्दानुभूति रसानुभूति अथवा काव्यानुभूति के रूप में प्रत्यक्ष होती है।

रस-विवेचन का मूलाधार है यह **भरत-सूत्र**— **'विभावानुभावव्यभिचारिसंयोगात्-रसनिष्पत्तिः'**। यद्यपि यह रस-लक्षण नहीं, रस-निष्पत्ति का आख्यान है, तथापि **अभिनवगुप्त** ने इसे ही रस-लक्षण स्वीकार किया है।[4] इसका तात्पर्य यह नहीं कि **भरत** ने रस-लक्षण नहीं दिया है। उन्होंने रस का विवेचन नाट्य को ध्यान में रखकर किया है। उनकी पूरी व्याख्या विषयपरक अथवा वस्तुपरक (निर्वैयक्तिक) है। परिणामतः उनका रस-लक्षण भी सर्वथा विषयगत अथवा वस्तुपरक (Objective) हैं। **उनके अनुसार रस आस्वाद (अनुभूति) नहीं, 'आस्वाद्य' है।** रस-लक्षण का प्रश्न उठाते हुए स्वयं उन्होंने ही उत्तर भी दिया है—

रस इति कः पदार्थः। उच्यते—आस्वाद्यत्वात्।

रस आस्वाद्य कैसे होता है? इसके उत्तर में **भरत** ने वहीं स्पष्ट किया है—"जैसे

3. रस-सिद्धान्त, पृ.-9
4. एवं क्रमहेतुमभिधाय रसविषयं लक्षणसूत्रमाह।—अभिनवभारती।

नाना प्रकार के व्यंजनों के मेल से बने भोजन (संस्कृत अन्न) को खाते हुए सुमना पुरुष रसों का आस्वादन कर आनन्द (हर्षादि) प्राप्त करते हैं, वैसे ही सहृदय (सुमनस) प्रेक्षक भी वाचिक, आंगिक और सात्त्विक अभिनयों से व्यंजित नाना प्रकार के भावों से युक्त स्थायी भावों का आस्वादन कर आनन्दित (हर्षित) होते हैं।''[5] रसना-व्यापार के साथ नाट्य-रस के इस उपचार (सादृश्योपचार) को गणेशत्र्यंवक देशपाण्डे के अनुसार इस रूप में समझा जा सकता है–

	योग्य	योक्ता	फल	व्यापार
क.	व्यंजन संस्कृत अन्न	सुमनस् (सुमना पुरुष)	हर्षादि (आनन्द) प्राप्ति	रसना (आस्वादन)
ख.	अभिनय से विभावादि द्वारा व्यंजित स्थायीभाव	सुमनस् (सहृदय) प्रेक्षक	हर्षादि (आनन्द) प्राप्ति	निर्विघ्न संविद् आस्वादन

'भुंजाना आस्वादयन्ति' से आस्वादन का तात्पर्य मानस-व्यापार ही है, रसना-व्यापार भर नहीं। **डॉ. नगेन्द्र** ने भी इस (एवं एक और पूर्ववर्ती) उक्ति का समाहार किया है जिसे अग्रांकित रूप में समझा जा सकता है–

विभाव, अनुभव और संचारी = द्रव्य, व्यंजन, ओषधि आदि
स्थायी भाव = अन्न
(नाट्य) रस = (भोज्य) रस
'स्थायिनो भावा रसत्वमाप्नुवन्ति' = 'षाडवादयो रसा निर्वर्त्यन्ते'[6]

इससे स्पष्ट है कि सहृदय अथवा दर्शक की दृष्टि से व्यंजनों या भावों का योग रस नहीं, **वरन् भावों के योग से उत्पन्न होने वाला आनन्द ही रस है**। नाट्य को ध्यान में रखकर **भरत** द्वारा किया गया यही लक्षण काव्य के लिए भी चलता रहा। आगे **अग्निपुराणकार** ने काव्य को ध्यान में रखकर रस-लक्षण करते हुए कहा कि "जिस परम ब्रह्म को वेदान्त में अक्षर, सनातन, अज, विभु, चैतन्य, ज्योति और ईश्वर कहा गया है, उसका सहज स्वरूप आनन्द है, किन्तु उसकी अभिव्यक्ति कभी-कभार ही होती है। उक्त आनन्द की अभिव्यक्ति को ही चैतन्य-चमत्कार अथवा रस कहते हैं–

व्यक्तिः सा तस्य चैतन्यचमत्काररसाह्वया।''[7]

---

5. मूल उद्धरण आगे 'रस-निष्पत्ति' में द्रष्टव्य है।
6. यथाहि गुडादिभिर्द्रव्यैव्यंजनैरोषधिभिश्च षाडवादयो रसा निर्वर्त्यन्ते, तथा नानाभावोपगता अपि स्थायिनो भावा रसत्वमाप्नुवन्तीति।
7. पूर्ण उद्धरण के लिए द्रष्टव्य – अग्निपुराण-338/1-2।

अर्थात्, **काव्य द्वारा उत्पन्न चैतन्य-चमत्कार ही रस है। अग्निपुराणकार** का यह रस-लक्षण सर्वथा मौलिक तो है ही, इससे रस के स्वरूप के सम्बन्ध में भी महत्वपूर्ण संकेत मिलता है। रस सहृदय की चेतना का विस्तार करता है। रस और परम ब्रह्म के सादृश्योपचार से यह भी व्यंजित है कि रसानुभूति ब्रह्मानन्द की अनुभूति के समान होती है।

भरत ने रस-लक्षण किया था विषयगत अथवा निर्वैयक्तिक (Objective) जिसके अनुसार 'विभिन्न भावोपगत स्थायीभाव ही रस है' की मान्यता हुई, पर भरत-सूत्र के परवर्त्ती व्याख्याकारों के विवेचन में वह क्रमशः विषयीगत अथवा वैयक्तिक (Subjective) होता गया। आनन्दवर्धन-पूर्व तक रस का विषयगत लक्षण ही प्रायः मान्य रहा है। उसे विषयीगत बनाने में **अभिनवगुप्त** की व्याख्या का सर्वाधिक योगदान है। आगे **अभिनवगुप्त** की व्याख्या के अनुरूप ही विषयीगत रस-लक्षण मान्य हुआ। परिणामतः रस 'आस्वाद्य' से 'आस्वाद' बन गया--**यानी रस आस्वाद (काव्यास्वाद)–रूप ही होता है,** आस्वाद्य-रूप अथवा आस्वाद्य का विषय नहीं। समन्वयवादी आचार्य **पं. विश्वनाथ** ने भरत-सूत्र की पूर्ववर्ती सभी व्याख्याओं को समेटते हुए रस-लक्षण किया–

विभावेनानुभावेन व्यक्तः सञ्चारिणा तथा।
रसतामेति रत्यादिः स्थायिभावः सचेतसाम्।।–सा. द. 3/1।

अर्थात्, **'रस' वह काव्यानन्द (काव्यानुभूति) है जो आलम्बन विभाव से उद्बुद्ध, उद्दीपन विभाव से उद्दीप्त, व्यभिचारी भावों से परिपुष्ट और अनुभावों से अभिव्यक्त हृदय का स्थायीभाव ही रस-दशा को प्राप्त होता है।** सहृदय के हृदय में इसकी स्थिति तभी तक रहती है, जब तक विभावादि विद्यमान रहते (विभावादिजीवितावधि) हैं और विभावादि की चर्वणा ही उसका स्वरूप (चर्व्यमाणतैकप्राण) होता है। पण्डितराज **जगन्नाथ** कृत रस-लक्षण में **अभिनवगुप्त** के मत का ही किंचित् दार्शनिक परिष्कार किया गया है। मूल बात इतनी ही है--**भग्नावरणा चिद्विशिष्टो रत्यादिः स्थायीभावो रसः।** अर्थात्, सहृदय की चेतना पर ममत्व-परत्व के जो आवरण पड़ जाते हैं, उन्हें विभावादि भग्न कर देते हैं। इस प्रकार जब चेतना मुक्तावस्था को प्राप्त कर लेती है, तभी रति आदि स्थायीभाव पवित्र रूप में प्रतिष्ठित हो परमानन्द-स्वरूप रस की सृष्टि करते हैं।

अस्तु, कहा जायेगा कि इस से प्राप्त होनेवाला आनन्द अलौकिक, असीम, विलक्षण और अनिर्वचनीय होता है। इसके प्रकट (अभिव्यक्ति) होने का कारण सत्वोद्रेक स्वीकृत हुआ है। इस प्रकार **काव्य-रस अनिर्वचनीय आनन्दानुभूति (काव्यानुभूति)** है जिसमें तल्लीन होते ही बाह्य जगत् से सहृदय का सर्वथा सम्बन्ध-विच्छेद हो जाता है। वह केवल रसमय रह जाता है। आचार्य रामचन्द्र शुक्ल

ने इसे ही 'हृदय की मुक्तावस्था'[8] कहा है।

11.2. रस का स्वरूप

रस-लक्षण के सम्बन्ध में जैसे दो प्रकार के मत रहे हैं, वैसे ही रस-स्वरूप के बारे में भी आचार्यों में दो प्रकार की स्पष्टतः भिन्न धारणाएँ रहीं हैं। प्रथम और प्राचीनतम धारणा **'स्थाय्येव रसः'** की है और द्वितीय एवं अधुनातम **'स्थायिविलक्षणो रसः'** की। प्रथम धारणा के प्रतिपादक हैं स्वयं **भरत** जिसके अनुसार रस स्थायीभाव-रूप यानी सुखदुखात्मक है। द्वितीय धारणा का विकास रस के व्याख्याकारों में क्रमशः हुआ जिसका स्पष्ट प्रतिपादन **अभिनवगुप्त** में मिलता है। **अभिनवगुप्त** सुखदुखात्मकता मात्र स्थायीभावों तक ही सीमित मानते हैं, रसों में नहीं[9]। आगे इन्हीं का मत मान्य हुआ। सम्प्रति **अभिनवगुप्त** का मत ही प्रायः सर्वस्वीकृत है—अन्तर केवल शाब्दिक प्रतिपादन में प्रतीत होता है। इसके अनुसार रस आनन्दरूप है। आनन्द के कई रूप स्वीकृत हुए हैं—(क) उदात्त आत्मविश्रांति, (ख) आह्लाद या मनःप्रीति (सहृदयमनः प्रीतये)[10] और (ग) मनोरंजन (सर्वथा हीनतर अर्थ में)। **डॉ. नगेन्द्र** के अनुसार इन तीनों रूपों में रस प्रीतिकर (Pleasurable) होता है।[11] अस्तु, यह मान्य है कि **रसानुभूति प्रीतिकर ही होती है**—वह अनिर्वचनीय आनन्दानुभूति होती है।

रस के स्वरूप के सम्बन्ध में आचार्यों ने अपने-अपने ढंग से तथ्य और तर्क प्रस्तुत किये हैं। पूर्वाचार्यों के एतद्विषयक मतों का समाहार करते हुए **पं. विश्वननाथ** ने एकत्र रूप में जो भी कहा है, वह इस प्रकार है। यथा—

सत्त्वोद्रेकाखण्डस्वप्रकाशानन्दचिन्मयः।
वेद्यान्तरस्पर्शशून्यो ब्रह्मास्वादसहोदरः।।
लोकोत्तरचमत्कारप्राणः कैश्चित्प्रमातृभिः।
स्वकारवदभिन्नत्वेनायमास्वाद्यते रसः।।—सा. द. 3/2-3।

इससे स्पष्ट है कि सहृदयों के द्वारा भोगा जाने वाला रस दस विशेषणों से युक्त माना गया है जिनकी अपेक्षित चर्चा आगे की जाती है। यथा—

1. सत्त्वोद्रेकात् : 'सत्व' का तात्पर्य है तमस् और रजस् वृत्तियों के प्रभाव से मन की मुक्ति एवं 'उद्रेक' का अर्थ है—ऊपर उठना। अतः सत्त्वोद्रेकात् का तात्पर्य है तमस् और रजस् से मुक्त हो अथवा उन्हें दबाकर 'सत्व' का उन्नयन।

2. अखण्ड : रस अखण्ड होता है, ऐसा करने का तात्पर्य यह है कि जैसे दूध,

---

8. चिंतामणि, भाग-1, पृ.-141।
9. अस्मन्मते तु संवेदनमेवानन्दघन आस्वाद्यते। तत्र का दुःखशंका?
10. ध्वन्यालोक-1/1।
11. रस-सिद्धान्त, पृ.-105

चीनी, पानी और चाय की पत्ती से तैयार की गयी 'चाय' का आस्वादन अखण्ड होता है एवं यह नहीं कहा जाता कि 'चीनी पी रहे हैं', 'दूध पी रहे हैं' और 'अब पानी पी रहे हैं' वैसे ही आस्वाद्यमान रस अखण्ड होता है। विभाव, अनुभाव, व्यभिचारी भाव, स्थायी भाव एवं आस्वादकर्त्ता—इनका पृथक्-पृथक् रूप में (खण्ड रूप में) भान नहीं होता है।

3. प्रकाशमय : रस के प्रकाशमय होने का अर्थ इतना ही है कि रस एक बार आस्वाद्यमान होने पर स्वयं प्रकाशित होता रहता है। किसी बाह्य माध्यम द्वारा सूचित करने की आवश्यकता नहीं होती कि अब रस 'आस्वाद्यमान' हो रहा है।

4. आनन्दमय : रस के आनन्दमय रूप की अपेक्षित-व्याख्या उपर (प्रथम अनुच्छेद) हो चुकी है। यह मान्य हो चुका है कि प्रत्येक रूप में रस आनन्दप्रद होता है, दुखात्मक नहीं।[12] **मम्मट** ने रस को सकल-प्रयोजन-मौलिभूत एवं रसास्वाद को आनन्दरूप स्वीकार किया है।[13] रस की आनन्दमयता पर **आचार्य शुक्ल** ने भी प्रश्नचिह्न लगाया है[14], किन्तु उसका समुचित निराकरण **डॉ. नगेन्द्र** ने किया है। सचाई यह है कि रस की आनन्दस्वरूपता के विरोध में जो भी विकल्प प्रस्तुत किये जाते रहे हैं, वे या तो असिद्ध हो जाते हैं या प्रकारान्तर से आनन्द का ही समर्थन करते हैं।

5. चिन्मय : चिन्मय से तात्पर्य है कि रस 'ज्ञानमय' होता है (चिति संज्ञाने)। अर्थात्, आस्वाद्यमान रस और रस के आस्वाद-कर्त्ता के मध्य 'भावात्मक तिरोभाव नहीं' होता। वैसा हो जाने पर रस का उपभोग सम्भव होगा ही नहीं। यों, इस शब्द की अन्य प्रकार से भी व्याख्या की जाती है।

6. वेद्यान्तरस्पर्शशून्य : इसका तात्पर्य यह है कि रस के उपभोग के समय कोई अन्य ज्ञान नहीं रहता है। सीधी शब्दावली में इसे 'तन्मयीभवन' की स्थिति की जायेगी। रसास्वादन के समय रस के अतिरिक्त आस्वादक के लिए संसार की प्रत्येक वस्तु का अस्तित्व समाप्त हो जाता है। परिणामतः वह उसी के अनुरूप रीझता-खीझता, लजाता-मुसकुराता, मौन-मुखर आदि बना रहता है। उसे अगल-बगल तक की भी खबर नहीं होती कि क्या हो रहा है।

7. ब्रह्मास्वाद-सहोदर : वेदान्त के अनुसार आनन्द तीन प्रकार का माना गया है—(क) विषयानन्द, (ख) ब्रह्मानन्द और (ग) रसानन्द। इनमें विषयानन्द हीन और सर्वथा लौकिक कहा गया है। ब्रह्म स्वयं आनन्द रूप है और सर्वोच्च प्रकार का आनन्द हे। उसकी प्राप्ति ब्रह्म के साक्षात्कार के समय में ही सम्भव है। रसानन्द

---

12. करुणादावपि रसे जायते यत्परं सुखम्।—सा. द. 3/4।
13. सकलप्रयोजनमौलिभूतं समनन्तरमेव रसास्वादनसमुद्भूतं विगलितवेद्यान्तरमानन्दम्।
— का. प्रकाश 1/2 वृत्ति।
14. द्रष्टव्य — रस-मीमांसा, पृ.-101 आदि।

को अलौकिक किन्तु ब्रह्मानन्द से निम्न प्रकार का कहा गया है। 'सहोदर' कहने का तात्पर्य केवल इतना ही है कि जैसे दो सहोदर भ्राताओं में कुछ-न-कुछ समानता अवश्य होती है, वैसे ही अनेक असमानताओं के बावजूद तन्मयता की दृष्टि से रसानन्द (काव्यानन्द) और ब्रह्मानन्द सहोदर-तुल्य होते हैं। यों ''ब्रह्मानन्द' वासना के क्षय पर आश्रित आनन्द है और 'रसानन्द' वासना की शुद्धि पर अवलम्बित' आनन्द है। अतः वह पहले से भिन्न है। इसीलिए रस 'ब्रह्मानन्द-सहोदर' कहलाता है, ब्रह्मानन्दस्वरूप नहीं।''[15] **मम्मट** ने इसे ही **ब्रह्मानन्दास्वादमिवानुभावयन'** कहा है।

8. लोकोत्तर-चमत्कारप्राण : चित्त के विस्तार को चमत्कार कहते हैं। वही विस्मय भी कहा जाता है—**'चमत्कारश्चित्तविसररूपो विस्मयापरपर्यायः'**। तात्पर्य यह कि सत्त्वोद्रेक की स्थिति में 'विस्मय' वैसी अवस्था का सूचक माना जायेगा जिसमें आनन्द की अलौकिकता में आत्मविभोरता हो। **अभिनवगुप्त** ने चमत्कार, निर्वृति और आनन्द को पर्याय माना है (**'आनन्दो निर्वृत्यात्मा चमत्कारापरपर्यायः'**—लोचन)। तभी चमत्कार रस का 'प्राण-रूप' माना गया है। तात्पर्य यह कि रस में रसोपभोक्ता को आनन्दविस्मय से विभोर कर देने की क्षमता होती है।

9. कैश्चित्प्रमातृभिः : इसका तात्पर्य है वैसे सहृदयों से जिनके संस्कारसम्पन्न हृदय में, वासनारूप में, स्थायीभाव स्थित होते हैं। रसानुभूति केवल कतिपय उन्हीं व्यक्तियों को होती है जो सहृदय होते हैं।

10. स्वकारवदभिन्नत्वेन : तात्पर्य यह कि आस्वाद्यमान रस और आस्वादक में किसी प्रकार की पृथकता का मान नहीं होता। रसास्वादन के समय आस्वादक रसमय हो जाता है।

पं. विश्वनाथ का मत है कि 'ऐसे सहृदयों द्वारा ही रस भोगा जाता है'—'अयं रसः आस्वाद्यते'। यानी **रस आस्वादन का विषय** है, किन्तु यह आस्वाद से अभिन्न यानी आस्वाद-रूप है। यह आनन्दमय है, एक प्रकार की आनन्द-चेतना है। इसे ही **भट्टनायक** ने 'संविद् विश्रान्ति' और **अभिनवगुप्त** ने 'आत्मपरामर्श' यानी आत्मसाक्षात्कार कहा है। आधुनिक युग में ये मान्यताएँ यद्यपि विवादास्पद-सी लगती हैं, तथापि भारतीय आलोचना में रस का यह मानदण्ड अब भी मानक बना है।

11.3 रस के तत्त्व

रस के चार तत्त्व होते हैं—(क) विभाव, (ख) अनुभाव, (ग) व्यभिचारी भाव और (घ) स्थायीभाव। इन्हें ही **रसावयव**, रस का **निष्पादक-तत्त्व** अथवा **रस-सामग्री** भी कहा जाता है। आगे इनका क्रमशः निरूपण किया जाता है।

क. विभाव : विभाव का अर्थ है—भावोद्बोधक कारण। तात्पर्य यह है कि

15. बलदेव उपाध्याय — संस्कृत आलोचना, पृ.-221

भावों को जागृत करने वाले पदार्थ (वस्तु या व्यक्ति) विभाव कहे जाते है। पं. विश्वनाथ के अनुसार लोक में रति आदि स्थायीभावों के जो उद्‌बोधक हैं, वे ही काव्य और नाटक में विभाव कहे जाते हैं।[16] नाटक में अभिनय का विभावन करना विभाव का ही कार्य है।[17] विभाव आश्रय में भाव को उद्‌बुद्ध तो करते ही हैं, उद्‌बुद्ध भाव को उद्दीप्त भी करते हैं। इसी आधार पर विभाव के दो प्रकार दो जाते हैं– 1. आलम्बन विभाव और 2. उद्दीपन विभाव।

1. आलम्बन विभाव : आलम्बन का अर्थ है आधार या सहारा यानी जिसके आधार पर कोई भाव उद्‌बुद्ध होता है। भाव को उद्‌बुद्ध करनेवाला, जगाने वाला मुख्य कारण-रूप पदार्थ आलम्बन (Mental images) कहा जाता है।[18] (यथा–नायक, नायिका आदि) आलम्बन के दो प्रकार होते हैं–**विषयालम्बन** और **आश्रयालम्बन**। जिसके कारण मानसिक तनाव–विकार, भाव या रस–की प्रतीति होती है या जिसके कारण भाव जगता है उसे **विषयालम्बन** कहते हैं। जहाँ मानसिक स्थिति–विकार, भाव या रस–दिखायी देती है, उसे **आश्रयालम्बन** कहा जाता है। यह विषयालम्बन का प्रतिरूप होता है। आश्रय में उद्‌बुद्ध होनेवाले विकास या भाव का सम्बन्ध किसी-न-किसी पदार्थ से अवश्य होता है। सामान्यतः वह काव्यगत सचेतन पात्र होता है। अचेतन पदार्थ प्रायः मानवीकृत रूप में होता है। वह पदार्थ वास्तविक या कल्पित कुछ भी हो सकता है। वह पदार्थ विशेष ही होता है विषय (विषयालम्बन)। काव्य-रचना और काव्यास्वादन, दोनों का मूलाधार आलम्बन होता है। उसके अभाव में न तो कविता होगी और न उसका आस्वादन। अनेक बार आलम्बन स्पष्ट नहीं होता। वैसी स्थिति में प्रसंगानुसार आलम्बन का आरोप भी कर लिया जाता है।

आलम्बन (विषय) एक ही होने पर भी आश्रय-भेद से भाव (या रस) में भी भेद हो जाता है। यथा, आलम्बन यदि अत्याचारी हुआ तो उसके प्रति किसी में क्रोध, किसी में घृणा और किसी में क्षमा आदि यानी आश्रय-भेद से भिन्न-भिन्न भाव जग सकते हैं। वैसे ही, भाव के एक ही होने पर भी विषय-भेद से भाव-भेद होना सम्भव है। यथा–'रति' भाव आदरणीयों के प्रति श्रद्धा, समशील और समवय वालों के प्रति प्रीति, छोटों के प्रति स्नेह और दीन-दुखियों के प्रति करुणा के रूप में प्रकट होता है। भाव अथवा रस की पृथकता के विचार से आलम्बन भी भिन्न-भिन्न होते हैं। काव्यशास्त्र में इस बारे में विस्तार से विचार हुआ है। जड़ और अमूर्त्त आलम्बनों को

---

16. रत्याद्युद्‌बोधकाः लोके विभावाः काव्यनाटययो।–सा. दर्पण 3/28।
17. विभावः कारणं निमित्तं हेतुः इति पर्यायाः। विभाव्यन्तेऽनेन वागंगसत्त्वपाभिनयाः इति विभावः।–ना. शास्त्र
18. क. आलम्बनो नायकादिस्तमालम्ब्य रसोद्‌गमात्। – सा. दर्पण 3/29।
    ख. रस उपजे आलम्बि जिहि, सो आलम्बन होइ।–देव।

प्राचीन आचार्यों ने प्रायः अमान्य किया है। परिणामतः उन्हें काव्य में भी कम ही स्थान मिला है। पिछले सौ-सवासौ वर्षों में स्थिति में पर्याप्त बदलाव आया है। हिन्दी काव्य में आलम्बन का क्षेत्र पहले की अपेक्षा आज अधिक व्यापक हो गया है। हिन्दी-काव्य में प्रयुक्त आलम्बन-प्रकार को अग्रांकित तालिका से इंगित किया जाता है। यथा–

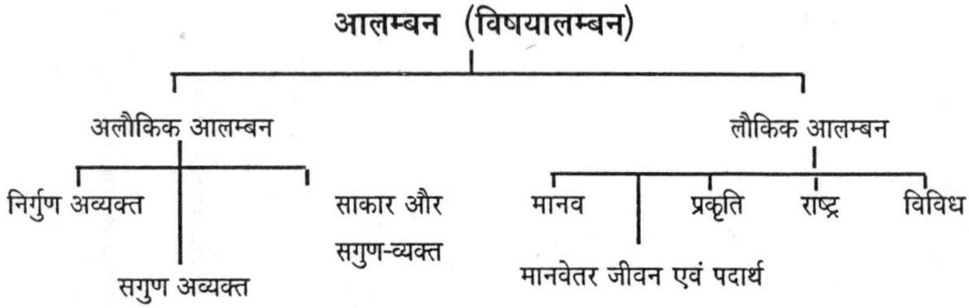

2. उद्दीपन विभाव : उद्दीपन का अर्थ है उत्तेजित करना, भड़काना, तीव्रता प्रदान करना या पोषण या वर्द्धन करना। तात्पर्य यह है कि आश्रय में उद्‌बुद्ध हुए विकार, भाव या रस को तीव्रता प्रदान करने वाले–पोषित और वर्द्धित करने वाले–कारण-रूप उद्दीपन विभाव (Stimulas) कहे जाते हैं।[19] भावोत्पत्ति या रसोत्पत्ति का आधार या मुख्य कारण होता है आलम्बन और उसे तीव्रता प्रदान करने वाला यानी सहायक कारण होता है उद्दीपन। उद्दीपन दो प्रकार के माने गये हैं–**विषयगत** (अथवा अविच्छिन्न या सचेतन) और **बाह्य** (अथवा तटस्थ या अचेतन)। विषयगत उद्दीपन के अन्तर्गत अग्रांकित परिगणित होते हैं–

क. **गुण** : यथा– विषयालंबन का रूप, वर्ण, प्रभा, राग, लावण्य, कांति आदि।[20]

ख. **चेष्टा** : विषयालम्बनगत विभिन्न प्रकार की चेष्टाएँ,

ग. **अलंकार** : विषयालम्बनगत विभिन्न प्रकार के हाव।

बाह्य अथवा **तटस्थ** उद्दीपन के अन्तर्गत चाँदनी, उपवन, एकांत आदि प्राकृतिक परिदृश्यों, स्थितियों, अचेतन तत्वों को स्थान मिलता है। शृंगार रस के सचेतन उद्दीपक के अन्तर्गत सखा, सखी, दूती आदि भी आते हैं। रस के अनुरूप ही उद्दीपन में भी पृथकता होती है। बाह्य (तटस्थ) उद्दीपन जहाँ विषयालंबन से परिस्थिति के अनुरूप सम्बन्धित होते हैं, वहीं वे विषयानुरूप परिवर्तित भी होते रहते

19. क. रसहिं जगावे दीप ज्यों, उद्दीपन कहि सोइ। –देव।
ख. उद्दीपनविभावास्ते रसमुद्दीपयन्ति ये। आलम्बनस्य चेष्टायाः देशकालादयस्तथा।। –सा. दर्पण 3/31

20. विषयालम्बन के गुण-चेष्टा-अलंकार का आवश्यक निरुपण इसी (रस) में यथास्थान आगे किया गया है।

हैं। हिन्दी-काव्य में शास्त्र निरूपित सभी प्रकार के उद्दीपनों के प्रयोग हुए हैं।

ख. अनुभाव : विभावों के कारण मन में उत्पन्न विकारों (स्थायी भावों) को प्रकाशित करने वाले कार्य अनुभाव हैं।[21]

'अनुभाव' के दो अर्थ हैं–(क) भावों (स्थायी भावों) का अनुभव कराने वाले–**'अनुभावयन्ति इति अनुभावाः'**। और (ख) भावों के अनुवर्ती अर्थात् **भावों के पश्चात् उत्पन्न होने वाले कार्यरूप**। प्रथम अर्थ में ये विकाररूप एवं वैसे सूचक साधन हैं जो सहृदय (दर्शक, पाठक आदि) के अनुभव में लाते हैं कि आश्रय के हृदय में भाव उत्पन्न हो रहा है। उन विकारों (कायिक चेष्टाओं आदि) को देखे बिना सहृदय इससे अनभिज्ञ रहता है कि आश्रय में भाव विशेष जगा है या नहीं लोकपक्ष में वह होता है 'कार्य' (व्यापार,) पर सहृदय के लिए वे कारणरूप भी होते हैं। ध्यातव्य है कि विषयालम्बनगत चेष्टाएँ मुख्यतः उद्दीपन के अन्तर्गत आती हैं, पर **आश्रयगत चेष्टाएँ** मुख्यतः अनुभाव के अन्तर्गत परिगणित होती हैं। इनकी संख्या अनिश्चित हो सकती हैं। इस बारे में आचार्यों में पर्याप्त वैभिन्न्य है। सुविधा हेतु आचार्यों ने इन्हें **पाँच प्रकार** का माना है–1. कायिक, 2. मानसिक, 3. वाचिक, 4. आहार्य और 5. सात्त्विक।

1. कायिक अनुभाव : (हृदय-स्थित् भावों की सूचना देने वाली शरीर की कृत्रिम चेष्टाएँ) यथा–भिन्न-भिन्न भावों के अनुरूप हस्त-संचालन, कटाक्षपात, भ्रू-क्षेप, मुट्ठी बाँधना आदि कृत्रिम कायिक चेष्टाएँ।

2. मानसिक अनुभाव : अन्तःकरण की भावना के अनुरूप मन में हर्ष-विषादि का उद्वेलन।

3. वाचिक अनुभाव : भावना के अनुरूप अवसरोचित वचनोद्गार। यथा–आलाप, प्रलाप, विलाप, अनुलाप, संलाप, अपलाप, संदेश, अतिदेश, निर्देश, उपदेश, अतिदेश और व्यपदेश।

4. आहार्य अनुभाव : भावना के अनुरूप कृत्रिम वेश-रचना।

5. सात्त्विक अनुभाव : सात्त्विक का अर्थ है–सत्त्वगुणयुक्त। 'सत्त्व' अन्तःकरण का विशेष धर्म है जिससे उत्पन्न कायिक विकार सात्त्विक अनुभाव कहे जाते हैं। इनकी अपर संज्ञा **सात्विक भाव** भी है। **पं. विश्वनाथ** (सा. दर्पण 3/134-35) के अनुसार स्वात्मविश्राम (रस)–प्रकाशक आन्तर धर्म है 'सत्त्व' एवं उससे सम्बन्धित

---

21. क. उद्बुद्धं कारणैः स्वैः स्वैर्बहिर्भावं प्रकाशयन्।
लोके यः कार्यरूपः सोऽनुभावः काव्यनाट्योः।।–सा. दर्पण 3/132-33।
ख. अनुभावो विकाररस्तु भावसंसूचकात्मकः।–दशरूपक 4/3

होने के कारण ये अनुभाव सात्त्विक कहे जाते हैं। ये अनुभाव स्वाभाविक रूप में स्वतः उत्पन्न होने वाले एवं प्रयत्नपूर्वक रोके जाने पर भी न रुकनेवाले होते हैं। ये आठ प्रकार के माने गये हैं—स्तंभ, स्वेद, रोमांच, स्वरभंग, वेपथु (कंप), वैवर्ण्य, अश्रु और प्रलय। भानुदत्त एवं उनके अनुरूप कई हिन्दी आचार्य कवियों ने 'जृंभा' नामक नौवाँ सात्त्विक अनुभाव भी माना है। यथा—

स्तम्भ — हर्ष, भय, रोग, विस्मय, लज्जा, मादकता, रोष, विषाद आदि से अंग-संचालन अचानक रुक जाना।

स्वेद — हर्ष, भय, लज्जा, श्रम, दुख, रोग, ताप, समाचार आदि से उत्पन्न पसीना।

रोमांच — हर्ष, भय, स्पर्श, श्रम, शीत, क्रोध आदि से शरीर के रोंगटे खड़े हो जाना।

स्वरभंग — हर्ष, भय, क्रोध, मद, रोगादि के कारण स्वर का गदगद हो जाना।

वेपथु (कम्प) — हर्ष, भय, क्रोध, स्पर्श, श्रम, शीत आदि के कारण शरीर का काँपना।

वैवर्ण्य — हर्ष, विषाद, क्रोध, भय, लज्जा, मोह, शीत, रोगादि के कारण चेहरे का रंग उड़ जाना।

अश्रु — हर्ष, अमर्ष, भय, शोक, वस्तु विशेष को लगातार देखते रहने आदि से आँसुओं का निकलना।

प्रलय — हर्ष, भय, श्रम, मूर्च्छा, मोहादि के कारण उत्पन्न निश्चेष्टता, अज्ञानता आदि की अवस्था।

जृंभा — आलस्य, वियोग, मोहादि के कारण मुँह खोल कर श्वास-निःश्वास लिया जाना।

अनेक आचार्यों ने उपरि उल्लिखित **कायिक** और **मानसिक** अनुभावों के **अंगज, अयत्नज** और **स्वभावज** तीन प्रकार माने हैं। उनके विपरीत कई आचार्यों ने इन तीनों का निरूपण नायिका के 'सात्त्विक अलंकार' के रूप में किया है जो अधिक संगत है। प्रस्तुत पुस्तक में भी इन्हें सात्त्विक अलंकार के रूप में ही यथास्थान वर्णित किया गया है।

ग.-घ. भाँव : आश्रय की मानसिक अवस्थाओं (स्थितियों) का व्यंजक प्रदर्शन ही भाव है।

'भाव' शब्द 'भू' धातु (होना) से व्युत्पन्न है (भू + णिच् + अच्) जिसका अर्थ है किसी वस्तु के अस्तित्व में आने, रहने या होने की अवस्था। अर्थात् विषय (विषयालम्बन) के कारण आश्रय के मन में उत्पन्न होनेवाला वह मूल विकार जिसमें

उसका आशय भी निहित होता है। वह मूल विकार ही वर्धित, विकसित और पुष्ट होकर रस-रूप में परिणत होता है। **'अमरकोश'** में मन के विकार को भाव—'विकारो **मानसो भावः**'—कहा गया है और भानुदत्त के अनुसार अज्ञायमान वस्तु का ज्ञायमान होना ही विकार है—**'विकारोऽन्यथा भावः।'**

काव्यशास्त्र में भाव का स्वतंत्र लक्षण निरूपित नहीं हुआ है। भरत ने भी भाव की परिभाषा नहीं दी है। भाव विषयक सभी व्याख्याएँ रस-व्यंजना के सन्दर्भ में ही की गयी हैं। **भरत** ने नाट्य-प्रदर्शन (काव्य-पठन आदि नहीं) जन्य रस-व्यंजना के सन्दर्भ में ही भाव की व्याख्या की है। उन्होंने 'भू' धातु से 'करने' का ('होने' का नहीं) आशय स्वीकार कर 'भाव' (भावय) का अर्थ **'व्याप्ति'** किया है—**भावयन्ति इति भावः**। इस प्रकार **भरत** के मत से भाव है 'कारण' अथवा 'साधन'। अर्थात् नाट्य-प्रदर्शन के क्रम में कायिक, वाचिक, मानसिक, आहार्य और सात्त्विकों के अभिनय द्वारा नाटककार के अभिप्रेत अर्थ (काव्यार्थ) को सामाजिक के हृदय में व्याप्त करने के 'कारण' या व्याप्त कराने वाले 'साधन' भाव कहे गये हैं—**वागंगसत्त्वोपेतान् काव्यार्थान् भावयन्तीति भावः**। वस्तुतः भरत आदि का भाव से तात्पर्य रहा है—रसों को भवित (घोंटा हुआ) बनाने वाला (रसान् भावयन्) एवं कवि-अभिप्रेत भावों को विषयीभूत करना (कवेरन्तर्गतं भावं भावयन्)। **धनंजय** ने आश्रय की सुखदादिक भावस्थितियों का ज्ञापन (भावयन) करना स्वीकार कर भाव की तीसरे प्रकार से व्याख्या की—**'सुखदुःखादिकैर्भावैर्भावस्तद्भावभावनम्'** (दशरूपक 4/4)। यह व्याख्या भी नाटक को ही ध्यान में रखकर की गयी है। नाटक से किंचित् अलग हो काव्य को लक्ष्य कर भाव को लक्षणबद्ध करने का **भानुदत्त** का प्रयास अपेक्षया अधिक सफल है। उनके अनुसार रसानुकूल मनोविकार भाव हैं एवं अज्ञायमान वस्तु का ज्ञायमान होना ही विकार है।[22] अर्थात् **रसोन्मीलन** में समर्थ ज्ञायमान वस्तु ही भाव है। ज्ञायमान वस्तुओं की स्थिति—भाव-तादात्म्य की स्थिति—दो प्रकार की हो सकती है—(क) **स्थायित्व** यानी देर तक टिका रहना और (ख) **अस्थायित्व** यानी कुछ क्षणों तक टिके रह कर समाप्त हो जाना। इस आधार पर ही भाव दो प्रकार के माने गये हैं—1. **स्थायी भाव** और 2. **व्यभिचारी भाव**। भरत मुनि ने भाव का तीसरा प्रकार 'सात्त्विक' भी माना है जिनकी चर्चा प्रस्तुत पुस्तक में 'सात्त्विक अनुभाव' के रूप में पूर्व पृष्ठों में की जा चुकी है। कतिपय आचार्य उन्हें व्यभिचारी भाव के अन्तर्गत ही परिगणित करने के पक्षधर हैं। यहीं यह भी ध्यातव्य है कि काव्य में 'भाव' का सर्वथा वही अर्थ नहीं लिया गया है जो मनोविज्ञान में मान्य है। इस बारे में कई विचारकों ने सविस्तर विचार किये हैं। अस्तु, यहाँ इस बारे में और कुछ नहीं कहते हुए आगे स्थायी और व्यभिचारी भावों की आवश्यक चर्चा की जाती है।

---

22. रसानुकूल विकारो भावः। विकारोऽन्यथाभावः। —रसतरंगिणी 1/4

1. स्थायी भाव : काव्य में वर्णित शृंगादि रसों के मूलभूत कारण ही स्थायीभाव हैं।

स्थायी का अर्थ है–सदा स्थित रहने वाला यानी देर तक टिका रहने वाला। ये भाव हृदय में सदा निहित रहते हैं और कुछ विशिष्ट अवसरों पर अथवा कुछ विशिष्ट कारणों से स्पष्ट रूप में प्रकट होते हैं। संक्षेप में इन्हें केवल 'भाव' भी कहा जाता है। असल में ये शाश्वत मनोवेग हैं जो सहृदय के हृदय में वासना रूप में स्थित रहते हैं, और अनुकूल परिस्थिति में जग पड़ते हैं। अविरोधी एवं विरोधी भाव यभी इन्हें खण्डित नहीं कर पाते, इसीलिए ये स्थायी अथवा प्रधान भाव कहे जाते हैं।[23] ये रस का आस्वादन होते रहने के समय तक वर्तमान रहते हैं।[24] आचार्यों ने इसकी पाँच विशेषताएँ स्वीकार की हैं–(क) **आस्वाद्यत्व,** (ख) **उत्कटत्व** (ग) **सर्वजनसुलभत्व,** (घ) **पुरुषार्थयोगिताः** और (ङ) **औचित्य**। इन सब का एकत्र रूप में समाहार होना वांछनीय है। इनकी कसौटियों पर खरा उतरने के कारण ही सर्व-सम्मति से नौ स्थायी भाव स्वीकृत हुए–रति, ह्रास, शोक, क्रोध, उत्साह, भय, जुगुप्सा, विस्मय और शम या निर्वेद। **भरत** ने पहले आठ रस ही एवं तदनुसार आठ ही स्थायी माने, 'निर्वेद' को बाद में स्वीकृति मिली। समझा जाता है कि शांत रस और शम स्थायी भाव की उद्‌भावना **उद्‌भट** ने की है। आगे और भी स्थायी भावों (एवं तदनुसार रसों) की उद्‌भावनाएँ हुईं। उनमें कुछ बहु मान्य भी हुए हैं। इस दृष्टि से **पं. विश्वनाथ** द्वारा प्रस्तावित 'वत्सल' (वात्सल्य रस का स्थायी) और **रूपगोस्वामी** आदि वैष्णवाचार्यों द्वारा प्रस्तावित 'भगवद्रति' (भक्ति रस का स्थायीभाव) के नाम लिये जायेंगे।[25] सम्प्रति अग्रांकित **ग्यारह स्थायीभावों** और तदनुरूप ग्यारह रसों की मान्यता हैं। यथा–

1. रति – (शृंगार रस का स्थायीभाव) स्त्री-पुरुष विषयक रमणमूलक स्वाभाविक मनोवेग।

2. हास – (हास्य रस का स्थायीभाव) वाणी, रूप आदि के विकारों को देखने पर चित्त का विकास।

---

23. अविरुद्धा विरुद्धा वा यं तिरोधातुमक्षमाः।
आस्वादांकुरकन्दोऽसौ भावः स्थायीति सम्मतः।।–सा. दर्पण-4/274।

24. सजातीयविजातीयैरतिरस्कृतमूर्तिमान्।
यावद्रसं वर्तमानः स्थायिभावं उदाहृतः।।–र. गंगाधर-1, पृ.-86।

25. इनके अतिरिक्त भी **रुद्रट** ने 'स्नेह' (प्रेयान् रस); **भोजराज** ने 'मति' (उदात्त रस), 'गर्व' (उद्धृत रस) और 'हर्ष' (आनन्द रस); **भानुदत्त** ने 'मिथ्याज्ञान' (माया रस) और 'स्पृहा' (कार्पण्य रस); **अभिनवगुप्त** ने 'तृष्णा' (लौल्य रस); **रामचन्द्र-गुण चन्द्र** ने 'आसक्ति' (व्यसन रस), 'अरति' (दुःख रस) और 'संतोष' (सुख रस) एवं **डॉ. राघवन** ने 'ब्रीड़ा' (ब्रीडनक रस), आदि-आदि को स्थायीभाव मानने के पक्ष में तर्क प्रस्तुत किये हैं।

3. शोक – (करुण रस का स्थायीभाव) प्रिय वस्तु के नाश आदि के कारण उत्पन्न चित्त की विकलता।

4. क्रोध – (रौद्र रस का स्थायीभाव) असामान्य अपराध, विवाद, अपमानादि के कारण उतपन्न तीव्र मनोवेग।

5. उत्साह – (वीर रस का स्थायीभाव) कार्य करने में स्थिरतर एवं उत्कट मनोवेग। आचार्य रामचन्द्र शुक्ल के अनुसार–'साहसपूर्ण आनन्द की उमंग'।

6. भय – (भयानक रस का स्थायीभाव) किसी भयानक वस्तु की भयंकरता से उत्पन्न चित्त को विकल (मनोबल को ध्वस्त) करनेवाला मनोवेग।

7. विस्मय – (अद्‌भुत रस का स्थायीभाव) लोकोत्तर वस्तु या व्यापार के साक्षात्कार से उत्पन्न चित्त का विस्तार अथवा चमत्कार।

8. जुगुप्सा – (वीभत्स रस का स्थायीभाव) किसी अप्रियवस्तु के साक्षात्कार या कल्पना मात्र से ही उत्पन्न मनोवेग।

9. शम/निर्वेद– (शांत रस का स्थायीभाव) निःस्पृहता की अवस्था में अन्तःकरण के विश्राम से उत्पन्न सुख।

10. वात्सल्य –(वत्सल रस का स्थायीभाव) शिशु या बालक की मनोहर चेष्टाओं से उत्पन्न सहज अनुराग।

11. भगवद्रति – (भक्ति रस का स्थायीभाव)–ईश्वर विषयक परम अनुरक्ति।

2. व्यभिचारी भाव : स्थायीभाव के अन्तर्गत ही आविर्भूत-तिरोभूत होनेवाले एवं उसी की पुष्टि के लिए तत्पर रहने वाले मनोविकार व्यभिचारी भाव कहे जाते हैं।[26] इनका अपर नाम **संचारी भाव** भी है। 'व्यभिचारी' और 'संचारी' शब्द 'चर' (चलना, संचरण करना) धातु से निर्मित है। 'वि' (विशेष रूप से) और 'अभि' (अभिमुख, आगे की ओर) उपसर्ग हैं (वि-अभि चर् + णिनि)। 'संचारी' में 'सम्' भी उपसर्ग (सम् चर् + णिनि) है। इस प्रकार 'व्यभिचारी' का अर्थ है–विशेष रीति से (रस-हेतु स्थायी भाव की ओर) बढ़ने वाला।[27] 'संचारी' का भी ऐसा ही अर्थ है–जो (स्थायी भाव में) संचरण करते हुए उसके परिणाम में सहायक बने।[28] असल में ये

---

26. क. विशेषादाभिमुख्येन चरणाद् व्यभिचारिणः। स्थायिन्युन्मग्ननिर्भग्नास्भवस्त्रिश्च तदभिदा।।
    –सा दर्पण/-3/140।

    ख. विशेषादभिमुख्येन चरन्तो व्यभिचारिणः। स्थायिन्युन्मनिर्मग्नाः कल्लोला इव वारिधौ।
    –दशरूपक-4/7

27. व्यभिचारी = वि (विविधम्) + अभि (अभिमुख्येन) + चर् (चरन्ति) = स्थायी भावों के पोषण के लिए जो विविध प्रकारेण अनुकूलता पूर्वक संचरण करे या 'विशेषण अभिमुख्येन स्थायिनं प्रति चरति इति व्यभिचारी।'। –सा. कौमुदी, 4/7।

28. संचारयति भावस्य गतिम् इति संचारी।–साहित्य कौमुदी, 4/7।

सहकारी भाव हैं। इनसे स्थायी भाव का पोषण होता है। एक स्थायी भाव में अनेक संचारी भाव रहते हैं। ये भाव अस्थायी (संरचरणशील) होते हैं। ये स्थायीभावों में वैसे ही जगते-सोते रहते हैं, जैसे किसी नदी की मुख्यधारा में छोटी-मोटी लहरें उठती-गिरती रहती हैं (**धनंजय** ने '**कल्लोला इव वारिधौ**'-4/7, कहा है)। ये कुल **तैंतीस** माने गये हैं—1. निर्वेद, 2. आवेग, 3. दैन्य, 4. श्रम, 5. मद, 6. जड़ता, 7. उग्रता, 8. मोह, 9. विबोध, 10. स्वप्न, 11. अपस्मार, 12. गर्व, 13. मरण, 14. आलस्य, 15. अमर्ष, 16. निद्रा, 17. अवहित्था, 18. औत्सुक्य, 19. उन्माद, 20. शंका, 21. स्मृति, 22. मति, 23. व्याधि, 24. संत्रास, 25. लज्जा, 26. हर्ष, 27. असूया, 28. विषाद, 29. धृति, 30 चपलता, 31. ग्लानि, 32. चिन्ता और 33. वितर्क। इनकी संख्या और भी बढ़ायी जा सकती है, पर यह परिमिति व्यावहारिक सुविधा की दृष्टि से ही मान्य है। आचार्य **रामचन्द्रशुक्ल** ने तभी इसे उपलक्षण मात्र कहा है (र. मीमांसा, पृ.-215)। उन्होंने विरोध-अविरोध की दृष्टि से व्यभिचारी भावों को चार वर्गों में रखा है—सुखात्मक, दुखात्मक, उभयात्मक और उदासीन।

स्थायी भाव और व्यभिचारी भाव में मुख्य अन्तर इतना है कि रस की अवस्था तक पहुँचने वाला भाव होता है स्थायी[29] और उस स्थायी भाव को रसावस्था तक पहुँचाने का कार्य करता है व्यभिचारी भाव। अस्तु, व्यभिचारी की भूमिका सहकारी की है।

11.4. रस-परिचय

रस के प्रकार या भेद की बात चलते ही सहसा नौ रसों का ध्यान हो आता है। 'रस नौ हैं', यह बात रूढ़-सी हो गयी है, किन्तु ऊपर **ग्यारह स्थायी** भावों का उल्लेख हुआ है। तदनुसार रसों की संख्या भी ग्यारह होती है, किन्तु ग्यारह की संख्या अन्तिम नहीं है। परिवर्तन और विस्तार की सम्भावना सदा बनी रहेगी। यहाँ उपरि उल्लिखित ग्यारह स्थायी भावों के अनुरूप ग्यारह रसों का अपेक्षित निरुण किया जाता है।

1. शृंगार रस

'शृंगार' दो शब्दों के योग से बना है—'**शृंग**' और '**आर**'। 'शृंग' का अर्थ है 'कामोद्रेक' और 'आर' गत्यर्थक 'कृ' धातु से निष्पन्न है, जिसका यहाँ अर्थ है **प्राप्ति**। अस्तु, शृंगार (शृंग + आर) का अर्थ है—कामोद्रेक की प्राप्ति (शृंगं ऋच्छतीति शृंगारः)। अर्थात्, **काम को उज्जीवित और परितृप्त करने वाली रचना शृंगार रस की रचना है। पं. विश्वनाथ** के अनुसार 'शृंग' का अर्थ है—मन्मथ का उद्भेद यानी काम का अंकुरित होना।[30] इस प्रकार नायक-नायिका के हृदय में एक का दूसरे के प्रति अंकुरित या उज्जीवित काम (रति) का ही विकसित रूप शृंगार है।

---

29. रसावस्थापरं भावः स्थायितां प्रतिपद्यते।—सा. दर्पण—3/172 वृत्ति।
30. शृंगं हि मन्मथोद्भेदस्तदागमनहेतुकः।—सा. दर्पण 3/183।

शृंगार का स्थायी भाव रति—नायक-नायिका का एक दूसरे के प्रति रमणमूलक स्वाभाविक मनोवेग[31] —है। आचार्यों ने रति का लक्षण संकुचित और विस्तृत दोनों रूपों में किया है। **मम्मट** और **विश्वनाथ** कृत लक्षणों में दोनों रूपों के संकेत हुए हैं।[32] शृंगार रस के सन्दर्भ में **रति** का अर्थ-ग्रहण नायिका नायक (स्त्री-पुरुष) का एक दूसरे के प्रति सहज आसक्ति के रूप में ही किया जाना वांछनीय है। **भानुदत्त** के अनुसार शृंगार रस की निष्पत्ति के लिए 'रति' का इस रूप में रस्यमान होना आवश्यक है कि मन उसमें विश्राम कर सके।[33] **शारदातनय** के अनुसार नायक-नायिका के हृदय में एक दूसरे के प्रति उत्पन्न होने वाली 'रति' ही प्रेम, मान, प्रणय और स्नेह से क्रमशः अंकुरित, पल्लवित, कोरकित और पुष्पित होती है एवं शृंगार उसी का अति विकसित रूप है—

इयमङ्कुरिता प्रेम्णा मानात्पल्लविता तथा।
सकोरका प्रणयतः स्नेहात्कुसुमिता भवेत्।।

इससे स्पष्ट है कि स्थायी भाव 'रति' चार अवस्थाओं को लाँघता हुआ शृंगार रस की पूर्णता को प्राप्त करता है, किन्तु अन्य मत के अनुसार 'रति' को 'शृंगार में परिवर्तित होने में सात क्रमों में गुजरना पड़ता है।[34]

विभाव : शृंगार रस के **आलम्बन**-विभाव-रूप (विषय और आश्रय) नायिका-नायक होते हैं। प्रेमरहित वेश्या एवं प्रौढ़ा के अतिरिक्त कोई भी इस रस में नायिका हो सकती है। **उद्दीपन**-विभाव-रूप अनुराग-वृद्धि में सहायक रमणीय वातावरण, ऋतु-सौन्दर्य, वन-उपवन, चाँदनी, शीतल-मन्द समीर, रागारुण संध्या, पुष्प, भ्रमर, कोकिल आदि के अतिरिक्त नायिका की चेष्टाएँ, सखा, सखी, दूती आदि के वर्णन किये जाते हैं।

आलम्बन के सम्बन्ध में किंचित् विस्तार अपेक्षित है। नायक-नायिका में नायिका श्रेष्ठ आलम्बन मानी गयी है। अतः यहाँ प्रथम नायिका एवं तदुपरान्त नायक विषयक विचार किया जाता है।

नायिका : नायिका का सामान्य अर्थ है नायक की पत्नी अथवा प्रिया। विचार से नायिका का अर्थ है नाटक की प्रधान पात्री, किन्तु काव्यशास्त्रीय (रसशास्त्र के) विचार से अर्थ है—**शृंगार रस** का आलम्बन-रूप यानी वह सुन्दरी जिसे देखने से दर्शक में स्थायी भाव 'रति' जगे एवं शृंगार रस में विस्तीर्ण हो।[35] नायिका के वर्णन में शरीर-सौन्दर्य के साथ ही भाव-सौन्दर्य की अभिव्यक्ति पर भी ध्यान दिया जाता है। यथा—

---

31. स्मरकरम्बितान्तःकरणयोः स्त्रीपुंसोः परस्परं रिरंसा रतिः स्मृता।—सुधासागर।
32. क. काव्यप्रकाश 4/35 एवं वृत्ति।
    ख. रतिर्मनोनुकूलेऽर्थे मनसः प्रवणायितम्।—सा. दर्पण 3/176।
33. भावविभावानुभावन्यभिचारिभावैर्मनो विश्रामो यत्र क्रियते स वा रसः।—रसतरंगिनी-6
34. प्रेमा दिदृक्षा रम्येषु, तच्चिन्ता त्वभिलाषकः। रागस्तत्संगबुद्धिः स्यात् स्नेहस्तत्प्रवण-क्रिया।।
    तद्वियोगासाहं प्रेम रतिस्तत्सहवर्तनम्। शृंगारस्तत्समः क्रीडासंयोगः सप्तधा क्रमात्।।
35. उपजत जाहि बिलोकि के, चित्त बीच रस भाव।
    ताहि बखानत नायिका, जे प्रबीन कविराव।।—रसराज-5।

कुन्दन को रंग फीको लगै झलकै अस अंगन चारू गुराई।
आँखिन में अलसानि चितौनि में मंजु बिलासन की सरसाई।
को बिन मोल बिकात नहीं मतिराम लहै मुसकानि मिठाई।
ज्यों-ज्यों निहारिये नेरे ह्वै नैननि त्यों-त्यों खरी निखरै सी निकाई।।
रसराज-7।

तुलसी द्वारा अंकित सीता-सौन्दर्य मर्यादित ही नहीं, सूक्ष्म सौन्दर्यबोध का भी उदाहरण है। यथा—

क. सुन्दरता कँह सुन्दर करई, छबिगृह दीपशिखा जनु बरई।—मानस।
ख. अँग-अँग तरंग उठै दुति की, परिहैं मनो रूप अबै धर च्वै।—गीतावली।

काम-भावना की दृष्टि से नायिका (नारी) अथवा रमणी[36] की प्रकृति, स्थिति और प्रतिक्रिया अधिक वैविध्यपूर्ण, जटिल और विषम होती है। पुनः काव्य में आरम्भ से ही नायिका को अपेक्षया अधिक महत्व मिला है। कदाचित् इसी कारण **नायिका-भेद को अधिक विस्तार मिला है**। हिन्दी-रीतिकाव्य में तो नायिकाभेद-विधा को स्वतंत्र विस्तार तक प्राप्त हुआ है। आचार्यों ने नायिकाओं का वर्गीकरण अनेक आधारों पर किया है। यहाँ 'नानपेक्षितमुच्यते' को ध्यान में रखते हुए उसे उपस्थित किया जाता है।

नायिकाभेद का प्रथम और सर्वमान्य आधार है सामाजिक सम्बन्ध। सामाजिक सम्बन्ध (अथवा कर्म) के आधार पर नायिकाएँ तीन प्रकार की मानी गयी हैं—**स्वकीया, परकीया** एवं **सामान्या** (गणिका)। अपने विवाहित पुरुष (पति) से अनुरक्त रहने वाली **स्वकीया**[37] कही जाती है। उसका पति से अनुराग कामाश्रित भर नहीं, कर्त्तव्याधारित होता है। काम-भाव की व्यापकता के आधार पर उसके तीन भेद होते हैं—**मुग्धा, मध्या** और **प्रगल्भा** (प्रौढ़ा)। जिसके शरीर में यौवन का आगमन हो रहा हो, उसे मुग्धा[38] कहते हैं। **मुग्धा** के दो प्रकार **अज्ञातयौवना** और **ज्ञातयौवना** होते हैं। ज्ञातयौवना दो प्रकार की मानी गयी हैं—**नबोढा** और **विश्रब्धनवोढ़ा**। लज्जा और भय के कारण पति का संग नहीं चाहनेवाली नववधू **नवोढ़ा**[39] और लज्जा और भय के भाव के किंचित् मन्द पड़ जाने तथा पति की ओर थोड़ी आकर्षित होने वाली नववधू **विश्रब्धनवोढ़ा**[40] कही जाती है। जिसमें लज्जा और काम भाव की सम स्थिति होती है, उसे **मध्या**[41]

36. रमणीयतरं यस्माद् रमन्तेऽस्मिन्नतीव वा।
37. तत्र स्वामिन्येवानुरक्ता स्वीया।—र. मंजरी, पृ.-5
38. तत्रांकुरितयौवना मुग्धा। सा च—अज्ञातयौवना ज्ञातयौवना च।।—वही, पृ.-8
39. लज्जाभयपराधीनरतिर्नवोढ़ा। सैव क्रमशः सप्रश्रया विश्रब्धनवोढ़ा।—वही, पृ.-9।
40. समानलज्जामदना मध्या। पतिमात्रविषयककेलिकलाकलाप कोविदा प्रगल्भा।—वही 13, 16
41. व्यंग्यकोपप्रकाशाधीरा। अव्यंग्यकोपप्रकाशाऽधीरा। व्यंग्याव्यंग्यकोपप्रकाशा धीराधीरा।—रसमंजरी, पृ.-19

कहते हैं। **प्रगल्भा**[42] केलिकला-कोविदा और मदनविजित-लज्जा होती है। चेष्टा (क्रिया) भेद से प्रगल्या दो प्रकार की मानी गयी है—**रतिप्रिया** और **आनन्दसम्मोहिता**। मध्या और प्रगल्भा दो और आधारों पर विभाजित की गयी हैं। पति से प्राप्त अनुराग के आधार पर उनके दो-दो प्रकार **ज्येष्ठा** और **कनिष्ठा** एवं अपराधी प्रति के प्रति व्यावहारानुसार उनके तीन-तीन प्रकार[43] —**धीरा, अध ीरा** और **धीराधीरा** माने गये हैं। अपने पति को छोड़ कर परपुरुष से प्रेम करने वाली **परकीया**[44] कही जाती है। परकीया दो प्रकार की मानी गयी है—कन्यका (अनूढ़ा) और **ऊढ़ा** (परोढ़ा)। उनके दो-दो प्रकार माने गये हैं—**उद्बुद्धा** और उद्बोधिता। पुनः उद्बुद्धा के दो प्रकार अनुरागिनी और प्रेमासक्ता एवं उद्बोधि ाता के दो प्रकार **सुखसाध्या** और **दुःखसाध्या** स्वीकृत हुए हैं। भानुदत्त (रसमंजरीकार) ने ऊढ़ा के छह प्रकार माने हैं—**गुप्ता, विदग्धा, लक्षिता, कुलटा, अनुशयाना** और **मुदिता**। कुछ ने इसका सातवाँ प्रकार स्वयंदूती भी माना है। सुरतगोपन के कालभेद से गुप्ता त्रिधा[45]। (वृत्तसुरतगोपना, वर्तिष्यमाणसुरतगोपना और वृत्तवर्तिष्यमाणसुरतगोपना) एवं विदग्धा (चातुरी से नायक को संकेत करने वाली) द्विविधा[46]—**क्रियाविदग्धा एवं वचनविदग्धा**—होती हैं। लक्षिता (जिसका सुरत सखियों द्वारा लक्षित कर लिया गया हो) के दो प्रकार—**हेतुलक्षिता** और **सुरतिलक्षिता**—स्वीकृत हुए हैं। अनुशयाना तीन प्रकार की (प्रथम, द्वितीय और तृतीय) मानी गयी है। मात्र धनलाभ के लिए प्रेम करने वाली सामान्या (गणिका) कही जाती है। संस्कृत के आचार्यों ने इसके भी कई प्रकार माने हैं। हिन्दी में मात्र सामान्या रूप ही बहु प्रचलित रहा है। इसी प्रकार **पं. विश्वनाथ** द्वारा स्वीकृत मुग्धा, मध्या और प्रगल्भा के प्रकारों को भी हिन्दी में सर्वस्वीकृति नहीं मिली है। हिन्दी में उपरि उल्लिखित प्रकार ही अधिक लोकप्रिय हुए हैं। इन्हें अग्रांकित तालिका द्वारा स्पष्ट किया जाता है। **यथा**—

---

42. अप्रकटपरपुरुषानुरागा परकीया।—वही, पृ.-27
    कन्यका — अनव्याही केहु पुरुष सों, अनुरागिनी जो होय।—मतिराम।
    परोढ़ा — ब्याही और पुरुष सौं, औरे सो रसलीन।— मतिराम।
43. गुप्ता त्रिधा — वृत्तसुरतगोपना, वर्तिष्यमाणसुरतगोपना, वृत्तवर्तिष्यमाणसुरतगोपना च।
    —रसमंजरी, पृ.-30
44. विदग्धा च द्विविधा — वाग्विदग्धा क्रियाविदग्धा च। — वही, पृ.-31
45. बिनसै ठौर सहेट की, आगे होय न होय।
    जाइ न सकै सहेट में, अनुशयाना कहिये सोय।।—जसवंत सिंह।
46. क. वित्तमात्रोपाधिसकलपुरुषानुरागा सामान्यवनिता। —रसमंजरी, पृ.-36
    ख. अपरिणीतफलनिमित्तकानेक पुरुष सम्भोगा सामान्या।—श्ंगार मंजरी।

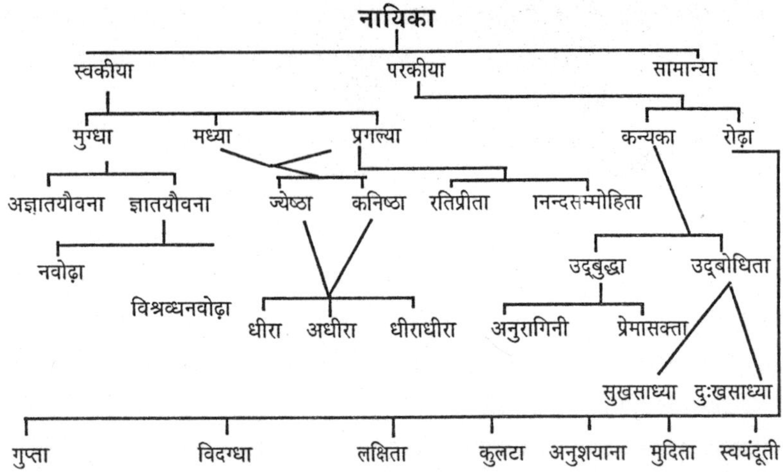

भानुदत्त नें नायिका का एक अन्य वर्गीकरण **स्वभावानुसार भी किया** है। स्वाभावानुसार नायिकाएँ तीन प्रकार की—**अन्यसम्भोगदुखिता, वक्रोक्तिगर्विता** और **मानवती**—मानी गयी हैं। अधिकांश आचार्य यह उपभेद मात्र स्वकीया के 'मध्या' और 'प्रगल्भा' तक ही सीमित करने के पक्ष में हैं। रूप और प्रेम के आधार पर वक्रोक्तिगर्विता के दो प्रकार स्वीकृत हुए हैं—**रूपगर्विता** और **प्रेमगर्विता**। मान[47] के आधार पर मानवती के दो भेद—**प्रणयमान** और **ईर्ष्यामान**—एवं तदुपरान्त ईर्ष्यामान के तीन रूपों—लघु, मध्यम और गुरु—के कारण **लघुमानवती, मध्यम मानवती** और **गुरुमानवती** ये तीन उपभेद भी किये गये हैं।

प्रकृति के अनुसार नायिकाएँ तीन प्रकार की मानी गयी हैं—**उत्तमा** (अन्यासक्त नायक का भी हित चाहने वाली), **मध्यमा** (नायक के अनुरूप हित-अहित चाहने वाली) और **अधमा** (नायक द्वारा हित किये जाने पर भी उसका अहित चाहने वाली)। यहाँ प्रकृति से तात्पर्य नायक के प्रति नायिका का व्यवहार है। **हरिऔध** द्वारा स्वीकृत उत्तमा और मध्यमा (मध्या) नायिकाओं के विभिन्न प्रकार शृंगार रस के आलम्बन नहीं हो सकते। अतः यहाँ उनके उल्लेख नहीं किये जाते हैं।

आकर्षण-क्षमता के आधार पर परकीया और सामान्या नायिकाओं के चार अन्य प्रकार[48] भी माने गये हैं—**आकर्षिका, चुम्बिका, द्राविका** और **भ्रामिका**।

47. प्रियापराधसूचिका चेष्टा मानः। — रसमंजरी, पृ.-43

48. पुरुषान् स्वरूपमहिम्ना दूरादपि आकर्षितुं समर्था आकर्षिणी।
आकृष्य नरान् तान् स्वसंलग्नान् करोति या सा चुम्बिका।
आलोकमात्रेण स्पर्शमात्रेण वा तान् द्रावयितुं शक्ता द्राविणी।
मोहयित्वा समागमादानेन भ्रामयति सा भ्रामिका।।—श्री तनसुखराम मनसुखराम त्रिपाठी।

प्रणयी जीवन में संयोग, वियोग, कलह आदि से सम्बन्धित स्थितियाँ **'अवस्था'** के नाम से पहचानी जाती हैं। नाटयाचार्य **भरत** ने अवस्थानुसार सब प्रकार की नायिकाओं को आठ वर्गों में रखा है। यह वर्गीकरण सर्वस्वीकृत रहा है। हिन्दी आचार्यों ने इनकी संख्या ग्यारह तक खींची है। यथा–1. स्वाध ीनपतिका[49] 2. खण्डिता[50], 3. कलहान्तरति[51], 4. विप्रलब्धा[52], 5. अभिसारिका[53], 6. उत्कण्ठिता[54], 7. वासकसज्जा[55], 8. प्रोषित-पतिका[56], 9. प्रवत्स्यत्पतिका[57], 10. आगतपतिका[58] और 11. आगमिष्यत्पतिका। कतिपय आचार्यों ने इनमें से कलहान्तरिता के दो प्रकार–ईर्ष्या तथा प्रणयकलहान्तरिता, विप्रलब्धा, के दो प्रकार–**पतिवंचिता** एवं **सखीवंचिता** एवं उत्कण्ठिता के–**क्रियाविलंबितासुरता** एवं **अनुत्पन्नसम्भोगा** दो प्रकार माने हैं। अभिसारिका के भेद समयसूचक आधार पर हुए हैं–**दिवाभिसारिका** और **निशाभिसारिका**। पुनः निशाभिसारिका के दो प्रकार–**शुक्लाभिसारिका** और **कृष्णाभिसारिका**–माने गये हैं। अभिसारिका के कई अन्य प्रकारों की भी कल्पनाएँ की गयी हैं।

हिन्दी-काव्य में प्रायः उपरि उल्लिखित नायिकाओं को अधिक महत्व मिला है। उनके अतिरिक्त अन्य आधारों पर भी नायिका-भेद किये गये हैं, पर उन्हें हिन्दी-काव्य में शायद ही महत्त्व मिला है। इस दृष्टि से शरीर-मनोविज्ञान के आधार पर (कामशास्त्र में) स्वीकृत पद्मिनी, चित्रिणी, शंखिनी एवं हस्तिनी; देशानुसार स्वीकृत नायिका के चौबीस प्रकारों, सत्वानुसार स्वीकृत नौ प्रकारों; शरीर-प्रकृति के अनुसार कफ, पित्त, वात-प्रकृति वाली; जाति और पेशा-आधारित नायिकाओं; **भानुदत्त** की दिव्या, अदिव्या और दिव्यादिव्या आदि के नाम गिनाये जा सकते हैं।

---

49. सदा रूप गुण रीझि प्रिय, जाके रहे अधीन।–मतिराम।
50. अन्योपभोगचिह्नितः प्रातरागच्छति पतिर्यस्याः सा खण्डिता।–रसमंजरी, पृ.-51
51. कह्यो न माने कंत को, फिर पाछे पछताय।–मतिराम।
52. वंचनाप्रयुक्तविरहवेदनावती विप्रलब्धा। – श्रृंगारमंजरी।
53. स्वयमभिसरति प्रियमभिसारगति वा या साऽभिसारिका। –रसमंजरी, पृ.-77
54. निवास एव कार्यान्तरव्यासंगप्रयुक्तविरहनती विरहोत्कण्ठिता।–श्रृंगारमंजरी।
55. ऐहैं प्रीतम आज ऐ, निहचै जानै बाम।
    साजै सेज सिंगार सुख, वासकसज्जा नाम।।–मतिराम।
56. देशान्तरगते प्रेयसि संतापव्याकुला प्रोषितभर्तृका।–रसमंजरी, पृ.-48
57. होनहार प्रिय विरह के, विकल होइ जो बाल।–मतिराम।
58. जा तिय के परदेश तें, आवै पति मतिराम।–मतिराम।

सात्त्विक अलंकार : हाव

यौवन[59] की अवस्था प्राप्त करते हुए सुन्दरियों की गतिविधि में रूप, लावण्य, माधुर्य आदि के वैशिष्ट्य से उनके सौन्दर्य को अधिक मादक और प्रभावी बनाने वाले तत्त्वों (गुणों[60]) को आचार्यों ने **सात्त्विक अलंकार** की संज्ञा दी है। वे अनोरोपित और स्वभावगत होने के कारण 'सात्त्विक' एवं नायिका के सौन्दर्य-वर्धक (अलंकरोति) होने के कारण 'अलंकार' (Embellishment) माने गये हैं। **यहाँ 'अलंकार शब्द का मानस-प्रत्यक्ष शोभा के अर्थ में लिया जाना चाहिए।** ये अट्ठाईस (अंगज-3, अयत्यज-7 और स्वभावज-18) हैं, किन्तु यह संख्या सर्वमान्य नहीं है। **राकेश गुप्त** ने विमर्श के पश्चात् इनकी संख्या बाईस मानी है। सात्त्विक अलंकारों को **विद्यानाथ** और **पं विश्वनाथ** ने **'शृंगारचेष्टा'** कहा है। भोज ने **इनकी चर्चा 'वरस्त्रीणां विलासा'** के नाम से की है। **शारदातनय** केवल अंगज और अयत्नज अलंकारों को ही 'सात्त्विक' वर्ग में रखना चाहते हैं। 'स्वभावजों' को वे 'शारीर' मानते हैं। **भानुदत्त** और **केशवमिश्र** ने स्वभावजों को 'हाव' कहा है। हिन्दी में इनके लिए 'हाव' शब्द का ही बहुप्रचलन रहा है। शृंगार-चेष्टा ही हाव है। यह सम्भव है नायक-नायिका दोनों में, पर काव्य में वर्णन प्रायः नायिका की चेष्टा का ही होता है। नायिका में इसकी स्वाभाविक स्थिति मानी गयी है।[61] तात्पर्य यह है कि नायक के हृदय में प्रेम को उद्दीप्त करने वाली **नायिका की सुन्दर शृंगार-चेष्टाएँ ही हाव हैं**। हावों (सात्त्विक अलंकारों) की कुल संख्या बाईस है। इन सब को चार वर्गों में रखा जाता है—**अंगज**-शोभा, कांति, दीप्ति और माधुर्य, **चित्तज**—प्रगल्भता, औदार्य और धैर्य; **स्वभावज**—लीला, विच्छित्ति, कुदुमित, विब्बोक, ललित, मौग्ध्य, विक्षेप और ब्याजप्रदर्शन एवं **अयत्नज**—हेला, विलास, विभ्रम, किलकिंचित्, विहित, हसित और चकित।

रूप, यौवन, लालित्य, सुखभोग आदि से शरीर से सम्पन्नता ही शोभा।[62] है। काम-विलास से बढ़ी हुई शोभा ही कांति[63] है। कांति का अतिविस्तीर्ण रूप ही **दीप्ति**[64] है। सभी स्थितियों में चेष्टाओं को रमणीय बनाये रखना ही **माधुर्य**[65] है।

---

59. शोभया अनुप्राणकं यौवनाख्यं जीवितम्। बाल्यानन्तरं गात्राणां विपुलसौष्ठवविभक्तताविधायी दाड़ियोपनः स्मरवसतिरवस्थाभेदो यौवनम्।।—सहृदयलीला 3/1-2।
60. युवत्यादीनामुत्कर्षो देहे गुणाः... ... शोभाविधायिनो धर्मा गुणाः।। रूपं वर्णः प्रभा राग आभिजाज्यं विलासिता। लावण्यं लक्षणं छाया सौभाग्यं चेत्यमी गुणाः।।—वही, 1/2-4।
    रूप : अवयवानां रेखास्पाष्टयं रूपम्—वही 2/5।
    वर्ण : गौरतादिधर्मविशेषो वर्णः। —वही 1/6।
    प्रभा : काच्यकाच्यरूपा रविवत्कान्तिः प्रभा।—वही 1/8।
    राग : नैसर्गिकस्मेरत्वमुखप्रसादादिः सर्वेषामेन चक्षुबन्धको धर्मो रागः। —वही 1/8।
    —इसी प्रकार अन्य के लिए भी द्रष्टव्य सहृदयलीला।
61. नारीणां शृंगारचेष्टा हावः। स च स्वभावजो नारीणां। तेषां—पुरुषाणां—तु औषधिकाः।—रसतरंगिणी।
62. रूपयौवनलालित्यभोगाद्यौरंगभूषणम्। शोभा प्रोक्ता।।—सा. दर्पण 3/75।
63. सैव कान्तिर्मन्मथाप्यायितद्युतिः। — वही 3/76
64. कान्तिरेवातिविस्तीर्णा दीप्तिरित्यभिधीयते।—वही 3/76
65. सर्वावस्थाविशेपषु माधुर्यं रमणीयता।—वही 3/77

नायिका के व्यवहार में निःशंकता का होना ही **प्रगल्भता**[66] है। सभी स्थितियों में प्रेमानुकूलता (शालीनता) बनाये रखना ही **औदार्य**[67] आत्मश्लाधाहीन स्थिर मनोवृत्ति का होना ही **धैर्य**[68] है। प्रियतम के वेश, भूषण, वचन आदि का अनुकरण करना ही **लीला**[69] है। कांति-वर्द्धक अल्प वेश-भूषा-रचना ही **विच्छित्ति**[70] है। सुख (रति-सुख) में दुख का प्रगटीकरण (घबराहट आदि के कारण) ही **कुट्टमित**[71] है। गर्व के कारण अभिलषित वस्तु में भी अनादर दिखलाना **विब्बोक**[72] है। अंगों का समीचीन विन्यास करना ही ललित[73] है। जानी हुई बात को भी प्रियतम से अनजान-सा बनकर पूछना ही **मौग्ध्य**[74] है। प्रिय-सानिध्य से उद्भूत हर्ष और घबराहट से इधर-उधर देखना एवं रहस्यपूर्ण ढंग से बातें करना **विक्षेप**[75] है। ब्याज से अंग-प्रदर्शन करना ही ब्याज प्रदर्शन है। शृंगार की सहज सांकेतिक अभिव्यक्ति ही **हेला**[76] है। भ्रूनेत्रादिविकार एवं गति, स्थिति आदि व्यापार द्वारा कामेच्छा की अभिव्यक्ति ही **विलास**[77] है। हर्ष, अनुरागादि में हड़बड़ी के कारण भूषणादि को और की और जगह धारण कर लेना **विभ्रम**[78] है। अभिलषित वस्तु की सहसा प्राप्ति से उद्भूत हर्ष-विषाद-भास-हास आदि भावों का संकर ही **किलकिंचित्**[79] है। लज्जा वश मनचाही बात को कहने के समय भी नहीं कहना ही **विच्छिति**[80] है। यौवनजनित अकारण हास्य ही **हसित**[81] है और प्रियतम के समक्ष अकारण घबराना या डरना ही **चकित**[82] कहा जाता है। यहीं यह भी ध्यातव्य है कि हावों को अनुभावों के अन्तर्गत स्वीकार किया जाता है, पर स्थिति के अनुरूप ये अनुभाव और उद्दीपन दोनों हो सकते हैं। विषयालम्बन यदि

---

66. निःसाध्वसत्वं प्रागल्भ्यम्। –वही 3/97।
67. औदार्यं विनयः सदा।–वही 3/97।
68. उक्तात्मश्लाघता धैर्यं मनोवृत्तिरचंचला।–वही 3/97।
69. प्रियभूषणवचनाद्यनुकृतिर्लीला।–रसतरंगिणी।
70. क. कतिपयभूषान्यासो विच्छित्ति। – रसतरंगिणी।
    ख. स्तोकाच्याकल्परचना विच्छित्तिः कान्तिपोषकृत्।–सा. दर्पण 3/100।
71. क. सुखे दुःखचेष्टा कुट्टमितम्।–रसतरंगिणी।
    ख. केशस्तनाधरादीनां ग्रहे हर्षेऽपि संभ्रमात्।
    आहुः कुट्टमितं नाम शिरः करविधूननम्।।–सा. दर्पण 3/103।
72. गर्वाभिमानसंभूतो विकारोऽनादरात्मा विब्बोकः।–रसतरंगिणी।
73. सकलांगसमीचीनविन्यासो ललितम्।–रसतरंगिणी।
74. सा. दर्पण 3/107।
75. सा. दर्पण 3/108
76. स एव हेला सुव्यक्तशृंगाररससूचिका।–दशरूपक 2/34।
77. गगननयनवदनभ्रूप्रभृतीनां यः कश्चिदुत्पद्यते विशेषः स विलासः।–रसतरंगिणी।
78. वागंगभूषणानां स्थानविपर्यासो विभ्रमः। –रसतरंगिणी।
79. श्रमाभिलाषगर्वस्मितहर्षभयक्रोधानां संकरः किलकिंचितम्।–रसतरंगिणी।
80. वक्तव्यकालेऽप्यवचो व्रीडया विहृतं मतम्।–सा. दर्पण 3/106।
81. हसितं तृवृथा हासो यौवनोद्भेदसंभवः।–सा. दर्पण 3/109।
82. कुतोऽपि दयितस्याग्रे चकितं भयसम्भ्रमः।

नायिका होगी तो उसके हाव उद्दीपन हो जायेंगे और यदि विषयालम्बन नायक हुआ तो ये नायिका के अनुभाव होंगे।

नायिका का शृंगार

नायिका का युवती होना ही नहीं, प्रत्युत् सुन्दर होना भी भारतीय काव्य-परम्परा की मान्य रूढ़ि है। उसकी कल्पना यौवन सम्पन्ना और नैसर्गिक सौन्दर्य से अभिमण्डित रूप में करने की परिपाटी रही है। यौवन नायिका की अंगयष्टि का स्वयं असम्भृत मण्डन है। यौवन के आते ही अंगों में विपुलता, सौष्ठव, विभक्तता और कामेच्छा का उद्भेद होता है—पकने पर जैसे अनार फट जाता है, वैसे ही यौवन के आने पर शरीर खिल जाता है।[83] यौवनागम से पार्वती के निखरे शरीर का वर्णन करते हुए **कालिदास** ने भी स्वीकार किया है कि जैसे सूर्य-किरणों से कमल-पुष्प रूप-वर्ण ओर गन्ध से फट पड़ता है, वैसे ही नवयौवन के कारण पार्वती का चौरस शरीर निखर उठा है।[84] तभी प्राचीन काल से ही **'सर्वं अलंकारों भवति सुरुपणाम्'**[85] की मान्यता भी रही है। हिन्दी-काव्य में इस मत का पोषण हुआ है[86], पर साथ ही प्रसाधन को भी आवश्यक माना गया है।[87] सहज सौन्दर्य भी प्रसाधन-रहित होने पर उतना प्रभावोत्पादक नहीं होता। नायिकाओं के प्रसाध न-रूप में **सोलह-शृंगार** की मान्यता रूढ़ है। शृंगार हेतु विभिन्न आभरणों, अलंकारों एवं उबटनों के अलग-अलग उल्लेख तो विपुल रूप में प्राप्त होते हैं, पर सोलह शृंगार का एकत्र उल्लेख किसी भी प्राचीन ग्रन्थ में मिलता नहीं है। इनका प्रथम एकत्र उल्लेख **रूपगोस्वामी** कृत **'उज्ज्वलनीलमणि'** में हुआ है। यथा—1. स्नान, 2. नासा-मौक्तिक, 3.0 असितपट, 4. सूत्रिणी (नीवीबन्धमुक्ता), 5. वेणी-बन्धन, 6. कर्णावसंत, 7. अंग-चर्चा, 8. बालों में पुष्प ग्रथन, 9. पुष्पमाल्य-धारण, 10. हाथ में कमल-धारण, 11. ताम्बूल, 12. चिबुक पर कस्तूरी आदि से बिन्दी बनाना, 13. काजल, 15. कपोलादि पर चित्र-कर्म —मकरिका, पत्रच्छेद आदि

---

83. बाल्यानन्तरं गात्राणां वैपुल्यसौष्ठवविभक्तताविधायी स्फुटितदाड़िमोपमः स्मरवसतिरवस्थाभेदो यौवनम्।—स. लीला।

84. उन्मीलितं तूलिकयेव चित्रं सूर्यांशुप्रोदभिन्नमिवारविन्दम्।
बभूव तस्याश्चतुरस्रशोभि वपुर्विभक्तं नवयौवनेन।।—कुमारसंभव 1/32।

85. भास—नाटकचक्रम, पृ.-129 (अविकारक)।

86. क. तन भूषन अंजन दृगनि, पगन महावर रंग।
नहिं सोभा को साज ये, कहिबे ही को अंग।।—बिहारी।
ख. काहे को सिंगार के बिगारति है, मेरी आली; तेरो अंग बिना ही सिंगार के सिंगारे हैं।—केशव (कविप्रिया),

87. भूषण बिनु न बिराजई, कविता बनिता मित्त।—केशव।

चित्रण, 15. अलक्तक और 16. तिलक[88]। आगे **वल्लभदेव** द्वारा प्रस्तुत **'सुभाषितावली'** से सोलह श्रृंगार की सूची में कई नाम भिन्न मिलते हैं। उसमें सोलह नाम ये हैं—1. मज्जन, 2. चीर, 3. हार, 4. तिलक, 5. अंजन, 6. कुण्डल, 7. नासा-मौक्तिक, 8. केश-विन्यास, 9. कंचुक, 10. नुपूर, 11. अंगराग, 12. कंकण, 13. चरणराग, 14. मेखलारणन, 15. ताम्बूल और 16. कर-दर्पण। इस सम्बन्ध में इतना ही अलम् है कि नूपुर, कंकण, मेखलारणन और कर-दर्पण के उल्लेख रीतिकालीन काव्य में प्रमुखता से हुए हैं। असम्भव नहीं कि रूप गोस्वामी एवं बल्लभदेव के सोलह नामों में अन्तर होने का एक कारण यह भी हो।

ध्यातव्य है कि **सहृदय-लीला में रुय्यक** ने यौवन में नायिकाओं द्वारा की जाने वाली जिन चेष्टाओं का उल्लेख किया है उनमें से अनेक उपरि उल्लिखित सोलह नामों की सूची में स्थान पा गये हैं। उनके द्वारा उल्लिखित चेष्टाएँ ये हैं— 1. वेणी-रचना, 2. अलक-भंग, 3. नीवी-बन्धन, 4. दन्त-परिकर्म, 5. परिष्करण, 6. दर्पण देखना, 7. बालों में फूल खोंसना, 8. माल्योलम्भ्भन। 9. जलक्रीड़ा, 10. द्यूतक्रीड़ा, 11. अश्लील कथन, 12. छेकोक्ति (विदग्ध उक्ति), 13. अकारण लज्जा, 14. श्रृंगार-शिक्षा और 15. श्रृंगारानुभाव का क्रम[89]। इसे सोलह श्रृंगार की सूची का पूर्व रूप कहा जा सकता है।

नायिका के सौन्दर्य-वर्णन में सोलह श्रृंगार के साथ ही **बत्तीस आभरण** (लक्षण-Charactristic) के उल्लेख भी होते हैं। इन्हें भी पर्याप्त महत्व मिला है, पर हिन्दी काव्य-रचना में इन्हें प्रायः महत्व नहीं दिया गया है। सामुद्रिकशास्त्रीय और कामशास्त्रीय ग्रन्थों में भिन्न प्रकार से वे गिनाये भी गये हैं। श्रृंगार, मूलतः संयोग श्रृंगार के वर्णन में इन सब का महत्त्वाकलन किया जाता है।

नायिका की सहायिका

नायिका के प्रसंग में उसकी सहायिकाओं पर भी विचार हुए हैं। सहायिकाएँ श्रृंगार-रस के उद्दीपन विभाव के अन्तर्गत आती हैं। सहायिकाएँ दो प्रकार की होती हैं—**सखी** और **दूती**। गणिका (सामान्या) की सहायिका में (इनके अतिरिक्त)

---

88. उज्ज्वलनीलमणि, पृ.-77, यथा—
स्नाता नासाग्रजाग्रन्मणिरसितपटी सूत्रिणी बद्धवेणिः।
सोत्तसां चर्चिताङ्गी कुसुमितचिकुरा स्रग्विणी पद्महस्ता।
ताम्बूलास्योरू बिन्दुस्तबकितचिबुका कज्जलाक्षी सुचित्रा
राधालक्तोज्ज्वलाङ्घ्रिः स्फुरति तिलकिनी षोड़षाकल्पनीयम्।

89. प्रथमे धम्मिल्लरचनालकभंगनीविनहनदन्तपरिकर्मपरिष्करणदर्पणेक्षणपुष्पोच्चयमाल्योम्भन जलक्रीड़ा—द्यूताश्लीलच्छेकभणित्यनिमित्तलज्जानुभावश्रंगारशिक्षादय आवर्तमानाश्चेष्टाः। अन्त्ये तु श्रृंगारानुभाव-तारतम्यं श्रेयः।।—सहृदयलीला 3/5-6।

कुट्टनी[90] (शम्भली) का भी उल्लेख आवश्यक है।

प्राचीनों ने सखी और दूती में मौलिक अन्तर प्रायः नहीं किया है। परिणामतः 'सखी' की चर्चा दूती के अन्तर्गत ही कर दी गयी है या 'दूती' की सखी के अन्तर्गत। किसी ने यदि सखी और दूती का अलग-अलग उल्लेख किया भी है तो उनके कार्यों (कर्म) के उल्लेख में घाल-मेल हो गया है। सब मिला कर इनके सम्बन्ध में **भानुदत्त** का विवेचन अपेक्षया अधिक स्पष्ट है। हिन्दी के अधिकांश आचार्यों के विवेचन का मुख्य आधार भी वही है। कुट्टनी की चर्चा अपेक्षया कम हुई है।

नायिका की विश्वास और विश्राम प्रदायक सहचरी ही **सखी** कही गयी है।[91] यह चार प्रकार की मानी गयी है—**हितकारिणी** (नायिका के हित का सदा ध्यान रखने वाली), **अन्तर्वर्तिनी** (नायिका के गुप्त रहस्य को जानने वाली), **विदग्धा** (वचनचातुरी से नायिका का कार्य सम्पादित करने वाली) और **सहचरी** (सदा साथ रहने वाली)। सखी के प्रमुख कार्य पाँच कहे गये हैं—**मण्डन, शिक्षा, उपालम्भ, परिहास** और **निरीक्षण** (नायक-नायिका के मिलन के समय देखभाल करना)। रुद्रट ('शृंगार-तिलक'-2/104) ने इनके अतिरिक्त **प्रसादन** और **विरहाश्वासन** को भी सखी-कर्म में स्थान दिया है।

दूतकार्य करने में चतुर स्त्री दूती कही जाती है।[92] दूती तीन प्रकार की मानी गयी है—**उत्तमा** (माधुर्य चातुरी से कार्य साधने वाली) **मध्यमा** (मधुर एवं परुष व्यवहार से कार्य साधने वाली) और **अधमा** (स्वभाव से उग्र और कार्य साधने के लिए परुषता से काम लेने वाली)। इनके अतिरिक्त चौथा प्रकार **स्वयंदूतिका**[93] भी मान्य है। प्राचीनों में से अधिकांश ने **भरतमुनि** के अनुरूप दूती के प्रकार गिनाये हैं। परिणामतः पेशा के आधार पर दूती—कारु, दासी, नटी, छात्रेयी, शिल्पिनी इत्यादि—की संख्या अट्टाईस (**तोष** द्वारा स्वीकृत) तक मानी गयी है। इसी प्रकार *केशव* ने सखी के तेरह प्रकार माने हैं। वस्तुतः पेशा के आधार पर सखी अथवा दूती का वर्गीकरण उचित नहीं माना जा सकता। दूती-कर्म केवल दो—संघट्टन और **विरह-निवेदन**[94] माने गये हैं।

---

90. क. कुट्टयति-छिन्नत्ति-नाशयति स्त्रीणां शीलभिति कुट्टनी।
    ख. पूर्व चेटी ततो बेटी पश्चाद भवति कुट्टनी।
    सर्वोपायपरिक्षीण वृद्धा वेश्या तपस्विनी।।—गणिकावृत्तसंग्रह-301।

91. क. विश्वासविश्रामकारिणी पार्श्वचारिणी सखी।—रसमंजरी, पृ.-92।
    ख. जा सों नहिं नायिका, कछु छिपावति बात।
    तासो बरनत कह सखी, कवि मति अति अवदात।।—रसराज।

92. दूतव्यापारपारंगमा दूती।—रसमंजरी, पृ.-96।

93. आपुहि अपनो दूतपन, करै जु अपने काज।—पद्माकर।

94. तस्याः (दूतीः) संघट्टन-विरहनिवेदनादीनि कर्माणि।—रसमंजरी, पृ.-16।

नायक / नायक-भेद

नायक का सामान्य अर्थ है नायिका का पति या प्रेमी। नायक के सम्बन्ध में नाटयशास्त्रीय और काव्यशास्त्रीय, दो दृष्टियों से विचार किया गया है। काव्यशास्त्रीय दृष्टि से नायक का तात्पर्य है—शृंगार रस का आलम्बन विभाव।[95] नायकनिष्ठ रति का आलम्बन नायिका होती है, पर नायिकानिष्ठ रति का आलम्बन होता है—नायक। **रुद्रभट्ट** के अनुसार नायक त्यागी, कुलीन, रतिकुशल, योग्य, कलाविद, युवा, धनाढ्य, भव्य, क्षमाशील, सुन्दर, स्वाभिमानी और नारी-मन का ज्ञाता होता है।[96] **मतिराम**[97] और **पद्माकर**[98] कृत लक्षण भी प्रायः इससे मिलते-जुलते हैं।

सामाजिक सम्बन्धों के आधार पर नायक तीन प्रकार के माने गये हैं—पति, उपपति और वैशिक (साधारण)। विधि-पूर्वक पाणि-ग्रहण करने वाला नायक **पति**[99], जो पति स्त्री के आचार (धर्मानुष्ठान) के नाश का कारण हो, वह **उपपति**[100] और धन बल पर वेश्याओं का उपभोक्ता वैशिक[101] कहा जाता है। पद्माकर कृत[102] 'उपपति' का लक्षण—किसी अन्य की परिणीता से प्रेम करने वाला नायक भिन्न तो है ही, उन्होंने 'वैशिक' को 'अलज अभीत' भी माना है। पत्नियों के प्रति प्रेम-विभाजन के आधार पर पति के चार प्रकार माने गये हैं—**अनुकूल, दक्षिण, धृष्ट** और **शठ**। परायी स्त्री से सदा विमुख और अपनी पत्नी के प्रति अनुकूल (अनुरागी) रहने वाला **अनुकूल**[103]; अपनी सभी नायिकाओं (पत्नियों) से सम और अकृत्रिम प्रेम करने वाला **दक्षिण**[104], अपराध करके भी निःशंक रहनेवाला, पत्नी से पिटने पर भी निर्लज्ज एवं अपराध पकड़ा जाने पर भी झूठ बोलने वाला (अनुनय-विनय करने वाला) **धृष्ट**[105]

---

95. नायक के इस रूप की स्वीकृति नाटयशास्त्रीय भी हैं, पर वहाँ मुख्य दृष्टिकोण नाटक की कथावस्तु है।
96. त्यागी कुलीनः कुशलो रतेषु कलाः कलावित्तरुणो धनाढयः।
    भव्य क्षमावान्सुभगोऽभिमानी स्त्रीणां मतज्ञः किल नायकः स्यात्।।—शृंगारलिक 1/27।
97. तरुन सुघर सुन्दर सकल, काम कलानि प्रबीन।
    नायक सो मतिराम कहि, कबित गीत रस लीन।।—रसराज-239।
98. सुन्दर गुनमन्दिर युवा, युवति बिलोकैं जाहि।
    कविता राग रसज्ञ जो, नायक कहिए ताहि।।—जगद्विनोद—281।
99. विधिवत्पाणिग्राहकः पतिः।—रसमंजरी, पृ.-18।
100. आचारहानिहेतुः पतिरूपपतिः।—वही, पृ.-102
101. बहुलवेश्योपभोगरसिका वैशिकः।—वही, पृ.-103।
102. उपपति ताहि बखानहिं, जो परबधू को मीत।
    बारबधुन को रसिक सो, बैसिक अलज अभीत।।—जगद्विनोद-299।
103. अनुकूलतया नार्यां सदा त्यक्तपरांगनः।—शृंगारतिलक 1/29।
104. सकलनायिकाविषयकसमसहजानुरागो दक्षिणः।—रसमंजरी, पृ.-99।
105. निःशंक कृतदोषोऽपि निर्लज्जस्ताडितोऽपि सन्।
    मिथ्याभावाग्दृष्अदोषोऽपि धृष्टोऽयं कथितो यथा।।—शृंगारतिलक 1/36।

और अपराधी होकर भी नायिका को ठग लेने में चतुर (गूढ़विप्रियकृत) **शठ**[106] कहा जाता है। **भानुदत्त** ने ये चारों अवान्तर भेद उपपति के भी माने हैं जो अनुचित है। ये भेद मात्र पति पर ही लागू होते हैं। कई विचारकों ने 'अनुकूल' नायक के **मानी** और **प्रोषित** एवं 'शठ' के **मानी** और **चतुर** एवं पुनः 'चतुर' के दो उपभेद—**वचनचतुर** (वचनव्यंग्यसमागमचतुर) और 'क्रियाचतुर' (चेष्टाव्यंग्यसमागमचतुर)—किये हैं। **रसलीन** ने 'उपपति' के तीन अवान्तर भेद—'गूढ़' 'मूढ़' और 'आरूढ़' एवं 'वैशिक' के दो अवान्तर भेद—'अनुरक्त' और 'मत्त'—किये हैं। पुनः मत्त भी तीन प्रकार के स्वीकृत हुए हैं—'काममत्त', 'सुरामत्त' और 'धनमत्त'। ये भेद प्रचलन नहीं पा सके हैं। तालिका द्वारा इन्हें अग्रांकित रूप में समझा जा सकता है। यथा—

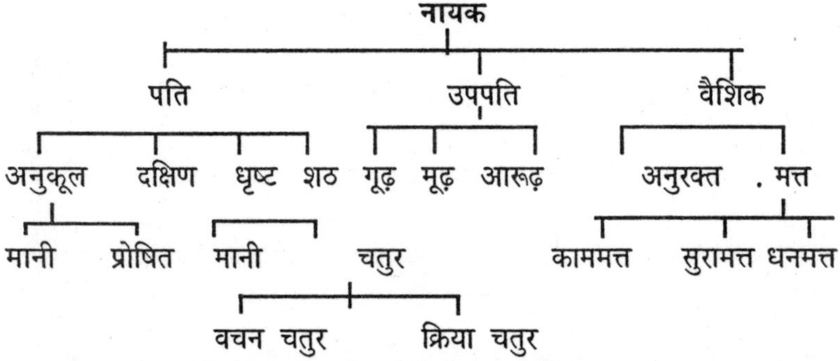

प्रकृति के आधार पर सभी प्रकार के नायकों के तीन अनवान्तर भेद किये जा सकते हैं—**उत्तम, मध्यम** और **अधम**। नायक-भेद आकर्षण-क्षमता के आधार पर भी किया गया है। इस आधार पर नायक चार प्रकार के माने गये हैं—**आकर्षक, चुम्बक, द्रावक**, और **भ्रामक**[107]। इधर **राकेश गुप्त** ने सम्बन्ध की परिस्थिति के आधार पर तीन प्रकार के नायक—**वियोगी, संयोगी** और **अपराधी**—माने हैं। कई अन्य आधारों पर भी नायक-भेद किये गये हैं, पर श्रृंगार के आलम्बन-विभाव-रूप उपरि अंकित प्रकारों की ही अधिक मान्यता है।

नायक सहायक

नायक के सहायक की मान्य अभिधा है—**नर्मसचिव**। 'नर्म' का अर्थ है—हास,

106. क. काकमिनीविषयककपटपटुः शठः। —रसमंजरी, पृ.-101
ख. मुक्तापराधचेष्टश्च शठोऽसौ कथितो यथा।।—श्रृंगारतिलक 1/33।

107. आकर्षक : कामकलाकौशलेन यो नारीमाकर्षति स आकर्षकः।
चुम्बक : रतिकौशलेन यश्चुम्बति स आकर्षकः।
द्रावक : औषधिविशेष योगेन कुचमर्दनेन वा यः कठिनकामिनीं द्रावयति स द्रावकः।
भ्रामक : अन्यासक्तो योऽन्यनारीं भ्रामयति प्रतारयति स भ्रामकः।।—तनसुखराम मनसुखराम त्रिपाठी।

आनन्द, सुख, क्रीड़ा आदि। अस्तु 'नर्मसचिव' से तात्पर्य है—आनन्दोल्लास, रतिविलास आदि की प्राप्ति में नायक की सहायता करनेवाला। **रुद्रभट्ट** के अनुसार गुप्त काल (मंत्र) को छिपाने वाला, शुचि, वाग्मी (नायक-) भक्त, नर्म-व्यापार में निपुण और कुपित नायिका को प्रसन्न करने वाला नर्मसचित होता है।[108] **शारदातनय** ने इसे **कामसचिव** कहा है। इसके चार अवान्तर भेद किये गये हैं—**पीठमर्द, विट, चेटक** और **विदूषक**। कुपित नायिका को प्रसन्न करने वाला नर्मसचिव **पीठमर्द**[109], कामतंत्र और गीतादि कलाओं में निपुण नर्मसचिव **विट**[110], नायक-नायिका को मिलाने (संधान) में चतुर नर्मसचिव **चेटक**[111] एवं वेश-वाणी-शरीरादि की विकृति से हँसाने और क्रीड़ा करनेवाला नर्मसचिव **विदूषक**[112] कहा जाता है। नर्मसचिवों की नाटयशास्त्रीय परिभाषा इनसे किंचित् भिन्न रूप में की गयी है। नायका-सहायकों में दूत को भी विशेष स्थान प्राप्त है।

यहीं संकेत कर देना अप्रासंगिक नहीं होगा कि (नायिका के सात्त्विक अलंकार की तरह) नायक के आठ (शोभा, विलास, माधुर्य, गांभीर्य, स्थैर्य, तेज, ललित और औदार्य) **सात्त्विक गुण** भी स्थिर हुए हैं, किन्तु इनका सम्बन्ध नाटक के नायक से (नाटयशास्त्रीय) है, श्रृंगार-रस के आलम्बन-रूप नायक से नहीं। अस्तु, वे यहाँ विचारणीय नहीं हैं।

अनुभाव : नायक-नायिका के प्रेमपूर्ण आलाप, पारस्परिक स्नेह-स्निग्ध अवलोकन, आलिंगन, भुजाक्षेप, भ्रूभंग, गद्-गद् स्वर, पारस्परिक चुम्बन, स्वेद, रोमांच आदि (कायिक, वाचिक अथवा मानसिक क्रियाएँ, प्रतिक्रियाएँ और अवस्थाएँ) ही श्रृंगार रस के अनुभाव होते है। नायिकागत हाव (सात्त्विक अलंकार) भी अनुभाव के अन्तर्गत ही स्वीकृत होते हैं।

संचारी भाव : श्रृंगार रस में उग्रता, मरण और जुगुप्सा के अतिरिक्त सभी संचारियों का विधान होता है। इतना अवश्य है कि संयोग में आनन्दोत्पादक और वियोग में करुणोत्पादक संचारियों का प्राचुर्य होता है।

आलम्बन और आश्रय (नायक-नायिका) के सम्बन्धों के आधार पर श्रृंगार की दो अवस्थाएँ होती हैं—**सम्भोग** अथवा **संयोग** और **विप्रलम्भ** अथवा **वियोग**। प्रचलित शब्दावली में इन्हें ही दो भेद (अवस्थानुसार) भी कहा जाता है। **धनंजय** ने तीसरा

---

108. गूढ़मंत्र शुचिर्वाग्मी भक्तो नर्मविचक्षणः।
स्यान्नर्मसचिवस्तस्य कुपितस्त्रीप्रसादकः।।—श्रृंगार तिलक 1/39।
109. कुपितस्त्रीप्रसादकः पीठमर्दः।—रसमंजरी, पृ.-111
110. कामतंत्रकलाकोविदो विटः। पृ.-111
111. सन्धानचतुरश्चेटकः।—वही, पृ.-113।
112. क. अंगादिवैकृत्यैर्हास्यकारी विदूषकः।—वही, पृ.-113।
ख. ... ... क्रीडाप्रायो विदूषकः।
स्ववपुर्वेषभाषाभिर्हास्यकारी स्वकर्मवित्।।—श्रृंगारतिलक 1/41।

प्रकार **अयोग** भी माना, पर वस्तुतः वह **पूर्वराग** का ही नामान्तर समझा जाता है। कतिपय आचार्यों ने 'सम्भोग' और 'संयोग' में अन्तर करने के पक्ष में तर्क प्रस्तुत किये हैं जिनका योग्य समाधान पंडितराज **जगन्नाथ** ने कर दिया है। उनके अनुसार 'संयोग' और 'वियोग' (क्रमशः 'साथ होनें' और 'बिछुड़े होनें') चित्तवृत्ति अथवा मानसिक ज्ञान के पर्याय है। शृंगार रस के प्रकरण में संभोग और 'संयोग' समान अर्थ का बोध कराते हैं।

संयोग शृंगार

नायक-नायिका (पुरुष-स्त्री) का कामोपचार ही संयोग शृंगार है।[113] **भानुदत्त** के अनुसार नायक-नायिका के परस्पर दर्शन, स्पर्श, संलापादि द्वारा अनुभूयमान सुख अथवा पारस्परिक संयोग से उत्पन्न आनन्द ही संयोग शृंगार है। बहिरिन्द्रिय संयोग ही संयोग के नाम से वर्ण्य होता है।[114] काव्यशास्त्र में संयोग के वर्णित लक्षणों से स्पष्ट है कि नायक-नायिका को इसमें निजी भावों और चेष्टाओं आदि की अभिव्यक्ति का पूर्ण अवसर होता है। संयोग शृंगार के आवश्यक वर्णनीय अंगों में नायिका (नारी) के आंगिक सौन्दर्य, गुण, चेष्टा (हाव), प्रसाधन, भाव-भंगिमा आदि एवं नायक (पुरुष) के तदनुकूल व्यवहार से नायिका पर प्रणय की छाप छोड़ने आदि के कार्य को भी स्थान प्राप्त है। इन सब का अन्तर्भाव काव्यशास्त्र (और कामशास्त्र) में वर्णित प्रणयोपचार (Courtship) और रतोपचार में कर लिया गया है। विभिन्न आधारों पर संयोग शृंगार के कई भेद भी किये गये हैं। यथा–

क. नायक के दृष्टिकोण के आधार पर : धर्म-शृंगार, अर्थ शृंगार और काम-शृंगार **भोज** ने चौथा प्रकार 'मोक्ष' शृंगार भी माना है।

ख. आरम्भकर्त्ता के आधार पर : नायकारब्ध शृंगार और नायिकारब्ध शृंगार। **आनन्दप्रकाश दीक्षित** तीसरा प्रकार उभयारब्ध शृंगार भी मानने के पक्ष में हैं।

ग. प्रकाशन के आधार पर : प्रकाश अथवा स्पष्ट और प्रच्छन्न अथवा गुप्त। किन्तु **भगीरथ मिश्र** के अनुसार 'प्रच्छन्न' को 'रस की संज्ञा प्राप्त ही नहीं होती है। वह रसाभास भर होता है।'

घ. **स्तरभेद के आधार पर** : संयोग शृंगार चार प्रकार का–(1) मित, (2)

---

113. कामोपचारः सम्भोगः स्त्रीपुंसयो सुखम्।–शारदातनय।
114. तत्र दर्शनस्पर्शन-संलापादिभिरितरेतरमनुभूयमानसुखं परस्पर-संयोगेनोत्पद्यमान-आनन्दो वा संयोगः।
–संयोगो बहिरिन्द्रिय सम्बन्धः।–रस-तरंगिणी–सप्रभ अ.।
–'दशरूपक' (4/69) में भी इससे मिलता-जुलता लक्षण ही है।

संकर, (3) सम्पन्न और (4) समृद्धिमान, माना गया है।[115] इन्हें ही क्रमशः **पाल्य, मानान्तर, अभ्यवहार** और **अनुभूतिकृत** अथवा **संक्षिप्त, संकीर्ण, सम्पन्नतर** और **समृद्धिमान** भी कहा गया है। **आनन्दप्रकाशदीक्षित** के मत से "इन भेदों को हम मुग्धा से प्रौढ़ा तक की परिवर्तित नाना अवस्थाओं के आधार पर भी स्वीकार कर सकते हैं और किंचित् भेद के साथ इन्हें सोपान भी कह सकते हैं। हमारे विचार से इनके भी नायक-नायिका के सम्बन्ध से दो-दो भेद किये जा सकते हैं।"[116] ऐसा स्वीकार किया जाता है कि विप्रलम्भ के अभाव में संयोग पुष्ट नहीं होता है।[117] अस्तु, मानना पड़ता है कि संयोग के ये चारों भेद (अथवा सोपान) अपेक्षया मनोविज्ञान सम्मत हे। यों अधिसंख्य आचार्य इस मत से सहमत हैं कि संयोग की अगणित अवस्थाओं के कारण एवं नायक-नायिका के पारस्परिक व्यवहार-भेद से इसके भेद तो अगणित हो सकते हैं, पर सबका अन्तर्भाव मात्र संयोग-शृंगार से ही कर लिया जाता है। इसका उदाहरण अग्रांकित है। यथा–

चितवति चकित चहूँ दिसि सीता, कहँ गये नृप-किसोर मनु चिता।
जहँ विलोक मृग-सावक नैनी, जनु तहँ बरिस कमल सित स्रेनी।
लता ओट तब सखिन्ह लखाये, स्यामल गौर किसोर सुहाये।
देखि रूप लोचन ललचाने, हरषे जनु निज निधि पहचाने।
थके नयन रघुपति छबि देखें, पलकन्हिहूँ परिहरीं निमेषें।।–तुलसीदास।

यहाँ **आलम्बन** राम और **आश्रय** सीता हैं। अनुराग वृद्धि में सहायक रमणीय पुष्पवाटिका, वाटिका में प्रफुल्लित पुष्प, मन को उल्लसित करने वाला प्रातःकालीन सुखद वासन्ती समीर, राम का किशोर वय और आकर्षक श्यामल रूप आदि **उद्दीपन**, सीता का चकित दृष्टि से देखना, उसके नेत्रों में लालच का भाव एवं टकटकी लगाकर देखते रहना **अनुभाव** एवं चिंता, औत्सुक्य, मोह, हर्ष, जड़ता आदि **संचारी** भाव है। इससे वासना रूप स्थित **रति** स्थायीभाव रसरूप में परिणत होता है।

---

115. क. मितः 1. नवरागान्तरजः पाल्योऽभीष्टोपचारतः। 2. साध्वसादिभिः मितं प्रयुज्यते भोगे प्रथमे स मिलो भवेत।
ख. संकर : 1. प्रसादेऽपि व्यालीकादि स्मृतेः कोपानुवर्तनात्।
2. मानान्तरसंयोगः कौटिल्यं न त्येजत्ववचित।
ग. सम्पन्नः सम्पन्न कामौरायातैः प्रोषितैरूपभुज्यते।
घ. समृद्धिमान–अनुभूतिकृत (निराशवियोग के पश्चात् संयोग)।
116. रस-सिद्धान्तः स्वरूप विश्लेषण, पृ.-316।
117. न विना विप्रलभ्भेन संयोगः पुष्टिमश्नुते।
कषायिते हि वस्यादौ भूयान् रागो विवर्धते।।–रूपगोस्वामी।

निम्नांकित उदाहरण भी इसी प्रकार समझे जा सकते हैं–

क. पूर्णमासी रात भर पीती रही सुधा अंक में शशि के सिमट कर धोती रही श्यामल बदन सुध-बुध बिसार। शकुंतला माथुर	ख. लड़लड़ाते डगमगाते पैर मुड़ी सूँड़-सी बाहें पड़ी ढीलीं चाँद का प्याला कहीं उलटा पड़ा होगा। बादलों में चाँदनी पीली। –जगदीश गुप्त।

संयोग शृंगार में प्रणयोपचार के रूप में रतिपूर्व, रतोपचार के रूप में रत्यारंग, रति और विपरीत रति एवं रत्यन्त के वर्णन होते हैं।

वियोग शृंगार : नायक-नायिका की वियोगावस्था एवं उससे उत्पन्न अनुभूतियों (संतापादि) का वर्णन ही वियोग अथवा विप्रलंभशृंगार है। विप्रलंभ का अर्थ है–(वि वंचना). प्र (प्रकर्ष) + लभ् (प्राप्ति)–प्राप्ति की इच्छा का प्रकर्ष होने पर भी वंचना का होना। **भोज** और **पं. विश्वनाथ** के अनुसार शृंगार में अभीष्ट की अप्राप्ति ही विप्रलंभ है।[118] पंडितराज जगन्नाथ ने वियोगदशा में प्रेम की वर्तमानता (यानी बिछुड़े होने के भाव) को ही प्रधानता दी है।[119] इसके चार भेद माने गये हैं–**पूर्वराग, मान, प्रवास** और **करुण**। आ. मम्मट ने पाँचवा भेद 'विरहहेतुक' भी माना है।

मिलन अथवा संयोग से पूर्व आविर्भूत होनेवाला अनुराग ही (**पूर्वानुराग, प्रथमानुराग या अयोग**) है।[120] जिसका आविर्भाव पाँच कारणों से होता है–गुण-श्रवण, स्वप्न-दर्शन, चित्र-दर्शन, प्रत्यक्ष दर्शन एवं इन्द्रजाल। **पं. विश्वनाथ** के अनुसार पूर्वराग तीन प्रकार का होता है–नीलीराग (बाहरी चमक-दमक का अभाव, पर हृदय में निकटता, **कुसुम्भ राग** (शोभित हो, पर अस्थायी) और **मंजिष्ठा राग** (शोभित हो और स्थायी रहे।)।

प्रिय के अपराध से उत्पन्न क्रोध ही **मान** ('मा' = मत + 'न') है।[121] इसके दो भेद–**प्रणय मान** और **ईर्ष्यामान**–होते हैं। प्रणयमान नायक और नायिका दोनों में हो सकता है। इस आधार पर यह तीन प्रकार का होगा–नायकगत, नायिकागत और उभयगत। ईर्ष्यामान केवल नायिकाओं में होता है, पुरुष अथवा नायक में वही बैर का रूप धारण करता है। अपराध की गुरुता अथवा गहनता के आधार पर ईर्ष्यामान तीन प्रकार का स्वीकृत है–**लघु, मध्यम** और **गुरु**। वस्तुतः मान का आधार

---

118. यत्र तु रतिः प्रकृष्टा नाभीष्टमुपैति विप्रलम्भोऽसौ।–स. कण्ठाभरण 5/44, सा. दर्पण 3/191।
119. रतेः संयोगकालवाच्छिन्नत्वे प्रथमः वियोगकालच्छिन्नत्वे द्वितीयः।–र. गंगाधर, पृ.-138।
120. प्रागसंगतयोर्यरभिलाषः प्रवर्तते। संकल्परमणीयोऽनुरागः स प्राच्य उच्यते।–स. कण्ठाभरण।
121. क. प्रियापराधजन्यकोपः मान।–भानुदत्त।
   ख. स एव मान इत्युक्तौ मनोरथनिरोधनम्।–शारदातनय।

है अपराध, अतः ईर्ष्यामान ही वास्तविक मान है—**यत् हृदयविघटितः संगमोऽपि विरहं विशेषयति** (भर्तृहरि)। इसके विपरीत प्रणयमान तो संयोग को बढ़ानेवाला क्रीड़ापरक अनुभाव (Play instinct) भर प्रतीत होता है।

प्रियतमा और प्रियतम में से किसी एक का परदेश में होना ही **प्रवास** है।[122] 'प्रवास' का अर्थ कई रूपों में किया जाता है—(क) प्र (**प्रतिकूल**) + वास (निवास)—**प्रतिकूल निवास,** (ख) प्र (विशेष प्रकार का) + वास (आच्छादान) = विशेष प्रकार का वस्त्राभूषण धारण किया जाना और (ग) वियोगी का एकान्त निःश्वास। प्रवास तीन प्रकार का माना गया है—**कार्यज, शापज** और **भयज** (संभ्रमज)। दैर्ध्य के कारण प्रवास ही **करुण** में परिणत हो जाता है (आचार्यों ने नायक-नायिका में से किसी एक के परलोकगत हो जाने पर भी यदि उसके पुनः इस लोक में मिलने की आशा हो, तो उसे करुण-विप्रलंभ कहा है)। करुण-विप्रलंभ की स्थायी रति होती है और करुण रस का स्थायी होता है शोक—रति प्रवृत्तिमूलक होती है, शोक निर्वृत्तिमूलक। सूर के कृष्ण के ब्रज से चले जाने पर गोपियों की वियोगानुभूति प्रवास से बढ़ कर करुण में परिणत हो गयी है। **मम्मट** द्वारा स्वीकृत विप्रलंभ का पाँचवा भेद **'विरहहेतुक'** मौलिक सूझ है। कई बार नायक-नायिका के पास-पास रहने पर भी गुरुजनों आदि की उपस्थिति के कारण संयोग न होना विरहहेतुक वियोग होता है। **बिहारी** में इसके उदाहरण तो मिलते ही हैं, लोकगीतों में इसके उत्तम उदाहरण प्राप्त होते हैं।

वियोग (पूर्वराग एवं प्रवास) से सम्बन्धित दस कामदशाएँ मानी गयी हैं—**अभिलाषा, चिन्ता, स्मृति, गुणकथन, उद्वेग, प्रलाप, उन्माद, व्याधि, जड़ता** और **मरण**।[123] कतिपय विचारक अभिलाषा के पूर्व 'इच्छा' एवं 'उत्कण्ठा' और मरण के पूर्व 'मूर्च्छा' को भी स्थान देना चाहते हैं। इस प्रकार कामदशाओं की संख्या तेरह हो जाती है। **आनन्दप्रसाद दीक्षित** को भी तेरह की संख्या मान्य है।[124] सम्प्रति मनोविज्ञान को आधार मान कर छह स्थितियाँ भी स्वीकार की जाती हैं—नैराश्य (Frustration), उदासीनता (Indifference), आत्मपीड़न (Mosochism), ईर्ष्या

---

122. प्रवासो भिन्नदेशत्वम्। कार्य शाप सम्भ्रमैः प्रवास।।—हेमचन्द्र।
123. चिन्ता — प्रिय की प्राप्ति के उपायों की खोज।
अभिलाषा — प्रिय से शारीरिक मिलन की इच्छा : 'संगमेच्छाऽभिलाषः।'
स्मृति — अनुभूतपूर्व चेष्टाओं आदि द्वारा उद्‌बोधित संस्कार से उत्पन्न ज्ञान।
गुणकथन—प्रिय/प्रिया की विरह में प्रशंसा करना।
उद्वेग—सुखद वस्तुओं का दुखद लगना—कामक्लेश से सुखद वस्तुओं को दुखद समझना।
प्रलाप — व्याकुल चित्तता के कारण निरर्थक बातें करना—प्रलापोऽनर्थकं वचः।
उन्माद — जड़-चेतन आदि का विचार नहीं रहना।
व्याधि — काम-वेदना से दीर्घ-निःश्वासता, पाण्डुता, कृशता दुर्बलता आदि।
जड़ता—अंगों तथा मन का चेष्टाशून्य होना।
124. रस सिद्धान्त : स्वरूप विश्लेषण, पृ.-325

(Jealously), परपीड़न (Sadism) और आत्मोन्नयन (Sublimation)। वियोग-वर्णन में इन सब स्थितियों एवं कामदशाओं के वर्णन सहजता से प्राप्त किये जा सकते हैं। कामदशाओं में 'मरण' के वर्णन से तात्पर्य है मरण-तुल्य दशा या मन से आकांक्षित मरण का वर्णन। इस सम्बन्ध में देव कवि की सलाह माननीय है—**'मरनौ वा विधि बरनिये, जाते रस न नसाइ।'** यहाँ वियोग-शृंगार के सभी प्रकारों के नहीं, मात्र एक-दो के ही उदाहरण रखे जाते हैं। यथा—

क. परकाजहिं देह को धारि फिरौं,
परजन्य जथारथ ह्वै दरसौ।
निधि नीर सुधा के समान करौ,
सब ही निधि सज्जनता सरसौ।
'घनआनन्द' जीवन-दायक हौ,
कछु मेरियौ पीर हिये परसौ।
कबहुँ वा बिसासी सुजान के आँगन
यों अँसुवानिहिं लै बरसौ।।
—घनानन्द।

ख. छत की ऊँची दीवार / के पार,
संसार / कैसा है—
क्या वहाँ भी धूप सिर्फ दस मिनट को ही
ठहरती है।
वहाँ भी किसी को / धूप की बिदा के बाद।
हवा के बहाने, अकेलापन
आकर डँसना है
रेंगता, कसकता है।
—अजित कुमार।

शृंगार का महत्त्व और रसराजत्व

रस पर विचार करने के क्रम में आचार्यों ने प्रायः रसराजत्व पर भी विचार किया है। यद्यपि आरम्भ से ही शृंगार के महत्व और राजत्व का प्रतिपादन किया जाता रहा है, तथापि अनेक बार करुण, हास्य, वीर, शांत आदि को भी रसराजत्व प्रदान करने के तर्क प्रस्तुत किये गये हैं। तर्क-जाल में उलझा कर रसराजत्व के आसन से शृंगार को अपदस्थ करने के जितने भी प्रयत्न हुए हैं, उतने ही प्रबल तर्कों से शृंगार के पक्ष में समर्थन भी जुटाये गये हैं। सच इतना ही है कि अधिकांश आचार्य शृंगार के महत्व को पहचानते हुए इसे ही रसराज मानते हैं। इस दृष्टि से आचार्यों की घोषणाएँ उपस्थित की जा सकती हैं।[125] शृंगार को रसराज मानने के कतिपय

125. क. शृंगार एव मधुरः परः प्रहलादनो रसः। —ध्वन्या. 2/7।
ख. सबको केशव दास हरि, नाइक है शृंगार। — र. प्रिया 1/16।
ग. नव रस सार सिंगार रस, युगल सार सिंगार।—देव (शब्द-रसायन)।
घ. नव रस को पति सरस अति, रस सिंगार पहिचान। —सोमनाथ (र. पी. निधि 8/)।
ङ. सब सुकविन के सुमति सों, सो शृंगार रसराज।—पद्माकर (जगद्विनोद-628)।
च. कृष्ण देवता स्याम रंग, सो सिंगार रसराव।—नवीन (रस-तरंग 1/1)।
छ. जो बरनत तिय पुरुष को, कवि कोविद रसभान।
वासो रीझत हैं सुकवि, सो सिंगार रस—राव।।—मतिराम (रसराज)।

प्रमुख कारण अग्रांकित है। यथा–

1. शृंगारभाव की व्यापकता–शृंगार का मूल भाव **रति** है। रति (अथवा काम) सर्वाधिक व्यापक भाव है। यह सार्वत्रिक, सार्वकालिक और सार्वजनीन भी है–नर-नारी, पशु-पक्षी, लता-पादप यानी जो भी हैं और जहाँ भी हैं, सब इस भाव से अनुप्राणित हैं। प्रजनन एवं स्व-वंश-रक्षण की सहज प्रवृत्ति का इसी भाव से पोषण होता है। वेदादि से आरम्भ कर आधुनिक मनोवैज्ञानिक **फ्रायड** आदि सब ने इस भाव के महत्त्व को स्वीकार किया है। **वृहदारण्यक** (4/5) में पुरुष (भगवान) को ही काममय कहा गया है–**'काममय एवायं पुरुषः'**। शिवपुराण की धर्मसंहिता (8) में उल्लिखित है–**'कामः सर्वमयः पुंसां स्वसंकल्पसमुद्भवः'** और **'परमात्मेति चाप्युक्तं विकाराः काम संज्ञिताः'**। औपनिषदिक साक्ष्य है कि जगत् के मूल में काम है–**'सोऽकामयत'**। नाटयाचार्य **भरत** के मत से इस लोक की प्रत्येक पवित्र, समुज्ज्वल और दर्शनीय वस्तु शृंगार से उपमित की जा सकती है।[126] व्याप्ति, मनोनुकूलता, मूल मानवीय वृत्ति, तीव्रता, प्रभावोत्पादकता आदि विभिन्न दृष्टियों से शृंगार सर्वोत्तम है।[127] शृंगार (काम) की हृद्यता एवं आवाल-वृद्ध सर्वजन और सकलजाति सुलभता अन्य रसों में नहीं पायी जाती है।

2. उत्कट आस्वाद्यता : आस्वाद्यता के विचार से शृंगार अन्य रसों को पीछे छोड़ देता है। यह सहज ही चर्वणीय होता है। आधुनिक मनोवैज्ञानिकों ने भी शृंगार के स्थायी (रति) को अन्यों की अपेक्षा अधिक तीव्रता से आस्वादित होना स्वीकार किया है। रसोत्पत्ति पर विचार करते हुए 'रति' की उत्पत्ति 'अभिमान'[128] अथवा 'अहंकार'[129] (अस्मिता) से मानी गयी है जो मनोविज्ञान-सम्मत ही नहीं, इसकी उत्कट आस्वाद्यता का पोषक भी है।

3. अन्य रसों को समाहृत करने की योग्यता : शृंगार के स्थायी 'रति' को **पं. विश्वनाथ** ने मनोनुकूल अर्थ में मन का द्रवण (रतिर्मनोनुकूलेऽर्थे मनसः प्रवणायितम्) स्वीकार कर उसी में अन्य रसों को अन्तर्भुक्त करने का सूक्ष्म संकेत कर दिया है। अन्तर्भाव ऋणात्मक या धनात्मक किसी भी रूप में किया जा सकता

---

126. यत्किंचिल्लोके शुचितमेध्यमुज्ज्वलं दर्शनीयं वा तच्छृङ्गारेणोपमीयते।–वा. शास्त्र।

127. क. अनुसरात रसानां रत्यतामस्य नान्यः। सकलमिदमनेन व्याप्तमाबालवृद्धम्।।
तदिति विरचनीयः सम्यगेषः प्रयत्नात्। भवति विरसमेवानेन हीनं हि काव्यम्।।
–रुद्रट (काव्या. 14/38)

ख. शृंगाररसो हिं संसारिणां नियमेन अनुभवविषयत्वात् सर्वरसे यः कमनीयतया प्रधानभूतः। –ध्वन्यालोक 3/29 वृत्ति।

ग. ... तत्र कामस्य सकल जाति सुलभतया।–अभिनवगुप्त (अभिनवभारती)।

128. अभिमानाद्रतिः सा च परिपोषमुपेयुषी।
व्यभिचार्यादिसामान्याच्छृङ्गार इति गीयते।–अग्निपुराण 339/4

129. रसोऽभिमानोऽहंकारः शृंगार इति गीयते।–भोज (शृंगारप्रकाश)।

है। मित्र रसों की कौन कहे, विरोधी (वीभत्स, करुण, रौद्र, भयानक और शांत) रसों के विरोध-परिहार के भी उपाय बताये गये हैं। इस दृष्टि से **देव** कवि की व्यवस्था भी महत्त्व की है।[130] इसमें अमित्र रस भी मित्रवत् ही प्रयुक्त होता है। **अग्निपुराणकार** ने तो सब रसों की उत्पत्ति की कल्पना शृंगार से ही की है।[131] **भोज** का मत भी इसी प्रकार का है। वे शृंगार को ही एकमात्र रस मानना चाहते हैं। अन्य रसों को रस की संज्ञा देना वे परम्परा-पालन भर मानते हैं।[132] दोनों शृंगार की श्रेष्ठता अपने-अपने ढंग से प्रतिपादित करते हैं।[133] तात्पर्य यह है कि शृंगार में जो विशेष प्रकार की तन्मयता मिलती है, वह अन्य रसों में प्राप्त होने वाली विशेषता से किंचित् मिलती-जुलती भी है।

4. विभावों का वैशिष्ट्य : अन्य रसों के विभावों से शृंगार के विभावों का भी पार्थक्य और वैशिष्ट्य होता है। इसके आलम्बन-आश्रय परस्पर मित्र होते हैं। पुनः यह रस उभयपक्षीय और द्विपक्षीय होता है। वात्सल्य के अतिरिक्त ये विशेषताएँ किसी अन्य रस में नहीं होती हैं। इसके आलम्बन (नायक-नायिका) से पाठकादि (सहृदय) का जैसा तादात्म्य होता है, वैसा अन्य रसों के साथ नहीं हो पाता। इसका उद्दीपन भी अन्यों की तुलना में अधिक रमणीय, व्यापक और आकर्षक तो होता ही है, यह सब ऋतुओं में भी सुलभ होता है। मनुष्य की चित्तवृत्तियों के चित्रण-वैविध्य का अवसर जितना इसमें उपलब्ध होता है, उतना अन्यों में नहीं। शृंगार-चेष्टाएँ भी अगणित होती हैं। उनके अनुरूप ही इस रस के भेद भी अनगिनत हो सकते हैं। यह वैशिष्ट्य अन्य रसों के विभावों में सम्भव नहीं है।

5. अधिकांश संचारियों एवं सात्त्विकों को समाहृत करने की योग्यता : शृंगार रस में संचारियों, सात्त्विकों एवं 'हाव' नामक दशाओं आदि सब को समाहृत करने की योग्यता है। संयोग में जिन तीन (औग्र्य, मरण, जुगुप्सा) संचारियों के प्रयोग नहीं होते, वे भी वियोग में वर्णित होते हैं। इस प्रकार इसमें सभी संचारियों के प्रयोग हो सकते हैं। इस महत्त्व के कारण ही **शारदातनय** ने शृंगार रस को सब का वर्णन आधार कहते हुए लिखा—**समग्रवर्णनाधारः शृंगारो वृद्धिमश्नुते**। कवि **कर्णपूर** ने भी स्वीकार किया है कि जैसे समुद्र में तरंगें उन्मीलित होती हैं, वैसे ही प्रेम (शृंगार) में अन्य सभी रसों और भावों का उन्मीलन होता है।[134] संचारियों की तरह ही सभी

---

130. क. भाव सहित सिंगार, में नव रस झलक अजल्र।
ज्यों कंकनमनि कनक को, ताही में नव रत्न।।—शब्दरसायनः3।
ख. भूलि कहत नव रस सुकवि, सकल मूल सिंगार।—आ. विलास 1/10।
131. तदभेदाः काममितेर हास्याद्या अप्यनेकशः।—अग्निपुराण 339/11।
132. शृंगार-प्रकाश — 1/6-7।
133. क. शृंगारी चेत्कविः काव्ये जातं रसमयं जगत्।—अग्निपुराण 339/11।
ख. शृंगारी हि रमते, रमयते, उत्सहते स्निह्यति इति।—भोज।
134. उन्मज्जन्ति निमज्जन्ति प्रेमखण्डरसत्वतः।
सर्वे रसाश्च भावाश्च तरंगा इव वारिधौ।।—अलंकार कौस्तुभ।

सात्त्विकों को समाहृत करने की क्षमता भी मात्र इसी रस में है। कतिपय ऐसी दशाओं, अवस्थाओं के अंकन भी इस रस में होते हैं जिनकी कल्पना भी सहज नहीं होती। श्रृंगार रस की समाहृत-क्षमता को ध्यान में रखकर ही **भोज** ने ऐसी टिप्पणी की है कि रति आदि उनचास भाव श्रृंगार को वैसे ही आवृत्त कर समृद्ध करते हैं जैसे किरणें सूर्य को घेर कर उसे और भी उद्दीपित करती हैं। श्रृंगार के रूप को अनन्त घोषित करने की सार्थकता भी इसी कारण सिद्ध है।[135]

उपरि विश्लेषण से स्पष्ट है कि श्रृंगार को रसराज मानना अहेतुक नहीं है। अस्तु, कवि **बेनीप्रवीण** के शब्दों में कहना सार्थक है कि,

स्याम बरन ब्रजराजपति, थाई है रतिभाव।
ताहि कहत सिंगार है, सकल रसन को राव।।—नवरस तरंग।

2. हास्य रस

हास्योत्पत्ति का मूलाधार है असंगति और असंतुलन। वाणी, वेश, भूषा, चेष्टा, भाव, विचार आदि में असंगति और असंतुलन (विकृति) के वर्णन में हास्य रस होता है। हास[136] इसका **स्थायीभाव**; हास्यास्पद वस्तुएँ यानी वाणी, वेशद्ध भूषा, चेष्टा, आकृति, आचार, विचार, भाव आदि की विकृति या असंगति **आलम्बन**; सहृदय यानी पाठक, प्रेक्षक आदि **आश्रय**; आलम्बन की हास्यास्पद चेष्टाएँ उद्दीपन; होठों का खिल उठना, कपोलों का फैलना, मुखड़े पर प्रसन्नता की दीप्ति, आँखों का आनन्दोल्लास से संकुचन, दाँतों का दीखना, मुस्काना, कहकहा लगाना आदि **अनुभाव** और आलस्य, तन्द्रा, स्वप्न, असूया, अश्रु, रोमांच, हर्ष, चपलता, श्रम, प्रबोध, स्वेद आदि **संचारी भाव** हैं।

हास्य रस के देवता प्रमथ (शिव के गण) और रंग श्वेत कहे गये हैं। इसकी उत्पत्ति श्रृंगार रस से मानी गयी है और अन्तिम सीमा वहीं स्थिर की गयी है जहाँ तक इससे किसी प्रकार का अनिष्ट न हो। अनिष्ट होने की स्थिति में इसकी परिणति करुण रस में हो जायेगी। तात्पर्य यह कि हास्य का लौकिक अनुभव आनन्दरूप ही होना चाहिए। तभी **डॉ. वाटवे** आदि कतिपय विद्वान् इसे 'विनोद रस' (और स्थायी भाव 'विनोदन') कहना चाहते हैं।

हास्य का वर्गीकरण शारीरिक और अनुभावगत (आश्रय के) आधार पर किया गया है। उसे अग्रांकित रूप में समझा जा सकता है—

स्वभावानुसार	**शरीरानुसार**	**आश्रयानुसार**
उत्तम	स्मित	आत्मस्थ
	हसित	परस्थ

135. बिमल सुद्ध सिंगार रस, देव अकास अनन्त।
उड़ि-उड़ि खग ज्यों और, रस, बिबस न पावत अन्त।।—देव।

136. वागादिवैकृतैश्चचेतो विकासो हास इष्यते।—सा. दर्पण 3/176।

मध्यम	विहसित	आत्मस्थ
	उपहसित	परस्थ
अधम	अपहसित	आत्मस्थ
	अतिहसित	परस्थ

केशवदास हास्य के चार प्रकार मानते हैं—**मन्दहास, कलहास, अतिहास** और **परिहास**।[137] इनमें प्रथम तीन नामान्तर से प्राचीनों के अनुरूप हैं। अंतिम 'परिहास' नवीन हैं और नायक-नायिका एवं उनके सहायकों के सन्दर्भ में इसकी नये रूप में व्याख्या करने की अपेक्षा है। **बलदेव प्रसाद मिश्र** ने नया वर्गीकरण इस रूप में किये जाने का आग्रह किया है—

- हास
  - मृदु हास
    - गुप्त हास
    - स्फुट हास
  - अट्टास
    - मर्यादित हास
    - अमर्यादित हास

पाश्चात्य साहित्य के सम्पर्क और वैचारिक प्रभाव के परिणामस्वरूप इधर हास्य पर अपेक्षया अधिक तार्किक और विस्तृत विचार किये जा रहे हैं। दूसरी ओर हास्य में ही व्यंग्य को भी सम्मिलित करने की भी प्रवृत्ति रही है—यह उचित नहीं कहा जा सकता। दोनों को पृथक् मानना ही संगत है। नवीन अनुसंधायक हास्य का वर्गीकरण नहीं करने के भी पक्षधर हैं। बालेन्दुशेखर तिवारी के अनुसार, "हास्य का एकमेव स्वरूप-भेद विनोद या शुद्ध हास्य ही है। इसमें सर्वत्र स्नेह, करुणा और निःस्वार्थ भाव से हँसाने का उद्देश्य सन्निहित रहता है।"[138] यह जितना सर्वानन्द प्रदायक है, उतना ही इसका क्षेत्र भी व्यापक है। शृंगार-वीरादि रस का उत्तेजन अवस्था विशेष तक सीमित होता है, पर हास्य बालक-युवा-वृद्ध सबको समान रूप में प्रभावित करता है। किन्तु इसकी स्थिति उभयपक्षीय नहीं, एकपक्षीय होती है—हँसनेवाला (आश्रय) तो आनन्दित होता है, किन्तु जिस पर हँसा जाता है उसकी स्थिति विपरीत होती है। यही इसकी शक्ति और सीमा है। थोड़े प्रहसन, मुकरी, पैरोडी, प्रहेलिका, फाग, चुटकुले आदि के अतिरिक्त हिन्दी में इस शती के पूर्व तक स्वतंत्र हास्य-साहित्य का लेखन अपेक्षया कम हुआ था। सम्प्रति विभिन्न विधाओं में स्वतंत्र और स्वस्थ हास्य रसात्मक लेखन हो रहा है। आगे हास्य रस का उदाहरण प्रस्तुत किया जाता है। यथा—

(क) देखिये यह सीन कितना ग्रैण्ड है,

137. रसिकप्रिया, पृ.-38
138. हिन्दी का स्वातंत्र्योत्तर हास्य और व्यंग्य, पृ.-38

देह है या सायकिल-स्टैण्ड है।
हो भले सूरत हमारी इण्डियन,
दिल हमारा मेड-इन-इंगलैण्ड है।
—बेधड़क बनारसी।

(ख) पत्नी-संस्कृति
सब रास्ते बन्द कर
लगा देती है तख्ती लाल
'रोड अण्डर रिपेयर' है।
प्रिया-नयी कविता
खोल हर राह
ले जाती है खुले मैदान में
जहाँ खुला प्यार है।
—शान्ता सिन्हा।

3. करुण रस

इष्ट-नाश और अनिष्ट-प्राप्ति के वर्णन से युक्त चित्त को विकल करने वाली रचना करुण रस की रचना कही जाती है।[139] शोक[140] इसका स्थायीभाव; इष्ट-नाश (बन्धु-विनास, प्रिय-मृत्यु आदि) और अनिष्ट-प्राप्ति (पराभव आदि) **आलम्बन;** उसके सम्बन्धी, सहृदय आदि **आश्रय;** नष्ट व्यक्ति का दाह आदि, उसके रूप-गुण-कार्य आदि का स्मरण, उससे सम्बन्धित वस्तुओं का दर्शन आदि **उद्दीपन,** देवनिन्दा, भाग्य को कोसना, पछाड़ खाकर गिरना, मूर्च्छा, रोदन, निःश्वास, कम्प, स्तम्भ, वैवर्ण्य, प्रलाप आदि **अनुभाव** एवं व्याधि, ग्लानि, मोह, स्मृति, दैन्य, विषाद, उन्माद आदि **संचारी भाव** होते हैं।

करुण रस की उत्पत्ति रौद्र रस से मानी गयी है। इसका वर्ण कपोत के समान कहा गया है। पूर्वाचार्यों ने यमराज को इसका देवता कहा है, पर हिन्दी के अधिकांश आचार्यों ने इसकादेवता वरुण को माना है। अनुभावों और संचारियों की दृष्टि से करुण रस विप्रलम्भ (करुण विप्रलम्भ) शृंगार के निकट पड़ता है। इष्ट-नाश से उत्पन्न करुण को विप्रलम्भ से अलग करना सुविधाजनक इसलिए है कि विप्रलम्भ में इष्ट (प्रिय पात्र)—प्राप्ति की आशा होती है। वैसी स्थिति में विकलता व्यभिचारी भर होती है, किन्तु प्रिय पात्र के मरने का ज्ञान होने पर विकलता स्थायी शोक होगी। इस दृष्टि से **भानुदत्त** कृत लक्षण अधिक सार्थक है।[141] करुण रस के अवान्तर भेद

139. इष्टनाशादनिष्टाप्तेः करुणाख्यो रसो भवेत।—सा. दर्पण 3/222।
140. इष्टनाशादिभिश्चेतोवैक्लव्यं शोक शब्दभाक्।—वही, 3/177।
141. इष्टविश्लेषजनितो रत्यनालिंगतः परिमितो मनोविकारः शोकः।—रसतरंगिणी।

कई आधारों पर किये गये हैं, पर **भानुदत्त** द्वारा आलम्बन के आधार पर स्वीकृत दो भेदों—**स्वनिष्ट** (आश्रय के अनिष्ट से सम्बन्धित) और **परनिष्ट** (दूसरों के अनिष्ट पर दया, सहानुभूति आदि से प्रेरित)—का चलन ही अधिक मान्य है। यहाँ स्वनिष्ट करुण के उदाहरण रखे जाते हैं। यथा—

(क) मैं वही, जिसको किया था
विधिविहित अर्धांगिनी।
भूले न मुझको नाथ! मैं
हूँ अनुचरी चिरसंगिनी।।

(ख) मेरा वह रुमाल कहाँ है
कहाँ रह गया
कहीं उसे मैं छोड़ न आया हूँ
कुरसी पर
वह कितना मैला था
उससे मैंने जूता, नाक, पसीना और कलम की निब
पोंछी थी।

—रघुवीर सहाय।

व्याप्ति और महत्ता के कारण ही करुण रस के रसराजत्व पर भी आचार्यों का ध्यान गया है। काव्यगत सभी रसों में **भवभूति** ने करुण रस को प्रधान—**एको रसः करुण एव**[142]—कहा है। उन्होंने अन्य रसों को करुण का विवर्त घोषित किया है। इसमें वैमत्य नहीं कि मानव-हृदय को करुणा अधिक द्रवित करती है। सिद्ध पुरुष और महात्मा तक भी इससे प्रभावित हुए बिना नहीं रहते। इसके प्रमाण में बहुधा **वाल्मीकि** के जीवन में घटी क्रौंच पक्षी वाली घटना प्रस्तुत की जाती है। उसके वियोग जनित शोक से द्रवीभूत होने के कारण ही उनकी सरस वाग्धारा श्लोक बन कर उमड़ पड़ी।[143] **सुमित्रानंदन पंत** ने 'वियोगी होगा पहला कवि, आह से उपजा होगा गान' कह कर भी इसी ओर संकेत किया है। अस्तु, करुणरस का महत्त्व स्वयं सिद्ध है।

4. रौद्र रस

आततायी की छेड़खानी, देश-धर्म-समाज-गुरुजन आदि के अपमान, अपकार, अहित आदि के वर्णन से क्रोध उत्पन्न कराने (प्रतिशोध की भावना को बढ़ाने) वाली

142. एको रसः करुण एवं निमित्तभेदाद्भिन्नः पृथक्पृथगिवाश्रगते विवर्तान्।
आवर्त बुद्बुद्तरंगमयान् विकारान् अम्भो यथा सलिलमेव हि तत् समग्रम्।।--3. रामचरित 3/47।

143. क्रौंच द्वन्द्व वियोगोत्थः शोकः श्लोकत्वमागतः।—ध्वन्यालोक।

रचना रौद्र रस की रचना[144] कही जाती है। क्रोध[145] इसका **स्थायीभाव**; शत्रु, शत्रुपक्ष के व्यक्ति, अनिष्टकारी, **आततायी**, अनुचित कथन करने वाला (यथा, परशुराम-संवाद में लक्ष्मण) आदि **आलम्बन; शत्रु** का विपक्षी, अन्याय विरोधी, रक्षक, सहृदय आदि **आश्रय**; आलम्बन की चेष्टाएँ, उसके अनुचित कार्य-वचन आदि उद्दीपन; दाँत पीसना, दाँत कटकटाना, मुट्ठी दिखाना, ओठ चबाना, मुँह तथा आँखों का लाल होना, भ्रूभंग, आत्मप्रशंसा, हथियार उठाना, कठोर भाषण, गर्जन, शत्रु को ललकारना, कम्प, रोमांच आदि **(सर्वेन्द्रियाणामौद्धत्यम्) अनुभाव** एवं मद, चंचलता, रुक्षता, उग्रता, स्मृति, अमर्ष, उद्वेग, असूया, मोह, ईर्ष्या, आवेग आदि **संचारी भाव** होते हैं।

रौद्र की गणना मूल रसों में हुई हैं। इसका देवता रुद्र और रंग रक्त के समान कहा गया है। इसका सम्बन्ध नीच प्रकृति वालों से माना गया है। **भरत मुनि** ने इसके तीन भेद–क्रियात्मक, वेषात्मक और वचनात्मक–माने, पर हिन्दी में उनका प्रचलन नहीं है। इसका उदाहरण अग्रांकित है। यथा–

क. गयी लग आग-सी सौमित्र भड़के।
अधर फड़के प्रलय धन तुल्य तड़के।।–मैथिलीशरण गुप्त।

ख. वे आये याद दिव्य शर अगणित मंत्र-पूत,
फड़का पर नभ को उड़े सकल ज्यों देवदूत,
देखते राम, जल रहे शलभ ज्यों रजनीचर,
ताड़का सुबाहु, विराघ, शिरस्त्रय, दूषण-खर।–निराला।

यहीं ध्यातव्य है कि रौद्र और वीर, दोनों रसों के उपादान प्रायः समान होते हैं। इस कारण उनकी पहचान में अनेक बार कठिनाई उपस्थित हो जाती है। केवल दोनों के स्थायी भाव भिन्न होते हैं। इस दृष्टि से **भानुदत्त कृत** 'क्रोध' का लक्षण वीर रस के स्थायी भाव 'उत्साह' से अन्तर करने में अधिक उपादेय है। **क्रोध के लिए 'प्रमोद-प्रतिकूलता' (प्रमाता के आनन्द को विच्छिन्न करने की क्षमता) आवश्यक है**, जबकि 'उत्साह' में प्रमोद स्फूर्तिवर्धक होता है। **भोज** ने प्रतिकूल व्यक्तियों में तीक्ष्णता के प्रबोध को क्रोध और कार्यारम्भ में स्थिरता एवं उत्कट आवेश को उत्साह कहा है।[146] **भानुदत्त** के **'सर्वेन्द्रियाणामौद्धत्यम्'** और **'सर्वेन्द्रियाणां प्रहर्षो'** से भी क्रोध और उत्साह के अन्तर को समझा जा सकता है। पुनः मुँह और आँख का लाल होना, कठोर वचन बोलना आदि अनुभाव रौद्ररस में ही होते हैं, वीर रस में नहीं।

144. परिपूर्णः क्रोधो रौद्रः सर्वेन्द्रियाणामौद्धत्यं वा।–रसतरंगिणी, पृ.-151।

145. क. प्रतिकूलेषु तैक्षण्यस्यावबोधः क्रोध इष्यते।–सा. दर्पण 3/177।
ख. अवज्ञादिकृतः प्रमोदप्रतिकूलः परिमितो मनोविकारः क्रोधः।–रसतरंगिणी, पृ.-22

146. प्रतिकूलेषु तैक्षण्यस्य प्रबोधः क्रोध उच्यते।
कार्यारम्भेषु संरम्भः स्थेयानुत्साह इष्यते।।–स. कण्ठाभरण 5/140।

5. वीर रस

सब प्रकार से उत्साह प्रदान करने वाली अथवा सभी इन्द्रियों को प्रहर्ष प्रदान करने वाली रचना वीर रस[147] की रचना कही जाती है। उत्साह[148] इसका **स्थायीभाव**; विजित किये जाने वाला विकट व्यक्ति, दुष्कर कार्य, तीर्थ, याचक, पर्व, शास्त्रीय वचनों आदि पर विश्वास आदि **आलम्बन**; कर्मठ, संघर्षरत व्यक्ति, दाता, दयालु, धर्म आदि के पालक, सहृदय आदि **आश्रय**; शत्रु का पराक्रम एवं उसकी चेष्टाएँ आदि, दयनीयता, अन्य दाताओं द्वारा दिया दान, धार्मिक ग्रन्थों का श्रवण-पठन-मनन आदि **उद्दीपन**; गर्वसूचक उक्तियाँ, उत्साह पूर्ण कथन, चपलता, हस्त-संचालन, मुख पर दीप्ति, स्थैर्य, रोमांच, याचकों का आदर-सत्कार, दातव्य क्षमता, आदि **अनुभाव** और धृति, मति, गर्व, स्मृति, तर्क, हर्ष, दया, असूया, आवेग, रोमांच आदि **संचारी भाव** हैं। इसका परिगणन भी मूल रसों में किया गया है। इसके देवता इन्द्र कहे गये हैं। इसका वर्ण स्वर्ण के रंग वाला अथवा गौर माना गया है। इसका सम्बन्ध उच्च प्रकृति के व्यक्तियों से माना गया है। इसके चार भेद प्राचीनों को मान्य रहे हैं–**युद्ध वीर, दानवीर, दयावीर** और **धर्मवीर**। पंडितराज **जगन्नाथ** ने इनके अतिरिक्त चार और प्रकारों की बात की–**'पाण्डित्यवीर'**, **'सत्यवीर'**, **'बलवीर'** और **'क्षमावीर'**। हरिऔध जी ने एक प्रकार **'कर्मवीर'** ('रसकलस') भी सुझाया है। इन सभी रूपों के उदाहरण हिन्दी काव्य में प्राप्त होते हैं। यहाँ मात्र युद्धवीर का उदाहरण प्रस्तुत किया जाता है। यथा–

(क) साहस हो खोलो सीकड़ों को, तलवार दो।
सामने खड़े हो देखो क्षण भर में
बाजी लौट आती है महान आर्यदेश की।
मान जाएँ पंच हम पाव भर लोहे को।
एक बार पीस कर दाँत महायोद्धा ने।
मारा झटका तो छिन्न-भिन्न होके शृंखला
छिटक गयी यों मानो ओले पड़े नभ से
तोड़ डाला बेड़ियों को खींच क्षण भर में।

–मोहनलालमहतो वियोगी।

(ख) सिंही की गोद से छीनता रे शिशु कौन?
मौन भी क्या रहती वह रहते प्राण?
रे अजान, / एक मेषमाता ही/ रहती है निनिर्मेष–

---

147. परिपूर्ण उत्साहः सर्वेन्द्रियाणां प्रहर्षो वा वीरः।–रसतंगिणी, पृ.-152।

148. क. शौर्यदानदयान्यतमकृतः परिमितो मनोविकारः उत्साहः।–रसतरंगिणी, पृ.-23।
ख. साहसपूर्ण आनन्द की उमंग का नाम उत्साह है।–रामचन्द्र शुक्ल।

दुर्बल वह—/छिनती सन्तान जब,
जन्म पर अपने अभिशप्त/ तप्त आँसू बहाती है।
किन्तु क्या? योग्य जन जीता है,
पश्चिम की उक्ति नहीं, / गीता है, गीता है,
स्मरण करो बार-बार—/जागो फिर एक बार!

—निराला।

5. भयानक रस

भय-परिपोषक (अथवा सम्पूर्ण इन्द्रियों की विक्षोभक) रचना भयानक रस[149] की रचना होती है। तात्पर्य यह कि भयोत्पादक वस्तुओं के दर्शन-श्रवण आदि अथवा अपराध करने आदि से जब हृदय स्थित स्थायी भाव 'भय' परिपुष्ट हो आस्वाद्य होता है, तब भयानक रस होता है। भय[150] इसका स्थायीभाव; भयोत्पादक वस्तु या स्थिति (हिंसक प्राणी, शत्रु, निर्जन प्रदेश, स्वयं किया गया अपराध आदि) **आलम्बन**; भयभीत होने वाला प्राणी, सहृदय आदि **आश्रय**; भयोत्पादक वस्तुओं की विकरालता और चेष्टाएँ, असहायता, भयानक निर्जनता, अन्धकार, किये गये अपराध की गम्भीरता आदि **उद्दीपन**; कम्प, वैवर्ण्य, किंकर्त्तव्यविमूढ़ता, रक्षार्थ इधर-उधर देखना, कारुणिक रुदन, रोमांच, प्रलय, स्वेद आदि **अनुभाव** और त्रास, शंका, चिंता, मूर्च्छा, आवेग, दैन्य, मोह, ग्लानि, अपस्मार, संभ्रम, जुगुप्सा आदि **संचारीभाव** होते हैं। सामान्यतः इस रस के आश्रय स्त्री, नीच प्रकृति के व्यक्ति, बालक, कोई भी कातर प्राणी आदि होते हैं।[151] इसका रंग काला माना गया है एवं कालदेव (भूत-पिशाचादि) इसके देवता कहे गये हैं।

भयानक रस का श्रृंगार, वीर, रौद्र, हास्य और शांत रस से विरोध मान्य है। अन्य रसों में आश्रय को अपनी हीनता का बोध नहीं होता, किन्तु इसमें आश्रय अपनी हीनता का अनुभव करता है। इसमें अनिष्ट होने की आशंका बनी रहती है, पर करुण में पहले ही अनिष्ट हो जाता है। रौद्र और वीर में आश्रय आलम्बन को भगा देना चाहता हैं, पर भयानक में वह स्वयं भाग जाना चाहता है। भागने की इच्छा आश्रय को वीभत्स में भी होती है, पर दोनों में अन्तर है। भयानक में आश्रय भागना चाहता है अपनी हीनता के कारण और वीभत्स में आलम्बन की हीनता (असहजता) के कारण। हीनता का बोध आश्रय को अद्भुत में भी होता है, पर न तो वह उससे भागना चाहता है और न उसकी हीनता की अनुभूति दुखद ही होती है। उसे यहाँ अलौकिकता और प्रसन्नता की अनुभूति होती है।

---

149. भयस्य परिपोषः सर्वेन्द्रियविक्षोभो वा भयानकः।—रसतरंगिणी, पृ.-154।
150. क. अपराध विकृतरव विकृतसत्त्वादिजनितोऽपरिपूर्णो मनोविकारो भयम्।—वही, पृ.-26।
ख. रौद्रशक्तया तु जनितं चित्तवैक्लव्यं भयम्।—सा. दर्पण-3/178।
151. भयानको भवेन्नेता बालः स्त्रीकातरः पुनः।—श्रृंगार-दर्पण।

भयानक रस के **भरत** मुनि ने तीन भेद माने—'कृत्रिम', 'अपराधजन्य' और 'वित्रासितक'। **भानुदत्त** ने दो भेद—स्वनिष्ठ (यदि भय का आलम्बन आश्रय में ही हो) और **परनिष्ठ** (यदि भय का आलम्बन पृथक् हो)। आगे इनके उदाहरण प्रस्तुत किये जाते हैं। यथा—

क. कर्त्तव्य अपना इस समय होता न मुझको ज्ञात है।
कुरुराज चिन्ताग्रस्त मेरा जल रहा सब गात है।
अतएव मुझको अभय देकर आप रक्षित कीजिए।
या पार्थ-प्रण करने विफल अन्यत्र जाने दीजिए।।

—मैथिलीशरणगुप्त।

ख. स्थिर राघवेन्द्र को हिला रहा फिर-फिर संशय,
रह-रह उठता जग जीवन में रावण-जय-भय;
जो हुआ नहीं आज तक हृदय दयनीय श्रांत,
एक भी अयुत लक्ष्य में रहा जो दुराक्रान्त,
कल लड़ने को हो रहा विकल वह बार-बार,
असमर्थ मानता मन उद्यत हो हार-हार।

—निराला।

7. वीभत्स रस

जुगुप्सा-परिपोषक वस्तु अथवा स्थिति का वर्णन करने वाली रचना जिसके पठन-श्रवण आदि से सम्पूर्ण इन्द्रियों का संकोचन होता हो, वीभत्स रस[152] की रचना होती है। तात्पर्य यह कि जुगुप्सा-उत्पादक और पोषक वस्तुओं, स्थितियों आदि के दर्शन-श्रवण आदि से जब हृदयस्थित स्थायी भाव जुगुप्सा परिपुष्ट हो आस्वाद्य होता है, तब वीभत्स रस होता है। इसका **स्थायीभाव** जुगुप्सा[153] या घृणा है। घृणोत्पादक पदार्थ या प्राणी, घृणित स्थिति आदि इसके **आलम्बन**; दर्शक, पर्यवेक्षक, सहृदय आदि **आश्रय**;-दुर्गन्ध और गन्दगी को प्रश्रय देने वाली वस्तुएँ, कृमि, मक्खियाँ, घृणित रूप, आहत प्राणियों की चीख आदि **उद्दीपन**; थूकना, मुँह फेर लेना, नाक-भौं सिकोड़ना, आँखें बन्द करना, आलोचना करना आदि **अनुभाव** और आवेग, शंका, मोह, व्याधि, मरण, निर्वेद, ग्लानि, जड़ता, चिन्ता, अपस्मार आदि संचारी भाव हैं।

वीभत्स रस का वर्णन प्रायः अन्य रसों के सहकारी रूप में होता है। इस प्रकार के वर्णनों का एक उद्देश्य सुधार लाना भी माना जायेगा। इस रस का वर्ण नील और

---

152. जुगुप्सायाः परिपोषो वीभत्सः। सर्वेन्द्रियाणां संकोचो वा।—रसतरंगिणी, पृ.-156।

153. क. अप्रियदर्शनस्पर्शनस्मरणजनितामनोविकृतिरपरिपूर्णा जुगुप्सा।—वही, पृ.-271।
ख. दोषेदक्षणादिभिर्गर्हा जुगुप्सा विस्मयोद्भवा।—सा. दर्पण 3/179

देवता महाकाल माने गये हैं। इस रस के भी तीन भेद – शुद्ध (संसार के प्रति जुगुप्सा-उत्पादक), क्षोभण (विष्ठा, कृमि आदि से जुगुप्सा-उत्पादन) और उद्वेगी (रुधिर आदि से जुगुप्सा-उत्पादन) माने गये हैं। वीभत्स रस का उदाहरण अग्रांकित है। यथा–

क. सिर पर बैठयो काग आँख दोउ खात निकारत।
खींचत जीभहिं स्यार अतिहिं आनन्द उर धारत।
गीध जाँघ को खोदि-खोदि कै मांस उपारत।
स्वान आँगुली काटि-काटि कै खात बिदारत।। –भारतेन्दु।

ख. ऑपरेशन-टेबुल पर ईथर-निद्रा में अथवा
सम्भोग की चरम परिणति में
स्वाभाविक सुविधाप्रद होगा मैरा मरण
जाँघों के ऊपर उष्ण-प्रदेश के महारोगों से ग्रस्त भूख
लोकतंत्र अनिद्रा राशनकार्ड रेल-दुर्घटनाओं पशु-मैथुन
से ऊब कर मैंने यही निर्णय किया।
–राजकमल चौधरी।

8. अद्भुत रस

विस्मय की सम्यक समृद्धि अथवा सम्पूर्ण इन्द्रियों की तटस्थता अद्भुत रस[154] है। तात्पर्य यह कि जिस रचना में विस्मयकारी वस्तुओं अथवा स्थितियों के वर्णनों के पठन-श्रवण आदि से (प्रभावित हो सम्पूर्ण इन्द्रियाँ निश्चेष्ट हों एवं) हृदयस्थित स्थायी भाव 'विस्मय' परिपुष्ट हो आस्वाद्य बने, उसे उद्भुत रस की रचना कहते हैं। इसका **स्थायीभाव** विस्मय[155] है। विस्मयकारी घटना, अलौकिक, विचित्र दृश्य या वस्तु आदि इसके **आलम्बन**; दर्शक, पाठक, सहृदय आदि **आश्रय**; विस्मयकारी वस्तु आदि का दर्शन, उसके गुण अथवा प्रभाव का भास आदि **उद्दीपन**, स्तम्भ, स्वेद, रोमांच, स्वरभंग, नेत्र-विस्फारण, संभ्रम, गद्गद् स्थिति आदि **अनुभाव** और वितर्क, आवेग, हर्ष, मोह, भ्रान्ति, जड़ता, दैन्य, शंका, चपलता, औत्सुका आदि **संचारी भाव** हैं। इसका रंग पीला एवं देवता गन्धर्व हैं। इसके दो प्रकार–दिव्य (दैविक चमत्कार से उत्पन्न) और **आनन्दज** (मनोरथ सिद्ध करने वाली अप्रत्याशित घटना से उत्पन्न) स्वीकृत हैं। उदाहरण–

---

154. विस्मयस्य सम्यक्समृद्धिरद्भुतः सेर्वन्द्रियाणां ताटस्थ्यं वा।–रसतरंगिणी, पृ.-157।

155. क. चमत्कारिश्चत्तविस्ताररूपो विस्मयापरपर्यायः।–सा. दर्पण 3/3, वृ.
ख. चमत्कारदर्शनस्पर्शनश्रवणजनितोऽपरिपूर्णो मनोविकारो विस्मयः।–रस तरंगिणी, पृ.-28।

क. केसव! कहि न जाइ का कहिए!
देखत तब रचना विचित्र अति समुझि मनहि मन रहिए।
सून्य भीति पर चित्र, रंग, बिनु, तन बिनु लिखा चितेरे।
धोये मिटइ न परइ भीति, दुख पाइय एहि तन हेरे।।—तुलसी।

ख. अम्बर में कुन्तल जाल देख, पद के नीचे पाताल देख
मुट्ठी में तीनों काल देख, मेरा स्वरूप विकराल देख
सब जन्म मुझी से पाते हैं, फिर लौट मुझी में जाते हैं। —दिनकर।

ध्यातव्य है कि चमत्कारवादियों (नारायण पण्डित, धर्मदत्त आदि) ने चमत्कार की सत्ता सब रसों में मानी है। उन लोगों ने इस आधार पर ही अद्भुत रस के रसराजत्व की बात भी की है। विशेष के लिए इसी पुस्तक में अन्यत्र चमत्कार मत देखा जा सकता है।

9. शांत रस

निर्वेद का परिपोषक अथवा काम-क्रोधादि दोषों का प्रशमन करने वाला रास शान्त है।[156] इसका **स्थायी भाव** शम या निर्वेद माना गया है।[157] **पं. विश्वनाथ** के मत से भावों के समत्व को अर्थात् जहाँ दुख-सुख, चिंता, राग-द्वेष आदि कुछ भी नहीं होता, मुनियों ने शांत रस कहा है—

न यत्र दुःखं न सुखं न चिन्ता न द्वेषरागौ न च काचिदिच्छा
रसः स शान्तः कथितो मुनीन्द्रैः सर्वेषु भावेषु सम प्रमाणः।

ब्रह्म का स्वरूप-बोध, संसार की असारता का ज्ञान, भोगों की भंगुरता का ज्ञान आदि शांत रस के **आलम्बन**, साधक, तत्त्व बोधी, वैराग्य की ओर अग्रसर व्यक्ति, सहृदय आदि **आश्रय**, सतसंग, आश्रमवास, तीर्थाटन, एकान्तचिन्तन, भोगों की भंगुरता आदि **उद्दीपन**; शांतिमयता, अलौकिक प्रसन्नता, हर्षाश्रु, ध्यान, रोमांच आदि **अनुभाव** एवं निर्वेद, हर्ष, स्मरण, मति, स्मृति, धृति आदि **संचारी भाव** हैं। हिन्दी के भक्ति काव्य का अधिकांश लेखन मूलतः शांत रस के अन्तर्गत ही आता है। उदाहरण—

क. मैं तोहिं अब जान्यो संसार।
बाँधि न सकहिं मोहि हरि के बल, प्रगट-कपट-आगार।

---

156. निर्वेदस्य परिपोषः शान्तो रसः, दोषप्रशमो वा।—रसतरंगिणी, पृ.-164।
157. क. शमो निरीहावस्थायां स्वात्मविश्रामजं सुखम्।—सा. दर्पण—3/180।
ख. निर्वेदस्थायिभावोऽस्ति शान्तोऽपि नवमो रसः।—का. प्रकाश 4/35

देखत ही कमनीय, कछू नाहिंन पुनि कियो विचार।
ज्यों कदलीतरु-मध्य निहारत, कबहूँ न निकसत सार।।—तुलसी।

ख. अब मैं नाच्यौ बहुत गुपाल।
काम क्रोध कौ पहिरि चोलना, कण्ठ विषय की माल।।
महामोह के नुपूर बाजत, निन्दा-सब्द रसाल।
भ्रम-भोयौ मन भयौ पखावज, चलत असंगत चाल।।
तृष्णा नाद करति घट भीतर, नाना बिधि दै ताल।
माया को कटि फेंटा बाँध्यो, लोभ-तिलक दियौ भाल।।
कोटिक कला काछि दिखराई, जल-भल सुधि नहिं काल।
सूरदास की सबै अविद्या, दूरि करौ नन्दलाल।।—सूरदास।

10. वत्सल रस

वात्सल्य स्नेह को उज्जीवित और परितृप्त करनेवाली रचना वात्सल रस की रचना कही जाती है। वत्सल रस का मूलाधार अबोध शिशु, पुत्रादि और ममत्वपूर्ण माता-पिता का पारस्परिक भाव-सम्बन्ध है। **पं. विश्वनाथ** के अनुसार उक्त सम्बन्ध में प्रकट चमत्कार होने के कारण वत्सल को रसत्व प्राप्त है। हिन्दी में इसकी चर्चा प्रायः **वात्सल्य रस** के नाम से की जाती है, पर संस्कृत के आचार्यों ने इसे 'वत्सल'[158] ही कहा है। वात्सल्य अथवा वत्सलता स्नेह को इसका **स्थायीभाव**[159] माना गया है। असल बात है नाम के चल पड़ने की—हिन्दी में 'वात्सल्य रस' नाम का ही चलन है। इस रस को हिन्दी में पहली बार **भारतेन्दु** ने अपने ग्रन्थ 'नाटक' में अन्य रसों के साथ स्थान दिया है। अनुमान किया गया है कि अन्य रसों का उद्गम जहाँ दृश्यकाव्य से हुआ, वहाँ वत्सल रस का श्रव्यकाव्य से।

वत्सल और वात्सल्य शब्द 'वत्स' से (वत्स + लच्) व्युत्पन्न है। वात्सल्य का अर्थ है बच्चों, मुख्यतः अपने बच्चों के प्रति नैसर्गिक प्रेम जो पुत्रादिविषयक रति का पर्याय है। मनोवैज्ञानिकों ने वात्सल्य को प्रधान और मूलभूत भावों में परिगणित किया है। **सोमेश्वर** ने वात्सल्य को 'रति' का ही विशिष्ट रूप स्वीकार किया है।[160] पर वत्सलता-स्नेह की उत्कटता, आस्वाद्यता आदि की दृष्टि से इसकी स्वतंत्र सत्ता ही सिद्ध होती है।

वत्सल रस के उपादानों पर विचार करने से स्पष्ट है कि अबोध शिशु, पुत्रादि

158. शृंगारवीरकरुणाद्भुतरौद्रहास्यवीभत्स वत्सल भयानक शान्तनाम्नः।—शृंगारप्रकाश 1/6।
159. स्फुटं चमत्कारितया वत्सलं च रसं विदः।
स्थायी वत्सलतास्नेहः पुत्राद्यालम्बनं मतभ्।।—सा. दर्पण—3/251।
160. स्नेहो भक्तिर्वात्सल्यमितिरतेरेव विशेषः।—सोमेश्वर।

इसके **आलम्बन**; माता-पिता, परिजन आदि **आश्रय**; बालुसलभ चेष्टाएँ, हठ, शिकायतें, जिज्ञासाएँ, नकल-प्रवृत्ति, शौर्य, गुण आदि **उद्दीपन**; आलिंगन, अंगस्पर्श, चूमना, प्यारपूर्वक देखना, आनन्दाश्रु, आनन्दजन्य रोमांच आदि **अनुभाव** और हर्ष, गर्व, आवेग, चिन्ता, अनिष्ट की आशंका आदि **संचारी भाव** हैं। इस रस का रंग पद्म-गर्भ की छवि के समान माना गया है एवं इसकी देवता जगदम्बा या लोकमाता मानी गयी है। इसके दो प्रकार माने गये हैं—**संयोग** और **वियोग**। इस रस के जितने पद अकेले **सूरदास** ने गाये हैं, उतने पद दस-बीस कवियों ने मिल कर भी नहीं लिखे। सूरदास वत्सल रस के गायकों-कवियों में अग्रणी हैं। उदाहरण—

संयोग वत्सल : जसुमति मन अभिलाष करै।
कब मेरौ लाल घुटुरुवनि रेंगै, कब धरनी पग द्वैक धरै।
कब द्वै दाँत दूध कै देखैं, कब तोतरैं मुख वचन झरै।
कब नन्दहिं बाबा कहि बोलै, कब जननी कहि मोहि ररै।।

—सूरदास

वियोग वत्सल : जसोदा बार-बार यौं भाखै।
हे कोउ ब्रज में हितू हमारौ, चलत गुपालहिं राखै।।
कहा काज मेरे छगन-मगन कौं, नृप मधुपुरी बुलायौ।
सुफलकसुत मेरे प्रान-हरन कौं, काल-रूप ह्वै आयौ।।

—सूरदास।

वियोग वत्सल रस के चार भेद—**गच्छत्प्रवास, प्रवासस्थित, प्रवासागत** और **करुण**—माने जाते हैं। **सूरदास** में इन चारों प्रकारों के उदाहरण प्राप्त होते हैं। उपरि उदाहरण गच्छत्प्रवास का है।

11. भक्ति रस

भक्ति रस का उद्गम स्रोत नाटक अथवा काव्य नहीं भक्तिशास्त्रीय ग्रन्थ हैं जिनमें मुख्य स्थानीय **गीता**[161], **भागवत**[162] **नारदभक्तिसूत्र**[163] और **शाण्डिल्यभक्तिसूत्र**[164] हैं। इनका आधार ग्रहण कर ही **रूप गोस्वामी** (हरिभक्तिरसामृतसिन्धु), मधुसूदन सरस्वती (भक्ति-रसायन) आदि ने भक्ति रस की प्रतिष्ठा की है। शांति, प्रीति, प्रेयस्, वत्सल एवं उज्ज्वल (मधुर)। भक्ति रस का सर्वोत्कृष्ट भेद उज्ज्वल रस (मधुरा

161. गीता 1/27-31; 11/54; 18 / 65, 66।
162. भागवत-1/1/3; 1/2/6; 3/27/7-14, 4/7/10; 6/12/22;7/5/23-24; 11/3/32 आदि।
163. नारद भ. सू. - 4, 5 आदि।
164. शा. भ. सू. – सा परानुरक्तिरीश्वरे, इत्यादि सूत्र।

भक्ति) है जिसे वे 'भक्तिरसराट्' मानते हैं। भक्ति रस के दूसरे प्रमुख विवेचक **मधुसूदन सरस्वती** हैं। उन्होंने अपने ग्रन्थ 'भक्ति-रसायन' में भक्ति का सोपपत्तिक एवं सर्वांगीण विवेचन किया है। हिन्दी-आचार्यों में सर्वप्रथम इसका विवेचन देव में मिलता है।

भक्ति रस का **स्थायी भाव** भगवद्रति है। परब्रह्म या परमेश्वर या राम-कृष्णादि अवतार, दिव्य विग्रह आदि इसके **आलम्बन**; भगवद्भक्त, सामाजिक आदि **आश्रय**; अव्यक्त परब्रह्म के विराट रूप, गुण आदि का कथन या श्रवण, सगुण रूप परमेश्वर का सौन्दर्याकर्षण, अवतारों के कार्य, पतित-उद्धार, दीन-रक्षा, लीला आदि **उद्दीपन**; हर्ष, अश्रु, व्यामोह, रोमांच आदि **अनुभाव** एवं हर्ष, सुख, चपलता, आवेग, उन्माद, चिंता, दैन्य, धृति, मति, स्मृति आदि संचारी भाव हैं। विचारकों ने भक्ति रस को ही वास्तविक ब्रह्मानन्द-सहोदर[165] बताया है। भक्ति रस का यहाँ एक उदाहरण रखा जाता है। यथा–

> मेरे तो गिरधर गोपाल, दूसरो न कोई।
> जाके सिर मोर मुकुट, मेरो पति सोई।।
> साधुन संग बैठि-बैठि लोक लाज खोई।
> अब तो बात फैल गई, जानत सब कोई।।
> अँसुबन जल सींचि सींचि प्रेम बेसि बोई।
> मीराँ को लगन लागी, होनी होय सो होई।।–मीराँ।

11.5 अन्य रसादिकाव्य-भेद

प्रस्तुत पुस्तक में 'ध्वनि'–विवेचन में एक काव्यभेद 'असंलक्ष्यक्रमव्यंग्यध्वनि' का परिचय दिया गया है। उसे ही 'रसादिध्वनि' भी कहा जाता है। भाव-भेद से रसादिध्वनि-काव्य आठ प्रकार का होता है–रस, रसाभास, भाव, भावाभास, भावोदय, भावशान्ति, भावसन्धि और भावशवलता। इनमें से प्रथम प्रकार–रस –के कुल ग्यारह प्रकारों का परिचय पूर्व पृष्ठों में दिया गया। शेष का आवश्यक परिचय आगे प्रस्तुत किया जाता है।

1. रसाभास

'रसाभास' (रस + आभास) में दो शब्द हैं–'रस' और 'आभास'। यहाँ 'आभास' का अर्थ है–मिथ्या (दिखाऊ) प्रतीति यानी जो वस्तु जैसी नहीं है, उसे वैसी मान लेना। इस आधार पर रसाभास का शाब्दिक अर्थ है–**जहाँ रस-परिपाक न होकर**

165. मूल कल्पना तैत्तिरीय उपनिषद् के 'रसो वै सः' में ही मिलती है। यों रस का अर्थ ही क्रिया जाता है–'यः रसयति आनन्दयति स रसः।'

उसका केवल आभास हो। किन्तु सर्वथा शुद्ध अर्थों में व्यावहारतः वैसा होता नहीं है।

रसाभास का सम्बन्ध मूलतः रस-दोष से है जिसका आधार है औचित्य और लोकप्रामाण्य का उल्लंघन। **आनन्दवर्द्धन** ने रस-भंग का मूल कारण अनौचित्य को माना है।[166] अनौचित्य से अभिप्राय है रस-परिपाक या रस-निष्पत्ति में अनौचित्य यानी रस-सामग्री की योजना का ठीक नहीं होना। दूसरी बात है लोकप्रामाण्य का उल्लंघन यानी समाज विशेष में परम्परा से मान्य लोकरीतियों आदि के निर्वाह का अभाव। वैसी स्थिति में रस के उपादानों की योजना ठीक होने पर भी सामाजिक-धार्मिक-नैतिक संस्कारों के कारण सहृदय की रसानुभूति में मनोवैज्ञानिक व्याघात उत्पन्न होंगे। अस्तु, कहा जायेगा कि **रस-सामग्री की योजना में अनौचित्य के कारण रचना में जहाँ रस की निर्दोष अनुभूति नहीं हो पाती या रसानुभूति में मनोवैज्ञानिक व्याघात उत्पन्न होता है, वहाँ रसाभास होता है**। लोकप्रामाण्य के उल्लंघन और रसगत अनौचित्य का मुख्य तात्पर्य है आलम्बन एवं आश्रय के लोक और शास्त्र-सम्मत सम्बन्धों का अनिर्वाह।

रसाभास किसी भी रस का हो सकता है। रसाभास के भी उतने ही प्रकार होंगे जितने रस के प्रकार होते हैं। अग्रांकित अवस्थाओं में **शृंगार-रसाभास** होता है। यथा–(1) ऋषि–मुनि विषयक शृंगार चित्रण, (2) गुरु-पत्नी विषयक शृंगार-चित्रण, (3) अनेक नायकों में एक ही नायिका के अनुराग का समान भाव से चित्रण, (4) खलनायक में नायिका के अनुराग का चित्रण, (5) नायक-भिन्न पुरुष में नायिका के अनुराग का चित्रण, (6) नायक-नायिका, दोनों ओर से–असमर्थित अनुराग-चित्रण, (7) अधम पात्रों में नायिका का अनुराग-चित्रण, (8) तिर्यग्योनियों (पशु-पक्षियों) में शृंगारभाव का वर्णन, (9) निरिन्द्रिय वस्तुओं (पादप-लतादि) में दाम्पत्य भाव का वर्णन और (10) परस्त्री एवं परपुरुष के प्रेम आदि का वर्णन।

ऐसी बात नहीं कि उपरि अंकित स्थितियों में रस-सामग्री की ठीक योजना होने पर भी शृंगार रस का परिपाक नहीं होता, होता वह अवश्य है, किन्तु नैतिक और सामाजिक, अतः मनोवैज्ञानिक, दृष्टि से वह ग्राह्य नहीं होता। वैसे वर्णनों में भी होती है रसानुभूति ही, पर वह होती है अपूर्ण, त्रुटित, अमर्यादित और अनुचित। इसीलिए वे स्वीकार्य नहीं हैं और **शृंगार-रसाभास** के अन्तर्गत गृहीत हैं।

इसी प्रकार पूज्य व्यक्तियों, वृद्धजनों आदि की हँसी उड़ायी जाने में **हास्य-रसाभास**; पूज्य और आदरणीय जनों पर क्रोध दिखलाये जाने में **रौद्र-रसाभास**; अवलाओं, सज्जन व्यक्तियों, दुर्बलों, शस्त्रहीनों आदि के विरुद्ध वीरता-वर्णन में **वीर-रसाभास**; श्रेष्ठ पात्रों आदि में भय दिखलाने से **भयानक-रसाभास** आदि समझे जा सकते हैं।

166. अनौचित्याद् ऋतु नान्यत्, रसभंगस्य कारणम्।
औचित्योपनिबन्धस्तु रसस्योपनिषत्परा।।–ध्वन्यालोक, पृ.-362, (3/14 वृ.)।

रसाभास के इतने कारण और प्रकार गिनाये गये हैं कि सबके लिए एक निश्चित परिभाषा स्थिर करना दुष्कर है। इतना निश्चित है कि रसाभास पर विचार करते समय विचारकों की दृष्टि नैतिक और सामाजिक पक्ष एवं परम्परा से मान्य लोकरीतियों पर सदा टिकी रही है। मूल प्रश्न अनौचित्य से जुड़ा रहा है। कुछ लोगों ने विभावों के अनौचित्य पर बल दिया है तो कुछ दूसरों ने रत्यादिक स्थायीभावों के अनौचित्य पर। अग्रांकित उदाहरण **शृंगार-रसाभास** का है जिसमें सोने का अभिनय करने वाली जाग्रत नायिका की उपस्थिति में ही दासी (अधम पात्री) में नायक के प्रेम का अंकन है। पूरी घटना रेलगाड़ी की है—

मैं सोई थी नहीं छिपा मत मुझसे कुछ भी छोरी।
ली थी पकड़ कलाई उनने, देती थी जब पान,
तू ने मेरी ओर किया इंगित कि गयी मैं जान,
तब वे बोले दीख रही मैं जनम-जनम की भोरी।।
उसके बाद उढ़ाया उनने मुझे स्वयं आ शाल,
तू हँस पायी भी न तभी सट काटे तेरे गाल,
किया तनिक सीत्कार कहा उनने कि खूब तू गोरी।।
—जानकी वल्लभ शास्त्री।

अग्रांकित उदाहरण में अप्रस्तुत-विधान में अनौचित्य के कारण **भक्ति-रसाभास** हो गया है।

जाकौं सुन्दर श्याम-कथा छिन-छिन गयी लागै।
ज्यौं लम्पट पर-जुवति-बात सुनि अति अनुरागै।।—नन्ददास।

यहाँ 'श्याम-कथा-श्रवण' के आनन्द को 'पर-जुवति-बात'-श्रवण के आनन्द से उमपित कर भक्ति-रस में मनोवैज्ञानिक और नैतिक-धार्मिक व्याघात उतपन्न कर रसाभास कर दिया गया है।

2. भाव

जिस रचना में संचारी भाव प्रधान हो जाये या पूर्ण रस-सामग्री के अभाव में स्थायीभाव उद्‌बुद्ध मात्र होकर रह जाये, उसे भाव (भावध्वनि काव्य) कहते हैं।[167] यथा—

167. क. रतिर्देवादिविषया व्यभिचारी तथाऽञ्जितः। भावः प्रोक्तः।—का. प्रकाश 4/35।
ख. संचारिणा प्रधानानि देवादिविषया रतिः। उद्‌बुद्धमात्रः स्थायी च भाव इत्यभिधीयते।।—सा. दर्पण 3/261।
—इन लक्षणों में देवादिविषयक रति-वर्णन को स्थान मिला है। ऐसा संभवतः इसलिए हुआ होगा कि इन विचारकों ने भक्ति-रस को मान्यता नहीं दी थी। देवादि विषयक रति भक्ति-रस में गृहीत है। इसीलिए उपरि लक्षण में इसे स्वीकार नहीं किया गया है।

क. सटपटाति सैं ससिमुखी, मुख घूँघट-पटु ढाँकि।
पावक झर-सी झमक्ति कै, गयी झरोखा झाँकि।।—बिहारी।

ख. सघन कुंज छाया सुखद, सीतल मन्द समीर।
मन ह्वै जात अजौं वहै, वा जमुना के तीर।।—बिहारी।

ग. खर कुठार मैं अकरुन कोरी, आगे अपराधी गुरुद्रोही।
उतर देत छोड़उँ बिनु मारें, केवल कौसिक सील तुम्हारें।।
—तुलसी

प्रथम दोनों उद्धरणों में संचारियों की प्रधानता वर्णित है। प्रथम में **त्रास** और **लज्जा** एवं द्वितीय में **स्मृति** के वर्णन-प्राधान्य पाठक को चमत्कृत-आनन्दित करते हैं, किन्तु पूर्णतः रसमग्न नहीं। अन्तिम उद्धरण में आलम्बन और उद्दीपन के बावजूद स्थायी भाव **क्रोध** उद्बुद्ध मात्र होकर ही रह जाता है। उसकी पूर्ण पुष्टि हो हो पाती है। अतः ये भाव (भावध्वनि) के उदाहरण हैं।

3. भावाभास

आलम्बन-आश्रय के सम्बन्धौचित्य को ध्यान में रखे बिना रस-रूप में अपुष्ट भाव का प्रधान रूप में वर्णन किया जाना भावाभास कहा जाता है। यथा—

हुमगि लात तकि कूबर मारा, परि मुह भर महि करत पुकारा।—तुलसी।

यहाँ आलम्बन (मंथरा) के विकलांग और अबला होने के कारण आश्रय (शत्रुघ्न) के साथ सम्बन्ध-अनौचित्य है। इससे मूल भाव क्रोध के साथ हास का मिश्रण हो जाता है। परिणामतः क्रोध-भावाभास का उदाहरण हो जाता है। **कृष्णदेव झारी** ने भावाभास के दो प्रकार माने हैं—**वस्तुचित्रात्मक भावाभास** और **वक्तव्यमय** भावाभास। उपरि उद्धरण वस्तुचित्रात्मक है। भावाभास के उतने ही प्रकार होंगे जितने प्रकार के स्थायीभाव मान्य हैं।

4. भावोदय

एक भाव के शम के उपरान्त दूसरे भाव का चमत्कार क्षम उदय वर्णित किये जाने को भावोदय कहा जाता है।[168] यथा—

हाथ जोड़ बोला साधु नयन महीप यों
मातृभूमि! इस तुच्छ जन को क्षमा करो।
आज तक खेयी तरी मैंने पाप-सिन्धु में

168. काहू भाव विभाव ते, भाव उदय जो होइ।
ताही सों सब कहत हैं, भावोदय कवि लोइ।।—बेनी प्रवीण।

अब खेऊँगा उसे धार से कृपाण की।।—मोहनलाल महतो वियोगी।

जयचन्द के उपरि कथन की प्रथम दो पंक्तियों में 'ग्लानि' और 'निषाद' का शमन एवं तदुपरान्त 'उत्पाद' (वीर) भाव का चमत्कारपूर्ण उदय वर्णित है जो सहृदयों को आनन्दित करने में सक्षम है। अतः यहाँ भावोदय है।

5. भावशान्ति

जहाँ दूसरे भाव के उदय के पूर्व ही पहले से वर्तमान भाव का सहसा चमत्कारपूर्ण ढंग से शमन हो जाये, वहाँ भावशान्ति[169] होती है। यथा—

क. प्रभु प्रलाप सुनि कान, विकल भये बानर निकर।
आइ गयउ हनुमान, जिमि करुणा मँह वीर रस।।—तुलसी।

ख. आँखिन ते गिरे आँसु के बून्द सु हास गयो उड़ि हंस की नाई।
—मतिराम।

ध्यातव्य है कि सहृदयों को चमत्कृत-आनन्दित करने की क्षमता भावोदय और भावशान्ति दोनों में होनी चाहिए, किन्तु दोनों की चमत्कारोत्पादन-प्रक्रिया भिन्न-भिन्न होती है। भावोदय में पहले से वर्तमान भाव के शमन के उपरान्त दूसरे भाव के उदय के वर्णन में चमत्कार होता है और भावशान्ति में पहले से वर्तमान भाव के शमन में।

6. भावसन्धि

जहाँ समान बल वाले दो भावों का वर्णन इस प्रकार हो कि वे चमत्कारोत्पादन में एक-दूसरे के सहायक बनें, तो वहाँ भावसन्धि होती है। इसमें समान बल वाले भावों का एकत्र वर्णन (सन्धि-स्थल) चामात्कारिक और आनन्ददायक होना आवश्यक है। यथा—

क. छुटै न लाज न लालचौ, प्यौ लखि नैहर-गेह।
सटपटात लोचन खरे, भरे सकोच सनेह।।—बिहारी।

ख. नई लगनि कुल की सकुच, विकल भई अकुलाइ।
दुहूँ ओर ऐची फिरति, फिरकी लौ दिनु जाइ।।—बिहारी।

दोनों उद्धरणों में 'संकोच' और 'स्नेह', इन दोनों समान बल वाले भावों का एकल और चमत्कारपूर्ण वर्णन है। अतः, इनमें भावसन्धि है।

---

169. भाव जहाँ केहु भाव ते, ततृक्षण उपसम होय।—बेनी प्रवीन।

7. भावशवलता

जहाँ एक ही आश्रय में एक के पश्चात एक शृंखलाबद्ध क्रम से अनेक भावों का उदय या उनकी स्थिति का वर्णन इस रूप में हो कि वे सहृदयों के लिए आह्लादक हों तो वहाँ भावशवलता[170] होती है। यथा–

धिक मोहि जुपिय सों मिली, वह बिहार की चोप।
हाय कहाऽब करौं सखी, गयो न उर ते कोप।।–पद्माकर।

11.6. रसस्थिति / रसनिष्पत्ति

रस-विवेचन को समझने के लिए उसकी दो स्थितियों–(क) रस-स्थिति और (ख) रस निष्पत्ति–को समझना आवश्यक है। प्रथम का सम्बन्ध जहाँ सामान्य जीवन में केवल भावात्मक प्रक्रिया की उद्‌बुद्ध घटना से है, वहाँ द्वितीय का काव्यानुभूति से। रस की स्थिति और निष्पत्ति के सम्बन्ध में नाट्याचार्य **भरत** का यह सूत्र **'विभावानुभाव्यभिचारिसंयोगाद्रसनिष्पत्तिः'** (ना. शा. 6/32), अर्थात् विभाव, अनुभाव और व्यभिचारी भाव के संयोग से रस की निष्पत्ति होती है, आधार वाक्य है।

यहाँ दो सर्वथा मौलिक प्रश्न उपस्थित होते हैं–1. रस-निष्पत्ति क्या है? और 2. निष्पन्न रस कहाँ होता है? अर्थात् रस की स्थिति कहाँ होती है? ये दोनों प्रश्न एक-दूसरे से सम्बद्ध हैं। रस की स्थिति के सम्बन्ध में तीन व्यक्ति प्रत्यक्ष होते हैं–(क) **अनुकार्य**–जिनका चरित्र काव्य-नाटकादि में वर्णित होता है, यथा–नायक-नायकादि। ये पौराणिक, ऐतिहासिक या कल्पनाप्रसूत कोई भी हो सकते हैं; (ख) अनुकर्त्ता–जो अनुकार्य के चरित्र का अनुकरण करते हैं, यथा–नट-नटी एवं (ग) **सहृदय या सामाजिक** –इसके अन्तर्गत पाठक, प्रेक्षक अथवा श्रोतादि आते हैं। काव्य-नाटकादि के वे कर्त्ता कवि-नाटककार आदि भी इसी के अन्तर्गत परिगणित होंगे। विचारणीय विषय यही रहा है कि रस की स्थिति क्या इनमें से किसी एक में होती है या तीनों (सब) में।

'निष्पत्ति' (निस् + पद् = गति + क्तिन्) का कोशगत अर्थ है–उत्पत्ति, आविर्भाव, बनना, सिद्धि, पूर्णता, परिपाक, निर्वाह आदि। काव्यशास्त्र (साहित्यशास्त्र) में 'रस-निष्पत्ति' शब्द सर्वथा पारिभाषिक शब्द के रूप में प्रचलित रहा है जिसे 'काव्यानन्द', 'काव्यानुभूति' का समानार्थक माना जा सकता है जिसका मूलाधाार **सौन्दर्यानुभूति** है। रस-निष्पत्ति के विवेचन-विश्लेषण में भरत-सूत्र में प्रयुक्त 'संयोगात्' और 'निष्पत्तिः' शब्द ही विवाद के विषय रहे हैं। स्वयं **भरत मुनि** ने इन शब्दों की स्पष्ट व्याख्या तो नहीं की है, पर व्याख्या-हेतु उनमें एतद्विषयक किंचित् संकेत अवश्य प्राप्त होते हैं। यहाँ प्रथम वे ही विचारणीय हैं।

---

170. पूरब-पूरब के मरदि, होत जहाँ बहु भाव।–पद्माकर।

अपने आधार-सूत्र—**'विभावानुभाव्यभिचारिसंयोगाद्रसनिष्पत्तिः'**—में विभाव, अनुभाव और व्यभिचारी भाव के 'संयोग' से रस को 'निष्पत्ति' की बात तो **भरत** ने की, पर इससे यह स्पष्ट नहीं होता कि 'संयोग' किसके साथ होगा। इसका उत्तर 'नाटयशास्त्र' में ही अन्यत्र हुर रस विषयक विश्लेषणों से प्राप्त होता है। वे इनका संयोग होना 'स्थायीभाव' से मानते हैं। **भरत** के आधारसूत्र को ध्यान में रखकर परवर्त्ती आचार्यों द्वारा निर्मित परिभाषाएँ[171] भी इसका पोषण करती हैं। स्वयं **भरत** के अग्रांकित कथन से यह तो स्पष्ट होता ही है कि विभाव, अनुभाव एवं व्यभिचारी भाव का स्थायीभाव से 'संयोग' होने पर रस की 'निष्पत्ति' होती है, साथ ही 'निष्पत्ति' शब्द का अर्थ भी संकेतित होता है। यथा—**"यथा हि नानाव्यंजनौषधिद्रव्यसंयोगाद्रसनिष्पत्तिभर्वति, यथा हि गुडाडिभिर्द्रव्यैर्व्यंजनैरोषधिभिश्च षाडवादयो रसा निर्वर्त्यन्ते, तथा नानाभावोपगता अपि स्थायिनो भावा रसत्वमाप्नुवन्तीति।"** अर्थात्, जैसे नाना प्रकार के व्यंजन, औषधि तथा द्रव्यों के संयोग से (भोज्य) **रस निष्पन्न होता है**, जैसे गुड़ आदि द्रव्यों, व्यंजनों और औषधियों से 'षाडवादि' (मधुर, अम्ल, लवण, तिक्त, कटु, काषाय आदि पानक) रस बनते हैं, वैसे ही नाना भावों के उपगत होने (संयोग, संसर्ग) से स्थायीभाव भी रसत्व को प्राप्त होते हैं।

उपरि वाक्य में 'रस' के साथ तीन क्रियाएँ प्रयुक्त हुईं हैं—1. रस **निष्पन्न होता है**, 2. रस **बनता** है और 3. रसत्व को प्राप्त **होता** है। इस प्रकार 'निष्पत्ति' शब्द का प्रयोग 'बनना' और 'होना' यानी 'स्वरूप को प्राप्त करना', 'अस्तित्व में आना', 'सिद्धि' आदि कोशगत अर्थ में ही हुआ है, विशिष्ट पारिभाषिक अर्थ में नहीं। इसी प्रकार 'संयोग' शब्द के अर्थ-स्पष्टीकरण का प्रयास भी **भरत** में मिलता है।

'संयोग' (सम् + युज् + घञ) का कोशार्थ है—मिलन, मिश्रण, संगम, संसर्ग आदि। आगे प्रश्न किया गया है—"रस कौन-सा पदार्थ है? उत्तर है—जो आस्वाद्य है, वही रस है। पुनः प्रश्न है—रस-आस्वादन की क्रिया कैसे होती है? उत्तर है—जैसे नाना प्रकार के व्यंजनों के मेल से बने भोजन (संस्कृत अन्न) को खाते हुए सुमना पुरुष रसों का आस्वादन कर आनन्द (हर्षादि) प्राप्त करते हैं, वैसे ही सहृदय (सुमनसा) प्रेक्षक भी वाचिक, आंगिक और सात्त्विक अभिनयों से व्यंजित नाना प्रकार के **भावों से युक्त स्थायीभावों** का आस्वादन कर आनन्दित (हर्षित) होते हैं।"[172]

---

171. क. विभावैरनुभावैश्चसात्त्विकैव्यभिचारिभिः।
आनीयमानः स्वाद्यत्वं स्थायीभावो रसः स्मृतः।।—दशरूपक-3/1।
ख. व्यक्तः स तैर्विभावाद्यैः स्थायीभावो रसः स्मृतः।—का. प्रकाश-4/28।
ग. रसतामेति रत्यादिः स्थायीभावः सचेतसाम्।।—सा. दर्पण 4/1।

172. रस इति कः पदार्थ? उच्यते—आस्वाद्यत्वात्। कथमास्वाद्यते रसः? यथा हि नानाव्यंजन-संस्कृतमन्नं भुंजानां रसानास्वादयन्तिसुमनसः पुरुषाहर्षादींश्चाधिगच्छन्ति तथा नानाभावाभिनय-व्यंजितान् वागंगसत्त्वोपेतान् स्थायिभावानास्वादयन्ति सुमनसः प्रेक्षकाः हर्षादींश्चाधिगच्छन्ति।

इस उद्धरण के आधार पर 'संयोग' का अर्थ "स्थायीभावों के साथ सम्यक् योग = संगम"[173] अथवा 'संसर्ग' किया जाता है। उद्धरणों में प्रयुक्त 'उपगत' (नानाभावोपगता) और **'उपेत'** (वागंगसत्त्वोपेतान्) से भी इसी अर्थ का पोषण होता है। उद्धरण का विश्लेषण कर डॉ. नगेन्द्र जिस निष्कर्ष पर आते हैं, उसे अग्रांकित रूप में समझा जा सकता है। यथा–

> विभाव, अनुभाव और संचारी =द्रव्य, व्यंजन, औषधि आदि
> स्थायी भाव = अन्न
> (नाट्य) रस = (भोज्य) रस
> 'स्थायिनो भावा रसत्वमाप्नुवन्ति'='षाडवादयो रसा निर्वर्त्यन्ते।'

इस प्रकार 'संयोग' का अर्थ है–'संसर्ग' (संगम, सम्यक योग) और 'निष्पत्ति' का अर्थ है–'निर्मिति' (सिद्धि)। यहाँ 'निर्मिति' का अर्थ नवीन सृष्टि नहीं, **नवीन रूप की प्राप्ति है**। तात्पर्य यह कि "रस के रूप में किसी नूतन पदार्थ की सृष्टि नहीं होती", पहले से विद्यमान स्थायीभाव-रूप पदार्थ ही विभाव आदि से उपगत होकर रस बन जाता है–**नानाभावोपगता अपि स्थायिनो भावा रसत्वमाप्नुवन्ति**। इस प्रकार भरत के आधार-सूत्र का अर्थ होगा–**विभाव, अनुभाव और व्यभिचारी भावों का स्थायीभाव के साथ संसर्ग (संयोगात्) होने से रस की सिद्धि (निष्पत्ति) होती है। (विभावानुभावव्यभिचारिसंसर्गात् रससिद्धिः)**।

इस विवेचन से स्पष्ट है कि **भरत** का दृष्टिकोण पूरी तरह नाट्यपरक है, तभी इसमें अभिनय पक्ष पर बल दिया गया है। **भरत** कृत 'नाट्यशास्त्र' की बाद में अनेक टीकाएँ हुईं। प्रख्यात टीकाकारों में **हर्ष, उद्‌भट, लोल्लट, शंकुक** और **अभिनवगुप्त** के नाम लिये जाते हैं। इनमें से केवल अभिनवगुप्त कृत "अभिनवभारती (नाट्यवेदनिवृति) उपलब्ध है। शेष के ग्रन्थ अनुपलब्ध हैं। अभिनव ने 'अभिनव भारती' और ('ध्वन्यालोकलोचन') में पूर्वमतों का जितना और जिस रूप में उल्लेख किया है, उतने से ही उनके मतों का अनुमान होता है। टीकाकारों और व्याख्याकारों ने 'संयोगात्' और 'निष्पत्तिः' की व्याख्याएँ अपने-अपने ढंग से पृथक्-पृथक् रूप में की हैं। व्याख्याकारों में चार के नाम अधिक प्रख्यात हैं–**भट्ट लोल्लट** (उत्पत्ति या आरोपवाद), श्रीशंकुक (अनुमिति या अनुमानवाद), **भट्टनायक** (भुक्ति या भोगवाद) और **अभिनव गुप्त** (अभिव्यक्तिवाद)। इनके मतों की आवश्यक चर्चा आगे की जाती है।

---

173. रस-सिद्धान्त, पृ.-138

1. उत्पत्तिवाद / आरोपवादः

भरत-सूत्र के प्रथम प्रख्यात व्याख्याता है—**भट्ट लोल्लट** (आठवीं शती)[174]। वे मीमांसक थे। उनकी व्याख्या 'मीमांसा' दर्शन पर आधारित मानी जाती है।[175] उनके रस विषयक विश्लेषण का उल्लेख **अभिनवगुप्त** (ने 'अभिनवभारती' और 'ध्वन्यालोकलोचन' में) और **मम्मट** ने ('काव्य-प्रकाश' में) किया है। उनके उल्लेखों में किंचित् अन्तर भी है। **मम्मट** में उल्लेख संक्षिप्त और किंचित् भिन्न रूप में प्राप्त होता है। असम्भव नहीं कि वह संशोधित रूप हो एवं अभिनवगुप्त का उल्लेख मूल के निकट हो। उन उल्लेखों के विश्लेषण से अग्रांकित तथ्य प्रत्यक्ष होते हैं। यथा

क. नाटयाचार्य **भरत** की तरह **भट्टलोल्लट** को भी स्थायीभाव का संयोग ही मान्य है।

ख. स्थायीभाव का आश्रय अनुकार्य (मूल नायक-रामादि) है।

ग. आलम्बन (मूल नायिका-सीतादि) उसे अनुकार्य के चित्त में ही उत्पन्न या उद्भूत करते हैं (इस निमित्त **'उत्पत्ति'** और **'उद्भूतता'** दो शब्द प्रयुक्त हुए हैं)। यहाँ 'उत्पत्ति' का अर्थ सम्भवतः 'अरूप को रूप देना' है। व्याख्या में प्रयुक्त 'उत्पत्ति' शब्द के आधार पर ही यह मत **उत्पत्तिवाद** कहा जाता है।

घ. अनुभाव (भावों के अनुवर्ती विकार) केवल उपचित स्थायी भावों के ही नहीं, अनुपचित स्थायी भावों और व्यभिचारी भावों के भी विकार हैं।

ङ. व्यभिचारी भाव स्थायीभाव के सहभावी कहे गये हैं। तात्पर्य यह कि व्यभिचारी भाव स्थायीभाव के साथ संस्कार-रूप में रहते हैं, युगपत स्थिति में नहीं, कारण, मन में एक ही साथ दो चेतनाएँ नहीं रह सकतीं। अर्थात्, स्थायी भाव की स्थिति वासना-रूप में होती है और व्यभिचारी भाव की स्थिति उद्भूत रूप में।

च. रस की उत्पत्ति मूलतः और मुख्यतः अनुकार्य में होती है। इसलिए वास्तविक रसानुभूति उन्हें ही होती है। अनुकर्त्ता (नट) में रसानुभूति होती है गौण रूप में अनुसंधान के बल से; यानी अनुकर्त्ता केवल उनका अनुकरण करता है। कुशल अभिनयादि के कारण सामाजिक नट में (रज्जुसर्प न्याय से) नायक की तुल्यता के अनुसंधान एवं

---

174. डॉ. के. न. बाटवे (रस-निमर्श) के अनुसार भट्टलोल्लट का समय 700-800 ई. सन् है।

175. भट्टलोल्लट के मीमांसक होने की बात सर्वप्रथम बामन झलकीकर ने सन् 1746 ई. में 'काव्यप्रकाश' की टीका में कही है। मीमांसा का तात्पर्य 'उत्तरमीमांसा' (वेदान्त) से है। इधर डॉ. कांतिचन्द्र पाण्डेय ने उनके शैव होने की कल्पना की है। डा. नगेन्द्र (रस-सिद्धान्त, पृ.-150) के अनुसार उनके "रस-विवेचन की दार्शनिक भूमिका का निर्णय करना सम्भव नहीं है।"

तत्पश्चात् किये जाने वाले आरोप के कारण आनन्द प्राप्त करता है।[176] अर्थात्, **वास्तविक रसानन्द प्राप्त होता है अनुकार्य को, सामाजिक का रसानन्द होता है आरोपजन्य जिसके माध्यम होते हैं अनुकर्त्ता**। जैसे पुरोहित के द्वारा कराये जाने वाले यज्ञ का फल यजमान को मिलता है, वैसे ही अनुकर्त्ता के योग्य अभिनय से सामाजिक को आनन्द प्राप्त होता है। सामाजिक के रसानन्द का आधार आरोप होने के कारण ही इस मत का अपर नाम **आरोपवाद** भी है।

उपरि विवेचन से स्पष्ट है कि **लोल्लट** का "दृष्टिकोण यथार्थवादी एवं वस्तुपरक था, आत्मवादी एवं व्यक्तिपरक नहीं।"[177] उनका विवेचन **भरत** (मूलमत) के सर्वाधिक निकट पड़ता है। सामाजिक की दृष्टि से वे भी रस को आस्वाद्य मानते थे, आस्वाद नहीं। **लोल्लट** के अनुसार, 'निष्पत्ति' का सीधा अर्थ है–**उपचिति** (उद्‌बुद्धि/उत्पत्ति)। इसके लिए **उत्पत्ति** शब्द का प्रयोग बहुप्रचलित रहा है। उपचिति एक मिश्र क्रिया है जिसमें विभाव, अनुभाव और संचारी तीनों का योग होता है। **संयोग** (संयोगात्) का अर्थ है–सम्बन्ध (उपचेय-उपचायक सम्बन्ध) जिसे तीन अर्थों में स्वीकार किया गया है–**उत्पाद्य-उत्पादक, गाम्य-गमक अथवा अनुमाप्य-अनुमापक और पोष्य-पोषक**। रस का उपचायक (उत्पादक) है विभाव और स्थायीभाव है उपचेय (उत्पाद्य)। रस उपचित (उत्पन्न) होता है विभावों से = उत्पाद्य-उत्पादक सम्बन्ध। अनुभावों के द्वारा रस आरोप अथवा प्रतीति के योग्य होता है। अतः अनुभाव हैं अनुमापक अथवा गमक और स्थायीभाव हैं अनुमाप्य अथवा गम्य=अनुमाप्य-अनुमापक या गम्य-गमक सम्बन्ध। व्यभिचारी भाव का कार्य है स्थायी भाव का पोषण करना। अतः व्यभिचारी भाव होते हैं पोषक और स्थायीभाव पोष्य=पोष्य-पोषक सम्बन्ध। डॉ. नगेन्द्र ने इस आधार परसूत्र बनाया है–**संयोग = उपचेय- उपचायक सम्बन्ध** (=उत्पाद्य-उत्पादक + गम्य -गमक+ पोष्य-पोषक)। अस्तु, इसे उत्पत्तिवाद की अपेक्षा उपचितिवाद कहना सार्थक है। इस प्रकार **लोल्लट** के मत से भरत-सूत्र की व्याख्या होगी–विभाव, अनुभाव और व्यभिचारी भाव के उपचायक-उपचेय सम्बन्ध से रस की उपचिति होती है : **विभावानुभावव्यभिचारी-उपचायक-उपचेय सम्बन्धात् रसोपचितिः**।

भट्ट लोल्लट के मत की पर्याप्त समीक्षा हुई है जिससे उनके मत की सीमा और शक्ति पूर्णतः स्पष्ट है। इस मत के विरुद्ध **श्री शंकुक** ने आठ आक्षेप किये जिनमें प्रथम छह **'स्थाय्येव रसः'** (स्थायीभाव और रस की एकता) का खण्डन करते हैं और अन्तिम दो **स्थाय्येव उपचितो रसः**।' (स्थायीभाव ही उपचित होकर रस बनता है) का। वस्तुतः ये आक्षेप पूरी तरह कभी मान्य हुए ही नहीं। कारण यह है कि

---

176. 'नटे तु तुल्यरूपातानुसन्धानवशादारोप्यमाणः सामाजिकानां चमत्कारहेतुः।–'काव्यप्रकाश' में
177. डॉ. नगेन्द्र–रस-सम्प्रदाय, पृ.-143। (गोविन्द ठक्कुर कृत व्याख्या।)

पं. विश्वनाथ आदि अनेक परवर्त्ती रसवादी आचार्यों ने भी स्थायीभाव को ही रस-रूप में परिणत होना माना है। अन्तर केवल स्थायीभाव के अर्थापन में है।[178] **भरत** भावों की सत्ता लोकगत या वस्तुगत (निर्वैयक्तिक) मानते हैं, जबकि परवर्ती आचार्य स्थायीभाव का मुख्य सम्बन्ध सामाजिक या सहृदय से मानते हैं। लोल्लट का मत इन से भिन्न है—वे स्थायीभाव का मुख्य सम्बन्ध अनुकार्य (मूल चरित्र) और गौण सम्बन्ध अनुकर्त्ता से मानते हैं, सामाजिक का सम्बन्ध आरोपजन्य है। निस्सन्देह, भरत की अपेक्षा **लोल्लट** की दृष्टि अधिक व्यापक है।

वस्तुतः **लोल्लट** के मत का एक ही दुर्बल पक्ष (सीमा) है—वे अनुकार्य को यानी मूल चरित्र और कविनिबद्ध चरित्र के भेद को स्पष्ट नहीं कर पाये। यही दोष एक और दोष का कारण बनता है कि रस की स्थिति प्रत्यक्ष ऐन्द्रिक-मानसिक भाव से भिन्न नहीं रह जाने के कारण **'सुखदुःखात्मको रसः'** (रस सुखात्मक और दुखात्मक होता है) हो जाती है। इन दुर्बलताओं के बावजूद इस मत की चार विशेषताएँ मानी गयी हैं और वे ही इसकी वास्तविक शक्ति हैं। यथा—1. भरत-सूत्र की सभी व्याख्याओं में लोल्लट कृत व्याख्या मूल मत के सर्वाधिक निकट है। 2. रस को अनुकार्यगत मान कर लोल्लट ने नाट्य-सौन्दर्य का प्रत्यक्ष सम्बन्ध मूल चरित्र के भाव से स्थापित कर लिया है। अब भी यह बात स्वीकार्य हे। 3. रस की व्यक्तिपरक व्याख्या इस मत से ही आरम्भ होती है जिसका आगे विस्तार हुआ है। 4. अनुकर्त्ता (नट-नटी) द्वारा रसानुभूति को स्वीकार कर लोल्लट ने नाट्यकला के विकास को नया मोड़ प्रदान किया।

2. अनुमिति/अनुमान वाद

भरत-सूत्र के दूसरे महत्वपूर्ण व्याख्याता हैं—**श्रीशंकुक** (भट्ट शंकुक)। ये नैयायिक थे। लोल्लट के पूर्वोक्त मत का खण्डन करते हुए इन्होंने न्यायदर्शन के **अनुमान** प्रमाण के आधार पर अपने मत की स्थापना की। इनका ग्रन्थ भी अनुपलब्ध है एवं **अभिनवगुप्त** और **मम्मट** द्वारा उल्लिखित अंशों के आधार पर ही इनके मत का पता चलता है। इनके मत के सम्बन्ध में अग्रांकित तथ्य प्राप्त होते हैं। यथा—

1. स्थायी भाव अनुकार्य (कविनिबद्ध चरित्र) में स्थित रहता है जिसका अनुकृत (पुनःसर्जित) रूप रस होता है, यानी स्थायी भाव का अभिनयात्मक अनुकरण (कल्पनात्मक पुनःसर्जन) ही रस है।

---

178. तुलना कीजिए—
क. भारत—नाना भावोपगता अपि स्थायिनो भावा रसत्वमाप्नुवन्ति।
ख. लोल्लट — तेन स्थाय्येव विभावानुभावादिभिरुपचितो रसः।
ग. धनंजय—आनीयमानः स्वाद्यत्वं स्थायीभावों रसः स्मृतः।
घ. मम्मट—व्यक्तः स तैर्विभावाद्यैः स्थायीभावो रसः स्मृतः।
ङ. विश्वनाथ—रसतामेति इरत्यादिः स्थायीभावः सचेतसाम्।

2. नाट्य में विभाव, अनुभाव और व्यभिचारी भाव तो उपस्थित रहते हैं, पर स्थायी भाव अनुपस्थित। उसका उपस्थापन अभिनय द्वारा होता है। अतः सामाजिक विभावादि से अनुकर्त्ता द्वारा अनुक्रियमाण (कविनिबद्ध चरित्र) के स्थायी भाव का अनुमान करता है—अनुक्रियमाण स्थायीभाव ही रस है। इसीलिए यह मत **अनुमान (अनुमिति)-वाद** कहा जाता है।

ध्यातव्य है कि अनुमित स्थायी भाव अनुकर्त्ता का नहीं, अनुकार्य (कविनिबद्ध चरित्र) का होता है और अनुमित स्थायीभाव अनुकरण-रूप होने से ही रस—**'भावानुकरणं'** रसः कहा जाता है। इस आधार पर इसे **अनुकृतिवाद** कहना अधिक सार्थक है।

3. अनुकर्त्ता विभाव, अनुभाव और व्यभिचारी भाव का अभिनय इस कौशल और निपुणता से करता है कि वे कृत्रिम होने पर भी अकृत्रिम प्रतीत होते हैं। नटगत सामग्री होती है कृत्रिम ही, पर लगती है वास्तविक।

यह अभिनय-कला की दृष्टि से महत्त्वपूर्ण तो है ही, अनुकार्य की वास्तविक पहचान भी इससे होती है। वास्तविक अनुकार्य होते हैं रामादि मूल चरित्र ही, पर वे अनुकार्य होते हैं कवि-नाटककार आदि के। अनुकर्त्ता का वास्तविक अनुकार्य होता है कवि-नाटककार आदि द्वारा निबद्ध-चरित्र।

4. सामाजिक को अनुकर्त्ता में अनुकार्य (रामादि मूल चरित्र) की प्रतीति भ्रान्त, सन्दिग्ध, मिथ्या, सामान्य अथवा सम्यक् नहीं, प्रत्युत् विलक्षण, अलौकिक और कलात्मक प्रतीति होती है। इसी कलात्मक प्रतीति (अनुमिति) की व्याख्या शंकुक ने **'चित्रतुरगन्याय'** से की है। इससे कलानुभूति की विलक्षणता का प्रतिपादन करने में शंकुक सफल भले ही हुए हों, पर यह मत सर्वमान्य नहीं हो सका।

उपरि तथ्यों के आधार पर सारांशतः कहा जायेगा कि **शंकुक** के अनुसार रस नटाश्रित होता है और रस के स्वरूप का तात्पर्य है, 'अभिनयगत भाव-सौन्दर्य'। यानी रस भावाधारित कलात्मक स्थिति है जिसमें अभिनयतत्त्व प्रधान है और काव्यतत्त्व गौण। रस-निष्पत्ति का तात्पर्य है—काव्य, रंग-कौशल, अभिनयकला आदि के सहारे अनुकर्त्ता द्वारा अनुकार्य (कविनिबद्ध चरित्र) के स्थायी भाव की अनुकृति जिसका सामाजिक (प्रेक्षक) विभावादि के द्वारा 'चित्रतुरगन्याय' से अनुमान कर लेता है। इस प्रकार 'निष्पत्ति' का मुख्य अर्थ है **अनुकृति** (नट की भूमिका प्रमुख होने के कारण) और गौण अर्थ है **अनुमिति** (सामाजिक की दृष्टि से—सामाजिक नट में अनुकार्य का अनुमान कर लेता है) और 'संयोग' का मुख्य अर्थ है **अनुकारक-अनुकार्य सम्बन्ध** एवं गौण अर्थ है **अनुमापक-अनुमाप्य** अथवा **गमक-गम्य सम्बन्ध**। अस्तु, भरत-सूत्र की व्याख्या दो दृष्टियों से होगी—(क) नट की दृष्टि से और (ख) सामाजिक की दृष्टि से। यथा—

क. **नट की दृष्टि से** : विभाव, अनुभाव और व्यभिचारी भाव के अनुकारक-अनुकार्य सम्बन्ध से रस की अनुकृति होती

है–'**विभावानुभावव्यभिचार- अनुकारक-अनुकार्य सम्बन्धात् रसनिष्पत्तिः**'

ख. **सामाजिक की दृष्टि से :** विभाव, अनुभाव और व्यभिचारी भाव के अनुमापक (गमक)–अनुमाप्य (गम्य) सम्बन्ध से रस की अनुमिति होती है–'**विभावानुभावव्यभिचारि-अनुमापक-अनुमाप्य सम्बन्धात् रसानुमितिः**'। संक्षेप में '**अनुमानात रसानुमितिः**'।

यानी **नट की दृष्टि से रस अनुकृत होता है और सामाजिक की दृष्टि से अनुमित**। अर्थात्, वास्तविक रसानन्द प्राप्त होता है अनुकार्य (कविनिबद्ध चरित्र) को, नट का रसानन्द होता है अनुकरणजन्य और सामाजिक का रसानन्द होता है अनुमानजन्य जिसका माध्यम होता है नट और आधार होता है नट का कुशल और निपुण अभिनय।

शंकुक के मत की पर्याप्त समीक्षा हुई है जिससे इसकी दुर्बलता और विशिष्टता पूर्णतः स्पष्ट हो चुकी है। इसमें वैमत्य नहीं कि यह मत भी असिद्ध रहा, पर पूर्वोक्त लोल्लट के मत से इसे किंचित् आगे बढ़ा हुआ माना जाता है। यों कतिपय विद्वानों की राय विपरीत भी है जिनकी दृष्टि में **श्री शंकुक** ने भरत-सूत्र की व्याख्या में रस-निष्पत्ति को सुलझाने की अपेक्षा उलझाया ही अधिक है। श्री शंकुक के मत की दुर्बलताओं पर **अभिनयगुप्त** ने पाण्डित्यपूर्ण विचार किया है। मुख्य आक्षेप निम्नांकित हैं–

क. सर्वाधिक आक्षेप 'अनुकृति' शब्द को लेकर है–'अनुकृति' शब्द अर्थवहन की दृष्टि से पूर्णतः असमर्थ है। जिसे शंकुक 'अनुकति' कहते हैं, वह **भट्टतौत** (अभिनवगुप्त के गुरु) के अनुसार 'अनुव्यवसाय' है (–न तु अनियतानुकारोऽपि, तेन अनुव्यवसायविशेषविषयीकार्ये नाट्यम्)।

ख. दूसरा आक्षेप है–रस के अनुमान की कल्पना को लेकर। अनुमान के आधार पर रस निष्पत्ति की कल्पना व्यर्थ है–आनन्द 'अनुभूति' में होगा 'अनुमान' में नहीं।

ग. तीसरा आक्षेप है–अभिनय-तत्त्व को प्रधान और काव्य-तत्व को गौण स्वीकार करना। एक प्रकार से यहाँ पूरी प्रक्रिया ही उलट दी गयी है।

इन आक्षेपों के बावजूद **शंकुक** के मत की कतिपय विशिष्टताएँ भी पहचानी गयी हैं। यथा–

क. शंकुक के मत से रस नाट्यगत भाव की प्रत्यक्ष अनुभूति नहीं,

उसकी अनुकृत अनुभूति है। अनुकरण को यदि 'कल्पनात्मक पुनःसर्जन' के रूप में स्वीकार किया जाये तो इसका महत्व स्वयंसिद्ध है।

ख. अनुकार्य के मत में शंकुक का स्पष्ट अभिमत है कि नाट्य में अनुकार्य का तात्पर्य है कविनिबद्ध-चरित्र। वह मूलपात्र नहीं, मूल पात्र के आधार पर सर्वथा कविनिर्मित पात्र होता है।

ग. शंकुक का प्रेक्षक लोल्लट के प्रेक्षक तुलना में अधिक क्रियाशील है। अर्थात्, लोल्लट के द्वारा आरम्भ की गयी रस की व्यक्तिपरक व्याख्या को शंकुक ने और अधिक विकसित किया है। इसका मनोवैज्ञानिक आधार भी सुदृढ़ हुआ है।

सब मिलाकर शंकुक कृत व्याख्या भी भरत से बहुत दूर नहीं गयी है। यह भी प्रायः मूल के निकट पड़ती है। **मम्मट** ने इस मत की सामाजिक की दृष्टि से परीक्षा करते हुए अधिक बल रस की अनुमति पर दिया। फलतः यह मत **अनुमितिवाद** के नाम से जाना गया। मम्मट के पूर्व **अभिनवगुप्त** ने इसकी समीक्षा नट की दृष्टि से करते हुए पूरा बल अनुकृति के खण्डन में लगाया है। अस्तु, उसे **'अनुकृतिवाद'** कहना अधिक सार्थक है।

3. भुक्तिवाद / भोगवाद

भरत-सूत्र के तीसरे महत्त्वपूर्ण व्याख्याता हैं—भट्टनायक (10वीं शती)। प्राचीनों ने इन्हें सांख्यवादी माना है, पर इधर इन्हें शेवाद्वैतवादी या मीमांसक कहा जा रहा है। ये ध्वनिविरोधी आचार्य थे। इनके मत के उल्लेख **अभिनवगुप्त** एवं **मम्मट** में मिलते हैं। उक्त उल्लेखों के आधार पर स्थिर होता है कि **भट्टनायक** के अनुसार रस की न प्रतीति होती है, न उत्पत्ति और न अभिव्यक्ति, प्रत्युत् रस की भुक्ति होती है। इस प्रकार ये **लोल्लट** और **ध्वनिकार** के मतों को खण्डित कर अपना नवीन मत—**रस का भोग होता है**—स्थापित करते हैं। सारतः कहा जायेगा कि **भट्टनायक** के मत से विभाव, अनुभाव और व्यभिचारी भाव के विभावन व्यापार (भावक-भाव्य सम्बन्ध) से रस की भाविति (निष्पत्ति) होती है जिसका भोजकत्व व्यापार से भोग किया जाता है।

अपने मत के स्पष्टीकरण के लिए **भट्टनायक** ने कुछ कल्पनाएँ की हैं। इनका मत है कि काव्यात्मक शब्द अन्य शब्दों से विलक्षण होते हैं। इसीलिए इन्होंने काव्यात्मक शब्द के तीन व्यापार—**अभिधा, भावकत्व और भोजकत्व**—माने। इनमें **अभिधा** अर्थ विषयक व्यापार है। उससे काव्यार्थ की प्रतीति भर होती है। इस निमित्त इन्होंने लक्षणा का भी अभिधा में ही अन्तर्भाव कर लिया है।[179] अभिधा के पश्चात्

---

179. अभिधाधामता याते शब्दार्थलंकृतो ततः।—रामलाल द्वारा 'समीक्षा-दर्शन' में उद्धृत।

भावकत्व कार्य करता है। भावकत्व रस विषयक व्यापार है। वह दो कार्य करता है—(क) विभावादि (काव्यार्थ) का साधारणीकरण और (ख) सामाजिक के चित्त की राग-द्वेष से मुक्ति एवं आत्म-विस्तार। विभावादि का साधारणीकरण भावकत्व व्यापार का मूल गुण है। परिणामतः रस भावित हो जाता है—स्थायीभाव भावित होकर रस-रूप में परिणत हो जाता है। यही रस-निष्पत्ति है। आचार्य **विश्वेश्वर** ने 'भावित' शब्द का अर्थ 'साधारणीकृत' किया है और **डॉ. नगेन्द्र** ने 'कल्पनात्मक प्रतीति' जिसे वे साधारणीकरण से अभिन्न मानते हैं। ध्यातव्य है कि '**भावन**' शब्द मीमांसाशास्त्र में एक संज्ञा है और 'भावना' का मीमांसाशास्त्रीय लक्षण है—निर्माण होने वाली वस्तु के प्रति अनुकूल व्यापार।[180] **भोजकत्व** अन्तिम व्यापार है जिससे सामाजिक काव्यार्थ के साधारणीकृत रूप का, यानी भावकत्व व्यापार द्वारा सिद्ध रस का सहृदय भोग करता है। उक्त अवसर पर सामाजिक के हृदय से रजस् और तमस् भाव समाप्त हो जाते हैं—उसका सत्वोद्रेक हो जाता है। अस्तु, **भट्टनायक** के अनुसार 'निष्पत्ति' का अर्थ है स्थायी भाव का 'भावित होना' अथवा 'भाविति' और 'संयोग' का अर्थ है—**'भावक-भाव्य सम्बन्ध'**। विभावादि होते हैं 'भावक' और स्थायीभाव होता है 'भाव्य'। इस आधार पर भरत-सूत्र की व्याख्या होगी—**'विभावानुभावव्यभिचारि-भावक-भाव्य सम्बधात् रसभाविति:**।'[181] अर्थात्, विभाव, अनुभाव और व्यभिचारी भाव के भावक-भाव्य सम्बन्ध (संयोग) से रस की भाविति (निष्पत्ति) होती है जिसका भोजकत्व व्यापार से भोग होता है। यानी रस की निष्पत्ति होती है स्थायीभाव के भावित होने से; तत्पश्चात् की क्रिया है रस-भोग। सहृदय या सामाजिक के भोग का विषय है रस (भावित स्थायीभाव) जो उसके चित्त में पहले से ही विद्यमान होता है। वैयक्तिक राग-द्वेष से मुक्त होकर ही सामाजिक साधारणीकृत स्थायीभाव (रस) का भोग करता है—**'निबिडनिजमोह-संकटतानिवारणकारिणा'**।

उपरि विवेचन से स्पष्ट है कि भट्टनायक के अनुसार भी रस आस्वाद-रूप नहीं, वरन् भोज्य (आस्वाद्य) होता है। इतना अवश्य है कि पूर्ववर्ती आचार्यों (भरत, लोल्लट, शंकुक) की अपेक्षा इनका मत अधिक व्यक्तिपरक, किन्तु अभिनवगुप्त की तुलना में वस्तुपरक ही है। भरत ने स्थायीभाव (रस) को वस्तुगत (लोकगत); लोल्लट ने मूलचरित्रगत् (अनुकार्यगत) और शंकुक ने मूलतः कविनिबद्ध-चरित्रगत (अनुकार्यगत), किन्तु प्रत्यक्षतः नटगत स्वीकार किया जबकि **भट्टनायक** ने उसे सामाजिकगत माना है। अस्तु, पूर्वाचार्यों की तुलना में इनकी दृष्टि अधिक व्यक्ति अथवा विषयीपरक हो सकी है।

रस-सिद्धान्त के इतिहास में **भट्टनायक** के प्रस्तुत मत का महत्वपूर्ण स्थान है। इनकी मौलिक उद्भावनाएँ बड़ी महत्वपूर्ण हैं। स्थायी भाव की सीधे सामाजिक

---

180. भवितृर्भवनानुकूलो भावकव्यापार विशेषः।—ग. त्र्य. देशपाण्डे द्वारा उद्धृत।

181. उक्त व्याख्या भट्टनायक की पूर्वमान्य व्याख्या—'विभावानुभावव्यभिचारि'-भोज्य-भोजक सम्बन्धात् रसभुक्तिः—का डॉ. नगेन्द्र द्वारा संशोधित रूप है।

में स्थिति स्वीकार कर इन्होंने न केवल सामाजिक के महत्त्व को पहली बार स्थापित किया, वरन् **रस की आनन्दरूपता** का भी पहली बार स्पष्ट और असंदिग्ध विवेचन किया। रसास्वाद के स्वरूप के भी **भट्टनायक** ही तात्विक व्याख्याता हैं। इन्होंने ही स्थिर किया कि **रसास्वाद** अथवा **काव्यानन्द** का अर्थ है—चित्त की विश्रांति जिसमें रजस् और तमस् का शमन एवं सत्वोद्रेक की स्थिति होती है। परिणामतः इस अर्थ में पूर्व प्रयुक्त सभी शब्द—'हर्ष' (भरत), 'प्रीति' (भामह-वामन), 'आह्लाद' (आनन्दवर्धन), 'चमत्कार' (लोल्लट), 'आनन्द' (धनंजय) आदि—चुके गये और आगे विश्रान्ति (निर्विघ्नसंविद्विश्रान्ति) शब्द मान्य हुआ। इनकी सबसे महत्ती उपलब्धि है **साधारणीकरण का सिद्धान्त**। इस सिद्धान्त के प्रतिपादन से रस का मनोवैज्ञानिक अनुशीलन भी प्रारम्भ हुआ। साधारणीकरण-सिद्धान्त अब भी आलोचनाशास्त्र का मूल और महत्त्वपूर्ण आधार बना हुआ है।

इसमें किसी प्रकार की शंका नहीं कि **भट्टनायक** द्वारा प्रतिपादित सिद्धान्त ने रस-चिन्तन में एक बड़ी क्रान्ति उपस्थित की, पर यह सर्वथा निर्भ्रान्त नहीं है। **अभिनव गुप्त** ने इस मत पर कई आक्षेप किये हैं। **अभिनव** आदि अभिव्यंजनावादियों के अनुसार भावकत्व और भोजकत्व व्यापारों की कल्पना ही इसकी सबसे बड़ी भ्रान्ति है। आक्षेपों के बावजूद भट्टनायक का सिद्धान्त बहुत दूर तक सत्य पर आधारित है, तभी परवर्ती आचार्यों ने इन्हें महत्व दिया और इनके द्वारा प्रतिपादित अनेक पारिभाषिक शब्दों—सत्वोद्रेक, विश्रान्ति, रसास्वाद, साधारणीकरण आदि—को स्वीकृति दी। रसानन्द अथवा रसानुभूति को 'ब्रह्मास्वाद्सविध' (ब्रह्मास्वादसहोदर) मानने की परम्परा भी भट्टनायक से ही आरम्भ होती है।

4. अभिव्यक्तिवाद

भरत-सूत्र के चौथे और अन्तिम प्रख्यात व्याख्याता हैं—ध्वनिवादी आचार्य **अभिनवगुप्त** (10-11वीं शती)। इनकी व्याख्या शैवाद्वैतवाद पर आधारित है। इनका सिद्धान्त **अभिव्यक्तिवाद** नाम से प्रसिद्ध है जिसका मूलाधार भरत का **'एवमेते काव्यरसाभिव्यक्तिहेतवः'** माना जाता है। पूर्वाचार्यों के मतों का संशोधन करते हुए **अभिनवगुप्त** ने अपने मत का विवेचन 'अभिनव भारती' और 'ध्वन्यालोकलोचन' दोनों ग्रन्थों में किया है। इनके अनुसार 'संयोगात्' का अर्थ है—'अभिव्यंजनात्' (व्यंग्य-व्यंजक भाव) और 'निष्पत्ति' का अर्थ है—'अभिव्यक्ति'। इसी कारण यह मत 'अभिव्यक्तिवाद' नाम से प्रसिद्ध हुआ। काव्य में व्यंजना शक्ति की पहले से ही प्रतिष्ठा होने के कारण इन्होंने **भट्टनायक** द्वारा स्वीकृत 'भावकत्व' और 'भोजकत्व' व्यापार को व्यर्थ घोषित किया तथा उनके मत को संशोधित करते हुए अपना मत प्रतिपादित किया कि **रस की अभिव्यक्ति होती है**, भुक्ति नहीं। अर्थात्, विभाव, अनुभाव और व्यभिचारी भाव के द्वारा सम्पन्न अभिव्यंजना से रस की अभिव्यक्ति

होती है—**विभावानुभावव्यभिचारी-अभिव्यंजनात् रसाभिव्यक्तिः।**

अभिनवगुप्त के मत को सार रूप में उपस्थित करते हुए कहा जायेगा कि उनके अनुसार सहृदय (**भरत** के 'सुमनस') के अन्तःकरण में स्थायीभाव वासना रूप में निरन्तर विद्यमान रहते हैं। वे ही साधारणीकृत होकर—विभावादि की अनुकूलता (निर्विघ्नता) में अभिव्यक्त होकर—आस्वाद्य या सुखमय प्रतीति के योग्य हो जाते हैं। **यथार्थतः सुखमय प्रतीति ही रस है।** विभाव, अनुभाव और व्यभिचारी भाव हैं—अभिव्यंजक और स्थायीभाव (रस) है व्यंग्य। उन तीनों अभिव्यंजकों के द्वारा सहृदय के अन्तःकरण में वासनारूप विद्यमान स्थायीभाव की अभिव्यक्ति (अभिव्यंजना) होती है। यह अभिव्यक्ति ही रस-निष्पत्ति है। अभिव्यक्त रस की प्रतीति होती है सहृदय की आत्मा को ही, पर यह प्रतीति मात्र व्यक्तिगत नहीं होती। साधारणीकरण मात्र व्यक्ति के धरातल पर नहीं, सामूहिक (समष्ठि के) धरातल पर भी होता है। **भट्टनायक** के समान ही इन्होंने भी स्वीकार किया कि रस ब्रह्मानन्द के समान है। इन्होंने संकेत किया है। इनके विवेचन का निष्कर्ष है कि रस अभिव्यक्ति होते हैं एवं प्रतीति के द्वारा ही आस्वाद्‌गोचर होते हैं—'अभिव्यज्यन्ते **रसाः प्रतीत्यैव च रस्यन्त इति'** (ध्वन्यालोक)। 'अभिनव भारती' में कहा गया है कि **सर्वथा आस्वादात्मक एवं निर्विघ्न प्रतीति से ग्राह्य स्थायीभाव ही रस है।**[182] वही अभिव्यक्त होकर रसनीय बनता है।

अभिनवगुप्त का मत सर्वथा निर्दोष तो नहीं, पर सत्य के सर्वाधिक निकट है। इस मत की सबसे महत्वपूर्ण उपलब्धि यह है कि **रस को सर्वथा सहृदयनिष्ठ स्वीकार किया गया है।** यद्यपि **भट्टनायक** ने भी रस को भोज्य मान कर सहृदयनिष्ठ स्वीकार किया था, तथापि उनमें रस को वस्तुपरकता निःशेष नहीं हुई थी। दूसरी महत्वपूर्ण उपलब्धि है—समष्ठिगत रस की कल्पना। दार्शनिक दृष्टि से स्वयं व्यक्तिवादी होते हुए भी **अभिनवगुप्त** ने रस-चक्र की पूर्णता अन्ततः सामूहिक चेतना में ही सिद्ध की है। रसास्वाद की आनन्दरूपता और ब्रह्मानन्द सहोदरत्व का प्रतिपादन किया था **भट्टनायक** ने ही, पर उन्हें पुष्टता प्रदान करने का श्रेय **अभिनवगुप्त** को ही जाता है। **भट्टनायक** द्वारा स्वीकृत साधारणीकरण का भी इस मत में आवश्यक निखार हुआ है। इस मत पर किये जानेवाले आक्षेपों में सर्वप्रमुख यही है कि अभिनवगुप्त ने **भरत** के सिद्धान्त को अपने रंग में इतना अधिक रंग दिया है कि उसका वास्तविक स्वरूप ही बदल-सा गया है। **भरत से आरम्भ हुई रस की वस्तुपरक व्याख्या अभिनवगुप्त के यहाँ पूरी तरह आत्मपरक** (**सहृदय परक**) **हो गयी है।**

निष्कर्षतः कहा जायेगा कि कतिपय आक्षेपों के बावजूद अभिनव प्रतिपादित

---

182. सर्वथा रसनात्मकवीतविघ्नप्रतीतिग्राह्यो भाव एव रसः।—अभिनव भारती।

व्याख्या न केवल सत्य के अधिक निकट, वरन् मनोवैज्ञानिक भी है। इस मत की महत्ता इससे भी स्पष्ट है कि परवर्त्ती युग में यही सर्वाधिक ग्राह्य और मान्य हुआ।

अभिनव-परवर्ती आचार्यों ने मुख्यतः **अभिनवगुप्त** के मत को ही स्वीकार किया—किसी ने उसी रूप में और किसी ने किंचित् अन्तर के साथ। धनंजय और उनके टीकाकार **धनिक** ने सहृदय के अन्तःकरण में स्थित स्थायीभाव को रस-रूप में परिणत होना स्वीकार कर[183] भी व्यंजनावृत्ति को अस्वीकार किया। उसकी जगह उन्होंने **तात्पर्यावृत्ति** को महत्त्व दिया एवं निष्पत्ति की प्रक्रिया **भट्टनायक** के अनुरूप ही मानी—'संयोग' का अर्थ 'भाव्य-भावक सम्बन्ध' एवं 'निष्पत्ति' का अर्थ 'भाविति' कियाः 'अतो न रसादीनां हि भावकं, भाव्या रसादयः।'

व्यंजना को **महिमभट्ट** ने भी आधार नहीं माना। उन्होंने **काव्यानुभूति** का सिद्धान्त प्रतिपादित किया एवं रस की निष्पत्ति अनुमान से ही स्वीकार की। इस प्रकार उन्हें रस-प्रक्रिया **शंकुक** की ही मान्य है।[184]

मम्मट ने ध्वनिविरोधियों की खबर लेते हुए **अभिनवगुप्त** के मतानुरूप ही रस-निष्पत्ति का विवेचन किया। **पं विश्वनाथ** ने भी **अभिनव** के मत को ही प्रायः दुहराया है—

विभावोनानुभावेन व्यक्तः संचारिणा तथा।
रसतामेति रत्यादिः स्थायिभावः सचेतसाम्।।—सा. द. 3/1

तात्पर्य यह कि 'रस' वह काव्यानन्द है जो सहृदयों के हृदय में स्थित, वासनारूप, रति आदि स्थायीभाव ही आलम्बन विभाव से उद्बुद्ध, उद्दीपन विभाव से उद्दीप्त, व्यभिचारी भावों से परिपुष्ट और अनुभावों से **'व्यक्त'** होकर हीं रसदशा को प्राप्त होता है। ध्यातव्य है कि **विश्वनाथ** ने 'व्यक्त' शब्द का अर्थ **'रूपान्तर'** अथवा 'परिणति'[185] (दध्यादिन्यास से) ही किया है। अर्थात् **विश्वनाथ** के अनुसार 'निष्पत्ति' का अर्थ है 'परिणति' : **रस की अभिव्यक्ति नहीं, परिणति होती है** यानी जैसे दूध दही में परिणत हो जाता है, वैसे ही स्थायीभाव रस में परिणत हो जाता है। पण्डितराज **जगन्नाथ** को भी अभिनवगुप्त का मत मान्य है, पर उसे उन्होंने **शंकराचार्य** के वेदान्त का रंग देकर उपस्थित किया है। उन्होंने अभिव्यक्ति को व्यंजना के रूप में नहीं,

---

183. विभावैरनुभावैश्च सात्विकैर्व्यभिचारिभिः।
आनीयमानः स्वाद्यत्वं स्थायिभावो रसः स्मृतः।।—दशरूपक 4/1।

184. त एव हि लौकिका विभवादयो हेतुकार्यसहकारिरूपा गमकाः। त एव रत्यादयोऽवस्थाविशेषरूपा भावा गम्याः।—व्यक्तिविवेक, पृ.-66।

185. व्यक्तों दध्यादिन्यायेन रूपान्तरपरिणतो व्यक्तीकृत एव रसः। न तु दीपेन घट इव पूर्वसिद्धो व्यज्यते।—सा. दर्पण, 3/1 की वृत्ति।

वरन् **व्यक्तिश्च भग्नावरणा चित्**' के रूप में स्वीकार किया है।

हिन्दी के रीतिकालीन आचार्यों की दृष्टि इस पर नहीं टिकी है। नवीन आचार्यों को प्रायः **अभिनव गुप्त** का मत ही मान्य है, किन्तु आचार्य **रामचन्द्र शुक्ल** ने इसकी व्याख्या में लोककल्याण के आदर्श की प्रतिष्ठा पर अधिक बल दिया है और **डॉ. नगेन्द्र** ने कवि की अनुभूति से तादात्म्य पर।

11.7. साधारणीकरण

काव्य (और काव्यशास्त्र) में साधारणीकरण शब्द का प्रयोग सर्वथा पारिभाषिक शब्द के रूप में होता है। यह मौलिक प्रश्न रहा है कि काव्य में जिन (रामादि) विशेष पात्रों का वर्णन किया जाता है, उनके भाव सहृदय (सामाजिक) के आस्वाद के विषय क्यों अथवा कैसे हो जाते हैं। उक्त प्रश्न का प्रामाणिक उत्तर है–साधारणीकरण। इसके अन्तर्गत कई प्रकार की जिज्ञासाओं के समाधान करने की चेष्टाएँ की जाती रही हैं, यथा–साधारणीकरण क्या है? साधारणीकरण किसका होता है? साधारणीकरण क्यों होता है? इत्यादि। इस सम्बन्ध में अनेक विचारकों ने मत दिये हैं। आगे, इन्हीं जिज्ञासाओं के समाधान करने का प्रयत्न किया जाता है।

समझा जाता है कि **भरत** के **'एभ्यश्चसामान्यगुणयोगेन रसा निष्पद्यन्ते'**[186] (अर्थात्, जब इन भावों को सामान्य रूप से प्रस्तुत किया जाता है, तो रसों की निष्पत्ति होती है) में ही बीज-रूप में साधारणीकरण वर्तमान है। उनके 'आस्वादयन्ति मनसा' (ना. शा. 6/33) में भी इसका संकेत मिलता है, किन्तु 'साधारणीकरण' के प्रथम वास्तविक प्रयोक्ता और प्रतिपादक **भट्टनायक** हैं।

भरत-सूत्र की व्याख्या में भट्टनायक ने पहली बार 'साधारणीकरण' शब्द का प्रयोग किया है। उनके अनुसार साधारणीकरण 'रस-निष्पत्ति' के लिए आवश्यक शर्त है। 'अभिनवगुप्त के उल्लेखनुसार **भट्टनायक** का साधारणीकरण से सम्बन्धित अंश इस प्रकार है–**'विभावादिसाधारणीकरणात्मा... ...भावकत्वव्यापारेण भाव्यमानो रसः... भोगेन परं भुज्यत इति।**' इसमें **अभिनवगुप्त** ने किंचित् संशोधन कर अपना मत उपस्थित किया है। 'काव्यप्रकाश' के टीकाकार **गोविन्द ठक्कुर** ने **भट्टनायक** के साधारणीकरण-सिद्धान्त को अपेक्षया संक्षिप्त और स्वच्छ रूप में प्रस्तुत किया है।[187] उससे स्पष्ट है कि भट्टनायक के अनुसार **'भावकत्व-व्यापार ही साधारणीकरण**

186. नाटयशास्त्र (सं. पं. केदारनाथ), अ. 7, पृ.-106।

187. भावकत्वं साधारणीकरणम्। तेन हि व्यापारेण विभावादयः स्थायी च साधारणीक्रियन्ते। साधारणीकरणं चैतदेव यत्सीतादिविशेषाणां कामिनीत्वादिसामान्येनोपस्थितिः। स्थाय्यनुभावादीनां च सम्बन्धिविशेषानवच्छिन्नत्वेन।–डॉ. नगेन्द्र द्वारा उद्धृत।

है—'भावकत्वं साधारणीकरणम्'। अर्थात्, अभिधा-व्यापार द्वारा काव्यार्थ से परिचय होते ही भावकत्व-व्यापार द्वारा विभावादि (आलंबन, आश्रय, अनुभाव और व्यभिचारी भाव) का और सहृदय के हृदय में, वासना-रूप, स्थित स्थायीभाव का साधारणीकरण हो जाता है। इस प्रकार **विभावन-व्यापार द्वारा भाव-विशेष का भाव को सामान्य भूमि पर उतर आना ही साधारणीकरण है**। अनुभूति के विशेष से सामान्य बनने—सम्बन्धरहित होने—की प्रवृत्ति के कारण ही इसे **सामान्यीकरण** भी कहा गया है। ऐसा होने पर ही विभावादि-रूप **सीता** (-रामादि) सम्बन्धी 'रति' में 'सीतात्व' ('रामत्व' आदि) का लोप होकर उनका केवल कामिनी-रूप अथवा रति सामान्य-रूप प्रत्यक्ष होता है। स्थायी भाव और अनुभाव के साधारणीकरण का आशय है विशिष्ट सम्बन्धों से मुक्ति। तभी सहृदय आनन्दानुभूति (रसानुभूति) प्राप्त करता है। तात्पर्य यह कि **आनन्दानुभूति (रसानुभूति) के बाधक भावों—ममत्व-परत्व—को दूर करने के लिए ही काव्यादि में साधारणीकरण का विधान स्वीकृत है।**

साधारणीकरण किसका होता है, प्रश्न अपेक्षया अधिक विवादास्पद रहा है। **भट्टनायक** के मत के उपरि स्पष्टीकरण से विदित है कि उन्हें **विभावादि** के साथ ही स्थायीभाव का साधारणीकरण (तेन हि व्यापारेण विभावादयः स्थायी च साधारणीक्रियन्ते) मान्य है। **अभिनवगुप्त** ने 'भावकत्व' और 'भोजकत्व' व्यापार को अस्वीकार करके भी साधारणीकरण को स्वीकार किया है। बल्कि यों कहें कि उन्होंने ही इसे अधिक स्पष्टता प्रदान की है। उन्हें साधारणीकरण के दो स्तर मान्य हैं—

1. विभावादि का व्यक्ति-विशिष्ट सम्बन्ध नष्ट हो जाना यानी इसमें ममत्व-परत्व के बन्धन से 'मुक्ति' मिल जाती है। आ. **मम्मट** के शब्दों में **'इतिहाससम्बन्धविशेषस्वीकार-परिहारनियमानध्यवसात्साधारण्येनं प्रतीतेरभिव्यक्तिः।''**

2. सहृदय का व्यक्तित्व-बन्धन नष्ट हो जाना, यानी सहृदय के हृदय में, वासना रूप, स्थित स्थायी भाव के अभिव्यंजन के पश्चात् उसका चित्त 'वेद्यान्तर शून्य' होता है : आस्वाद्य रस और आस्वादक सहृदय के मध्य किसी मध्यम का अवकाश नहीं होता। वह (स्थायिभाव) आस्वादित (चर्व्यमाण) होकर रस-रूप हो जाता है एवं रस का अनुभव 'प्रपानक रस' के समान अखण्ड होता है।

तात्पर्य यह कि **अभिनवगुप्त को विभावादि के साथ स्थायी भाव का ही नहीं, वरन् सहृदय की अनुभूति का साधारणीकरण भी मान्य है**। इस प्रकार उन्होंने **भट्टनायक** के मत को स्वीकार करते हुए भी सर्वथा मौलिक स्थापना की है। आचार्य **मम्मट** को अभिनवगुप्त की सभी मान्यताएँ स्वीकार हैं।

पं. विश्वनाथ समन्वयवादी आचार्य थें उन्होंने भट्टनायक और अभिनवगुप्त दोनों से प्रेरणा प्राप्त कर अपना मत स्थिर किया है। उन्होंने भट्टनायक के **'विभावन'** को स्वीकार किया एवं **'अनुभावन'** (रति आदि स्थायी को रस-रूप में परिणत करना) और **'संचारण'** (उनका सम्यक्रूपेण संचार) दो और व्यापार माने।

उन्होंने विभावादि के साधारणीकरण के साथ ही तत्प्रभाव स्वरूप सहृदय का आश्रय के साथ तादात्म्य-स्थापन भी स्वीकार किया है–

> व्यापारोऽस्ति विभावादेर्नाम्ना साधारणीकृतिः।
> तत्प्रभावेण यस्यासन्पाथोदधिप्लावनादयः।
> प्रमाता तदभेदेन स्वात्मानं प्रतिपद्यते।।–सा. द. 3/9-10।

विभावादि के साधारणीकरण के सम्बन्ध में उनका मत अभिनवगुप्त के समान ही है–

> परस्य न परस्येति ममेति न ममेति च।।
> तदास्वादेः विभावादेः परिच्छेदो न विद्यते।–सा. द. 3/12-13।

तात्पर्य यह कि भट्टनायक और अभिनवगुप्त से प्रेरित होते हुए भी पं. विश्वनाथ का मत मौलिक-सा हो गया है। अस्तु, कहा जायेगा कि विभावादि के साधारणीकरण के सम्बन्ध में सब के मत समान हैं, किन्तु साधारणीकरण के रूप में भट्टनायक को **'विशेष का सामान्यीकरण'**, अभिनव गुप्त को **'सम्बन्धों का साधारणीकरण'** और पं. विश्वनाथ को **'आश्रय एवं सहृदय का तादात्म्य-स्थापन'** मान्य है।

साधारणीकरण पर विचार करने वाले हिन्दी के आलोचकों में आचार्य **रामचन्द्र शुक्ल** और **डॉ. नगेन्द्र** के नाम अधिक महत्वपूर्ण हैं। आचार्य **शुक्ल** का विवेचन अपेक्षाकृत गम्भीर है। विवेच्य विषय से सम्बद्ध यहाँ उनका मात्र एक उद्धरण रखा जाता है–**''साधारणीकरण का अभिप्राय यह है कि पाठक या श्रोता के मन में जो व्यक्ति या वस्तु आती है, वह जैसे काव्य में वर्णित 'आश्रय' के भाव का 'आलम्बन' होती है, वैसे ही एक सहृदय पाठक या श्रोता के भाव को आलम्बन हो जाती है। तात्पर्य यह कि आलम्बन-रूप में प्रतिष्ठित व्यक्ति समान प्रभाव वाले कुछ धर्मों की प्रतिष्ठा के कारण सबके भावों का आलम्बन हो जाता है।''** (चिन्तामणि)। इससे निम्नांकित निष्कर्ष मिलते हैं–

क. साधारणीकरण सहृदय (पाठक-श्रोता आदि) के भाव का होता है।

ख. सहृदय का आश्रय के साथ तादात्म्य-सम्बन्ध हो जाता है।

ग. आलम्बन-रूप में वैसे धर्मों की प्रतिष्ठा जिनके कारण वह सहृदय का आलम्बन बन सके। प्रथम दो सूत्र तो पारम्परीण मान्यताओं के अनुरूप हैं किन्तु तीसरे सूत्र में 'समान प्रभाव वाले कुछ धर्मों' की मान्यता स्वीकार कर वे जहाँ **'व्यक्तिवैचित्र्यवाद का संकेत** करते हैं, वहीं प्रकारान्तर से **कविकर्म की सीमा** स्थिर-सी करते हैं। उनके

विश्लेषण की मौलिकता का सार है—"**साधरणीकरण आलम्बनत्व का धर्म होता है**", पर यह मत भी सर्वथा निभ्रान्त नहीं माना जाता है।

आचार्य शुक्ल जहाँ आलम्बन के धर्म यानी 'आलम्बन में सामान्य गुणों की विषयगत सत्ता' के विश्वासी हैं, वहाँ डॉ. **नगेन्द्र 'कवि की अनुभूति' के। उनके अनुसार "जिसे हम आलम्बन कहते हैं, वह वास्तव में कवि की अनुभूति का संवेद्य-रूप है। उसके साधारणीकरण का अर्थ कवि की अनुभूति का साधारणीकरण जो भट्टनायक और अभिनवगुप्त का प्रतिपाद्य है।"** (रीतिकाव्य की भूमिका)। इससे स्पष्ट है कि डॉ. नगेन्द्र द्वारा मान्य 'कवि की अनुभूति' में सहृदय (पाठक, श्रोता, दर्शक आदि) के हृदय में, वासना-रूप, स्थित स्थायीभावों के रूपान्तरण का ही भिन्न नाम है।

उपरि विवेचन को सार-रूप में उपस्थित करते हुए कहा जायेगा कि किंचित् अन्तर के साथ आचार्यों को अग्रांकित बातें प्रायः मान्य हैं—

1. विभावादि के साथ स्थायीभाव का साधारणीकरण।
2. आश्रय **(अथवा कवि) के साथ सहृदय का तादात्म्य-सम्बन्ध।**
3. **सहृदय का समान रूप में प्रभावित होना।**

ये तीनों बातें एक-दूसरे से सर्वथा निरपेक्ष नहीं मानी जा सकतीं। तीनों प्रायः सम्बन्धित हैं। तादात्म्य (Empathy) की स्थिति पश्चिमी आलोचकों को भी प्रायः मान्य है। वस्तुतः **साधारणीकरण का अर्थ असम्बन्ध अथवा ममत्व-परत्व भाव की समाप्ति। सामान्यीकरण भी यही है**। भाव की सामान्य भूमि पर रचयिता को रचना करते समय, अनुकर्त्ता को अभिनय के समय, प्रेक्षक को अभिनय देखते समय, पाठक को पढ़ते समय, श्रोता को काव्यादि का श्रवण करते समय स्वभावतः आ जाना पड़ता है। तभी उसे रसानुभूति की उपलब्धि होता है। साधारणीकरण भावों का भी होता है। इसी कारण उनकी कटुता, तीक्ष्णता आदि नष्ट हो जाती है और वे रसास्वादन योग्य हो जाते हैं।

साधारणीकरण क्यों होता है? कैसे सम्बभव होता है? आदि प्रश्नों के उत्तर में सर्वसम्मत रूप में दो बातें कही जाती हैं—(क) **साधारणीकरण भाषा** (अथवा काव्यभाषा) का सहज धर्म है एवं (ख) **साधारणीकरण की प्रमुख आधारशिला मानव-सुलभ सहानुभूति है**। इन पर लोगों ने पर्याप्त विस्तार से विचार किया है। मानव-सुलभ सहानुभूति स्वाभाविक मानवीय प्रवृत्ति है जिसे भारतीय दर्शन का बल भी प्राप्त है।

अनेक बार साधारणीकरण की उपयोगियता को लेकर भी प्रश्न उठे हैं। इस

सम्बन्ध में इतना ही संकेत करना पर्याप्त है कि काव्यानुशीलन में इसकी उपयोगिता सदा बनी रहेगी। यह सहृदय की अनुभूतियों के विस्तार में सदा सहायक ही भूमिका निभाता रहेगा। प्रगतिवादी आलोचकों द्वारा इसका स्वीकृत अर्थ 'प्रेषणीयता' भी इसी का पोषण करता है। सारांशतः **मानवीय भावों के आधार पर काव्यात्मक सौन्दर्य का सर्वथा तटस्थ उद्घाटन ही साधारणीकरण है। इस रूप में वास्तविक सौन्दर्यानुभूति और साधारणीकरण में मौलिक अन्तर नहीं के बराबर समझना चाहिए।** यह सौन्दर्यानुभूति (रसानुभूति, काव्यानुभूति जो भी नाम दें) निर्वैयक्तिक और संविद्विश्रान्ति में ही होती है। तभी काव्यास्वाद से प्राप्त इस आनन्द को 'ब्रह्मानन्द सहोदर' की अभिधा मिली है।

12. औचित्य

समीक्षा के भारतीय सिद्धान्तों में औचित्य बड़ा ही व्यापक, गत्वर, व्यावहारिक और लोकधर्मी काव्य-सिद्धान्त है। सब प्रकार की अतिवादी प्रवृत्तियों को नियंत्रित कर कृति को कमनीयता प्रदान करना ही इसका एकमात्र लक्ष्य है। समीक्षा के आरम्भिक काल में ही औचित्य के महत्त्व को पहचान लिया गया था। औचित्य के कतिपय पक्षों को व्यावहारिक स्वीकृति सर्वप्रथम नाटयाचार्य **भरत** के 'नाटयशास्त्र' में ही मिली है। यद्यपि 'नाटयशास्त्र' में 'औचित्य' शब्द प्रयुक्त नहीं है, तथापित स्वभावौचित्य[1], वेशौचित्य[2], अभिनयौचित्य[3], आदि के व्यावहारिक पक्ष का उसमें निरूपण हुआ है। कहा गया है कि वेश, गति, पाठ्य और अभिनय की पारस्परिक उचित अनुरूपता से नाटक में रस-संचार होता है। औचित्य के महत्त्व से आद्याचार्य **भामह** भी अपरिचित नहीं थे।[4]

शास्त्रीय रूप में 'औचित्य' शब्द के प्रथम प्रयोक्ता आचार्य **रुद्रट** हैं। इसके कई व्यावहारिक पक्षों का विवेचन तो उन्होंने किया ही है।[5] अलंकारौचित्य को

---

1. योऽयं स्वभावो लोकस्य सुखदुःखसमन्वितः।
   अंगाद्यभिनयोपेतः नाट्यमित्यभिधीयते।।—ना. शास्त्र 1/119।
2. अदेशजो हि वेशस्तु न शोभां जनमिष्यति।
   मेखलोरसि बन्धे च हास्यायैव प्रजायते।।—वही, 23/68।
3. वयोऽनुरूपः प्रथमस्तु वेशो, वेशानुरूपश्च गतिप्रचारः।
   गतिप्रचारनिुगतं च पाठ्यं, पाठ्यानुरूपोऽभिनयश्च कार्यः।।—वही, 14/68।
4. क. संनिवेशविशेषात्तु दुरुक्तमपि शोभते।
   नीलं पलाशमाबध्यमन्तराले स्रजामिव।।—काव्यालंकार 1/54।
   ख. भयशोकाऽभ्यसूयाशु हर्षविस्मययोरपि।
   यथाऽह 'गच्छ-गच्छेति' पुनरुक्तं न तद्विदुः।। वही, 4/14।
5. क. अनुकरणभावविकलम् असमर्थाऽदि स्वरूपऽतो-गच्छत् न भवति दुष्टम्—अ. तादृक्।
   —काव्यालंकार 5/47
   ख. ग्राम्यत्वमनौचित्यं व्यवहारा-ऽकार-वेष-वचनानामृ।
   —देश-कुल-जाति-विद्या-वित्त-वयः-स्थान-पात्रेषु।।—वही, 11/1

रसौचित्य का आश्रित भी स्वीकार किया है।[6] कन्नौजाधिपति **यशोवर्मा** कृत 'रामाभ्युदय' नाटक में भी वाचौचित्य और रसौचित्य के महत्त्व का किंचित् प्रतिपादन हुआ है।[7] औचित्य की महत्ता, सत्ता और गरिमा का गम्भीर अवगाहन किया **आनन्दवर्धन** ने। रस-भंग की व्याख्या करते समय उन्होंने औचित्य के साथ रस-ध्वनि का व्यापक सामंजस्य स्थापित किया। उनके अनुसार **रस-भंग का प्रधान कारण अनौचित्य है**–

अनौचित्याद् कृते नान्यत् रसभंगस्थ कारणम्।
औचित्योपनिबन्धस्तु रसस्योपनिषत्परा।।–ध्वन्या., पृ.-362।

रस-संचार के सहायक के रूप में **आनन्दवर्धन** ने अग्रांकित छह प्रकार के औचित्यों के उल्लेख किये हैं–

1.	अलंकारौचित्य	4.	प्रबन्ध-ध्वनि (प्रबन्धौचित्य)
2.	गुणौचित्य	5.	रसौचित्य
3.	संघटनौचित्य	6.	रीत्यौचित्य

आनन्दवर्धन के औचित्य विषयक मत का समर्थन **अभिनवगुप्त** ने भी ('लोचन' टीका में) किया है। इसके बावजूद स्वतंत्र और पूर्ण काव्य-सिद्धान्त के रूप में औचित्य की प्रतिष्ठा और व्यवस्था अभी नहीं हुई थी। उसका श्रेय है–अभिनवगुप्त के शिष्य आचार्य **क्षेमेन्द्र** को। भरत से आनन्दवर्धन तक की औचित्य सम्बन्धी मान्यताओं की गंभीरतापूर्वक परीक्षा-निरीक्षा के अनन्तर आ. **क्षेमेन्द्र** ने औचित्य को काव्य-सिद्धान्त के रूप में प्रतिष्ठित-व्यवस्थित किया। उनके अनुसार **जो वस्तु जिसके अनुरूप हो (यानी जहाँ जो जँचे–जिसका जिससे मेल हो) वह है 'उचित' एवं उचित का भाव ही औचित्य है**–

उचितं प्राहुराचार्याः सदृशं किल यस्य यत्।
उचितस्य च यो भावस् तदौचित्यं प्रचक्षते। –औ. वि. च. 7।

क्षेमेन्द्र-पूर्व औचित्य-विवेचन का निचोड़ आनन्दवर्धन की स्थापनाओं में मिलता है जो मूलतः 'अनौचित्य-परिहार' तक सीमित है। क्षेमेन्द्र का विवेचन उससे ऊपर उठकर औचित्य की नये सिरे से प्रतिष्ठा करता है। क्षेमेन्द्र के समक्ष मूल प्रश्न है–'काव्य (अथवा कला-कृति) की कमनीयता का रहस्य क्या है?' और इसका एकमात्र उत्तर है–'औचित्य' अर्थात् काव्य (अथवा कला-कृति) की रचना में प्रत्येक

6. एताः प्रयत्नादधिगम्म सम्मग् औचित्यमालोच्य तथार्थसंस्थमू।
मिश्राः कवीन्द्रेरधनाल्पदीधीः कार्यां मुहुश्चैव गृहीतमुक्ताः।। वही, 11/32

7. औचित्यं वचसां प्रकृत्यनुगतं सर्वत्र पात्रोचिता
पुष्टि एवावसरे रसस्य च कथामार्गे न चातिक्रमः
शुद्धिः प्रस्तुत संविधांनकविधौ प्रौढिश्च शब्दार्थयोः
विदूद्‌भि परिभाव्यतामनहितै एतावदेनास्तु नः।–रामाभ्युदय।

चीज का विवेकपूर्ण निर्वाह। तभी वे कवि-कर्म का अर्थ औचित्य (**'काव्यस्य कर्म औचित्यम्'**—व. जी. 38-वृत्ति) मानते हैं। वे इससे सहमत हैं कि काव्य की आत्मा रस है, पर **रस का जीवित-भूत औचित्य है**—'रसजीवित-भूतस्य (औचितस्य)... ... (वाक्यार्थः) सजीव इव अवभासते।'[8] इसीलिए उनकी व्यवस्था है :

औचित्यं रससिद्धस्य स्थिरं काव्यस्य जीवितम्।—औ. वि. चर्चा-5

ध्यातव्य है कि यहाँ औचित्य काव्य का जीवित कहा गया है, आत्मा नहीं। इस सूत्र की वृत्ति से स्पष्ट है कि क्षेमेन्द्र आत्मा और जीवितत्व में किंचित् अन्तर[9] मानते हैं। काव्य में प्राण-प्रतिष्ठा करता है रस, पर उसके जीवन को स्थिर और अविनश्वर बनाता है औचित्य—**"औचित्यं-तु, स्थिरम्-अविनश्वरं जीवितं काव्यस्य—तेन विना अस्य (गुणालंकार-युक्तस्यापि) निर्जीवत्वात्। रसेन शृंगारादिना सिद्धस्य (प्रसिद्धस्य) काव्यस्य (धातुवाद-रससिद्धस्य इव) तत् स्थिरं जीवितम्—इत्यर्थः।"**

काव्य को सुन्दर, मनोहारी और अविनश्वर बनाने के लिए सर्वाधिक आवश्यक है काव्यांगों का उचित संन्निवेश। रूप-रंग को, रस को, निखारने के लिए अलंकार और गुण विवेकपूर्ण प्रयुक्त किये जाने पर ही फबते हैं[10], वरना कण्ठ में मेखला, नितम्ब पर हार, हाथ में नुपूर, पैर में बाजूबन्द और शरणापन्न होने पर शूरता की तरह हास्यास्पद बन जाने का डर होता है[11]। अस्तु, काव्य (कला-कृति) में औचित्य जीविततत्व है, **'कवेः कर्म औचित्यम्'** अथवा **'काव्यस्यः कर्म औचित्यम्'** स्वतःसिद्ध है। भावजनित औचित्य की योजना को ही **आनन्दवर्धन** द्वारा भी मुख्य कवि-कर्म स्वीकार किये जाने[12] का रहस्य यही है।

औचित्य के प्रकार

काव्य में औचित्य का प्रभाव सर्वव्यापी होता है। उसके किसी भी अंग या उपांग को

---

8. औचित्यस्य चमत्कारकारिणश् चारूचर्वणे।
रसजीवित-भूतस्य विचारं कुरुतेऽधुना।।—औ. वि. च. 3।

9. क्षेमेन्द्र के विपरीत अभिनवगुप्त ने 'आत्मा' और 'जीवित' को पर्याय माना है एवं औचित्य से युक्त रस-ध्वनि को काव्य को जीवित कहा है : 'उचितशब्देन रसविषयमौचित्यं भवतीति दर्शमन् रसध्वनेः जीविततत्वम् सूचयति।' —ध्वन्या. लोचन।

10. उचितस्थानविन्यासाद् अलंकृतिरलंकृतिः।
औचित्यादच्युता नित्यं भवन्त्येन गुणा गुणाः।। —औ. वि. च. 6।

11. कण्ठे मेखलया, नितम्बफलके तारेण हारेण वा,
पाणौ नूपुरबन्धनेन, चरणे केयूरपाशेन वा।
शौर्यण प्रणते, रिपौ करुणया-ना ऽयान्ति के हास्यताम्?
औचित्येन विना रुचिं प्रतनुते नाऽलंकृतिर् नो गुणाः।।—उपखित्।

12. वाच्यानां वाचकानां च यदौचित्येन योजनम्।
रसादिविषयेणैतत् कर्म मुख्यं महाकवेः।।—ध्वन्यालोक 3/32।

औचित्य की उपेक्षा के लिए छूट नहीं दी जा सकती। अस्तु, औचित्य के अनन्त प्रकार हो सकते हैं, पर आ. क्षेमेन्द्र ने कतिपय प्रधान प्रकारों पर ही विचार किया है। अपने सिद्ध ग्रन्थ **'औचित्य-विचार-चर्चा'** में उन्होंने कुल सत्ताइस प्रकार के प्रमुख औचित्यों पर विचार किया है। वे अग्रांकित हैं। यथा—

1. पद	6. रस	11. विशेषण	16. कुल	21. स्वभाव	26. नाम
2. वाक्य	7. क्रिया	12. उपसर्ग	17. व्रत	22. सार-संग्रह	27. आशीर्वाद[13]
3. प्रबन्ध	8. कारक	13. निपात	18. तत्त्व	23. प्रतिभा	
4. गुण	9. लिंग	14. काल	19. सत्त्व	24. अवस्था	
5. अलंकार	10. वचन	15. देश	20 अभिप्राय	25. विचार।	

क्षेमेन्द्र ने स्वीकार किया है कि इनमें से अनेक औचित्य-प्रकारों—पद, वाक्य, प्रबन्ध (मीमांसा-शास्त्र), गुण, अलंकार, रस (काव्यशास्त्र), क्रिया, कारक, लिंग, वचन, विशेषण, उपसर्ग, निपात, काल (व्याकरणशास्त्र) देश, कुल और व्रत (लोकशास्त्र)—को प्राचीन आचार्य मर्मवत् ग्रहण करते आये हैं। इसलिए इनका परिचय देने के उपरान्त ही उन्होंने अपनी अन्तर्दृष्टि (आचार्य-दृष्टि) से दस नवीन औचित्य-प्रकारों—तत्त्व, सत्त्व, अभिप्राय, स्वभाव, सारसंग्रह, प्रतिभा, अवस्था, विचार, नाम और आशीर्वाद—का विवेचन (औ. वि. चर्चा, कारिका 30-39) किया है। पूर्व आचार्य आनन्दवर्धन ने केवल छह प्रकार के औचित्य (उपरि उल्लिखित) को ही स्वीकार किया है। यहाँ प्रत्येक का परिचय देना उद्देश्य वहीं है, एक-दो का निदर्शन मात्र किया जाता है।

1. पदौचित्य : जहाँ एकार्थवाची अनेक पदों (शब्दों) में से चुनाव कर प्रसंगादि के अनुरूप उचित पद का प्रयोग किया जाता है, वहाँ पदौचित्य होता है। यथा—

क. अबला जीवन हाय तुम्हारी यही कहानी।
आँचल में है दूध और आँखों में पानी।।—गुप्तजी।

ख. **बामा भामा कामिनी**, कहि बोलो, प्रानेस।
प्यारी कहत लजात नहीं, पावस चलत विदेस।। —बिहारी।

स्त्री-वाची अनेक पद पर्यायवाची हैं। यथा—'अबला' (दुर्बलता और विवशता की विशेषताओं वाणी स्त्री), 'बामा' (बक-झक करनेवाली और कुटिल स्त्री), 'भामा' (क्रोध ावती स्त्री), 'कामिनी' (वासना की प्रेरिका), 'प्यारी' (प्रियतम को प्रियलगनेवाली स्त्री), 'अंगना' (सुन्दर अंगवाली), 'ललना' (सुन्दरता के कारण स्त्री-समाज को शोभित करने वाली), 'तन्वी' (विरह-वेदना से खिन्न कृश शरीर वाली) आदि। उपरि उद्धरणों में प्रयुक्त स्त्रीवाची पदों के प्रयोग उचित रूप में ही हुए हैं। ये पदौचित्य के उदाहरण हैं।

---

13. 'सुवृत्ततिलक' में क्षेमेन्द्र ने 'वृत्यौचित्य' पर विचार किया है। उसे स्वीकार करने पर कुल अट्ठाइस प्रकार के औचित्य होंगे।

कालिदास ने यक्ष की विरहिणी पत्नी के लिए अनेकधा 'तन्वी' का प्रयोग किया है, यथा–**'तन्वी श्यामा विरहविधुरा पक्वबिम्बाधरोष्ठी'**; यह पदौचित्य का ही उदाहरण है।

2. गुणौचित्य : जहाँ गुण (ओज-माधुर्य-प्रसाद) के उचित सन्निवेश से प्रस्तुत अर्थ और प्रकृत रस के आस्वादन में सहायता होती है, वहाँ गुणौचित्य होता है। यथा–

बजा लोहे दंत कठोर, नाचती हिंसा जिह्वा लोल।
भृकुटि के कुण्डल वक्र मरोड़, फुहुँकता अंध रोष फण खोल!
वहा नर-शोणित मूसलधार, रुण्ड-मुण्डों की कर बौछार,
प्रलय घन-सा घिर भीमाकार, गरजता है दिगंत संहार।
छेड़ कर शस्त्रों की झनकार, महाभारत गाता संसार।–पंत।

यहाँ ध्वनि की ओजस्विता अर्थात् ओज गुण के संन्निवेश से 'परिवर्तन' की रौद्रता, युद्ध में शूरता आदि का उचित प्रकाशन होता है।

3. अलंकारौचित्य : जहाँ अलंकारों के उचित प्रयोग से संदर्भ, प्रस्तुत अर्थ और प्रकृत रस का पोषण होता है, वहाँ अलंकारौचित्य होता है। अलंकार के लिए 'रसाक्षिप्रता' और 'अपृथग्यत्नसम्पाद्यता' आवश्यक मानी गयी है। यथा–

क. मेरी भव-बाधा हरौ, राधा नागरि सोय।
जा तन की झाँई परत, श्याम हरित दुति होय।।–बिहारी।

यहाँ 'मेरी भव-बाधा हरौ' (वर्णनीय विषय) की युक्तियुक्तता का समर्थन उत्तरार्द्ध के सम्पूर्ण वाच्यार्थ–'जिस राधा के सम्पर्क में आने से भगवान कृष्ण भी प्रसन्न हो जाते हैं' से होने के कारण वाक्यार्थगत काव्यलिंग अलंकार का उचित प्रयोग हुआ है। काव्यलिंग के अतिरिक्त इसमें श्लेष और परिकर की भी उचित योजना हुई है।

4. विशेषणौचित्य : जहाँ प्रकृत अर्थ एवं भाव के उद्दीपन में उपयुक्त (और चित्रोपम) विशेषणों के प्रयोग से काव्य के शिल्प और सौष्ठव का उपकार होता है, वहाँ विशेषणौचित्य होता है। यथा–

अनियारे, दीरघ दृगनि, किति न तरुनि समान।
वह चितवनि और कछु, जिहिं बस होत सुजान।।–बिहारी।

आँख के लिए यहाँ 'अनियारे' और 'दीरघ' दो विशेषण प्रयुक्त हैं। ये आकारमूलक विशेषण होने के साथ ही क्रियामूलक भी हैं। इनमें विशेषणौचित्य है। वस्तुतः विशेषणों के प्रयोग में बिहारी बेजोड़ हैं। उनके द्वारा प्रयुक्त अधिसंख्य विशेषण, विशेष्यों को मूर्त्तता प्रदान कर इन्द्रिय गोचर तो बनाते ही हैं, विशेष रुचि, क्रिया अथवा अर्थ की सूचना भी देते हैं। उनके विशेषणों की विशिष्टता है क्रियामूलकता। इस दृष्टि से यहाँ ('बिहारी-रत्नाकर' से) मात्र नेत्रों के लिए प्रयुक्त कतिपय विशेषण देखे जा सकते हैं। यथा–'अहेरी नैन' (50), 'रिसौहै नैन' (65),

'नेह-नचौहैं नैन' (72), 'लगौहैं नैन' (281), 'तिलौंछैं नैन' (314), 'निगोड़े नैन' (568), 'लजौहै नैन' (578) 'ललचौहै नैन' (629) आदि। ये सभी क्रियामूलक विशेषण हैं। ये सब विशेषणौचित्य के ही उदाहरण हैं। 'गदराने तन' (93), 'लहलहाति तन-तरुनई' (539), 'झपकौहैं पलनि' (588) आदि भी वैसे ही हैं—

5. कालौचित्य : जहाँ काल (समय) के अनुरूप वर्णन से काव्य में चारुता आती है, वहाँ कालौचित्य होता है। यथा—

गहकि, गाँसु औरै गहे, रहे अधकहे बैन।
देखि खिसौहै पिय-नयन, किये रिसौहैं नैन।।—बिहारी।

यहाँ नायक के नेत्रों में लज्जा का भाव पहचान कर (असली बात—अन्य स्त्री के साथ नैश विहार—समझ कर) समयानुरूप नायिका के रोषोन्मुख नेत्र करने के वर्णन में कालौचित्य। अग्रांकित उद्धरण में काल और देश दोनों औचित्यों का एक साथ निर्वाह हुआ। यथा—

स्वर्णांचला अहा! खेतों में उतरी संध्या श्याम परी,
रोमन्थन करती गायें आ रहीं रौंदती घास हरी।
घर-घर से उठ रहा धुआँ, जलते चूल्हे बारी-बारी,
चौपालों में कृषक बैठ गाते 'कहँ अटके बनवारी?'
पनघट से आ रही पीतवसना युवती सुकुमार,
किसी भाँति ढोती गागर-यौवन का दुर्वह भार।—दिनकर

यहाँ गाँव-देहात (देश) की संध्या (काल) का बड़ा ही यथार्थ, योग्य और मनोरम वर्णन है।

6. अभिप्रायौचित्य : जहाँ वाचिक उक्ति से हृदय की 'अ-कथित' वृत्ति का अभिप्राय (की ध्वनि) संकेतित हो, वहाँ अभिप्रायौचित्य होता है। यथा—

घाम धरीक निवारियै, कलित ललित अलिपुंज।
जमुना-तीर तमाल तरु, मिलित मालती कुंज।।—बिहारी।

यहाँ कथन-भंगी की विशिष्टता से नायिका (पथिक से) रति-क्रीड़ा का अभिप्राय उचित रूप में (तमाल तरु मिलित मालती) प्रकट करती है। अतः यहाँ अभिप्रायौचित्य है। वैसे यह वाच्य-वैशिष्टय-व्यंग्य संभावा आर्थी व्यंजना का उत्तम उदाहरण भी है।

7. अवस्थौचित्य : जहाँ पात्रों के कार्य-व्यापारिक का वर्णन उनकी अवस्था के अनुरूप होता है, वहाँ अवस्थौचित्य होता है। यथा—

क. छूने में हिचक, देखने में पलकें आँखों पर झुकती हैं;

कलरव परिहास भरी गूँजें, अधरों तक सहसा रुकती हैं।
—प्रसाद

ख. आँखों में दे आँख हेरती हैं उसका जब सखियाँ,
मुस्की आ जाती है मुख पर, हँस देती रोती अखियाँ।
पर, समेट लेती शरमाकर बिखरी-सी मुसकान,
मिट्टी उकसाने लगती है अपराधिनी समान।।—दिनकर।

ग. ज्यों-ज्यों परसत लाल तन, त्यों-त्यों राखत गोय।
नवल बधू डर लाज तें, इन्द्रबधू-सी होय।।—मतिराम।

उपरि तीनों उद्धरणों में मुग्धा का वर्णन है। वर्णन में नायिका की अवस्था के अनुरूप ही व्यापार भी हैं। अस्तु, इनमें अवस्थौचित्य है।

8. नामौचित्य : प्रत्येक नाम का कुछ-न-कुछ अर्थ होता है। अर्थ से ही नाम की सार्थकता सिद्ध समझी जाती है। कभी-कभी एक ही व्यक्ति के अनेक नाम (गुणानुसार) होते हैं। उनमें से प्रकृत अर्थ के अनुरूप उचित नाम का प्रयोग किया जाना ही नामौचित्य है। यथा—

करौ कुबत जग, कुटिलता तजौं न दीनदयाल।
दुखी होहुगे सरल चित बसत त्रिभंगीलाल।।—बिहारी।

कृष्ण के अनेक नाम हैं—गोपाल, यशोदानन्दन, मुरलीधर, गिरिधर, दामोदर, कंसारि आदि। उनमें से यहाँ 'त्रिभंगीलाल' नाम प्रयुक्त है। इसमें नामौचित्य है—'त्रिभंगीलाल' कवि के चित में बिना कष्ट के रह सकें, इसीलिए उसने अपने 'सरल चित' को कुटिल बना लिया है।

औचित्य-प्रकारों में से ये कुछ निदर्शन मात्र हैं। इसी प्रकार औरों का भी विवेचन किया जा सकता है। इस चर्चा को समाप्त करते हुए ऐसा कहना अनुचित नहीं होगा कि क्षेमेन्द्र-प्रतिपादित औचित्य-विचार सैद्धान्तिक की अपेक्षा व्यावहारिक समीक्षा के निकट है। जितना यह काव्य (या कला) के शिल्प और सौष्ठव से सम्बन्धित है, उतना ही उसके मर्यादा अथवा नैतिक पक्ष से भी। यह रसास्वादन या काव्यास्वादन का मात्र उपकारक ही नहीं, परिष्कारक भी है। 'औचित्य-विचार-चर्चा' का ही पूरक अंश 'सुवृत्ततिलक' है जिसमें क्षेमेन्द्र ने श्रुति (कर्णबोध) पर बल देते हुए **वृत्यौचित्य** (छन्द-प्रयोग के औचित्य) का सोदाहरण विचार किया है। पूर्वाचार्यों में कुन्तक का वक्रोक्ति-विवेचन क्षेमेन्द्र के औचित्य-विवेचन के बहुत कुछ निकट पड़ता है। कुन्तक की पदवक्रता और क्षेमेन्द्र के पदौचित्य की विभाजक रेखा को पहचानना असंभव नहीं तो कठिन अवश्य है। जैसे कुन्तक की वक्रोक्ति काव्य में सर्वव्यापी है, वैसे ही क्षेमेन्द्र का औचित्य भी। औचित्य-विवेचन में क्षेमेन्द्र की भावयित्री प्रतिभा निश्चय ही तत्त्वार्थ विनिवेशिनी है।

13. चमत्कार

काव्यशास्त्र में व्यवस्थित काव्य-सिद्धान्त के रूप में अन्तिम उपलब्धि है—चमत्कार-सिद्धान्त। काव्य-विवेचकों में **अग्निपुराणकार** ने ही कदाचित् सर्वप्रथम चमत्कार को महत्व दिया है। उन्होंने रस-निरुपण के क्रम में चमत्कार और रस को समानार्थी बताया।[1] आगे दसवीं-ग्यारहवीं शती से काव्य-विवेचन में चमत्कार को अनेकविध महत्त्व मिलना शुरू हुआ, पर स्वतंत्र काव्य-सिद्धान्त के रूप में इसकी प्रतिष्ठा सोलहवीं शती में **प्रभाकर** ने की। चौदहवीं शती में आंध्रमण्डलाधीश्वर शिंगभूपाल के आश्रित आचार्य **पं. विश्वेश्वर** ने 'चमत्कार-चन्द्रिका' की रचना पर काव्य में चमत्कार के महत्व का प्रकाशन तो किया था, पर इसे अभी सिद्धान्त के रूप में प्रतिठित-व्यवस्थित होना बाकी था। वही कार्य पूरा किया **प्रभाकर** ने। मात्र उन्नीस वर्ष की अवस्था में **रस-प्रदीप** नामक ग्रन्थ की रचना की एवं उसी में उसने चमत्कार-सिद्धान्त को प्रतिष्ठा और व्यवस्था की। **'रस-प्रदीप'** में प्रभाकर ने काव्य की परिभाषा ही इस प्रकार की :

चमत्कारविशेषकारित्वं, सुखविशेषकारित्वं वा।

साहित्य में 'रस' जैसे पाकशास्त्र से लिया गया है, वैसे ही 'चमत्कार' शब्द भी। 'चमत्कार' शब्द मूल रूप में पदार्थ विशेष के आस्वादन के समय जीभ और ओठ से उत्पन्न ध्वनि—आस्वादजन्य आनन्द का बोधक है। इस आधार पर ही काव्य में अनुभव होने वाली 'आस्वाद्यता' के लिए 'चमत्कार' या 'चमत्कृति' शब्द का प्रयोग चल पड़ा। **आनन्दवर्धन** के **चेतश्चमत्कृतिविधायी** में 'चमत्कृति' शब्द काव्यास्वादन के अर्थ में ही प्रयुक्त हुआ है और **अभिनवगुप्त** के अनुसार सहृदयों के मन को प्राप्त होने वाला आनन्द 'चमत्कार' है।[2] अभिनवगुप्त के मतानुसार जहाँ काव्यास्वादन में

1. अक्षरं परमं ब्रह्म सनातनमजं विभुम्।
वेदोन्तेषु वदन्त्येकं चैतन्यं ज्योतिरीश्वरम्।।
आनन्दः सहजतस्य व्यज्यते स कदाचन।
व्यक्तिः सा तस्य चैतन्यचमत्काररसाह्वया।।—अग्निपुराण 339/1,2।

2. ... मनसि आनन्दो निर्वृत्यात्मा चमत्कारापरपर्यायः, ... ध्वन्या. लोचन (प्र. 3), पृ. 37।

चमत्कार विघातक नहीं होता, वहाँ रसास्वादन पूर्ण रूप में होता है।[3] संभवतः इसीलिए वे मानते हैं कि रस से ही काव्य जीवित तो रहता है, पर एकघन चमत्काररूप भी उस रूप के प्रयोजक अंश से अधिक चमत्कारक होता है।[4] साथ ही यह भी विधान करते हैं कि विभाव आदि विशिष्ट किसी पद से अर्प्यमाण होकर **रस-चमत्कार** का विधान करते हैं तब पद की वह महिमा समर्पित होती है।[5] अस्तु, स्पष्ट है कि ध्वनिवादियों को भी काव्य में चमत्कार का महत्त्व मान्य है। वक्रोक्ति-सिद्धान्त के व्यवस्थापक आचार्य **कुन्तक** और औचित्य-सिद्धान्त के प्रतिष्ठापक आचार्य **क्षेमेन्द्र** भी इस दृष्टि से ध्वनिवादियों के ही निंकट पड़ते हैं। 'कविकण्ठाभरण' में क्षेमेन्द्र ने स्वीकार किया है कि चमत्कार-रहित काव्य कवित्व-रहित होता है।[6] वे चमत्कार को रस के समकक्ष मानते तो हैं, पर यह भी मानते हैं कि काव्य में चमत्कार का चारु-चर्वण औचित्य से ही होता है।[7]

चमत्कार को स्पष्ट करने का प्रथम सफल प्रयास तेरहवीं शती में **पं. नारायण** ('साहित्य दर्पण'—कार पं. विश्वनाथ के पितामह अथवा वृद्ध पितामह) ने किया। उनके अनुसार **चमत्कार रस का सार है** और अद्भुत रस चमत्कार का मूल होने के कारण सर्वत्र अवस्थित रहता है :

रसे सारश्चमत्कारः सर्वत्राप्यनुभूयते।
तच्चमत्कारसारत्वे सर्वत्राप्यद्भुतोरसः।।

इसका उल्लेख पं. विश्वनाथ ने 'साहित्यदर्पण' में धर्मदत्त के वचन के रूप में किया है।[8] तात्पर्य यह कि पं. नारायण के अनुसार प्रत्येक रस में विस्मय भाव (चमत्कार) प्रधान होता है। विस्मय भाव रसानुभूति में चमत्कारोत्पादक होता है—चमत्कार या चित्त-विस्तार होने पर ही काव्यानुभूति या रसानुभूति होती है। अस्तु, अद्भुत ही मूल रस है। इस मत से प्रेरित होकर ही **शक्तिभद्र** ने **'आश्चर्य चूड़ामणि'** नामक रामकथा-आधारित प्रौढ़ नाटक की रचना भी की।

चमत्कार का अर्थ है—कोई विलक्षण या लोकोत्तर वस्तु जिसे देख-जान-सुन कर लोग चौंक पड़े, विस्मय, आश्चर्य आदि। काव्यशास्त्र में अर्थ है—काव्य के पठन-श्रवण आदि से मन में उत्पन्न होनेवाला आनन्द-रूप विस्मय, काव्यास्वदन से

3. ... आस्वादयितॄणां हि यत्र चमत्काराविघातः, तदेव रस सर्वस्वं स्वादयित्वात्।—वही।
4. यद्यपि च रसेनैव सर्वं जीवति काव्यं, तथापि तस्य रसस्य एकघनचमत्कारात्मनोऽपि कुतश्चिद् अशांत प्रयोजकीभूतादधिकोऽसौ चमत्कारो भवति।—वही दि. उ.), पृ.-184।
5. ते विभावादयो यदा विशिष्टेन केनापि पदेनार्प्यमाणा रसचमत्कार विधायिनो भवन्ति तदा पदस्यैवासौ महिमा समर्प्यत इति भावः। —वही (तृ. उ.), पृ. 330।
6. एकेन केनचिदनर्घमणिप्रभेण काव्यं चमत्कृतिपदेन विना सुवर्णम्।
निर्दोषलेशमपि रोहति कस्य चित्ते लावण्यहीजमपि यौवनमङ्गनानाम्।।—कविकण्ठाभरण-3/2
7. औचित्यस्य चमत्कारकारिणश् चारुचर्वणे।—औ. वि. चर्चा-3।
8. तस्माददद्भुतमेवाह कृती नारायणो रसम्।—साहित्यदर्पण।

प्राप्त आनन्द यानी 'काव्यानन्द'। पं. विश्वेश्वर कृत लक्षण है कि काव्य के पठन आदि से विद्वज्जनों को प्राप्त होनेवाला आनन्द ही चमत्कार है :

चमत्कारस्तु विदुषामानन्द-परीवाहकृत। —चमत्कार चन्द्रिका

और चमत्कार-सिद्धान्त को प्रौढ़ि-प्रकर्ष प्राप्त हुआ अठाहरवीं शती में, जब गंगेश के पुत्र हरिप्रसाद ने चमत्कार को काव्य की आत्मा घोषित किया :

विशिष्टशब्दरूपस्य काव्यास्यात्मा चमत्कृतिः।
उत्पत्तिभूमिः प्रतिभा मनागत्रोपपादितन्।।—काव्यालोक, सूत्र 200।

'चमत्कार काव्यानन्द' है, 'चमत्कार रस का सार है', 'चमत्कार काव्य की आत्मा' है 'चमत्कार काव्य का विशेष है' जैसी उक्तियाँ और स्थापनाएँ चमत्कार-सिद्धान्त की महत्ता के ही नहीं, सिद्धान्त की लोकप्रियता के भी सूचक हैं। किन्तु ध्यातव्य है कि काव्य में चमत्कार सर्वत्र एक-सा नहीं होता। उसमें स्तरगत भिन्नता होती हैं पुनः उसकी (चमत्कार यानी काव्यानन्द) लब्धि पाठक की वैयक्तिक रुचि और प्रतिभा पर भी निर्भर करती है। यों, काव्य में चमत्कारजन्य काव्यानन्द का विधान स्थूलतः दो रूपों में पाया जाता है। यथा—

क. संकीर्ण अथवा संकुचित : उक्ति-वैचित्र्य के रूप में।
ख. विस्तृत अथवा व्यापक : रसानुभूति/काव्यानन्द रूप में।

अलंकार-योजना में प्रधानता उक्ति-वैचित्र्य की ही होती है। उसमें भावना की अपेक्षा बुद्धि, प्रतिभा की अपेक्षा कौशल से चमत्कारोत्पादन किया जाता है। अलंकारवादियों ने चमत्कार से इस पक्ष को महत्व देकर उसके संकीर्ण रूप को ही स्वीकार किया है। आचार्य **महावीर प्रसाद द्विवेदी** की निम्नांकित उक्ति में चमत्कार के संकीर्ण रूप को ही महत्व मिला है—"शिक्षित कवि को उक्तियों में चमत्कार का होना परम आवश्यक है। यदि कविता में चमत्कार नहीं, वैलक्षण्य नहीं, तो उससे आनन्द की प्राप्ति नहीं हो सकती।"[9] आचार्य **रामचन्द्र शुक्ल** ने इस प्रकार के चमत्कार से युक्त रचना को काव्य नहीं, सूक्ति की अभिधा दी है।[10] आचार्य कवि केशवदास[11] एवं अन्य अनेक रीतिकाव्यकारों की रचनाएँ उक्ति-वैचित्र्यजन्य चमत्कार की पोषिका हैं।

---

9. रसज्ञ रंजन, पृ.-26।
10. "ऐसी उक्ति जिसे सुनते ही गन किसी भाव या धार्मिक भावना (जैसे प्रस्तुत वर्णन का सौन्दर्य आदि) में लीन न होकर एक बारगी कथन के अनूठे ढंग, वर्ण-विन्यास, या पद-पयोग की विशेषता, दूर की सूझ, कवि की चातुरी या निपुणता इत्यादि का विचार करने लगे, वह काव्य नहीं, सूक्ति है।" —चिन्तामणि, प्रथम भाग, पृ.-138।।
11. "पर यह समझ रखना चाहिए कि केशव केवल उक्ति-वैचित्र्य और शब्द-क्रीड़ा के प्रेमी थे।" —हिन्दी साहित्य का इतिहास, (सं. तरेह), पृ.-202

रीति एवं अलंकारवादियों के विपरीत अग्निपुराणकार, आनन्दवर्धन, अभिनवगुप्त, कुन्तक, क्षेमेन्द्र आदि आचार्यों ने चमत्कार को प्रायः व्यापक अर्थ में ही ग्रहण किया है। इनमें से कई के मत ऊपर रखे भी गये हैं। व्यापक अर्थ में स्वीकार किये जाने पर चमत्कार की परिधि के अन्तर्गत न केवल रीति-गुण-अलंकार को, अपितु रस, ध्वनि, वक्रोक्ति और औचित्य—सबको समेटने के प्रयत्न हुए हैं। इस दृष्टि से **प्रभाकर** का योगदान महत्व का है। वस्तुतः प्रभाकर ही चमत्कार-सिद्धान्त के व्यवस्थापक आचार्य हैं। उन्होंने ही **'रस-प्रदीप'** में पं. नारायण के अद्भुतवाद का खण्डन कर चमत्कार की स्वतंत्र सत्ता स्थापित की। रस को उन्होंने चमत्कार का एक घटक स्वीकार किया। उनके काव्य-लक्षण **'चमत्कारविशेषकारित्वं, सुखविशेषकारित्वं वा'** और चमत्कारवाद का महत्व इतने से ही समझा जा सकता है कि **पंडितराज जगन्नाथ** भी उनसे प्रभावित हुए बिना नहीं रहे। पंडितराज जगन्नाथ कृत काव्य-लक्षण इसका उत्तम साक्ष्य है। इनकी 'रमणीयता' चमत्कार पर ही आश्रित हैं।[12] **'रसगंगाधर'** में एतद्विषयक और भी साक्ष्य प्राप्त होते हैं।[13] प्रभाकर के चमत्कार ने तत्युगीन काव्य-रचना को कितना प्रेरित-प्रभावित किया, इसे रीतिकालीन काव्य के परिप्रेक्ष्य में भी सहज ही अनुमित किया जा सकता है।

क. चमत्कार के कारण

चमत्कार के सात कारण (आलम्बन) माने गये हैं[14] :—

1. गुण	3. रस	5. पाक	7. अलंकार
2. रीति	4. वृत्ति	6. शय्या	

इनमें 'पाक' से तात्पर्य है परिपक्वता। अवन्तीसुन्दरी के अनुसार 'पाक' का सम्बन्ध रसोचित शब्दार्थ तथा सूक्तियों से है—तस्माद्रसोचितशब्दार्थसूक्तिनिबन्धनः पाकः।[15] किन्तु राजशेखर पाक को निरन्तर अभ्यास से प्राप्त परिपक्वता मानते हैं—**'सततमभ्यासवशतः सुकवेः वाक्यं पाकमायाति।'**[16] 'शय्या' का महत्त्व नामोल्लेख तक ही सीमित है। शेष यानी गुण, रीति, वृत्ति, रस और अलंकार स्वयं स्पष्ट हैं।

---

12. ''रमणीयार्थप्रतिपादकः शब्द काव्यम्। रमणीयता च लोकोत्तराह्लादजनक ज्ञानगोचरता। लोकोत्तरवं च आह्लादगतः चमत्कारपरपर्यायः अनुभवसाक्षिको जातिवशेषः।''
13. काव्यजीवितं चमत्कारित्वं चाविशिष्टैव। रसगंगाधर, पृ.-28।
14. गुण रीतिं रसं वृत्तिं पाकं रग्यामलंकृतिम्।
सप्तौनि चमत्कारकारणं ब्रुवते बुधोः।।—चमत्कार-चन्द्रिका
15. काव्य-मीमांसा (पंचम अध्याय), पृ.-52
16. उपरिवत्, पृ.-51, राजशेखर ने कुल नौ प्रकार के 'पाक' का निरूपण किया है। कतिपय अन्य आचार्यों ने भी कुछ और प्रकारों के उल्लेख किये हैं।

चमत्कार-विधान के स्तर के अनुरूप ही पं. **विश्वेश्वर** ने काव्य के तीन प्रकार निर्धारित किये हैं। यथा–

क. चमत्कारी : शब्द-चित्र।
ख. चमत्कारितर : अर्थ-चित्र और गुणीभूत व्यंग्य।
ग. चमत्कारितम : ध्वनि काव्य (व्यंग्य प्रधान)।

ध्वनिवादियों के अनुसार ये क्रमशः अवर, मध्यम और उत्तम काव्य के ही अनुरूप हैं। अन्तर केवल इतना है कि ध्वनिवादियों ने अर्थचित्र को भी अवर काव्य में ही परिगणित किया है, जबकि चमत्कारवादी उसे चमत्कारितर (मध्यम) में स्थान देते हैं।

ख. चमत्कार-भेद

काव्य में चमत्कार **शब्दगत** और **अर्थगत** दोनों होते हैं। पुनः दोनों के कई भेद-प्रभेद किये जाते हैं। अन्य दृष्टियों से भी चमत्कार के भेद किये गये हैं। विस्तार से बचते हुए यहाँ मात्र **क्षेमेन्द्र** द्वारा 'कविकण्ठाभरण' में वर्णित चमत्कार-प्रकारों का आवश्यक परिचय दिया जाना ही अलम् है। क्षेमेन्द्र के अनुसार चमत्कार के अंग्रांकित दस प्रकार हैं–

1. अविचारित रमणीयता
2. विचार्यमाण रमणीयता
3. सूक्तिव्यापी रमणीयता
4. सूक्तैकदेश दृश्य र.
5. शब्दगत चमत्कार (रमणीयता)
5. अर्थगत चमत्कार (रमणीयता)
7. शब्दार्थोभयगत रमणीयता
8. अलंकारगत रमणीयता
9. रसगत रमणीयता।
10. रसालंकारोभयगत रमणीयता।

इनका आवश्यक परिचय आगे प्रस्तुत किया जाता है।

1. अविचारित रमणीय : जहाँ काव्यास्वादन के लिए विचार करने (सोचने) की आवश्यकता नहीं होती, रसास्वादन सहज ही हो जाता है, वहाँ अविचारित रमणीय चमत्कार होता है। यथा–

क. पिय सौं कहेहु सँदेसड़ा, ऐ भँवरा ऐ काग।
सो धनि बिरहें जरि गई, तेहिक धुआँ हम लाग।।–जायसी।

ख. नील परिधान बीच सुकुमार, खुल रहा मृदुल अधखुला अंग।
खिला हो ज्यों बिजली का फूल, मेघ-बन बीच गुलाबी रंग।।–प्रसाद।

2. विचार्यमाण रमणीय : जिस काव्य के आस्वादन में विचार करने की आवश्यकता होती है, उसे विचार्यमाण रमणीय चमत्कार कहा जाता है। यथा–

मौन रही हार,
प्रिय-पथ पर चलती, सब कहते शृंगार!
कण-कण कर कंकण, प्रिय किण-किण रव किंकिणी,
रणन-रणन नूपुर, उर लाज, लौट रंकिणी;
और मुखर पायल स्वर करें बार-बार। प्रिय-पथ.
शब्द सुना हो, तो अब लौट कहाँ जाऊँ?
उन चरणों को छोड़, और शरण कहाँ पाऊँ?
बजे सजे उर के उस सुर के सब तार—
प्रिय-पथ पर चलती, सब कहते शृंगार।

—निराला।

3. सूक्तिव्यापी रमणीय : जहाँ चमत्कार सम्पूर्ण कविता/स्तवक/उक्ति में होती है, वहाँ सूक्तिव्यापी रमणीय चमत्कार होता है। यथा—

क. उदित उदय-गिरि मंच पर, रघुवर बाल पतंग।
विकसे संत सरोज बन, हरषे लोचन-भृंग।।—तुलसी।

ख. आज माथे पर, नजर में बादलों को साध कर।
रख दिये तुमने सरल संगीत-से निर्मित अधर।
आरती के दीपकों की झिलमिलाती छाँह में।
बाँसुरी रक्खी हुई ज्यों भागवत के पृष्ठ पर।—धर्मवीर भारती।

4. सूक्तैकदेशदृश्य रमणीय : जहाँ चमत्कार उक्ति के किसी अंश मात्र में होता है, वहाँ सूक्तैकदेशदृश्य रमणीय चमत्कार होता है। यथा—

क. ... ... हर आदमी एक जोड़ी जूता है
जो मेरे सामने / मरम्मत के लिए खड़ा है।—धूमिल।

ख. कल नुमाइश में मिला वो चीथड़े पहने हुए,
मैंने पूछा नाम तो बोला कि 'हिन्दुस्तान' है।—दुष्यन्त कुमार।

5. शब्दगत चमत्कार : जहाँ चमत्कार-योजना शब्दों के विशिष्ट-प्रयोग पर आश्रित होती है, वहाँ शब्दगत चमत्कार होता है। यथा—

क. पपिहा पीउ पुकारत पावा। — जायसी।

ख. वारि वन बनवारि, बनवारि बनवारि।
वारिज विपुलवारि पुलवारि कुलवारि
द्रुमलता तुलनारि, कुलकलि कुलवारि;
आकुल मुकुल वारि, विहग संकुल वारि।—निराला।

6. अर्थगत रमणीय : जहाँ चमत्कार उक्ति विशेष के अर्थ-विशेष की रमणीयता पर आश्रित होता है। वहाँ अर्थगत रमणीय चमत्कार होता है। यथा–

क. बामा भामा कामिनी, कहि बोलौ प्रानेस।
प्यारी कहत लजात नहीं, पावस चलत बिदेस।।–बिहारी।

ख. लिखि नहिं पठवत है द्वै बोल।
द्वै कौड़ी के कागद मसि कौ, लागत हे बहु मोल?
हम इहि पार, स्याम पैले तट, बीच बिरह कौ जोर।
सूरदास प्रभु हमरे मिलन कौं, हिरदै कियौ कठोर।।–सूरदास

7. शब्दार्थोभय गत रमणीय : जहाँ चमत्कार शब्द एवं अर्थ दोनों पर आश्रित होता है, वहाँ शब्दार्थोभयगत रमणीय चमत्कार होता है। यथा–

क. चिरजीवौ जोरी जुरै, क्यों न सनेह गम्भीर।
को घटि ये वृषभानुजा, वे हलधर के बीर।।–बिहारी।

ख. राम-नाम सुन्दर करतारी, संसय-बिहग उड़ावन हारी।
–तुलसी।

8. अलंकारगत रमणीय : जहाँ चमत्कार मात्र अलंकार-प्रयोग में निहित होता है, वहाँ अलंकारगत रमणीय होता है। यथा–

क. मेघ बरसे संध्या को
जैसे संतान मिले बरसों उपरान्त बन्ध्या को।–नरेश मेहता।

ख. बैलों ने पहली फुहार को शिवा समझ कर
नन्दी-सी निज पीठ बढ़ा दी।–नरेश मेहता।

9. **रसगत रमणीयता** : जहाँ कथन-विशेष में चमत्कार रस-व्यंजना पर आधारित होता है, वहाँ रसगत रमणीय चमत्कार होता है। यथा–

क. पूर्णमासी रात भर
पीती रही सुधा
अंक में शशि के सिमट कर
धोती रही श्यामल वदन
सुध-बुध बिसार।
–शकुन्त माथुर

ख. तुम नहीं हो पास
मैं तो तरसता हूँ
प्यार के दो बोल सुनने के लिए
एक ही की दस अँगुलियाँ
हैं नहीं काफी कदाचित्
रेशमी परितृप्तियों का
जाल बुनने के लिए।
–नागार्जुन।

10. **रसालंकारोभयगत रमणीयता** : जहाँ रस और अलंकार दोनों का चमत्कार समान रूप में होता है, वहाँ रसालंकारोभयगत रमणीय चमत्कार होता है। यथा–

अद्भुत एक अनूपम बाग।
जुगल कमल पर गजबर क्रीड़त, ता पर सिंह करत अनुराग।
हरि पर सरबर, सर पर गिरिवर, गिरि पर फूले कंज-पराग।
रुचिर कपोत बसत ता ऊपर, ता ऊपर अमृत फल लाग।
फल पर पुहुप, पुहुप पर पल्लव, ता पर सुक, पिक, मृग-पद काग।
खंजन, धनुष, चन्द्रमा ऊपर, ता ऊपर इक मणिधर नाग।
अंग-अंग प्रति और-और छवि, उपमा ताकौं करत न त्याग।
सूरदास प्रभु! पियौ सुधा-रस, मानौ अधरनि के बड़ भाग।।—सूरदास।

यहाँ राधा के सौन्दर्य-वर्णन में रस और अलंकार दोनों के कारण चमत्कारोत्पादन होता है जिससे पद्य की रमणीयता बढ़ जाती है।

14. अलंकार[1]

'अलंकार' (अलम् कृ. घञ्) का शब्दार्थ है–भूषण, सजावट, शृंगार, आभूषण आदि। विभिन्न कोशों में 'अलम्' को (संस्कृत 'अल' (पर्याप्ति, भूषण) + अमु) को अव्यय बताया गया है, किन्तु **काशीराम** शर्मा का मत है कि तमिल शब्द 'अलकु' (अलहु) सौन्दर्यवाची है एवं उसी में 'कार' शब्द जोड़ कर 'अलंकार' शब्द निर्मित हुआ है।[2] 'अलंकार' शब्द का काव्यशास्त्रीय अर्थ में सर्वप्रथम प्रयोग नाट्याचार्य **भरत** ने किया है। इस अर्थ में **'लक्षण'** और **'चित्र'** शब्द भी प्रयुक्त हुए हैं। इनके अँग्रेजी पर्याय क्रमशः औरनामेण्ट (ornament), ट्रोप (Trope) और फिगर्स (Figures) माने जा सकते हैं। सम्प्रति अँग्रेजी में अलंकार के लिए 'फिगर्स ऑफ स्पीच' शब्द का चलन है।

'अलंकार' शब्द की व्युत्पत्ति के लिए क्रमशः **'अलंकारोतीति अलंकारः'** (जो आभूषित करे) और **'अलंक्रियतेऽनेनेत्यलंकारः'** (जिससे आभूषित किया जाये), दो सूत्र मिलते हैं। **प्रथम अर्थ में अलंकार काव्य का सहज धर्म है**, पर द्वितीय अर्थ में काव्य का **साधन मात्र**। आचार्यों में दो स्पष्ट वर्ग दीखते हैं। एक वर्ग प्रथम प्रकार की व्युत्पत्ति का विस्तार करते हुए **'न कान्तमपि निर्भूषं विभाति वनितामुखम्'** (भामह), **'काव्यं ग्राह्यमलंकारात्'** (वामन), **'अलंकार-रहिता विधवेव सरस्वती'** (अग्निपुराणकार) आदि घोषित कर चलते हैं।

दूसरे वर्ग के आचार्य अलंकार को साधन मात्र मानकर उसकी परिभाषा स्थिर करते हैं। **पं. विश्वनाथ** का लक्षण इसी प्रकार ठहरता है। वे अलंकार को काव्य का अस्थिर धर्म, अंगदादिवत् शोभोतिशायी और रस का उपस्कारक घोषित करते हैं–

शब्दार्थयोरस्थिरा ये धर्माः शोभातिशायिनः।
रसादीनुपकुर्वन्तोऽलंकारास्तेऽङ्गदादिवत्।।

1. अलंकार पर विस्तृत अध्ययन के लिए पठनीय प्रस्तुत लेखक की स्वतंत्र पुस्तक–'अलंकार-विमर्श' प्रकाशक-साथी प्रकाशन, सागर (म. प्र.)
2. भारतीय वाङ्मय पर दिव्य दृष्अि, पृ.-163।

किन्तु अलंकार को काव्य से 'पट-तन्तुवत्' सम्बन्धित कहना ही उचित है, 'कर्ण-कुण्डलवत्' नहीं। इस दृष्टि से सर्वोत्तम विचार **आनन्दवर्धन** का माना जा सकता है जिन्होंने अलंकार के लिए दो लक्षणों–रसाक्षिप्ततया और अपृथग्यत्नसम्पाद्यता–को आवश्यक माना है–

> रसाक्षिप्ततया यस्य बन्धः शक्यक्रियो भवेत्।
> अपृथग्यत्न-निर्वत्यः सोऽलंकारो ध्वनौ मतः।।

पश्चिमी विचारकों ने भी अलंकार की विभिन्न परिभाषाएँ की हैं। उनमें से यहाँ केवल एक परिभाषा देखी जा सकती है–"These are established modes of expression which by differi;ng from the normal and expected, make what is more vivid" अर्थात्, अलंकार अभिव्यक्ति के निश्चित प्रकार हैं जो सामान्य एवं सम्भाव्य (अभिव्यक्ति) से भिन्न होने के कारण कथ्य को अधिक तीव्र बनाते हैं। इसे भारतीय आचार्यों द्वारा प्रस्तुत किये गये लक्षणों से तुलना करें तो वह कुछ इस प्रकार होगा–

पाश्चात्य लक्षण		भारतीय लक्षण
(क) अलंकार अभिव्यक्ति के निश्चित प्रकार हैं.... (These are establihed modes of expression...)	(क) 1. 2.	अभिधान प्रकार विशेषा....रुद्रट। अलंकार वर्णन करने की अनेक प्रकार की चमत्कारपूर्ण शैलियाँ हैं...। –आ. शुक्ल)
(ख) जो सामान्य एवं सम्भाव्य (अभिव्यक्ति) से भिन्न होने के कारण.... (Which by differing from the normal and expected...)	(ख) 1. 2.	वक्राभिदेय शब्दोक्ति.... भामह विशेष विदग्धता की आवश्यकता है....। –रामदहिन मिश्र।
(ग) कथ्य को अधिक तीव्र बनाते हैं। (make what is more vivid.)	(ग)	1. शोभाकारान् धर्मान्...–दण्डी 2. योग्ययोचितभावालंकरणमलंकारः। –सीताराम चतुर्वेदी।

उपरि तुलना के उपरान्त अलंकार के तीन लक्षण निर्धारित किये जा सकते हैं–(1) **अभिव्यंजना प्रकार**, (2) **वाच्य वैचित्र्य** और (3) **शोभा-विधायक** अस्तु, कहा जायेगा कि **मनोवैज्ञानिक भूमि पर वर्ण्यवस्तु को अत्यधिक उत्कष्ट रूप में उपस्थित**

करने वाले वाच्य-वैचित्र्य से युक्त अभिव्यंजना के विभिन्न प्रकार ही अलंकार है। असल में ये होते हैं शोभाविधायक ही, पर जहाँ इनसे खिलवाड़ प्रारम्भ किया जाता है, वहाँ ये अभिव्यक्ति को विद्रूप बनाने से भी नहीं चूकते हैं।

काव्य में अलंकार-प्रयोग के सम्बन्ध में यहाँ उतना संकेत करना आवश्यक है कि सत्काव्य का कार्य जीवनांश को चकित करना भर नहीं है, प्रत्युत उसे सर्वमंगलय बनाना है। काव्य होता है भाव-भावित, एतदर्थ अलंकार का प्रयोग भी भाव-भावित ही होना चाहिए। शास्त्रानुमोदन के पश्चात् भी बुद्धि-बोधित अलंकार काव्य के लिए त्याज्य हैं। अलंकार यदि भावों को उत्कृष्टता, स्पष्टता, रमणीयता, प्रेषणीयता आदि प्रदान कर रसात्मकता के साधन बनें, तो अभिनन्दनीय हैं पर यदि साधन की सीमा का अतिक्रमण कर साध्य बनने लगें तो विष-बुझे मिष्टान्न की तरह ही त्याज्य हैं। वे शब्दार्थ से अपृथक् होकर भी काव्य का जीवित तत्त्व नहीं हो सकते।

अलंकार से भाषा की गरीबी मिटती है अवश्य, पर हैं वे वर्णन की शैली विशेष ही। वर्णन-शैली के अन्तर्गत उक्ति की प्रेषणीयता और प्रभावोत्पादकता दोनों आती हैं। इस दृष्टि से भी अलंकारों के वैसे सुष्ठु प्रयोगों का ही महत्त्व होता है, जिनसे काव्य की प्रेषणीयता और प्रभावोत्पादकता की वृद्धि होती है।

अलंकार-प्रयोग में कर्त्ता, कृति और पाठक, इन तीनों का ध्यान रखना आवश्यक है। कर्त्ता के विचार से अलंकार-प्रयोग भावोत्तेजक, स्वाभाविक और कलात्मक होना आवश्यक है। साहित्यिक कृत्तियों में उनका स्वरूप उपस्कारक, औचित्यमूलक, सहज ही आक्षिप्त होने वाला और रमणीय होना चाहिए। पाठक की दृष्टि से उनमें अन्तर को स्पर्श करने की क्षमता, सहज ग्राह्यता आदि का होना आवश्यक है। इन त्रिविध लक्ष्यों का सामंजस्य स्थापित करते हुए कहा जायेगा कि अलंकार-प्रयोग की वास्तविक कसौटी ठहरती है–**भावानुकूलता** यानी भावानुकूल प्रयोग। अर्थात्, काव्य में अलंकार का प्रयोग साधन रूप में ही होना चाहिए जिसके लिए आवश्यक शर्त है उसका भावानुकूल होना।

अलंकार के प्रकार : अलंकार तीन प्रकार के होते हैं–**शब्दालंकार**, अर्थालंकार और मिश्रित अलंकार। शब्दालंकार का अर्थ है–शब्दाश्रित अलंकार। इनमें अलंकरण शब्द अथवा शब्द की ध्वनि का होता है। शब्द-परिवर्तन से इसका अस्तित्व खतरे में पड़ जाता है। **अर्थालंकार** का अर्थ है–अर्थाश्रित अलंकार। इसमें पर्यायवाची शब्दों का हेर-फेर सम्भव है। इसका चमत्कार अर्थगत होता है। असल में ये शब्दपरिवृत्तिसहिष्णु और अर्थ-निर्भर होते हैं। **मिश्रित अलंकार** का चमत्कार शब्द और अर्थ दोनों पर आश्रित होता है। इनमें एकाधिक अलंकारों की एकत्र स्थिति होती है। आगे तीनों प्रकारों के कतिपय प्रमुख अलंकारों को सोदाहरण प्रस्तुत किया जाता है।

शब्दालंकार

1. अनुप्रास : वर्ण अथवा वर्ण-समूह की चमत्कारपूर्ण आवृत्ति से प्रस्फुटित ध्वनि-वैचित्र्य ही अनुप्रास है। इसके पाँच रूप मिलते हैं—छेकानुप्रास, वृत्त्यनुप्रास, श्रुत्यनुप्रास, लाटानुप्रास और अन्त्यानुप्रास।

क. 'छेकानुप्रास'—में एक अथवा अनेक व्यंजनों की केवल एक बार क्रमानुसार आवृत्ति होती है। यथा—

1. गुरु गोविन्द दोऊ खड़े, काके लागूँ पाय।—कबीर।
2. इस ग्रह कक्षा की हलचल ही, तरल गरल की लघु लहरी।
—प्रसाद।

प्रथम उदाहरण में 'ग' और 'क' की एवं द्वितीय में 'रल' की क्रमानुसार एक बार आवृत्ति हुई है।

ख. वृत्यनुप्रास—में वृत्ति के अनुसार एक अथवा अनेक व्यंजनों की क्रमानुसार अनेक बार आवृत्ति होती है। यथा—**उपनागरिका वृत्ति** के अनुसार—

1. तरणि के ही साथ तरल तरंग में, तरणि डूबी थी हमारी ताल में।
—पंत।

2. मधुप बाला का मधुर मधु मुग्धराग।—पंत

कोमला वृत्ति के अनुसार—

1. गरज गगन के गान गरज गम्भीर स्वरों में। —पंत।
2. सजनी ससि में समसील उभै, नवनील सरोरूह से विकसे।
—तुलसी
3. विजन-वन-वल्लरी पर
सोती भी सुहाग भरी—स्नेह-स्वप्न-मग्न!—निराला।

परुषा वृत्ति के अनुसार—

1. सब जात फटी दुख की दुपटी, कपटी न रहैं जहँ एक घटी।
निघटी रुचि मीचु घटी हू घटी, सब जीव जतीन की छूटी तटी।
अघ ओघ की बेड़ी कटी विकटी, निकटी प्रकटी गुरुज्ञान-गटी।
चहुँ ओरनि नाचती मुक्ति नटी, गुन धूरजटी बनी पंचवटी।।
—केशवदास।

(ग) 'श्रुत्यनुप्रास'—में एक ही स्थान (यथा कंठ, तालु आदि) से उच्चारित होने वाले वर्णों की आवृत्ति होती है। यथा—

1. तुलसीदास सीदत निसिदिन देखत तुम्हारि निठुराई।—तुलसी।

2. आरस सों आरत सँभारत न सीस पट, गजब गुजारिति गरीबन की धार पर।
—पद्माकर।

(घ) 'लाटानुप्रास'—में एकार्थवाची शब्द अथवा पद की आवृत्ति होती है, पर अन्वय करने पर तात्पर्य या अभिप्राय के भेद से अर्थ-भेद हो जाता है। यथा—

1. पीय निकट जाके, नहीं घाम चाँदनी आहि।
पीय निकट जाके नहीं, घाम चाँदनी ताहि।।

2. औरन के जाँचे कहा, नहि जाँच्यो सिवराज।
औरन के जाँचे कहा, जो जाँच्यो सिवराज।।

(ङ) 'अन्त्यानुप्रास'—में छन्द के पादान्त के साथ पादान्त का और चरणान्त के साथ चरणान्त का ध्वनि-साम्य होता है। इसके पाँच प्रकार—सर्वान्त्य (सभी चरणों के अन्त में साम्य=सवैया में), **सामान्त्य** (सम चरणों में साम्य = दोहा में), **सामान्त्य-विषमान्त्य** (सम का सम चरण से और विषम का विषम चरण से साम्य = सोरठा में), विषमान्त्य (विषम चरणों में साम्य=सोरठा में) और **समविषमान्त्य** (सम का विषत चरण से साम्य = चौपाई में) होते हैं। अग्रांकित उदाहरण समान्त्य-विषमान्त्य का है। यथा—

कुन्द इन्दु सम देह, उमा-रमण करुणा अयन।
जाहि दीन पर नेह, करहु कृपा मर्दन मयन।।—तुलसी।

2. यमक : केवल भिन्नार्थक शब्दों की क्रमशः आवृत्ति (पुनः श्रवण) में यमक अलंकार होता है। यथा—

1. **कनक कनक** ते सौ गुनी, मादकता अधिकाय।—बिहारी।
2. पास **ही रे हीरे** की खान। —निराला।

3. श्लेष : श्लिष्ट शब्दों से अनेक अर्थों की प्रतीति ही श्लेष अलंकार है। यथा—

1. जो **घनीभूत** पीड़ा थी, मस्तक में स्मृति-सी छायी।
दुर्दिन में आँसू बन कर, वह आज बरसने आयी।।—प्रसाद।

2. **स्तव** कर बहु अर्थ भरे।—निराला।

4. वक्रोक्ति : जहाँ वक्ता के अन्यार्थक कथन का श्लेष या काकु से श्रोता भिन्न अर्थ करे, वहाँ वक्रोक्ति अलंकार होता है। यथा—

श्लेषाश्रित — एक कबूतर देख हाथ में पूछा कहाँ अपर है।
उसने कहा 'अपर' कैसा? वह उड़ गया सपर है।
—गुरुभक्त सिंह।

काक्वाश्रित—मैं सुकुमारि नाथ वन जोगू, अवसि उचित तप मोकहँ भोगू।
—तुलसी।

5. पुनरुक्तवदाभास : जहाँ भिन्न आकार वाले शब्दों के अर्थ में सहसा

पुनरुक्ति की प्रतीति हो, वहाँ पुनरुक्तावदाभास अलंकार होता है। यथा–

शिव शंकर हर भव भय मेरे।

6. वीप्सा : हर्ष, शोक, आदर, अनादर, आश्चर्य, घबराहट आदि प्रदर्शित करने के निमित्त किसी शब्द की आवृत्ति वीप्सा अलंकार है। यथा–

श्यामल-श्यामल कोमल-कोमल
लहराता सुरभित केश-पाश? –महादेवी।

अर्थालंकार

1. उपमा : दो भिन्न वस्तुओं के बीच सादृश्य या साधर्म्य-प्रतिपादन करना ही उपमा है। इसे आचार्यों नें अलंकारों का बीज (रुय्यक) और अलंकार-शिरोरत्नं (राजशेखर) कहा है। इसकी तुलना नटी अथवा शैलूषी से की गयी है। इसके चार अंग होते हैं–

उपमेय–वह वर्णनीय पदार्थ जिसकी समता दूसरे पदार्थ से दिखायी जाती है। इसे ही प्रस्तुत, प्रकृत, विषय विशेष्य, वर्ण्य आदि नामों से भी जाना जाता है।

उपमान–वह अवर्णनीय पदार्थ अथवा आक्षिप्त विषय जिससे उपमेय की समता दिखाने में गर्व की अनुभूति हो। इसे ही अप्रस्तुत, अप्रकृत, विषयी, विशेषण, अवर्ण्य आदि नामों से भी जाना जाता है। उपमेय की अपेक्षा वह सदा उत्कृष्ट कोटि का होता है।

साधारण धर्म–उपमेय और उपमान में जिस गुण, क्रिया, धर्म, विशेषता आदि के कारण साम्य अथवा वैशिष्टय प्रतिपादित होता है, वही साधारण धर्म होता है।

सादृश्य-वाचक–जिस शब्द के द्वारा उपमेय और उपमान के बीच समता प्रतिपादित की जाती है, उसे सादृश्य-वाचक या केवल वाचक शब्द कहा जाता है। यथा–सा, से, सी, सौं, लौं, जिमि, ज्यौं, सम, ऐसा, सदृश, सादृश्य, समान, जैसा, तुल्य, इव, सरिस, यथा, वा आदि।

उपमा अलंकार दो प्रकार का होता है–पूर्णोपमा और लुप्तोपमा। जहाँ उपमा के पूर्वोक्त चारों अंग (उपमेय, उपमान, साधर्म्य और वाचक शब्द) पूर्णतः स्पष्ट (कथित) होते हैं, वहाँ **पूर्णोपमा** और इनमें से किसी एक, दो अथवा तीन का कथन नहीं किये जाने पर **लुप्तोपमा** अलंकार होता है। यथा–

पूर्णोपमा 1. रामू ताड़-सा लम्बा है।
2. कोकाकोला-सा है हुस्न, लाल-लाल-सा बुझा-बुझा।
–कर्त्तारसिंह दुग्गल।

लुप्तोपमा—1. कनक-से दिन, मोती-सी रात।—महादेवी
2. तापसवाला-गंगा, निर्मल। —पंत।

2. मालोपमा : जहाँ एक उपमेय का अनेक उपमानों से सादृश्य सम्बन्ध दिखाया जाये वहाँ मालोपमा अलंकार होता है। यथा—

पछतावे की परछाहीं-सी तुम भू पर छायी हो कोन?
दुर्बलता की अँगड़ाई-सी अपराधी-सी भय से मौन।—पंत।

3. रशनोपमा : जहाँ उपमेय उत्तरोत्तर उपमान बनता जाता है, वहाँ रशनोपमा होती है। यथा—

सुगुन ज्ञान सम उद्यमहु, उद्यम सम फल जान।
फल समान पुनि दान है, दान सरिस सनमान।।—पद्माकर

4. उपमेयोपमा : जहाँ उपमेय और उपमान परस्पर एक दूसरे के उपमान और उपमेय होते हैं, वहाँ उपमेयोपमा होती है। यथा—

1. लोचन-से अम्बुज लसें, अम्बुज लोचन जान।
2. साधु वचन सम है सुधा, वचन सुधा सम जान।

5. अनन्वय : जहाँ श्रेष्ठ उपमान के अभाव में स्वयं उपमेय को ही उपमान कहा जाये, वहाँ अनन्वय अलंकार होता है। यथा—

1. यद्यपि भारत आरत है, पर भारत सम भारत है।—गुप्तजी।
2. मानि गंग सम गंग रंग कविता को राखत।—रत्नाकर।

6. प्रतीप : जहाँ प्रसिद्ध उपमान को उपमेय बनाया जाये, वहाँ प्रतीप अलंकार होता है। इसके पाँच रूप मिलते हैं—प्रसिद्ध उपमान को उपमेय-रूप में कल्पित करना **प्रथम**, उपमेय का अनादर करना **द्वितीय** उपमान का अनादर करना **तृतीय**, उपमान को अयोग्य घोषित करना **चतुर्थ** और उपमान की व्यर्थता प्रमाणित करना **पंचम** प्रतीप कहा जाता है। यथा—

प्रथम— 1. उसी तपस्वी-से लम्बे थे, देवदारू दो-चार खड़े।—प्रसाद।
2. जिन अधरों की मन्द हँसी थी, नव अरुणोदय का उपमान।
—महादेवी

द्वितीय—गरब करत मुख को कहा, चन्दहि नीके जोइ।—भूषण
तृतीय—गरब करत कत चाँदनी, हीरक धीर समान।
फैली इतनी समाज गत, कीरति सिवा खुमान।।—भूषण।
चतुर्थ—बहुरि विचार कीन्ह मन माहीं, सीय बदन सम हिमकर नाहीं।
—तुलसी।

पंचम—तेरा मुख शोभित यहाँ, उदित हुआ क्यों चन्द।—अ. मुक्तावली।

7. स्मरण : किसी वस्तु के दर्शन आदि से तत्सदृश पूर्वानुभूत वस्तु का स्मरण हो आना ही स्मरण अलंकार है। यथा—

देखता हूँ जब पतला, इन्द्रधनुषी हल्का
रेशमी घूँघट बादल का, खोलती है कुमुद-कला।
तुम्हारे ही मुख का तो ध्यान, मुझे करता तब अन्तर्धान।—पंत।

8. भ्रान्तिमान : सादृश्य के कारण एक वस्तु में किसी दूसरी वस्तु का निश्चयात्मक ज्ञान भ्रान्तिमान है। यथा—

पाय महावर देन को, नाइन बैठी आय।
फिर फिर जान महावरी, एँड़ी मीड़ति जाय।।—बिहारी।

9. सन्देह : प्रस्तुत में अप्रस्तुत का संशयात्मक (अनिश्चयात्मक) ज्ञान ही सन्देह अलंकार है। यथा—

विरह है या अखण्ड संयोग
शाप है या है वरदान।—महादेवी।

10. रूपक : प्रस्तुत में अप्रस्तुत का निषेधरहित आरोप रूपक अलंकार है। इसके बहुप्रचलित और मुख्य तीन रूप है—सांग, निरंग और परम्परित। **सांग रूपक** में आरोप सावयव होता है और **निरंग रूपक** में निरावयव। **परम्परित रूपक** में एक आरोप दूसरे आरोप के कारण-रूप में अवस्थित होता है। यथा—

सांग— बीती विभावरी जाग री।
अम्बर-पनघट में डुबो रही तारा-घट ऊषा-नागरी।—प्रसाद।

निरंग—1. चरण-कमल वन्दौ हरिराई।—तुलसी।
2. पलक-यवनिका के भीतर छिप,
हृदय-मंच पर छाकर छबिमय।—पंत।

परम्परित—1. राम-नाम सुन्दर कर तारी, संशय विहग उड़ावन हारी।—तुलसी।
2. रामकथा कलि पन्नग भरनी, पुनि विवेक पावक कहँ आरनी।
—तुलसी।

11. उल्लेख : ज्ञातृभेद अथवा विषयभेद से एक वस्तु का अनेक रूपों में वर्णन किया जाना ही उल्लेख अलंकार है। यथा—

ज्ञातृभेव से— जानति सौति अनीति है, जानति सखी सुनीति।
गुरुजन जानत लाज है, प्रीतम जानत प्रीति।।

विषयभेद से— यह मेरी गोदी की शोभा, सुख सुहाग की है लाली।
शाही शान भिखारिन की है, मनोकामना मतवाली।
ऊषा है यह कमल भृंग की, है पतझड़ की हरियाली।
सुभद्रा कुमारी चौहान।

12. अपह्नुति : जहाँ प्रकृत का निषेध कर अप्रकृत का आरोप किया जाये, वहाँ अपह्नुति अलंकार होता है। इसके छह भेद होते हैं—**शुद्ध, हेतु, पर्यस्त, भ्रान्त, छेक** और **कैतव**। ऊपर **शुद्धापह्नुति** का ही लक्षण दिया गया है। उदाहरण अग्रांकित है। यथा—

1. उर पर नहीं उरोज ये, कनकलता फल मानि।—जसवन्त सिंह।
2. यह ढुलक रही है याद, नयन से पानी नहीं।—महादेवी।

हेत्वाह्नुति—प्रकृत का निषेध कर अप्रकृत का सहेतुक आरोप ही हेत्वपह्नुति है। यथा—

ये नहीं फूल गुलाब के, दाहत हियो हमार।
बिनु घनश्याम अराम में, लागी दुसह दवार।।—पद्माकर।

पर्यस्तापह्नुति—अप्रकृत के धर्म का निषेध कर प्रकृत के धर्म में उसकी स्थापना ही पर्यस्तापह्नुति है। यथा—

1. होय सुधाधर नाहिं यही, बदन सुधाधर ओप।—जसवंत सिंह।
2. है न सुधा यह, है सुधा संगति-साधु-समाज।—अ. पीयूष।

भ्रान्तापह्नुति—एक वस्तु में दूसरी वस्तु की भ्रान्ति हो जाने पर सत्यकथन के द्वारा भ्रान्ति का निवारण ही भ्रान्तापह्नुति है। यथा—

विमल बदन यह विधु नहीं, करि भ्रम लखु न चकोर।
नये उरोज सरोज न ये, भूल न अलि यहि ओर।।—अ. पीयूष।

छेकापह्नुति—किसी गोपनीय रहस्य के प्रकट हो जाने पर जब चतुराई द्वारा उसे गोपन किया जाये, तो वहाँ छेकापह्नुति होती है। यथा—

सब गुरुजन को बुरो बतावैं, अपनी खिचड़ी आप पकावैं।
भीतर तत्त्व न झूठी तेजी, क्यों सखि सज्जन, नहिं अँग्रेजी।।
—भारतेन्दु।

कैतवापह्नुति—छल, मिस, कैतव आदि शब्दों द्वारा प्रकृत का निषेध कर अप्रकृत का आरोप किये जाने पर कैतवापह्नुति होती है। यथा—

1. आँसू के मिस हिय के कण ढुलते।—महादेवी।
2. ओसों के मिस नभ-दृग से, बहते थे आँसू झर-झर।
—श्याम नारायण पाण्डेय।

13. मीलित : रूप अथवा गुण साम्य के कारण दो पृथक वस्तुओं का एकाकार हो जाना वर्णित होने पर मीलित अलंकार होता है। यथा—

पान पीक अधरान में, सखी लखी नहीं जाय।
कजरारी अँखियान में, कजरा री न लखाय।।—बिहारी।

14. उन्मीलित : जहाँ मीलित में ही सकारण भेद की प्रतीति करायी जाये, वहाँ उन्मीलित अलंकार होता है। यथा—

समुझी परत सुगंध ते, तन केसर को लेप।—पद्माकर।

15. सामान्य : जहाँ अव्यक्त गुण वाले प्रस्तुत और अप्रस्तुत में गुण-सादृश्य के कारण एकरूपता का वर्णन किया जाये, वहाँ सामान्य अलंकार होता है। यथा—

चन्दन चर्चित तन किये, धरि पुनि हीरक हार।
धवल वस्त्र सजि कामिनी, चाँदनी महँ पग धार।।—अ. मुक्तावली।

16. उत्प्रेक्षा : उपमेय में उपमान की सम्भावना उत्प्रेक्षा अलंकार है। इसके मुख्य भेद तीन हैं—

वस्तूत्प्रेक्षा, हेतूत्प्रेक्षा और फलोत्प्रेक्षा।

वस्तूत्प्रेक्षा : में एक वस्तु (उपमेय) में दूसरी वस्तु (उपमान) की सम्भावना की जाती है। यथा—

सोहत ओढ़े पीट पट्, श्याम सलोने गात।
मनो नीलमणि शैल पर, आतप परयौ प्रभात।।—बिहारी।

हेतूत्प्रेक्षा—में अहेतु में हेतु मान कर उत्प्रेक्षा की जाती है। यथा—

1. मनो कठिन आँगन चली, ताते राते पाँय।—जसवन्त सिंह।
2. निराकार तम मानो सहसा, ज्योतिपुंज में हो साकार;
बदल गया द्रुत जगत-जाल में, धरकर नाम रूप नाना।—पंत।

फलोत्प्रेक्षा—अफल में फल की सम्भावना करना फलोत्प्रेक्षा है। यथा—

1. किये पीन कुच विधि मनों, लंक लचहिं के हेतु।—पद्माकर।
2. तरनि तनुजा-तट तमाल तरुवर बहु छाये।
झुके फूल सों जल परसन हित मनहु सुहाये।।—भारतेन्दु।

17. अतिशयोक्ति : जहाँ उपमेय को छिपाकर उपमान के साथ उसका अभेद स्थापन किया जाता है, वहाँ अतिशयोक्ति अलंकार होता है। यों सादृश्यमूलक अर्थालंकारों में मूल अलंकार उपमा मान्य है, पर उसके मूल में भी अतिशयोक्ति होती है। सम्भवतः इसी कारण **दण्डी** ने उसे अलंकारोत्तम, **आनन्दवर्धन** ने सर्वालंकाररूप, **अभिनवगुप्त** ने सर्वालंकार-सामान्य रूप और **मम्मट** ने सकलालंकार-प्राण स्वरूप कहा है। इसके छह रूप मान्य है–1. **रूपकातिशयोक्ति**–भेद में अभेद, 2.**भेदकातिशयोक्ति**–अभेद में भेद 3. **असम्बन्धातिशयोक्ति**–सम्बन्ध में असम्बन्ध और 4. **सम्बन्धातिशयोक्ति**–असम्बन्ध में सम्बन्ध, 5. **अक्रमातिशयोक्ति**–कार्य-कारण का सहभाव और 6. **अत्यन्तातिशयोक्ति**–कारण से पहले ही कार्य का होना। आगे सब के उदाहरण रखे जाते हैं। यथा–

1. **रूपकातिशयोक्ति**–बाँधा था विधु को किसने, इन काली जंजीरों से।
   मणि वाले फणियों का मुरत, क्यों भरा हुआ हीरों से।।–प्रसाद।
2. **भेदकातिशयोक्ति**–अनियारे दीरघ दृगनि, किति न युवती समान।
   वह चितवनि औरे कछु, जिहि बस होत सुजान।।–बिहारी।
3. **असम्बन्धातिशयोक्ति**–जुग उरोज तेरे अली, नित नित अधिक बढायँ।
   अब इन भुज-लतिकान मैं, ऐ री ये न समायँ।।–बिहारी।
4. **सम्बन्धातिशयोक्ति**–मैं बरजी कै बार तू इत कत लेति करौंट।
   पँखुरी लगै गुलाब की, परिहैं गात खरौंट।।–बिहारी।
5. **अक्रमातिशयोक्ति**–वह शर इधर गाण्डीव-गुण से छिन्न जैसे ही हुआ।
   धड़ से जयद्रथ का उधर सिर छिन्न वैसे ही हुआ।।–गुप्तजी।
6. **अन्यन्तातिशयोक्ति**–पड़ी अचानक नदी अपार, घोड़ा कैसे उतरे पार।
   राणा ने सोचा इस पार, तब तक चेतक था उस पार।।
   –श्याम नारायण पाण्डेय।

18. तुल्ययोगिता : जहाँ अनेक प्रस्तुतों अथवा अनेक अप्रस्तुतों का सम्बन्ध एक ही साधारण धर्म से दिखाया जाये, वहाँ तुल्ययोगिता होती है। यथा–

मानहु मुख दिखरावनी, दुलहिन करी अनुराग।
सासु सदन मन ललन हूँ, सौतिन दियो सुहाग।।

जहाँ हित और अहित में समान व्यवहार दिखलाया जाये, वहाँ **दूसरी तुल्ययोगिता** होती है। यथा–

जो सींचत काटत जु है, जो पेरत जन कोइ।
जो रक्षत तिन सबन को, ऊख मीठिये होइ।।–पद्माकर।

जहाँ प्रस्तुत की उत्कृष्टता बताने के लिए उसकी गणना अनेक उत्कृष्ट गुण वालों के साथ की जाये, वहाँ **तीसरी तुल्ययोगिता** होती है। यथा–

प्रबल सुरेश रमेश महेशा।
शेष गणेशहु तुमहू नरेशा।।–पद्माकर।

19. दीपक : जहाँ प्रस्तुत और अप्रस्तुत दोनों का सम्बन्ध एक ही साधारण धर्म से प्रतिपादित किया जाये, वहाँ दीपक अलंकार होता है। यथा–

रहिमन पानी राखिये, बिन पानी सब सून।
पानी गये न ऊबरे, मोती मानुष चून।।–रहीम।

दीपक अलंकार के चार रूप और होते हैं–**कारक, आवृत्ति, देहली** और **माला**। **कारक दीपक** में अनेक क्रियाओं का एक ही कारक (कर्त्ता) होता है। यथा–

कर लै चूमि चढ़ाय सिर, उर लगाय भुज भेंटि।
लहि पाती पिय की तिया, बाँचति धरति समेटि।।–बिहारी।

देहली दीपक में एक ही पद का दो वाक्यों में अन्वय होता है। यथा–

1. संत सुधा ससि धेनु **प्रगटे** खल बिष वारूनी।–तुलसी।
2. शूल चुभते हैं **छूते** आग है जलाती भू को।–दिनकर।

आवृत्ति दीपक में अर्थ अथवा पद और अर्थ की आवृत्ति होती है। यथा–
अर्थावृत्ति–फूले वृक्ष कदम्ब के, केतकि विकसे आहि।–जसवन्त सिंह।
पदार्थावृत्ति–तब था इस घर में तम छाया।
था मातम छाया गम छाया।।–बच्चन।
माला दीपक–जहाँ पूर्व-पूर्व कथित वस्तुओं से उत्तरोत्तर कथित वस्तुओं का एक धर्म द्वारा सम्बन्ध बताया जाये, वहाँ माला दीपक होता है। यथा–

घन में सुन्दर बिजली-सी, बिजली में चपल-चमक-सी,
आँखों में काली पुतली, पुतली में श्याम-झलक-सी,
प्रतिमा में सजीवता-सी, बस गयी सुछबि आँखों में,
थी एक लकीर हृदय में, जो अलग रही लाखों में।–प्रसाद।

20. प्रतिवस्तूपमा : जहाँ उपमेय और उपमान वाक्यों में एक ही साधारण धर्म का प्रतिपादन भिन्न-भिन्न शब्दों द्वारा किया जाये, वहाँ प्रतिवस्तूपमा अलंकार होता है। यथा–

चटक न छाँड़त घटत हूँ, सज्जन नेह गंभीर।
फीको परें न रुस फटै, रंग्यौ चोल रंग चीर।।–बिहारी।

21. दृष्टान्त : जहाँ उपमेय, उपमान एवं उनके साधारण धर्मों का परस्पर बिम्ब-प्रतिबिम्ब भाव हो, वहाँ दृष्टान्त अलंकार होता है। यथा–

हिंसा का आघात तपस्या ने कब कहाँ सहा है?
देवों का दल सदा दानवों से हारता रहा है।–दिनकर।

22. निदर्शना : जहाँ उपमेय एवं उपमान का समन्वय इस प्रकार किया जाये कि वे आपाततः अनुपपन्न (असम्भव) दीखने पर भी सादृश्य सम्बन्ध स्थापित कर लें, वहाँ निदर्शना अलंकार होता है। यथा–

जो रस ऊख मयूष पियूष में।
सो रस हरि बतियान में देख्यौ।।–भिखारीदास।

23. उदाहरण : एक बात कह कर उसके स्पष्टीकरण के लिए वैसी ही दूसरी बात कहना उदाहरण अलंकार है। यथा–

बस गयी एक बस्ती है, स्मृतियों की इसी हृदय में।
नक्षत्र लोक फैला है, जैसे इस नील निलय में।।–प्रसाद।

24. व्यतिरेक : उपमान की अपेक्षा उपमेय का गुणोत्कर्ष दिखलाना ही व्यतिरेक अलंकार है। यथा–

1. जनम सिंधु पुनि बन्धु विष, दिन मलीन सकलंक।
   सिय-मुख समता पाव किमि, चन्द बापुरो रंक।।–तुलसी।
2. मैं नीर भरी दुख की बदली।
   विस्तृत नभ का कोई कोना, मेरा न कभी अपना होना।
   परिचय इतना इतिहास यही, उमड़ी कल थी मिट आज चली।।
   –महादेवी।

25. सहोक्ति : जहाँ 'सह' अर्थबोधक पदों की सामर्थ्य से एक ही पद के अनेक अर्थ निकलें, वहाँ सहोक्ति अलंकार होता है। यथा–

तरणि के ही संग तरल तरंग में,
तरणि डूबी थी हमारी ताल में।–पंत।

26. विनोक्ति : जहाँ एक वस्तु के बिना दूसरी वस्तु को शोभन या अशोभन

बनाया जाये, वहाँ विनोक्ति अलंकार होता है। यथा—

1. लाज बिना राजत सही, वेश्या हरिजन फाग।
2. दृग खंजन-से कंज-से, अंजन बिन शोभैं न।

27. अप्रस्तुतप्रशंसा : जहाँ अप्रस्तुत के वर्णन से प्रस्तुत की प्रतीति करायी जाये, वहाँ अप्रस्तुत प्रशंसा अलंकार होता है। यह पाँच प्रकार का सम्भव है। यथा—

क. विशेष निबन्धना—अप्रस्तुत विशेष से प्रस्तुत सामान्य की प्रतीति।
ख. सामान्य निबन्धना—अप्रस्तुत सामान्य से प्रस्तुत विशेष की प्रतीति।
ग. कारण निबन्धना—अप्रस्तुत कारण से प्रस्तुत कार्य की प्रतीति।
घ. कार्य-निबन्धना—अप्रस्तुत कार्य से प्रस्तुत कारण की प्रतीति।

ङ. सारूप्य-निबन्धना—अप्रस्तुत तुल्य रूप से प्रस्तुत तुल्यरूप की प्रतीति। इसे ही **अन्योक्ति** भी कहते हैं। उदाहरण यथा—

क. विशेष निबन्धना—

क्षमा शोभती उस भुजंग को, जिसके पास गरल हो,
उसको क्या जो दन्तहीन, विष-रहित, विनीत, सरल हो।—दिनकर।

ख. सामान्य-निबन्धना

रुग्न होना चाहता कोई नहीं, रोग लेकिन आ गया जब पास हो,
तिक्त ओषधि के सिवा उपचार क्या, शमित वह होगा नहीं मिष्टान्न से।
—दिनकर।

ग. कारण-निबन्धना

कोउ कह जब विधि रति-मुख कीन्हा।
सार भाग ससि कर हर लीन्हा।।—तुलसी।

घ. कार्य निबन्धना

है चन्द्र हृदय में बैठा, उस शीतल किरण सहारे।
सौन्दर्य सुधा बलिहारी, चुगता चकोर अंगारे।।—प्रसाद।

ङ. सारूप्य निबन्धना

नहिं पराग नहिं मधुर मधु, नहिं विकास यहि काल।
अली! कली ही सौं बिन्ध्यौं, आगे कौन हवाल।।—बिहारी।

28. अर्थान्तरन्यास : जहाँ साधर्म्य अथवा वैधर्म्य द्वारा सामान्य से विशेष का या विशेष से सामान्य का समर्थन किया जाये, वहाँ अर्थान्तरन्यास अलंकार होता है। यथा—

जो रहीम उत्तम प्रकृति, का करि सकत कुसंग।
चन्दन विष व्याप्त नहीं, लिपटे रहत भुजंग।।—रहीम।

29. पर्यायोक्ति : जहाँ अभीष्ट अर्थ का कथन सीधे नहीं, प्रकारान्तर से किया जाये, वहाँ पर्यायोक्ति अलंकार होता है। यथा–

1. वन का व्रत हम आज तोड़ सकते कहीं!
   तो भाभी की भेंट छोड़ सकते कहीं? –गुप्त जी।
2. तुम दोऊ बैठो यहाँ, जाति अन्हावन ताल।–जसवन्त सिंह।

30. आक्षेप : जहाँ विवक्षित वस्तु में विशिष्टता-प्रतिपादन-हेतु उसका निषेध-सा किया जाये, वहाँ आक्षेप अलंकार होता है। यथा–

भये बटाऊ नेह तजि, बादि बकत बेकाज।
अब बलि देत उराहनो, उर उपजति अति लाज।।–बिहारी।

31. समासोक्ति : जहाँ प्रस्तुत के वर्णन से अप्रस्तुत की प्रतीति हो, वहाँ समासोक्ति होती है। यथा–

1. नहिं पराग नहिं मधुर मधु, नहिं विकास यहि काल।
   अली! कली ही सौं बिंध्यौ, आगे कौन हवाल।।–बिहारी।
2. ओस-बिन्दु की मालाओं का भूषण-भार सँभाले।
   उतर रही मुग्धा ऊषा रवि के कर में कर डाले।।–गुरुभक्त सिंह।

32. परिकर : सभ्रिपाय विशेषण का कथन किया जाना ही परिकर अलंकार है। यथा–

निर्दोषा कुलबधू एकवस्त्रा को खींच महल से।
दासी बना सभा में लाये दुष्ट द्यूत के छल से।।–दिनकर।

33. परिकरांकुर : विशेष्य का सभिप्राय प्रयोग ही परिकारांकुर अलंकार है। यथा–

1. उस ओर शक्ति शिव की दशकन्ध-पूजित।–निराला।
2. वह नहीं हुआ शृंगार-युग्म-गत महावीर।–निराला।

34. विरोधाभास : दो वस्तुओं में वास्तविक विरोध नहीं रहने पर भी विरोध-जैसा वर्णन किया जाना ही, विरोधाभास अलंकार है। यथा–

1. ज्यों ज्यों बूड़े स्याम रंग, त्यों त्यों उज्ज्वल होय।–बिहारी।
2. शीतल ज्वाला जलती है, इन्धन होता दृग-जल का।–प्रसाद।

35. विभावना : कारण के अभाव में कार्य की उत्पत्ति का वर्णन किया जाना ही विभावना अलंकार है। यथा–

बिनु पद चलै सुनै बिनु काना, कर बिनु कर्म करै विधि नाना।
आनन रहित सकल रस भोगी, बिनु बाकी वक्ता बड़ जोगी।।—तुलसी।

36. विशेषोक्ति : जहाँ प्रबल कारण के होते हुए भी कार्य का नहीं होना वर्णित हो, वहाँ विशेषोक्ति होती है। यथा—

फूलै फलै न बेंत, जदपि सुधा बरसहिं जलद।
मूरख हृदय न चेत, जो गुरु मिलहिं विरंचि सम।।—तुलसी।

37. असंगति : जहाँ कारण और कार्य भिन्न-भिन्न आश्रयों में वर्णित होते हैं, वहाँ असंगति होती है। यथा—

1. दृगन लगत बेधत हियो, विकल करत अंग आन।—बिहारी।
2. मेरे जीवन की उलझन, बिखरी थीं उनकी अलकें।
   पी ली मधु-मदिरा किसने, थी बन्द हमारी पलकें।।—प्रसाद।

38. कारणमाला : जहाँ पूर्व-पूर्व वर्णित पदार्थ उत्तरोत्तर वर्णित पदार्थों के कारण -रूप में वर्णित होते चलें, वहाँ कारणमाला अलंकार होता है। यथा—

बिनु विश्वास भगति नहीं, तेहि बिनु द्रवहिं न राम।
रामकृपा बिनु सपनेहु, जीव न लहि विश्राम।।—तुलसी।

39. एकावली : जहाँ पूर्व-पूर्व वर्णित वस्तु में उत्तरोत्तर वर्णित वस्तु का विशेषण रूप से विधान या निषेध किया जाये, वहाँ एकावली अलंकार होता है। यथा—

गेह न कछु बिन तनय जो, तनय न विनय विहीन।
विनय न कछु विद्या बिना, बिद्या बुद्धि बिन खीन।।

40 सार : वस्तुओं का उत्तरोत्तर उत्कर्ष अथवा अपकर्ष वर्णन ही सार अलंकार है। यथा—

मखमल ते कोमल महा, कदलि गरभ को पात।
ताहू ते कोमल अधिक, प्यारी तेरो गात।।—पद्माकर।

41. व्याजोक्ति : जहाँ प्रकट होते हुए रहस्य को किसी बहाने से छिपा लिया जाये, वहाँ व्याजोक्ति अलंकार होता है। यथा—

भलो नहीं यह केवरो, सजनी गेह आराम।
वसन फटै कण्टक लगै, निसि दिन आठो याम।।

42. स्वभावोक्ति : जहाँ जो वस्तु जैसी हो, वहाँ उसका ठीक वैसा ही वर्णन करना स्वाभावोक्ति अलंकार है। यथा–

वह आता
दो टूक कलेजे को करता, पछताता पथ पर आता।
पेट-पीठ दोनों मिल कर हैं एक
चल रहा लकुटिया टेक
मुट्ठी भर दाने को–भूख मिटाने को
मुँह फटी-पुरानी झोली का फैलाता।–निराला।

43. व्याजस्तुति : जहाँ किसी की निन्दा के व्याज से स्तुति और स्तुति के व्याज से निन्दा की जाये, वहाँ व्याजस्तुति अलंकार होता है। यथा–

भसम जटा विष अहि सहित, गंग कियो तैं मोहि।
भोगी तें जोगी कियो, कहा कहौं अब तोहि।।–पद्माकर।

44. काव्यलिंग : जहाँ वर्णनीय विषय के हेतु रूप में किसी वाक्यार्थ या पदार्थ का प्रतीयमान प्रतिपादित हो, वहाँ काव्यलिंग अलंकार होता है। यथा–

मेरी भव-बाधा हरौ, राधा नागरि सोय।
जा तन की झाईं परत, श्याम हरित दुति होय।।–बिहारी।

45. यथासंख्य : जहाँ क्रमशः वर्णित पदार्थों का प्रायः उसी क्रम से आगे पदार्थों से अन्वय किया जाये, वहाँ यथासंख्य अलंकार होता है। यथा–

अमिय हलाहल मद भरे, स्वेत स्याम रतनार।
जियत मरत झुकि-झुकि परत, जिहि चितवति इक बार।।–रसलीन।

46. परिसंख्या : जहाँ एक वस्तु की अनेकत्र स्थिति सम्भव रहने पर भी अन्यत्र से निषेध कर उसका एक स्थान पर नियमन कर दिया जाये, वहाँ परिसंख्या अलंकार होता है। यथा–

देह में पुलक, उरों में भार,
भ्रुवों में भंग, दृगों में बाण,
अधर में अमृत, हृदय में प्यार,
गिरा में लाज, प्रणय में मान।–पंत।

47. तद्गुण : अपने गुण को त्याग कर समीपस्थ वस्तु (अप्रस्तुत) के उत्कृष्ट गुण का ग्रहण ही 'तद्गुण' है। यथा–

अधर धरत हरि कैं परत, ओठ-दीठि-पट-जोति।
हरित बाँस की बाँसुरी, इन्द्रधनुष-रंग होति।।—बिहारी।

48. अतद्गुण : समीपस्थ वस्तु के गुण-ग्रहण की सम्भावना होने पर भी गुण का ग्रहण नहीं किया जाना ही 'अतद्गुण' है। यथा—

लाल बाल अनुराग सौं, रँगत रोज सब अंग।
तऊ न छाँड़त रावरो, रूप साँवरो रंग।।—मतिराम।

49. उत्तर : चामत्कारिक उत्तर दिया जाना ही उत्तर अलंकार है। यथा—

1. बसौ पथिक इत आजु ही, आगे नगर उजार।—पद्माकर।
2. को कहिये निसि में दुखी को न नवल तिय बास?—पद्माकर

50. अन्योन्य : जहाँ दो पदार्थ एक ही क्रिया द्वारा परस्पर एक दूसरे के उत्कर्षकारक रूप में वर्णित किये जायें, वहाँ अन्योन्य अलंकार होता है। यथा—

1. अँगुरिन उचि भरू भीति दै, उलमि चितै चख लोल।
   रूचि सों दुहूँ दुहून के, चूमैं चारू कपोल।।—बिहारी।
2. मैं ढूंढ़ता तुझे था जब कुंज और वन में।
   तू खोजता मुझे था तब दीन के वतन में।।

मिश्रित अलंकार

1. संसृष्टि : जहाँ परस्पर निरपेक्ष रूप से तिल-तण्डुलवत् एकाधिक अलंकारों की एकत्र स्थिति होती है, वहाँ संसृष्टि अलंकार होता है। यथा—

1. तरणि के साथ ही तरल तरंग में,
   तरणि डूबी थी हमारी ताल में।—पंत।
2. सखी नीरवता के कन्धे पर डाले बाँह,
   छाँह-सी अम्बर-पथ से चली।—निराला।
3. तिर रही अतृप्ति-जलधि में, नीलम की नाव निराली।
   कालापानी वेला-सी, है अंजन-रेखा काली।।—प्रसाद।

उपरि उद्धरणों में क्रमशः शब्दालंकार, अर्थालंकार और उभयालंकार (शब्दार्थालंकार) की संसृष्टि है।

2. संकर : जहाँ परस्पर सापेक्षरूप से नीर-क्षीरवत् एकाधिक अलंकारों की एकत्र स्थिति हो, वहाँ संकर अलंकार होता है। इसके तीन मुख्य प्रकार हैं—अंगांगिभाव संकर, एकाश्रयानुप्रवेश संकर और सन्देह संकर।

अंगांगिभाव संकर—जहाँ एक अलंकार अंगी (प्रधान) हो एवं शेष अलंकार उसके अंग (गौण) बन कर आयें, वहाँ अंगांगिभाव संकर होता है। यथा—

करुणामय को भाता है, तम कै परदे में आना।
हे नभ की दीपावलियों, तुम क्षण भर को बुझ जाना।।—महादेवी।

एकाश्रयानुप्रवेश संकर—जहाँ एक ही आश्रय में एकाधिक अलंकारों की स्थिति हो, वहाँ एकाश्रयानुप्रवेश संकर होता है। यथा—

1. पारस परस कुधातु सुहाई। —तुलसी।
2. तुम विमल हृदय उच्छ्वास।
और मैं कान्त-कामिनी-कविता।—निराला।

सन्देह संकर—जहाँ एकाधिक अलंकारों की एकत्र स्थिति में यह निश्चय न हो सके कि कौन-सा अलंकार है, वहाँ सन्देह संकर होता है। यथा—

1. यों भूतल कोऊ? कछू राखो हिये सयान।
भजौ मधुप तजि पदमिनिहिं, जानि होत गत भान।।—बैरीसाल।
2. काली आँखों में कितनी, यौवन के मद की लाली।
मानिक मदिरा से भर दी, किसने नीलम की प्याली।।—प्रसाद।

कतिपय पाश्चात्य अलंकार

1. मानवीकरण (Personification) : जहाँ प्रकृति के जड़ और कुरूप (अमानवी) वस्तुओं में चेतना और सरूप (मानवी गुण-क्रिया) का आरोप किया जाये, वहाँ मानवीकरण अलंकार होता है। यथा—

1. नीले नभ के शतदल पर, वह बैठी शारद-हासिनी—
मृदु करतल पर शशि-मुख धर, नीरव, अनिमिष एकाकिनी!
वह स्वप्न जड़ित नत चितवन, छू लेती अग-जग की मन!
श्यामल, कोमल चल चितवन, जो लहराती जग-जीवन।—पंत।
2. सोती थी सुहागभरी—जुही की कली
पवन
उपवन-सर-सरित गहन-गिरि-कानन
कुंज-लता-पुंजों को पार कर
पहुँचा जहाँ उसने की केलि, कली-खिली साथ।—निराला।

प्रथम उद्धरण में चाँदनी का वर्णन है—चाँदनी में मानवी गुण-क्रियाओं (नायिका) का आरोप है एवं द्वितीय उद्धरण में जुही की कली और पवन में मानवी (नायिका-नायक) गुण-क्रियाओं का।

2. ध्वन्यर्थव्यंजना (Onomatopoeia) : जहाँ काव्यगत शब्द ही अपनी

सामर्थ्य से प्रसंगानुसार वस्तु के रूप, गुण, क्रिया आदि के साथ वस्तु की ध्वनि को व्यक्त कर अर्थ का भी उद्‌बोधन करें, वहाँ ध्वन्यर्थव्यंजना अलंकार होता है। यथा–

1. सर-सर मर-मर झन-झन सन-सन
गाता कभी गरजता भीषण
वन-वन उपवन–पवन, प्रभंजन।–पंत।

2. चमक-झनकमय मंत्र वशीकर
छहर-छहरमय विष-सीकर! –पंत।

3. झूम-झूम मृदु गरज-गरज घन घोर।
राग-अमर! अंबर में भर निज रोर।
झर झर झर निर्झर-गिरि-सर में,
घर मरु, तरु-मर्मर, सागर में,
मन में विजन-गहन-कानन में,
आनन-आनन में, रव-घोर-कठोर–
राग-अमर! अंबर में भर निज रोर।–निराला।

उपरि उद्धरणों में क्रमशः पवन, वर्षा और बादलों के गर्जन-वर्षन के वर्णन हैं। उनमें शब्दयोजना इस प्रकार की है कि न केवल अनुरणन ध्वनि मूर्तित हो उठी है, वरन् भाव और अर्थ-बोधन में सहायता होती है। इनमें ध्वन्यर्थव्यंजना है।

3. विशेषण-विपर्यय (Hypallage or Transferred Epithat) : जहाँ विशेषण को अपने स्थान पर प्रयुक्त नहीं करके लक्षणाशक्ति द्वारा अन्यत्र प्रयुक्त किया जाये, वहाँ विशेषण-विपर्यय अलंकार होता है। यथा–

1. कभी किसी **वत्सल** अँचल ने, लिया तुम्हें यदि पाल।–मिलिन्द।
2. अभिलाषाओं की **करवट**, फिर सुप्त व्यथा का जगना।–प्रसाद।
3. यह **मूर्च्छित** मूर्च्छना आह-सी।–प्रसाद।
4. चल चरणों का **व्याकुल** पनघट। –निराला।
5. वेदना के ही **सुरीले** हाथ से। –पंत।

उपरि उद्धरणों में क्रमशः 'वत्सल', 'करवट', 'मूर्च्छित', 'व्याकुल' और 'सुरीले' विपर्यस्त विशेषण हैं।

4. अनुकल्प (Metonymy) : किसी सम्पर्क-सूत्र के कारण जहाँ एक वस्तु को दूसरी वस्तु के नाम से अभिहित किया जाये, वहाँ अनुकल्प अलंकार होता है। यथा–

1. लाये कौन संदेश नये घन! अंबर गर्वित हो आया तन,
चिर निस्पन्द हृदय में उसके, उमड़े री पुलकों के सावन!–महादेवी।

2. ऊषा का था उर में आवास, मुकुल का मुख में मृदुल विकास।
चाँदनी का स्वभाव में बास, विचारों में बच्चों की साँस।–पंत।

15. छन्द

छन्द शब्द 'छन्दक' अथवा 'छन्दस' से विकसित समझा जाता है। सम्भावना 'छन्दस' शब्द से विकसित होने की अधिक है। छन्द शब्द का प्राचीनतम प्रयोग ऋग्वेद में 'छन्दासि' के रूप में मिलता है। पूर्व सूरियों ने 'छन्द' की व्युत्पत्ति जिन दो धातुओं से बतायी है उनसे इसकी दो विशेषताएँ स्पष्ट होती हैं–**आच्छादन** (छदि संवरणे) और **आह्लादन** (चदि आह्लादने दीप्तौ च)। आह्लादन में ही गति (लक्ष्य और उसकी सिद्धि) निहित है। पहली विशेषता (या व्युत्पत्ति) का समर्थन यास्क से भी होता है–**'छन्दांसि छादनात्** (निरुक्त, दैवत काण्ड 7/12)। पहली विशेषता छन्द की स्थिति (आवरण क्षमता) की सूचिका है। दूसरी उसके लक्ष्य और सिद्धि की संकेतिका है। तात्पर्य यह कि छन्द-प्रयोग की सफलता तभी मानी जायेगी जब वह अपने 'आच्छादन' (आवरण) के द्वारा कविता में 'आह्लादन' (हर्ष और दीपन) अनुस्यूत करने में समर्थ हो।

छन्द का अंग्रेजी पर्याय 'मीटर' (Metre) लैटिन की 'मेटे' (Mete = मापना) से विकसित है जो छन्द की पहली विशेषता 'आच्छादन' का बोधक है। उसमें 'आह्लादन' के भाव का किंचित् भी संकेत नहीं है। अतः अंग्रेजी 'मीटर' की तुलना में भारतीय 'छन्द' शब्द अधिक सार्थक ठहरता है।

छन्द कविता की मात्र बाह्य वस्तु नहीं, बल्कि उसका आवश्यक उपादान भी है। जिस प्रकार प्राण पर बिना संकट डाले त्वचा का शरीर से अलग किया जाना असम्भव है, उसी प्रकार कविता के प्रकृत रूप को बिना विकृत किये छन्द का उससे निष्कासन असम्भव है। **छन्द कवि के अन्तर्जगत की सहज अभिव्यक्ति है।** नियम विशेष का अंकुश इस पर भले ही न रहे, पर विभिन्न प्रकार की प्रकृत अभिव्यक्तियों के लिए स्वरों का निश्चित आरोह-अवरोह किंवा ऐसा ही कुछ दूसरा रूप तो रहेगा ही। गति, रमणीयता, नाद-सौन्दर्य, वाचिक सम्प्रेषण करने की क्षमता, आत्मविभोर होने/ करने आदि के निमित्त कविता में छन्द का विधान आवश्यक होता है। अज्ञेय के अनुसार, "छन्द काव्यभाषा की आँख है। भाषा अपने को सुन कर भी काम चला

लेती है, काव्यभाषा देख भी लेती है।'' (**भवन्ती**, पृ.-23)। **छन्द एक प्रकार की काव्य-व्यवस्था है। यह कविता की शक्ति का वर्द्धक है, प्राणापहारक नहीं।** शर्त इतनी भर होती है कि वह विचार, भाव या संवेदना का अनुकूल वाहक हो। कविता-धारा को प्रवहमान और वेगवान रखने के लिए छन्दों के तट बनाये रखने की आवश्यकता सदा रहेगी। छन्द कविता को सुकण्ठ ही नहीं, दीर्घजीवी भी बनाता है। पुनः प्रेम, करुणा, भय आदि के अतिरेक के क्षणों में अभिव्यक्ति स्वतः छन्दोमयी हो जाती है। जब लेखन कला का उद्भव नहीं हुआ था, तब काव्य को सुरक्षित रखने अथवा संरक्षित करने के साथ ही सम्प्रेषित करने का दायित्व छन्द का ही था। काव्य के वाचिक सम्प्रेषण में छन्द की ही सर्व प्रमुख भूमिका रही है।

छन्द के सम्बन्ध में शास्त्रीय विचार करते हुए **पुत्तुलाल शुक्ल** ने लिखा है–''छन्द वह वैखरी ध्वनि है जो प्रत्यक्षीकृत निरन्तर तरंग-भंगिमा से आह्लाद के साथ भाव और अर्थ ही अभिव्यंजना कर सके।'' वस्तुतः **छन्द एक प्रकार की काव्य-व्यवस्था है जिसमें पाद, ध्वनि, वर्ण, मात्रा, लघु, गुरु, तुक, ताल, लय, यति, गति आदि का विचार किया जाता है।** हिन्दी-कविता में तीन प्रकार के छन्दों के प्रयोग हुए हैं। यथा–

1. वर्णिक अथवा वर्णाश्रित छन्द = वर्ण वृत्त।
2. मात्रिक अथवा मात्राश्रित छन्द = मात्रा वृत्त और
3. मुक्त छन्द।

उपर्युक्त छन्दों के विभिन्न प्रकारों पर अपेक्षित विचार करने के पूर्व कतिपय पारिभाषिक शब्दों, मात्रा-गणना, गण-पद्धति आदि को जान लेना आवश्यक है।

कतिपय पारिभाषिक शब्द

1. पाद : पाद का अर्थ है–पैर अथवा चरण। छन्दोविधान में छन्द की इकाई विशेष को पाद कहते हैं। कई पादों अथवा चरणों के योग से एक छन्द बनता है। हिन्दी में दो, चार, छह और आठ पादों के छन्द प्रयुक्त मिलते हैं। यथा, दोहा छन्द में चार पाद होते हैं।

2. ध्वनि : ध्वनि से तात्पर्य है **एक निश्चित काल में उच्चरित स्वर**। जैसे छन्द की इकाई विशेष पाद है, वैसे ही **पाद अथवा चरण की इकाई विशेष की ध्वनि है।** इसका दो रूपों में वर्गीकरण किया गया है–(क) वर्णों में और मात्राओं में। इस वर्गीकरण के आधार पर ही वर्णिक और मात्रिक छन्दों की कल्पना हुई है।

3. वर्ण : एक स्वर वाली ध्वनि यानी एक प्रयास में ही उच्चरित होने वाली ध्वनि ही वर्ण है। इसमें ह्रस्व-दीर्घ आदि मात्राओं का योग स्वीकार नहीं किया जाता है। इसी प्रकार इसमें व्यंजनों का योग भी अलग से स्वीकार नहीं किया जाता।

संयुक्ताक्षर भी एक वर्ण माना जाता हैं यथा, क, क्र, क्रा, क्री आदि एक-एक वर्ण ही माने जाते हैं। इसी प्रकार 'ज्योत्स्ना' में केवल दो वर्ण (ज्यो + त्स्ना) माने जायेंगे

4. मात्रा : 'मात्रा' शब्द 'मा' (मापना) धातु से व्युत्पन्न है जिसका अर्थ है 'माप की इकाई'। **किसी 'स्वर' वर्ण के स्वाभाविक उच्चारण में जो काल (समय) लगता है, उस 'काल' की इकाई का 'मात्रा' कहते हैं।** स्वर दो प्रकार के होते हैं–शुद्ध अथवा ह्रस्व स्वर और संयुक्त अथवा दीर्घ स्वर। शुद्ध स्वर हैं–अ, इ, उ, एवं ऋ। संयुक्त स्वर में दो स्वरों का योग होता है। यथा–आ (अ + अ), ई (इ + इ), ऊ (उ + ऊ), ए (अ + इ), ऐ (अ + ए), ओ (अ + उ), औ (अ + ओ), अं (अ + अनुस्वर) और अः (अ + विसर्ग)।

मात्रा-विचार से स्वर ह्रस्व और दीर्घ माने गये हैं। **ह्रस्व स्वर में एक मात्रा (।) होती है** और **दीर्घ स्वर में दो मात्राएँ (ऽ) होती हैं।** इस प्रकार सभी ह्रस्व और एकमात्रिक होते हैं और सभी दीर्घ स्वर द्विमात्रिक। मात्राओं के ह्रस्व-दीर्घ आदि रूपके सही अंकन एवं सटीक पहचान के लिए उनका स्वरूप निम्नांकित रूप में निर्धारित है। यथा–

क. लघु : ह्रस्व स्वर अथवा एकमात्रिक वर्ण लघु है। इसका निश्चित चिह्न खड़ी पाई (।) है।

ख. गुरु : दीर्घ स्वर अथवा द्विमात्रिक वर्ण गुरु है। इसका निश्चित चिह्न विकारी (ऽ) है।

ग. प्लुत : तीन अथवा तीन से अधिक मात्राओं वाले वर्ण **प्लुत** के नाम से जाने जाते हैं। इसका प्रयोग बहुधा कम मिलता है। इसे सामान्यतः तीन के अंक (३) द्वारा निश्चित किया जाता है।

5. तुक : तुक का सम्बन्ध छन्दःशास्त्र की अपेक्षा अलंकारशास्त्र से है। फिर भी जान लेना बुरा नहीं। छन्द विशेष के **पदान्त अथवा चरणान्त में होने वाला ध्वनिसाम्य ही तुक है।** इसकी व्यवस्था सामान्यतः अन्त्यानुप्रास के अन्तर्गत मिलती है।

6. यति : यति का अर्थ है विराम। हेमचन्द्र ने इसे 'श्रव्य विराम' और जयदेव ने इसे मात्र 'विराम' कहा है। **छन्द को पढ़ते समय स्वाभाविक रूप में विराम की स्थिति का आना ही यति है।** कहना चाहिए छन्द-पठन में विशिष्ट लयखण्ड पर यति होती है। इसकी आवश्यकता छन्द-पाठ की सुविधा के लिए होती है।

7. गति : गति का अर्थ है, रवानी। छन्द का स्वाभाविक प्रवाह ही उसकी गति है। यह मात्राक्रम-जन्य होती है। इससे छन्द की सांगीतिकता की रक्षा होती है।

मात्रा-गणना

ऊपर तीन प्रकार की मात्राओं–ह्रस्व, दीर्घ ओर प्लुत–के नाम लिये गये हैं।

छन्द में प्रयुक्त इन मात्राओं की गणना किस प्रकार की जाती है, इसे जानना आवश्यक है। इसके निमित्त नियम अग्रांकित हैं–

लघु मात्राएँ

1. सभी ह्रस्व स्वर (अ, इ, उ, ऋ) एक मात्रिक अथवा लघु होते हैं।
2. जिन व्यंजनों के साथ ह्रस्व स्वर मिले रहते हैं, वे एक मात्रिक अथवा लघु होते हैं। यथा–क, कि, कु, क्र, कृ, क्व, न्त, म्ह, ल्ह आदि।
3. वे ह्रस्व स्वर तथा वैसे सभी व्यंजन जिनसे ह्रस्व स्वर मिले रहते हैं। यदि चन्द्रबिन्दु (ँ) युक्त हों, तो एक मात्रिक अथवा लघु माने जाते हैं। यथा–अँ, कँ क्रँ आदि।
4. वैसे दीर्घ स्वर अथवा वैसे व्यंजन जिनसे दीर्घ स्वर मिले होते हैं, ये कभी-कभी एक मात्रिक अथवा लघु माने जाते हैं जिनका उच्चारण ह्रस्व ही होता है। यथा–अवधेस **के द्वारे सकारे गयी गयी सुत गोद के** भूपति लै निकसे।

उपर्युक्त पंक्ति में 'के', 'रे', 'रे' और 'के' का लिखित रूप दीर्घ है, पर उच्चरित रूप ह्रस्व होने के कारण उन्हें एक मात्रिक अथवा लघु ही गिना जायेगा।

दीर्घ मात्राएँ

1. सभी दीर्घ स्वर द्विमात्रिक अथवा गुरु होते हैं। यथा–आ, ई, ऊ आदि।
2. जिन व्यंजनों के साथ दीर्घ स्वर मिले होते हैं, वे द्विमात्रिक या गुरु होते हैं। यथा– का, की, को, क्रो, क्रौ आदि।
3. अनुस्वार (ं) युक्त सभी स्वर और व्यंजन द्विमात्रिक अथवा गुरु होते हैं। यथा–कंद, फंद आदि।
4. दीर्घ स्वर से युक्त व्यंजन चँद्रबिन्दु (ँ) से युक्त होने पर भी गुरु ही माने जाते हैं। यथा–चाँद, साँप, काँप आदि।
5. संयुक्ताक्षर के पूर्व प्रयुक्त ह्स्वर स्वर अथवा व्यंजन द्विमात्रिक अथवा गुरु होते हैं। यथा–चिन्तन, वन्दन, उल्लास, नम्र, निर्दय इत्यादि।
6. विसर्ग से युक्त सभी स्वर और व्यंजन द्विमात्रिक अथवा गुरु होते हैं। यथा–अः कः, मः आदि।
7. चरणान्त में प्रयुक्त वर्ण को ह्रस्व अथवा दीर्घ मानना कवियों पर निर्भर है। वे चाहें तो ह्स्व वर्ण के लिए दीर्घ वर्ण अथवा दीर्घ वर्ण के लिए ह्रस्व वर्ण भी प्रयुक्त कर सकते हैं।

उपरि उल्लिखित नियमों के अनुसार आगे दिये गये छन्दों की मात्राएँ गिन कर देखी जा सकती हैं–

क. यहाँ तो झरते निर्झर, स्वर्ण-किरणों के निर्झर = 13 + 13

ISS IIS SII SI IIS S SII

स्वर्ग-सुषमा के निर्झर, निस्तल हृदय-गुहा में = 13 + 13

SI IIS S SII SII III IS S

ख. शशि-मुख पर घूँघट डाले, अंचल में दीप छिपाये = 14 + 14

II II IISII SS SII SSI ISS

जीवन की गोधूलि में, कौतूहल से तुम आये। = 14 + 14

SII S SSI S SSII S II SS

गण-पद्धति

छन्दों के अध्ययन की सुविधा के लिए आचार्यों ने गण-पद्धति का आविष्कार किया। छन्दों के पाद अथवा चरण के माप की इकाई के अर्थ में 'गण' प्रयुक्त होता है। 'गण' का शब्दार्थ है—समूह। छन्दःशास्त्र में **तीन वर्णों के समूह को 'गण' कहा जाता है**। प्रसार-भेद से तीन वर्णों के समूह को आठ रूपो में विन्यस्त किया जा सकता है। इसी कारण आठ वर्णिक गण स्वीकृत हैं। यथा—

	गणों के नाम	स्वरूप	उदाहरण
1.	यगण	ISS	धमाका
2.	मगण	SSS	मागन्धी
3.	तगण	SSI	सौगन्ध
4.	रगण	SIS	आरती
5.	जगण	ISI	मनोज
6.	भगण	SII	भारत
7.	नगण	III	हिरण
8.	सगण	IIS	गमला।

इन गणों की सुगमता पूर्वक पहचान के लिए अग्रांकित सूत्र ध्यान में रखना चाहिए—

यमाता राज भानसलगा

ISSSI S IIS

इस सूत्र के द्वारा सभी गणों के लक्षण आसानी से निकाले जा सकते हैं। जिस गण का लक्षण जानना हो, उपर्युक्त सूत्र से उस गण के प्रथम वर्ण एवं उसके बाद के दो वर्णों को मिला कर उसका स्वरूप जाना जा सकता है।

वर्णिक छन्द

वर्णिक का अर्थ है—**वर्णाश्रित** अथवा **वर्णनिर्भर**। इस प्रकार के छन्दों का निर्माण वर्णों की निश्चित संख्या और व्यवस्था पर होता है। इसके दो रूप माने गये हैं—**साधारण** और **दण्डक**। साधारण वर्णिक छन्द में एक से लेकर छब्बीस वर्ण तक प्रयुक्त होते हैं और छब्बीस से अधिक वर्ण वाले छन्द दण्डक कहे जाते हैं। जिन वर्णिक छन्दों में चारों चरण समान होते हैं एवं प्रत्येक चरण में प्रयुक्त होने वाला गुरु-लघु-क्रम सुनिश्चित रहता है, वे वर्णिक वृत्त कहे जाते हैं। आगे कतिपय प्रमुख **वर्णिक छन्दों** का सोदाहरण निरूपण किया जाता है।

1. अनुष्टुप : यह **अष्टाक्षर चतुष्पाद** छन्द है। इसके प्रत्येक अष्टक का पाँचवाँ वर्ण, दूसरे-चौथे का सातवाँ वर्ण लघु एवं पहले तथा तीसरे अष्टक का सातवाँ वर्ण दीर्घ होता है। यथा—

क. भिन्न भी भावभंगी में / भाती है रूप-सम्पदा।
फूल धूल उड़ाके भी / आमोदप्रद है सदा।।—गुप्त जी।

ख. वर्णानामर्थसंघानां / रसानांछन्दसामपि।
मंगलानां च कर्तारौ / वंदे वाणी विनायकौ।।—तुलसी।

2. द्रुतविलम्बित : इसके प्रत्येक चरण में क्रमशः **एक नगण, दो भगण और एक रगण** (नभभर) आते हैं। लघु-गुरु वर्ण-योजना यों होती है—।।।, ऽ।।, ऽ।।, ऽ।ऽ यथा—

दिवस का अवसान समीप था / गगन था कुछ लोहित हो चला।
।।। ऽ ।। ऽ । ।ऽ। ऽ ।।। ऽ ।। ऽ।। ऽ ।ऽ
तरु-शिखा पर थी अब राजती / कुमुदिनी-कुलबल्लभ की प्रभा।। —हरिऔध
।। ।ऽ ।। ऽ ।। ऽ।ऽ ।।।ऽ ।।ऽ।। ऽ ।ऽ

3. वंशस्थ : इसके प्रत्येक चरण में क्रमशः **एक जगण, एक तगण, एक जगण और एक रगण** (जतजर) होते हैं। गुरु-लघु वर्ण-योजना यों होती है। ।ऽ।, ऽऽ।, ।ऽ ।, ऽ ।ऽ; यथा—

क. मिले बड़े भाग्य अहो मनुष्यता / मनुष्यता में शुचि शास्त्र-योग्यता।
।ऽ ।ऽऽ । ।ऽ ।ऽ।ऽ ।ऽ।ऽ ऽ ।। ऽ । ऽ ।ऽ
सुयोग्तया में प्रिय काव्य-कारिता / सुकारिता पै अतिशक्ति-साध्यता।
—कवि पुष्कर।

ख. प्रसन्नतां या न गताभिषेकत / स् तथा मम्ले वनवासदुःखतः।
मुखाम्बुज श्री रघुनन्दनस्य में / सदास्तु सा मंजुलमंगलप्रदा।।—तुलसी।

4. वसन्ततिलका : इसके प्रत्येक चरण में **क्रमशः एक तगण, एक भगण, दो जगण और दो गुरु** (तभजज + ऽऽ) होते हैं। लघु-गुरु वर्ण-योजना यों होती है– ऽऽ।, ऽ । ।, ।ऽ।, ऽऽ । इसे ही **'सिंहोन्नता'** और 'उद्धर्षिणी' के नाम से भी जाना जाता है। यथा–

क. सारंग ने, सुमन ने, नभ ने, पिंकी ने / पुष्पौध में, पवन में, महि में, हिये में;
ऽऽ।ऽ ।।ऽ ऽ ।। ऽ ।ऽ ऽ ऽऽ । ऽ ।।। ऽ ।। ऽ ।ऽऽ
गुँजार से, सुरभि से, छवि से, स्वरों से / उद्भ्रान्ति, क्रान्ति, शुचिता, मृदुता प्रचारी।
–अनूपशर्मा।

ख. नानापुराणनिगमागमसंमतं यद् / रामायणे निगदितं क्वचिदन्यतोऽपि।
स्वान्तः सुखाय तुलसी रघुनाथ गाथा / भाषानिबंधमतिमंजुलमातनोति।।
–तुलसी।

5. मालिनी : इसके प्रत्येक चरण में क्रमशः दो नगण, एक मगण एवं दो यगण (ननमयय) होते हैं। लघु-गुरु वर्ण-योजना यों होती है– ।।।, ।।।, ऽऽऽ, ।ऽऽ, ।ऽऽ एवं आठ वर्णों पर यति होती है। यथा–

क. प्रिय पति वह मेरा प्राण-प्यारा कहाँ है?
।। ।। ।। ऽऽ ऽ। ऽऽ ।ऽ ऽ
दुख-जलनिधि डूबी का सहारा कहाँ है?
लख मुख जिसका मैं आज लौं जी सकी हूँ,
वह हृदय हमारा नैन-तारा कहाँ है? –हरिऔध।

ख. अतुलितबलधामं/स्वर्ण शैलाभदेहं/दनुजवनकृशानुं/ ज्ञानिनामग्रगण्यं।
सकलगुणनिधानं / वानराणामणीशं // रघुपतिवरदूतं / वातजातं नमामि।।
–तुलसी।

6. मन्दाक्रान्ता : इसके प्रत्येक चरण में क्रमशः एक मगण, एक भगण, एक नगण, दो तगण और दो गुरु (मभनतत + ऽ ऽ) होते हैं। लघु-गुरु वर्ण-योजना इस प्रकार होती है–ऽ ऽ ऽ, ऽ ।।, ।।।, ऽ ऽ ।, ऽऽ ।, ऽऽ; यथा–

प्यारा वृन्दाविपिन उनको आज भी पूर्व-सा है।
ऽऽ ऽऽ ।।। ।।ऽ ऽ। ऽ ऽ।ऽ ऽ
वे भूले हैं न प्रिय जननी औ न पिता प्यारे को।
वैसी ही हैं सुरति करते श्याम गोपांगना की।

वैसे ही है प्रणय-प्रतिभा बालिका याद आती।।–हरिऔध।

अपनी मंथर गति के कारण ही यह छन्द वियोग शृंगार के लिए अधिक अनुकूल माना गया है।

7. शिखरिणी : इसके प्रत्येक चरण में **क्रमशः एक यगण, एक मगण, एक नगण, एक सगण, एक भगण एवं एक लघु और एक गुरुवर्ण** होते हैं। लघु-गुरु, वर्ण-योजना यों होगी—(।ऽऽ, ऽऽऽ, ।।।, ।।ऽ, ऽ।।, ।ऽ, एवं छठे और ग्यारहवें वर्णों पर यति होती है) यथा—

अनूठी आभा से सरस सुषमा से सरस से
।ऽऽ ऽऽ ऽ ।।। ।।ऽऽ ।।। ऽ
बना जो देती थी बहुगुणभयी भू- विपिन को
निराले फूलों की विविध दल वाली अनुपमा
जड़ी-बूटी नाना बहुफलवती भी विलसती। —हरिऔध।

8. शार्दूलविक्रीड़ित : इसके प्रत्येक चरण में **क्रमशः एक मगण, एक सगण, एक जगण, एक सगण, दो तगण एवं एक गुरु** (मसजसतत + ऽ) होते हैं। यति सातवें और बारहवें वर्णों के बाद होती है। लघु गुरु वर्ण-योजना यों होगी—(ऽऽऽ, ।।ऽ, ।ऽ।, ।।ऽ, ऽऽ।, ऽऽ।, ऽ); यथा—

क. पेचीले नव राज- / नीति पचड़े / जो वृद्धि हैं पा रहे।
ऽऽऽ।। ऽ। ऽ। ।।ऽ ऽ ऽ। ऽ ऽ ।ऽ
यात्रा में ब्रजभूमि / की अहह वे / हैं विघ्नकारी बड़े।
आते बासर हैं न-/ वीन जितने / लाते नये प्रश्न हैं।
होता है उनका दु-/ रूहपन भी / व्याघातकारी महा।।—हरिऔध

ख. यन्मायावशवर्ति विश्वमखिलं ब्रह्मादिदेवासुरा,
यत्सत्त्वादिमृषैव भाति सकलं रज्जौ यथाहेर्भ्रमः।
यत्पादप्लवमेकमेव हि भषाभ्योधेस्तितीर्षावतां,
वन्देऽहं तमशेषकारणपरं रामाख्यमीशं हरिम्।।—तुलसी।

9. शशिवदना : इसके प्रत्येक चरण में **क्रमशः एक नगण, एक यगण, एक नगण और एक मगण (यनयन)** होते हैं। यथा—

सुनि मुनिराई जग सुखदायी।
।। ।।ऽऽ ।। ।। ऽऽ
कहि अब सोई जेहि यश होई।।—केशवदास।

10. प्रमाणिका : इसके प्रत्येक चरण में **क्रमशः एक जगण, एक रगण, एक लघु और एक गुरु** (।ऽ।, ऽ।ऽ, ।ऽ) होते हैं। यथा—

नमामि भक्तवत्सलम्, कृपालुशील कोमलम्।
भजामि ते पदाम्बुजम्, अकामिनां स्वधामदम्।।–तुलसी।

11. **अमृतगति** : इसके प्रत्येक चरण में **क्रमशः एक नगण, एक जगण, एक नगण और एक गुरु** (नयन + ऽ) वर्ण होते हैं। लघु-गुरु वर्ण-योजना यों होती है–(।।।, ।ऽ।, ।।।, ऽ); यथा–

सुमति महामुनि सुनिये, तन धन कै मन गुनिये।
मन महँ होय सु कहिये, धनि सु जु आपुन लहिये।।–केशवदास।

12. **इन्द्रवज्रा** : इसके प्रत्येक चरण में **क्रमशः दो तगण, एक जगण और दो गुरु** (ततज + ऽऽ) वर्णों के प्रयोग होते हैं। लघु-गुरु वर्ण-योजना यों होती है–(ऽऽ।, ऽऽ।, ।ऽ।, ऽऽ); यथा–

मैं राज्य की चाह नहीं करूँगा / है जो तुम्हें इष्ट वही करूँगा।
ऽ ऽ। ऽ ऽ। । ऽ । ऽऽ ऽ ऽ । ऽ ऽ । । ऽ । ऽऽ
सन्तान जो सत्यवती जनेगी / राज्याधिकारी वह ही बनेगी।।
–गुप्त जी।

13. **उपेन्द्रवज्रा** : इसके प्रत्येक चरण में क्रमशः एक जगण, एक तगण, एक जगण औरदो गुरु (जतज + ऽऽ) वर्णों के प्रयोग होते हैं। लघु-गुरु वर्ण-योजना यों होती हैं–(।ऽ।, ऽऽ।, ।ऽ।, ऽऽ); यथा–

बड़ा कि छोटा कुछ काम कीजै / परन्तु पूर्वापर सोच लीजै।
।ऽ । ऽऽ । । ऽ । ऽऽ । ऽ । ऽऽ।। ऽ। ऽ ऽ
बिना विचारे यदि काम होगा / कभी न अच्छा परिणाम होगा।।
–गुप्त जी।

14. **शालिनी** : इसके प्रत्येक चरण में **क्रमशः एक मगण, दो तगण और दो गुरु** (मतत + ऽऽ) वर्ण होते हैं। लघु-गुरु वर्ण-योजना यों होती है–(ऽऽऽ, ऽऽ।, ऽऽ।, ऽऽ)। यथा–

क्या क्या होगा साथ, मैं क्या बताऊँ / है ही क्या, हा! आज जो मैं जताऊँ?
ऽ ऽ ऽऽ ऽ। ऽ ऽ ।ऽऽ ऽऽ ऽ ऽ ऽ ऽ ऽ ।ऽऽ
तो भी तूली, पुस्तिका और वीणा, / चौथी में हूँ, पाँचवीं तू प्रवीणा!
–गुप्तजी।

15. **भुजंगप्रयात** : इसके प्रत्येक चरण में चार यगण (4 × ।ऽऽ) होते हैं। यथा–

क. अरी व्यर्थ है व्यंजनों की बड़ाई, / हटा थाल, तू क्यों इसे आप लाई?
ISS I S SIS S ISS IS SI S S IS SI SS
वही पाक है जो बिना भूख भावे, / बता किन्तु तू ही, उसे कौन खावे?
—गुप्तजी।

ख. नमामीशमीशान निर्वाणरूपं / विभुं व्यापकं ब्रह्मवेदस्वरूपम्।
निजं निर्गुणं निर्विकल्पं निरीहं / चिदाकाशमाकाशवासं भजेहम्।।
—तुलसी।

16. पंचचामर : इसके प्रत्येक चरण में **क्रमशः एक जगण, एक रगण, एक जगण, एक रगण, एक जगण और एक गुरु** (जरजरज + S) वर्ण होते हैं। लघु-गुरु वर्ण-योजना इस प्रकार होती है—(ISI, SIS, ISI, SIS, ISI, S)। यथा—

हिमाद्रि तुंग शृंग से प्रबुद्ध शुद्ध भारती।
I S I S I S I S I S I S I S I S
स्वयंप्रभा समुज्ज्वला स्वतंत्रता पुकारती।।
अमर्त्य वीर-पुत्र हो, दृढ़ प्रतिज्ञ सोच लो
प्रशस्त पुण्यपंथ है—बढ़े चलो, बढ़े चलो! — प्रसाद

यही छन्द **'नाराच'** और **'महोत्सव'** के नाम से भी हिन्दी कविता में प्रयुक्त हुआ है।

17. पृथ्वी : इसके प्रत्येक चरण में क्रमशः एक जगण, एक सगण, एक जगण, एक सगण, एक यगण और एक लघु तथा एक गुरु (जसजसय + IS) वर्ण होते हैं। लघु-गुरु वर्ण-योजना इस प्रकार होती है—(ISI, IIS, ISI, IIS, ISS, IS)। यथा—

निहार सखि, सारिका कुछ कहे बिना शान्त-सी,
ISI II S I S I I I S I S S I S
दिये श्रवण है यहीं, इधर मैं हुई भ्रान्त-सी।
इसे पिशुन जान तू, सुन सुभाषिणी है बनी,
धरो! खगि, किसे धरूँ? धृति लिये गये हैं धनी।—गुप्तजी।

18. स्रग्धरा : इसके प्रत्येक चरण में **क्रमशः एक मगण, एक रगण, एक भगण, एक नगण और तीन यगणों** (मरभनयभय) के प्रयोग होते हैं। इसकी रचना तीन सप्तकों में होती है। यथा—

क. रोती है और दूनी निरख कर मुझे दीन-सी तीन सासें,
SSS SI SS III II IS SI I IS SS
होते हैं देवरश्री नत, हत बहनें छोड़ती हैं उसासें।
आली, तू ही बता दे, इस विजन बिना मैं कहाँ आज जाऊँ?

दीना, हीना, अधीना ठहर कर कहाँ शान्ति दूँ और पाऊँ
— गुप्त जी।

ख. रामं कामारिसेव्यं भवभयहरणं कालमत्तेभसिंहं,
योगेन्द्र ज्ञानगम्यं गुणनिधिमजितं निर्गुणं निर्विकारं।
मायातीतं सुरेशं खलवधनिरतं ब्रह्मवृन्दैकदेवं,
वन्दे कन्दावदातं सरसिजनयनं देवमुर्वीशरूपं।।—तुलसी।

19. सवैया : वर्णिक सम वृत्तों में **बाईस से छब्बीस वर्णों के चरण वाले** जाति छन्द हिन्दी में सवैया के नाम से प्रसिद्ध हैं। हिन्दी का यह सर्वाधिक लोकप्रिय छन्द रहा है। राष्ट्रकवि **दिनकर** ने 'सवैया' और 'कवित्त' को 'हिन्दी का कल्पवृक्ष' कहा है। सवैया छन्द की प्रतिष्ठा हिन्दी भक्तिकाव्य में ही हो चुकी थी, पर उसे पूर्णता, व्याप्ति और लोकप्रियता रीतिकाव्य में मिली। आधुनिक काल में भी इसका सफल प्रयोग कई कवियों ने किया है। **पुत्तूलाल शुक्ल** के अनुसार "भगणात्मक, जगणात्मक और सगणात्मक सवैये की लय क्षिप्र गति से चलती है और मगणात्मक, तगणात्मक तथा रगणात्मक सवैये की लय मन्द गति होती है।" इसके बीसों प्रकार हिन्दी-कविता में प्रयुक्त मिलते हैं जिनमें **मत्तगयन्द** (सात भगण + SS) **दुर्मिल** (आठ सगण), **सुन्दरी** (आठ सगण + S) **किरीट** (आठ भगण), **मदिरा** (सात भगण + S) **चकोर** (सात भगण + SI) **सुमुखी** (सात जगण + IS) **लक्षी** (आठ रगण), **मुक्तहरा** (आठ जगण), **वाम** (सात जगण + एक यगण), **अरसात** (सात भगण + एक रगण), **अरविन्द** (आठ सगण + I) **मानिनी** (सात जगण + IS) **महाभुजंगप्रयात** (आठ यगण), सुखी (आठ सगण + IS), **मंदारमाला** (सात तगण + S), **उपजाति** (दो का मिश्र रूप) आदि बहुप्रयुक्त हैं। इनमें से कतिपय के उदाहरण आगे प्रस्तुत किये जाते हैं।

(क) मत्तगयन्द सवैया (सात भगण + SS)। इसका अन्य नाम **'मालती'** सवैया भी है। यथा—

सेस महेस गनेस दिनेस सुरेसहु जाहि निरन्तर गावै।
SI ISI ISI ISI ISI SI ISII SS
जाहि अनादि अनन्त अखण्ड अछेद अभेद सुवेद बतावै।
जाहि हियै लखि आनन्द ह्वै जड़ मूढ़ हिये 'रसखानि' कहावै।
ताहि अहीर की छोहरिया छछिया भरि छाँछ पै नाच नचावै।।—रसखान

(ख) दुर्मिल सवैया (आठ सगण)। इसका अन्य नाम **'चन्द्रकला'** सवैया भी है। इसमें यति बारह वर्णों पर होती है। यथा—

क. निकसी रति-मन्दिर भीतर तैं बिखरी अँगिया उकसी छतिया।
IIS IISII SII S IIS IIS IIS IIS

रद के छद मन्द कपोल लसै अरसात जम्हात लजात तिया।
मुरझानि सी 'लोकन' बैठि रही अवलोकि जिठानि सबै सखिया।
मुख तैं बतिया कढ़ि आवत ना भर जात रसीली बड़ी अँखिया।
—लोकनाथ मिश्र।

ख. सखि नील नभस्सर में निकला यह हंस अहा! तरता-तरता।
अंब तारक मौक्तिक शेष नहीं निकला जिनको चरता-चरता।
अपने हिमबिन्दु बचे तब भी चलता उनको धरता-धरता।
गड़ जायँ न कण्टक भूतल के कर डाल रहा डरता-डरता।।—गुप्तजी।

ग. **सुन्दरी सवैया** (आठ सगण + ऽ)। इसी के **'मल्ली'** और **'सुखदानी'** नाम भी हैं। यथा—

मुखपंकज कंज-विलोचन मंजु मनोज सरासन-सी बनि भौहैं।
।।ऽ।। ऽ। ।ऽ।। ऽ। ।ऽ। ।ऽ।। ऽ ।। ऽऽ
कमनीय कलेवर कोमल स्यामल और किसोर जटा सिर सोहैं।
'तुलसी' कटि तून धरैं धनुबाण अचानक दृष्टि परी तिरछोहैं।
केहि भाँति कहौं सजनी तेहि सों मृदु मूरति द्वै निवसी मन मोहैं।।
—तुलसी।

(घ) **किरीट सवैया** (आठ भगण)। यथा—

क. मानुष हौं तो वही 'रसखानि' बसौं ब्रज गोकुल गाँव के ग्वारन।
ऽ।। ।। ।ऽ ।।ऽ। ।ऽ।। ऽ।। ऽ।। ऽ।।
जो पसु हौं तो कहा वसु मेरो चरौं नित नन्द की धेनु मँझारन।
पाहन हौं तो वही गिरि को जो धरयौ कर छत्र पुरन्दर धारन।
जौं खग हौं तो बसेरो करौं मिलि कालिन्दी कूल कदम्ब की डारन।।
—रसखान।

ख. साथ सखी के नई दुलही को भयो हरि कौ हियो हेरि हिमंचल।
आय गये 'मतिराम' तहाँ घर जानि इकंत अनन्द ते चंचल।
देखत ही नँदलाल बाल के पूरि रहे अँसुवानि दृगंजल।
बात कही न गई सु रही गहि हाथ दुहूँ सों सहेली को अंचल।।
—मतिराम।

(ङ) मदिरा सवैया (सात भगण + ऽ)। इसे ही **'मालिनी'**, **'उमा'** और **'दिवा'** नाम से भी प्रयुक्त किया गया है। यथा—

भासत गौरि गुसाँइन को वर राम दुहू धनु खण्ड कियो।

SII SI IS II S II SI ISII S I IS
मालिनी को जयमाल गुहौ हरि के हिय जानकि मेलि दियो।
रावण की उतरी 'मदिरा' चुपचाप पयान जु लंक कियो।
राम वरी सिय मोद भरी नभ में सुर जय जयकार कियो।।

—मदिरा कवि।

(च) **चकोर सवैया** (सात भगण + SI) यथा—

भासत ग्वाल सखागन में हरि राजत तारन में जिमि चन्द।
SII SI ISII S II SII SII S II SI
नित्य नयो रचि रास मुदा ब्रज में हरि खेलत आनन्द कन्द।
या छबि काज भये ब्रजवासि चकोर पुनीत लखै बँदनन्द।
धन्य वही नरनारि सराहत या छबि काटत जो भवफन्द।।

—भानु कवि।

(छ) सुमुखी सवैया (सात जगण + IS)। इसी का अन्य नाम **'मानिनी'** और **'मल्लिका'** सवैया भी है। 'दुर्मिल' सवैया के प्रथम लघु वर्ण को हटा देने या 'वाम' सवैया के अंतिम वर्ण को हटा देने से यह सवैया बनता है। यथा—

हरोहर बाइ मनोहर को मनु माँगत है करि आरि धनी।
ISII SI ISII S II SII S II SI IS
झुकाउ न 'केसव' को कहि देउ दुराउ न अंगन में सजनी।
उघारहिं घूँघट अंचल डारि उतारि कै कंचुकि तोरि तनी।
न पाइहि तौ फिरि जैहै भटू अरु पाइहि तौ सब बात बनी।।

—केशवदास।

(ज) गंगोदक सवैया (आठ रगण)। इसे ही **'लक्षी'**, **'मत्तमातंगलीलाकर'** और **'खंजन'** सवैया भी कहा गया है। यथा—

मेघ मंदाकिनी चारू सौदामिनी रूप रूरे लसै देहधारी मनो।
SI SSIS SI SSIS SI SS IS SISS IS
भूरि भागीरथी भारती हंसजा अंस के हैं मनो भाग भारे मनो।
देवराजा लिये देवरानी मनो पुत्र संयुक्त भूलोक में सोहिये।
पक्ष दूसंधि संध्या सँधी है मनो लसिये स्वच्छ प्रत्यक्ष ही मोहिए।।

—केशवदास।

(झ) मुक्तहरा सवैया (आठ जगण)। 'मत्तगयन्द' सवैया के आदि और अन्त में एक-एक लघु वर्ण जोड़ने से यह बनता है। इसमें यति ग्यारह और तेरह वर्णों पर

होती है। यथा–

सुपूरन प्रेम सुभातनि कौन सुनै समुझै न षडानन सेसु।
।ऽ।। ऽ। ।ऽ।। ऽ। ।ऽ ।।ऽ । ।ऽ।। ऽ।
प्रबोध बियोग बिसेष असेषनि 'केसव' लै बिसरो उपदेशु।
धरै सब देस के काम तथापि विलोकि विदेहन को गुरु बेसु।
सुभावहि ऊधव गोपिन पास जु आये सिखावन सीखि चलै सु१।
—केशवदास।

(ञ) **वाम सवैया** (सात जगण + एक यगण)। इसे ही **'मंजरी'**, **'मकरन्द'** या **'माधवी'** सवैया भी कहा जाता है। 'मत्तगयन्द' सवैया के आदि में एक लघु वर्ण जोड़ने से यह बन जाता है। यथा–

विलोकि सिरोरूह सेत समेत तनोरूह कोविद यों गुण गायो।
।ऽ। ।ऽ।।ऽ। ।ऽ। ।ऽ।। ऽ।। ऽ ।। ऽऽ
उठे किधौं आयु की औधि के अंकुर शूल कि शुष्क समूल नसायो।
जरैं किधौं 'केसव' व्याधिन की किधौं आधि के आखर अंत न पायो।
जरा सर पंजर जीव जर्‌यौ कि जरा-जरकंबर सों पहिरायो।।
—केशवदास।

(ट) **अरसात सवैया** (सात भगण + एक रगण)। यथा–

आपुहिं तें मन हेरि हँसे तिरछे करि नैनहिं नेह के चाव में।
ऽ।। ऽ ।। ऽ। ।ऽ ।।ऽ ।। ऽ।। ऽ। । ऽ। ऽ
हाय दई! सुबिसारि दई सुधि कैसी करौं सो कहो कित जावँ में।
मीत सुजान अनीति कहा यह ऐसी न चाहिए प्रीति के भाव में।
मोहनि मूरति देखिवे को तरसावत हौ बसि एक ही गाँव में।—घनानंद

(ठ) **अरविन्द सवैया** (आठ सगण + ।) यथा–

सँग आये हैं एक रिषीसुर के नरदेव कुमार कि देवकुमार।
।। ऽ। ।ऽ। ।ऽ।। ऽ ।ऽ। ।ऽ। । ऽ।ऽ।
सरकोष कसें करि हाँ जु धरें धनुबान मनोजहुँ के अवतार।
अति दीरघ लोचन बाल बहिक्रम स्यामल वीर सरीर उदार।—केशवदास
इनहीं महँ एकहिं देइ सुता नृप ऐसि जो कोंहु करै करतार।।

(ड) **लवंगलता सवैया** (आठ जगण + ।)। यथा–

चढ़ीं प्रति मन्दिर सोभ बढ़ी तरुणी अवलोकन को रघुनन्दनु।
।ऽ ।। ऽ।। ऽ। ।ऽ ।।ऽ ।।ऽ।। ऽ ।।ऽ।।

मनों गृहदीपति देह धरे सुकिधौं गृहदेवि विमोहित हैं मनु।
किधौं कुलदेवि दिपैं अति 'केसव' कै पुरदेवनि कौ हुलस्यो गनु।
जहीं सु तहीं यहि भाँति लसैं दिवि देविन को मद छालति हैं मनु।।
—केशवदास।

(ढ) सुख सवैया (आठ सगण + ।।)। इसका अन्य नाम **'किशोर'** और **'कुन्दलता'** भी है। यथा—

सुनि सोधि सखी भरि लेत बिलोचन काँपत देखत फूले तमालहि।
।। S । ।S ।। S। ।S।। S।। S।। S। ।S ।।
अति भूले ये डोलत बोलत नाहिन बाग गये किधौं तेरेइ तालहि।
मुख देख्यो चाहति देखि न आवति ऐसे में हौं न दिखाऊँ री लालहि।
कहि आजु कहा दिखसाध लगी जब देख्यो सुहाइ कछु न गोपालहि।।
—केशवदास।

यदि 'सुख' सवैया का अंतिम वर्ण गुरु होता है यानी आठ सगण के पश्चात् क्रमशः लघु और गुरु वर्ण (8 सगण . ।S) होते हैं तो सवैया 'सुखी' कहा जाता है। यथा, 'कुरुक्षेत्र' में **रामधारी सिंह 'दिनकर'** द्वारा प्रयुक्त 'सुखी' सवैया—

कुछ के अपमान के साथ पितामह विश्व-विनाशक युद्ध को तोलिये।
।। S ।IS। ।S। ।S।। S। ।S।। S। । S।S

(ण) उपजाति सवैया : जिसमें दो भिन्न सवैया एक साथ प्रयुक्त होते हैं, अर्थात् जिस सवैया के चरणों में गण-योजना भिन्न-भिन्न होती है, उसे उपजाति सवैया कहते हैं। यथा—

ठाढे हैं नो द्रुम गर गहे धनु काँधें धरे कर सायकु हौ।
विकटी भृकुटी बड़री अँखियाँ अनमोल कपोलन की छबि है।
'तुलसी' अस मूरति आनु हिये जड़ डारु धौं प्रान निछावरि कै।
श्रमसीकर साँवरि देह लसै मनो रासि महा तम तारक मै।।—तुलसी।

इसमें पहला चरण **मदिरा** (7 भ + गु) का है और शेष तीन चरण **दुर्मिल** (8 स) का है। वस्तुतः उपजाति सवैया तुलसी की प्रतिभा का परिणाम है। उन्होंने मत्तगमन्द-सुन्दरी, मत्तगमन्द-वाम और वाम-सुन्दरी के उपजाति भी लिखे हैं। **केशव** कृत **'रसिकप्रिया'** में भी उपजाति सवैया के उदाहरण उपलब्ध हैं।

20 कवित्त : **कवित्त मुक्तक वर्णिक दण्डक छन्द है जिसमें मुख्य रूप से 31 से 33 वर्ण तक मिलते हैं।**

वर्णिक छन्द के आरम्भ में ही उल्लेख किया गया है कि एक से छब्बीस वर्ष वाले छन्द **'साधारण'** और छब्बीस से अधिक वर्ण वाले छन्द **'दण्डक'** कहे जाते हैं। पुनः 'दण्डक' भी दो प्रकार के माने गये हैं—**साधारण** दण्डक (गण-बद्ध) और **मुक्तक** दण्डक (गणों के बन्धन से मुक्त)। हिन्दी कविता में सामान्यतः 31 से 33 वर्णों वाले **मुक्तक दण्डक** प्रयुक्त हुए हैं जिनकी सामान्य अभिधा 'कवित्त' है। जैसे बाईस से छब्बीस वर्णों वाले छन्दों की सामान्य प्रचलित संज्ञा 'सवैया' है, वैसे ही किसी भी प्रकार के (मुख्यतः 31 से 33 वर्णों वाले) वर्णिक मुक्तक दण्डक छन्दों की सर्वमान्य अभिधा 'कवित्त' है।

वर्ण-प्रयोग के आधार पर कवित्त के तीन मुख्य प्रकार मान्य हैं—घनाक्षरी (31 वर्ण), रूपघनाक्षरी (32 वर्ण) और देवघनाक्षरी (33 वर्ण)। गुरु-लघु वर्णों के प्रयोग के नियम-विशेष से कवित्त के मुख्यतः दस प्रकारों के प्रचलन मिलते हैं। यथा—(क) **घनाक्षरी** अथवा मनहरण (31 वर्ण, गुर्वन्त), (ख) **कलाधर** (31 वर्ण, गुरु-लघु क्रम), (ग) **जनहरण** (31 वर्ण, 30 वर्ण लघु और गुर्वन्त), (घ) **रूपघनाक्षरी** (32 वर्ण, गुरु-लघु क्रम) (ङ) जलहरण (32 वर्ण, प्रत्येक पद द्विलघ्वन्त), (च) **डमरू** (32 वर्ण, सर्व लघु), (छ) **किरपान** (32 वर्ण, गुरु-लघ्वन्त), (ज) **विजया** (32 वर्ण, रगणन्त या नगणन्त), (झ) **अनंगशेखर** (32 वर्ण, लघु-गुरु क्रम) और (ञ) **देवघनाक्षरी** (33 वर्ण, नगणन्त)। रीति कवि देव ने इनके अतिरिक्त तीस वर्णों का कवित्त भी लिखा है। आगे इनमें से कुछ के उदाहरण प्रस्तुत किये जाते हैं।

क. घनाक्षरी : इसमें 16 (8, 8) और 15 (8, 7) वर्णों की यति के साथ कुल 31 वर्ण होते हैं। यह आवश्यक रूप से गुर्वन्त होता है। इसी का अन्य नाम **'मनहरण'** भी है। घनाक्षरी वृत्तों में यही अपेक्षया अधिक लोकप्रिय और प्रचलित है। इसके प्रथम प्रयोक्ता सम्भवतः **मार्दगिसेन** (14वीं शती) हैं। **गंग** और **तुलसी** से लेकर **दिनकर** तक ने इसके कुशल प्रयोग किये हैं। उपयोगिता, अभिव्यक्ति-क्षमता, महत्ता आदि की दृष्टि से अनेक विचारकों ने इसे हिन्दी का राष्ट्रीय छन्द मानने का विचार अग्रसारित किया है। इस छन्द में सम प्रयोग अपेक्षया अधिक कर्णमधुर होता है। यथा—

इन्द्र जिमि जम्भ पर / वाड़व सुअम्भ पर
रावण सदम्भ पर / रघुकुल राज हैं।
पौन वारिवाह पर / संभु रतिनाह पर
ज्यों सहस्रबाहु पर / राम द्विजराज हैं।
दावा द्रुमदण्ड पर / चीता मृग-झुण्ड पर
'भूषण' वितुण्ड पर / जैसे मृगराज हैं।
तेज तम अंस पर / कान्ह जिमि कंस पर
त्यों मलेच्छ वंस पर / सेर सिवराज हैं। —भूषण।

(ख) जनहरण : इसके प्रत्येक पद में 31 वर्ण होते हैं जिनमें प्रथम 30 वर्ण लघु और अंतिम वर्ण गुरु होता है। यति प्रथम 16 (8, 8) वर्णों पर होती है। यथा—

यदुपति जय जय / नर नरहरि जय
जय कमल नयन / जय गिरिधरये।
जगपति हरि जय / जय गुरु जग जय
जय मनसिज जय / जय मन हरये।
जय परम सुमति / धर कुमतिन छय-
कर जपत तपत / हर नरवरये।
जय जलज सदृश / छबि सुजन-नलिन
रवि पढ़त सुकवि / जस जग परये।।—भानु।

(ग) कलाधर : इसके प्रत्येक पाद में 31 वर्ण होते हैं। वर्णों में गुरु-लघु क्रम होता है। यह आवश्यक रूप में गुर्वन्त होता है। यथा—

जाय के भरत्थ चित्र-/कूट राम पास वेगि
हाथ जोरि दीन ह्वै सु- / प्रेम तें विनै करी।
सीय तात मात कौशि- / ला वशिष्ठ आदि पूज्य
लोक वेद प्रीति नीति / की सुनीति ही धरी।
जान भूप बैन धर्म / पाल राम ह्वै सकोच
धीर दे गँभीर बन्धु / की गलानि को हरी।
पादुका दई पठाय / औध को समाज साज
देख नेह राम सीय / के हिये कृपा भरी।।—भानु।

(घ) रूपघनाक्षरी : इसमें गुरु-लघु क्रम से 32 वर्णों का चरण होता है। यति 16 (8, 8; 8, 8) वर्णों पर होती है। आधुनिक युग में गुप्तजी, दिनकर आदि ने केवल पदान्त में ही गुरु-लघु वर्ण-योजना आवश्यक मानी है। यथा—

क. बेर बेर बेर लैं स- / राहैं बेर बेर बहु
रसिक बिहारी देत / बन्धु कहँ फेर फेर।
चाखि चाखि भाखैं एहि / बाहु ते महान मीठ
लेहु तो लषन गों स- / राहत हैं हेर हेर।
बेर बेर देत बेर / सबरी सु बेर बेर
तऊ रघुवीर बेर / बेर तेहि टेर टेर।
बेर जनि लाउ बेर / बेर जनि लाउ बेर
बेर जनि लाउ बेर / लाउ कहैं बेर-बेर।।

मैथिलीशरण गुप्त जी द्वारा प्रयुक्त 'रूपघनाक्षरी' का उदाहरण अग्रांकित है। यथा–

ख. स्वच्छतर अम्बर में / छन कर आ रहा था
स्वाद मधु गन्ध से / वासित समीर सोम।
त्यागी प्रेम भाग के ब्र- / ती वे कृती जायापति
पान करते थे गल-/बाँह दिये आपा होय।
क्षुद्र कास कुश से ल-/गाकर समुद्र तक
मेदिनी में किसका था / मुदित न रोम-रोम?
समुदित चन्द्र किर-/णों का चौंर ढारता था
आरती उतारता था / दिव्य दीपबाला व्योम।।–गुप्तजी।

(ङ) जलहरण : इसके प्रत्येक पाद में 32 वर्ण होते हैं। यति 16 (8,8) वर्णों पर होती है। इसका प्रत्येक पाद द्विलघ्वन्त होता है। यथा–

आरस सों आरत स- / म्हारत न सीसपट
गजब गुजारत ग - / रीबन की धार पर।
कहै 'पदमाकर' सु- / गन्ध सरसार वेश
बिधुरि बिराजैं बार / हीरन के हार पर।
छाजत छबीले छिति / छहरि छरा के छोर
भोर उठि आई केल-/ मन्दिर के द्वार पर।
एक पग भीतर सु / एक देहरी पै धरे
एक कर कंज एक / कर है किवार पर।।–पद्माकर।

(च) किरपान (कृपाण) : इसके प्रत्येक पाद में 32 वर्ण होते हैं। यति 16 (8,8) वर्णों पर होती है। यह गुरु-लघवन्त होता है। यथा–

जबतें निहारे इन / आँखिन सुजान प्यारे
तब तें गही है उर / आन देखिबे की आन।
रस भीजै बैननि लु-/भाइकै रचे हैं तहीं
मधु मकरन्द सुधा / नावो ना सुनत कान।
प्रान प्यारी ज्यारी 'घन- / आनन्द' गुननि कथा
रसना रसीली निसि-/बासर करत गान।
अंग अंग मेरे उन / ही के संग रंग रँगे
मन सिंघासन पै वि-/राजै तिनहीं कौ ध्यान।।–घनानन्द।

(छ) विजया : इसके प्रत्येक पाद में 32 वर्ण होते है। यति 16 (8,8) वर्णों पर होती है। यह **रगणन्त** या **नगणन्त** होता है। यथा–

कन्त बिन बासर ब-/ सन्त लागे अन्तक से
तीर ऐसे त्रिविध स-/मीर लागे लहकन।
सान-धरे सार से चं-/दन घनसार लागे
खेद लागे खरे, मृ-/गमद लागे महकन।
फाँसी-से फुलेल लागे / गाँसी-से गुलाब अरु
गाज अगरजा लागे / चोवा लागे चहकन।
अंग अंग आगि ऐसे / केसरि के नीर लागे
चीर लागे जरन अ-/बीर लागे दहकन।।–देव।

(ज) **अनंगशेखर :** इसके प्रत्येक पाद में **लघु-गुरु क्रम से 32 वर्ण** होते हैं। यति 16 (8,8) वर्णों पर होती है। इसका प्रचलन बारहवीं शती से हुआ। इसका अन्य नाम **'द्विनराचिका'** या **'महानराच'** भी है। यह 'नराच' और 'पंचचामर' का विकसित दण्डक रूप है। 'पंचचामर' को द्विगुणित कर दिये जाने पर यह बन जाता है। यथा–

सदा कृपानिधान हौ। कहा कहौं सुजान हौ,
अमानि मान-दानि हौ / समान काहि दीजिए।
रसाल सिंधु प्रीति के / भरे खरे प्रतीति के,
निकेत रीति-नीति के / सुदृष्टि देख जीजिए।
ठगी लगी तिहारिये / सु आप त्यों निहारिये,
समीप है बिहारिए / उमंग रंग भीजिए।
पयोद मोद छाइए / विनोद को बढ़ाइए,
बिलम्ब छाँड़ि आइए / किधौं बुलाइ लीजिए।।–घनानन्द।

जयशंकर प्रसाद का प्रसिद्ध गीत 'हिमाद्रि तुं श्रुंग से...' (पंचचामर छन्द) भी इसका उदाहरण माना जा सकता है।

(झ) **देवघनाक्षरी :** इसके प्रत्येक पाद में 33 वर्ण होते हैं। यति प्रथम 16 (8,8,8,9) वर्णों पर होती है। इसका प्रत्येक पाद **नगणन्त** (।।।) होता है।

इस छन्द के प्रथम प्रयोक्ता हैं–**देव** (देवदत्त द्विवेदी)। इसी कारण उन्हीं के नाम पर यह 'देवघनाक्षरी' कहा जाता है। देव-पूर्व मात्र 31 और बत्तीस वर्णों के ही मुक्तक दण्डक प्रयुक्त होते थे। **देव** ने न केवल 33 वर्णों का यह दण्डक प्रयुक्त किया, प्रत्युत् 30 वर्णों के दण्डक भी प्रयुक्त किये हैं। (जिनमें 16-14) पर यति होती है। विशेष के लिए उनका 'काव्य-रसायन' देखा जा सकता है। 'देवघनाक्षरी' का एक उदाहरण अग्रांकित है। यथा–

आजु कुंज-मन्दिर में / छके रंग दोऊ बैठे,
केलि करैं लाज छोरि / रंग सों जहकि-जहकि।
सखीजन कहत क-/हानी 'हरिचंद' तहाँ,
नेह भरी केकी कीर/ पिक-सी चहकि-चहकि।
एकटक बदन नि-/हारें बलिहारि लै-लै,
गाढ़े भुज भरि लेत / बार-बार चूमि मुख,
प्रेम भरी बातैं करैं / मद सों बहकि-बहकि।।–हरिश्चन्द्र (भारतेन्दु)।

मात्रिक छन्द

मात्रा-गणना पर आधारित छन्द मात्रिक छन्द कहे जाते है। अर्थात इस प्रकार के छन्द के प्रत्येक चरण में मात्राओं की एक निश्चित संख्या होती है। इन छन्दों में वर्णों की संख्या भिन्न हो सकती है। वर्ण-संख्या को छोड़ कर **मात्रा-संख्या पर आधारित होना** इसकी विशिष्टता है। ये तीन प्रकार के होते हैं–सममात्रिक, **अर्द्धसममात्रिक** और विषम मात्रिक। **सममात्रिक** में चारों पाद समान होते हैं, **अर्द्धसममात्रिक** में प्रथम-तृतीय और द्वितीय-चतुर्थ पाद समान होते हैं और विषममात्रिक में चारों पाद असमान। हिन्दी में प्रयुक्त होने वाले मात्रिक छन्दों में प्रमुख हैं–मानव (14 मा.), पीयूषवर्ष (18 मा.), कुण्डल (22 मा.), हीर (23 मा.) रोला (24 मा.), शक्तिपूजा (24 मा.) रूपमाला (24 मा.), उल्लाला (26 मा.), गीतिका (26 मा.) सरसी (27 मा.), हरिगीतिका (28 मा.), नन्दन (28 मा.), ताटंक (30 मा.), वीर (31 मा.) शृंगारहार (32 मा.) आदि **सममात्रिक**; दोहा (13-11 मा), सोरठा (11-13 मा.), बरवै (12-7), गीति (12-18), उपगीति (12-15 मा.) आदि **अर्द्धसममात्रिक** और आर्या (12-18-12-15) **विषममात्रिक** एवं कुण्डलिया (दोहा-रोला) और छप्पय (रोला + उल्लाला) जैसे **मिश्रछन्द**। आगे इनके लक्षण-उदाहरण प्रस्तुत किये जाते हैं।

1. मानव : इसके प्रत्येक **चरण में चौदह मात्राएँ** होती हैं, पर किसी भी चरण में **एक साथ तीन चौकलों का प्रयोग** नहीं किया जाता। इसका दूसरा नाम **'सखी'** छन्द भी है। प्रसाद जी के प्रयोग ने इसे अधिक लोकप्रियता प्रदान की। इसी कारण बहुधा इसे ही **'आँसू'** अथवा **'प्रसादी'** छन्द भी कहा जाता है। यथा–

मानव जीवन वेदी पर, परिणय है विरह मिलन का।
ऽ।। ऽ।। ऽऽ।। ।।।। ऽ ।।। ।।। ऽ
सुख-दुख दोनों नाचेंगे, है खेल आँख का मन का।।–प्रसाद
।। ।। ऽऽ ऽऽऽ ऽऽ। ऽ। ऽ ।। ऽ

2. गोपी : इसके प्रत्येक चरण में पन्द्रह मात्राएँ होती हैं एवं चरण का आरम्भ त्रिकल (।।।, ।ऽ, ऽ।) से होता है। यथा–

गिरा हो जाती है सनयन, नयन करते नीरव भाषण;
ıS S SS S ıııı ııı ııS Sıı Sıı
श्रवण तक आ जाता है मन, स्वयं मन करता बात श्रवण! – पंत
ııı ıı S SS Sıı ıSıı ııS Sı ııS

3. चौपई : इसके प्रत्येक चरण में **पन्द्रह मात्राएँ** होती हैं। चरणान्त में अनिवार्यतः गुरु-लघु (Sı) की योजना होती है। इसी का अन्य नाम 'जयकरी' भी है। यथा–

हम नभ की निस्सीम हिलोर / डुबा दिशाओं के दस छोर
ıı ıı S SSııSı ıS ıSS S ıı Sı
नव जीवन कम्पन संचार / करते जग में चारों ओर
ıı Sıı Sıı SSı ııS ııS SS Sı
अमर, अगोचर, औ अविकार!–पंत
ııı ıSıı S ııSı

4. चौपाई : इसके प्रत्येक चण में **सोलह मात्राएँ** होती हैं। चरणान्त में **जगण** (ıSı) अथवा **तगण** (SSı) नहीं रखा जाता है। यथा–

क. बंदउ गुरु-पद-पदुम-परागा, सुरुचि सुबास सरस अनुरागा।
Sıı ıı ıı ııı ıSS ııı ıSı ııı ııSS
अमिय मूरिमय चूरन, चारू, समन सकल भव-रूज परिवारू।।
ııı SıııSıı SS ııı ııı ıı ıı SS
–तुलसी

ख. जगमग जगमग हम जग का मग, ज्योतित प्रतिपग करते जगमग।
हम ज्योति-शलभ हम कोमल प्रभ, हम सहज सुलभ दीपों के नभ।।
–पंत

5. पादाकुलक : इसके प्रत्येक चरण में **सोलह मात्राएँ** होती हैं। पूरे चरण का निर्माण चौकलों (SS, Sıı, ııS, ıSı या ıııı) से होता है। अतः यह सम प्रवाही छन्द है–इसमें विषममात्रिक शब्दों का प्रयोग नहीं होता है। यथा–

क. गुरु-पद-रज मृदु मंजुल अंजन, नयन अमिय दृग-दोष-विभंजन।
ıı ıı ıı ıı Sıı Sıı ııı ııı ıı Sı ıSıı
तेहिं करि ब्रिमल बिबेक बिलोचन, बरनउँ राम-चरित भव-मोचन।।
ıı ıı ııı ıSı ıS ıı ıııı Sıııı ııS ıı

ख. गिरि का/गौरव/गाकर/झर्-झर्, मद से / नस-नस / उत्ते जित कर।
मोती / कीलड़ि/यों से / सुन्दर, झरते / हैं झा/ ग भरे / निर्झर।।
–पंत

6. पद्धरि : इसका प्रत्येक चरण सोलह मात्रिक और समप्रवाही होता है। चरणान्त में जगण (।ऽ।) का विधान है। यति के लिए आवश्यक विधान नहीं है—कभी-कभी 8-8 अथवा 10-6 पर यति होती है। यथा—

क. खेलत बसंत राजाधिराज, देखत नभ कौतुक सुर-समाज।
ऽ।। ।ऽ। ऽऽ।ऽ। ऽ।। ।। ऽ।। । । ।ऽ।
बाजहिं मृदंग, डफ, ताल, बेनु, छिरकैं सुगंध भरि मलय रेनु।।—तुलसी
ऽ।। ।ऽ। ।। ऽ। ऽ। ।।ऽ ।ऽ। ।। ।।। ऽ।

ख. अम्बर में कुन्तल जाल देख, पद के नीचे पाताल देख;
ऽ।। ऽ ।।। ऽ । ऽ। ।।ऽ ऽऽ ऽऽ। ऽ।
मुट्ठी में तीनों काल देख, मेरा स्वरूप विकराल देख।—दिनकर।
ऽऽ ऽ ऽऽ ऽ। ऽ। ऽऽ ।ऽ। ।।ऽ। ऽ।

ध्यातव्य है कि 'चौपाई', 'पादाकुलक' और 'पद्धति' तीनों सोलहमात्रिक छन्द हैं, पर इनमें सूक्ष्म अन्तर है। 'चौपाई' में सब समकल या विषम युग्म होते हैं। यदि 'चौपाई' चार चौकलों की हो तो वह **'पादाकुलक'** कही जायेगी। 'पादाकुलक' का समप्रवाही होना आवश्यक है। 'पद्धरि' के चरण जगणान्त होते हैं, पर 'चौपाई' का जगणान्त होना वर्जित है।

7. शृंगार : इसके प्रत्येक चरण में सोलह मात्राएँ होती हैं। चरणारम्भ में त्रिकल (ऽ।, ।।। या ।ऽ) और चरणान्त में गुरु-लघु (ऽ।) का विधान है। बीच की मात्राएँ समप्रवाही हों, तो चारुता बढ़ जाती है। यथा—

देख / वसुधा का यौवन / भार/ गूँज / उठता है जब मधु / मास,
ऽ। ।।ऽ ऽ ऽ।। ऽ । ऽ। ।।ऽ ऽ ।। ।ऽ ऽ।
विधुर/ उर के-से मृदु उद/गार // कुसुम / जब खुल पड़ते सोच्छ/वास,
न जा/ने सौरभ के मिस/कौन//सँदे/शा मुझे भेजता/ मौन!—पंत।

8. पीयूषवर्ष : इसके प्रत्येक चरण में **उन्नीस मात्राएँ** होती हैं। इसमें प्रायः **दो सप्तक** और **एक रगण** (ऽ।ऽ) का संयोग होता है। यथा—

क. जनकपुर की / राजकुंज-वि / हारिका
।।।।। ऽ ऽ।ऽ। । ऽ।ऽ
एक सुकुमा/ री सलोनी सरिका
देख निज शि / क्षा सफल ल/ क्ष्मण हँसे
उर्मिला के / नेत्र खंजन-/से फँसे।—गुप्त।

ख. जब विमूर्च्छित / नीन्द से मैं / था जगा

।। ।ऽ ।।   ऽ । ऽऽ   ऽ ।ऽ
कौन जाने / किस तरह? पी / -यूष-सा
एक कोमल / समव्यथित निः / श्वास था
पुनर्जीवन-/सा मुझे तब / दे रहा!—पंत।

9. **कुण्डल :** इसके प्रत्येक चरण में **बाईस मात्राएँ** होती हैं। यह तीन षष्ठकों (ऽऽऽ, ऽ। ।ऽ आदि) और **एक चौकल** के संयोग से बनता है। यति, छठी, बारहवीं और अठारहवीं मात्रा पर होती है। यथा—

क. ठुमुकि चलत / रामचन्द्र / बाजत पै / जनियाँ
।।। ।।। ऽ ।ऽ। ऽ।। ऽ ।।ऽ
धाय मातु / गोद लेत / दसरथ की / रनियाँ।।—तुलसी।

ख. मैं भी कृत /-कृत्य आज / वीर वत्स / आ तू।
ऽ ऽ ।। ऽ । ऽ। ऽ। ऽ। ऽ ऽ
बुद्ध-शरण / धर्म-शरण / संघ-शरण / जा तू।।—गुप्त जी।

10. **हीर :** इसके प्रत्येक चरण में **तेईस मात्राएँ** होती हैं। इसमें प्रायः तीन षष्ठक (ऽऽ।।, ।।ऽऽ आदि) और **एक पंचक** होते हैं। इसका आरम्भ प्रायः गुरु (ऽ) और अन्त प्रायः रगण (ऽ।ऽ) से किया जाता है। यथा—

सोये तरु / वन में खग / सरसी में / जलजात
ऽऽ ।। ।। ऽ ।। ।।ऽ ऽ ।।ऽ।
सजग गगन / के तारक / भू-प्रहरी / प्रख्यात
सोओ जग /-दृग्तारक / भूलो पल/-क-निपात
चपल वायु / सा मानस / पा स्मृतियों / के घात। —पंत।

इसे ही **'हीरा'** और **'हीरक'** नाम से भी कवियों ने प्रयुक्त किया है।

11. **रोला :** इसके प्रत्येक चरण में **चौबीस मात्राएँ** होती हैं। पहले यति 11, 13 मात्राओं पर मान्य थी, पर अब प्रायः तीन अष्टकों (ऽ ।ऽ ।ऽ, ऽऽ।।।। आदि) के रूप में लिखा जाता है। यथा—

युग युग के मृत / आदर्शों के / ताज मनोहर
।। ।। ऽ ।। ऽऽऽऽ ऽ। ।ऽ।।
मानव के मो / हांघ हृदय में / किये हुए घर,
भूल गये हम / जीवन का सं / देश अनश्वर
मृतकों के हैं / मृतक, जीवितों / का है ईश्वर।

12. शक्तिपूजा : इसके प्रत्येक चरण में **चौबीस मात्राएँ** होती हैं। यह अष्टकों में लिखा जाता है। इसका प्रथम सशक्त प्रयोग 'राम की शक्तिपूजा' में हुआ है। यथा—

है अमा निशा, / उगलता गगन / घन अन्धकार;
खो रहा दिशा / का ज्ञान; स्तब्ध / है पवन-चार;
अप्रतिहत गर / ज रहा पीछे, अम्बुधि विशाल,
भूधर ज्यों ध्या / न मग्न ; केवल / जलती मशाल।—निराला।

13. रूपमाला : इसके प्रत्येक चरण में **चौबीस मात्राएँ** होती हैं। छन्द का निर्माण **तीन सप्तकों** और एक त्रिफल (प्रायः ऽ।) से होता है। इसकी तीसरी, दसवीं और सत्रहवीं मात्रा लघु होती है। पहले चौदह मात्राओं पर यति का विधान था, पर अब इसका पालन प्रायः नहीं होता है। यथा—

गिर रहीं पल /-कें झुकी थी / नासिका की नोक,
भ्रू-लता थी / कान तक चढ़ /-ती रही वे / रोक।
स्पर्श करने / लगी लज्जा / ललित कर्ण क /-पोल,
खिला पुलक क /-दम्ब-सा था/ भरा गद्‌गद्/ बोल।।—प्रसाद।

14. गीतिका : इसके प्रत्येक चरण में **छब्बीस मात्राएँ** होती हैं। यति चौदह-बारह मात्राओं पर होती है और अन्त में लघु-गुरु (।ऽ) का विधान है, किन्तु अब इनका आवश्यक रूप से पालन नहीं होता है। उदाहरण, यथा—

साधु भक्तों में सुयोगी / संयमी बढ़ने लगे।
सभ्यता की सीढ़ियों पै / सूरमा चढ़ने लगे।
वेद-मंत्रों को विवेकी / प्रेम से पढ़ने लगे।
वंचकों की छातियों में / शूल हैं गड़ने लगे।।—शंकर।

15. सरसी : इसके प्रत्येक चरण में **सत्ताईस मात्राएँ** होती हैं। इसका निर्माण प्रायः तीन अष्टकों एवं एक त्रिकल (ऽ।) के संयोग से होता है। यह सममात्रिक रूप है, किन्तु इसका अर्द्धसममात्रिक रूम भी प्रचलित है जिसमें एक चरण (27 मात्राओं) को ही 16, 11 मात्राओं के दो चरणों के रूप में रखा जाता है। आगे इसके दोनों रूपों के उदाहरण रखे जाते हैं। यथा—

(क) **सममात्रिक रूप**—

तोड़ों सब शृं / खला उन्हें निज / जीवन बंधन / जान
हों उज्ज्वल कां / चन के अथवा क्षुद्र धातु के / म्लान
प्रेम घृणा सद् /-असद् सभी ये / द्वन्द्वों के सं / धान

दास सदा ही / दास समाहत / वा ताड़ित पर / तंत्र
स्वर्ण निगड़ हो / ने से क्या वे / सुदृढ़ न बंधन / यंत्र
अतः उन्हें सं / न्यासी तोड़ो / छिन्न करो गा / मंत्र! —पंत।

(ख) **अर्द्धसममात्रिक रूप—**

निखिल कल्पना / मयि अयि अप्सरि !/
अखिल विस्मया / कार
अकथ अलौकिक / अमर अगोचर /
भावों की आ / धार! —पंत।

16. हरिगीतिका : इसके प्रत्येक चरण में **अट्ठाईस मात्राएँ** होती हैं। इसमें 16, 12 मात्राओं पर यति का विधान है, पर **गुप्त जी** ने 14 मात्राओं के पश्चात् यति मानी है। सम्प्रति यह चार सप्तकों में निर्मित किया जाता है। यथा—

सुन का जयद्रथ का कथन / हरि को हँसी कुछ आ गयी,
गम्भीर श्यामल मेघ में / विद्युच्छटा-सी छा गयी।
कहते हुए यों—वह न उन / का भूल सकता वेश है—
हे पार्थ ! प्रण पालन करो / देखो अभी दिन शेष हैं।।—गुप्तजी ।

17. नन्दन : इसके प्रत्येक चरण में **अट्ठाईस मात्राएँ** होती हैं जो सोलह एवं बारह मात्राओं की क्रमशः दो पंक्तियों में रखी जाती हैं। पुत्तुलाल शुक्ल के अनुसार इसके प्रथम प्रयोक्ता **सुमित्रानन्दन पंत** एवं उन्हीं के नाम पर इसे 'नन्दन' कहा गया है। उदाहरण, यथा—

कौन तुम अतुल अरूप अनाम?
अये अभिनव अभिराम।
मृदुलता ही है बस आकार
मधुरिमा ही शृंगार।
न अंगों में है रंग-उभार
न मृदु उर में उदगार।।—पंत।

18. ताटंक : इसके प्रत्येक चरण में **तीस मात्राएँ** होती हैं। यति प्रथम सोलह मात्राओं पर होती है और चरणान्त किसी चौकल (ऽ।। आदि) से होता है। यथा—

है बिखेर देती वसुन्धरा / मोती, सबके सोने पर।
रवि बटोर लेता है उनको / सदा सवेरा होने पर।
और विरामदामिनी अपनी / संध्या को दे जाता है।
शून्य श्याम-तनु जिससे उसका / नया रूप छलकाता है।।—गुप्तजी।

19. वीर : इसके प्रत्येक चरण में **इकतीस मात्राएँ** होती हैं। यति प्रथम सोलह मात्राओं के पश्चात् होती है। चरणान्त में गुरु-लघु (ऽ।) क्रम का विधान है। इसी का अन्य नाम 'आल्हा' अथवा 'आल्हछन्द' भी है। यथा–

क. फिर परियों के / बच्चों से हम // सुभग सीप के / पंख पसार,
समुद पैरते / शुचि ज्योत्सना में // पकड़ इन्दु के / कर सुकुमार।
—पंत।

ख. हिमगिरि के / उत्तुंग शिखर पर // बैठ शिला की/शीतल छाँह।
एक पुरुष भीं/गे नयनों से // देख रहा था/ प्रलय प्रवाह।।—प्रसाद।

20. शृंगारहार : इसके प्रत्येक चरण में **बत्तीस मात्राएँ** होती हैं। इसका निर्माण 'शृंगार' छन्द (सोलह मात्राओं) की दो आवृत्तियों से होता है। इसका प्रारम्भ त्रिकल से और अन्त गुरु-लघु (ऽ।) क्रम से होता है। यथा–

हिमालय के आँगन में उसे / प्रथम किरणों का दे उपहार।
उषा ने हँस अभिनन्दन किया/और पहनाया हीरक हार।।
जगे हम लगे जगाने विश्व / लोक में फैला फिर आलोक।
व्योम-तम-पुंज हुआ तब नाश / अखिल संस्कृति हो उठी अशोक।।
—प्रसाद।

21. दोहा : इसके विषम (प्रथम-तृतीय) चरणों में 13-13 और सम (द्वितीय-चतुर्थ) चरणों में 11-11 मात्राएँ होती हैं। इसका विषमान्त्य प्रायः सगण (।।ऽ) से और समान्त्य प्रायः गुरु-लघु (ऽ।) से होता है। निर्माण के विचार से दोहा के अनेक रूप होते हैं। भानु जी (छन्दः प्रभाकर, 85-87) ने दोहा के 23 मुख्य प्रकारों का निरूपण किया है। उदाहरण–

क. जड़ चेतन गुण दोष मय, विश्व कीन्ह करतार।
संत हंस गुण गहहिं पै, परिहरि वारि विकार।।—तुलसी।

ख. मानस-मन्दिर में सती, पति की प्रतिमा थाप।
जलती-सी उस विरह में, वनी आरती आप।।—गुप्त जी।

यहाँ प्रथम उदाहरण 'वाबर' (10 गु + 28 ल.) और द्वितीय 'हंस' (14 गु + 20 ल.) नामक दोहा का है।

22. सोरठा : यह 'दोहा' छन्द के चरणों के क्रम को उलट देने से बनता है। अर्थात् इसके विषम चरण 11-11 मात्राओं से और सम चरण 13-13 मात्राओं से बनते हैं। यथा–

क. नील सरोरूह स्याम, तरूण अरुण वारिज नयन।

करहु सो मम उरधाम, सदा क्षीरसागर सयन।।—तुलसी।

ख. लिख कर लोहित लेख, डूब गया दिनमणि अहा।
व्योम-सिंधु सखि! देख, तारक बुद बुद दे रहा।।—गुप्त जी।

23. बरवै : इसके विषम चरणों में 12-12 मात्राएँ और सम चरणों में 7-7 मात्राएँ होती हैं। सम चरणों की अन्तिम दो मात्राएँ गुरु-लघु (ऽ।) क्रम से रखी जाती हैं। यथा—

क. बिन गुन पिउ उर हरवा / उपरेउ हेरि।
चुप है चित्र-पुतरिया / रहि चख फेरि।।—रहीम।

ख. झूम-झूम मृदु गरज-ग/-रज घन घोर।
राग अमर अम्बर में / भर निज रोर।—निराला।

24. गीति : इसके विषम चरणों में 12-12 मात्राएँ होती हैं और सम चरणों में 18-18 मात्राएँ। यथा—

करुणे! क्यों रोती है? / 'उत्तर' में और अधिक तू रोई।
मेरी विभूति है जो, / उसको 'भवभूति' क्यों कहे कोई।।—गुप्तजी।

25. उपगीति : इसके विषम चरणों में 12-12 मात्राएँ और सम चरणों में 15-15 मात्राएँ होती हैं। सम चरणों में प्रायः आठ मात्राओं पर यति का विधान है। यथा—

हृदयस्थित स्वामी की // स्वजनि उचित क्यों / नहीं अर्चा?
मन सब उन्हें चढ़ावे // चन्दन की ए/ क क्या चर्चा?—गुप्तजी।

26. आर्या : इसके विषम (प्रथम-तृतीय) चरणों में बारह-बारह मात्राएँ, द्वितीय में अठारह मात्राएँ और चतुर्थ चरण में पन्द्रह मात्राएँ होती हैं। **पुत्तुलाल शुक्ल** इसे 'अर्द्धसममात्रिक', पर **'शिवनन्दन प्रसाद** इसे 'विषम' मात्रिक छन्द मानते हैं। उदाहरण, यथा—

पहले आँखों में थे / मानस में कूद मग्न प्रिय अब थें
छींटे वही उड़े थे / बड़े-बड़े अणु वह कब थे।।—गुप्तजी।

27. कुण्डलिया : कुण्डलिया **मात्रिक मिश्र**[1] छन्द है। इसमें 'दोहा' और **'रोला'** (24 मात्राओं) **छन्दों के अनुच्छेदों** (Stanzas) का मिश्रण होता है। इसके छह चरणों में से **प्रथम दो चरण 'दोहा' छन्द के और शेष चार चरण 'रोला' छन्द के होते हैं**

1. जिस छन्द का निर्माण दो स्वतंत्र छन्दों के योग से होता है, वे मिश्र छन्द कहे जाते हैं।

था। इसी कारण मुक्त छन्द में वर्णाश्रित और मात्राश्रित, दोनों प्रकार के लयाधारों का विकास हुआ।

मुक्त छन्द का प्रयोग यद्यपि भारतेन्दु युग में ही पहली बार हुआ, तथापि उसे व्यापकता मिली छायावाद युग में। पारम्परीण छन्द-प्रयोग में परिवर्त्तन क्यों आवश्यक हुआ? इसे समझने के लिए आधुनिक हिन्दी कविता के आरम्भ काल में हुए परिवर्त्तनों को ध्यान में रखना आवश्यक है। आधुनिक हिन्दी कविता (अथवा हिन्दी का आधुनिक काल) में 'आधुनिक' केवल काल बोधक विशेषण नहीं, वरन् वह गुणबोधक विशेषण भी है। आधुनिक हिन्दी कविता ने न केवल काव्य-भाषा ब्रजी की जगह खड़ी बोली अपनायी वरन् रीतिकाल से आधुनिक काल में संक्रमण करते समय पुरानी जब्दी मनोवृत्ति और अनेक रूढ़ियों का परित्याग कर नवजागरण सूचक विचारों को भी अपनाया। नयी भाषा में नये विचारों और भावों (?) को व्यक्त करने के लिए पारम्परीण छन्द अनुपयुक्त (एवं असमर्थ भी) प्रतीत हुए। रीतिकालीन शिष्ट साहित्य में बहुप्रयुक्त कवित्त, सवैया और दोहा छन्द आधुनिक कविता को विरासत में मिले अवश्य, पर उन्हें खड़ी बोली की प्रकृति के अनुरूप समझ कर ही आधुनिक कविता के आरम्भकर्त्ता भारतेन्दु को नवीन छन्दों की तलाश करनी पड़ी। तभी मात्रिक छन्दों के अतिरिक्त उन्होंने लोकधुन (चूरन का लटका) और उर्दू की बहर तक का प्रयोग किया। रीतिकालीन राजाश्रित शिष्ट साहित्य से लोक धुन सर्वथा बहिष्कृत था जिसे काव्य में भारतेन्दु ने पुनर्प्रतिष्ठित किया।

नये छन्द की तलाश ने द्विवेदी युग में और व्यापक रूप लिया। हरिऔध, गिरिधर शर्मा आदि ने संस्कृत के वर्णवृत्तों को महत्त्व दिया, पर वे व्यापक रूप में स्वीकृत होने से रहे। नाथूराम शर्मा शंकर, गया प्रसाद शुक्ल सनेही, अनूप शर्मा आदि ने कवित्त और सवैयों को महत्त्व दिया (जिनकी अनुपयुक्तता भारतेन्दु ने ही पहचान ली थी)। लाला भगवान दीन आदि ने फारसी और उर्दू के छन्दों को चलाने की चेष्टा की। ग़ज़ल और रूबाई की कौन कहे, हाली के मुसद्दस के अनुकरण पर षडपदी भी लिखी गयी, किन्तु विदेशी संस्कारों से सिक्त होने के कारण वे हिन्दी के लिए उपयुक्त सिद्ध नहीं हुए। श्रीधर पाठक ने अँग्रेजी के 'ब्लैंक वर्स' के अनुकरण पर अतुकान्त छन्द और मैथिलीशरण गुप्त ने बँगला के वजन पर अक्षर-वृत्त के भी प्रयोग किये। गुप्त जी के प्रयोग के कारण ही हरिगीतिका द्विवेदी युग का लाडला छन्द बन गया। हरिगीतिका के साथ ही गीतिका, चौपाई, लावनी, रोला आदि मात्रिक छन्द इस युग में अधिक लोकप्रिय हुए। इससे इतना ही स्पष्ट हो गया कि मात्रिक छन्द हिन्दी (खड़ी बोली) की प्रकृति के अधिक अनुरूप है। स्वयं गुप्त जी ने इसका समर्थन भी किया।

छायावादी कवियों में पंत जी ने अपने छन्द-प्रयोग और वैचारिक दृष्टिकोण से गुप्तजी के मत को पुष्ट किया। कविता के वाचिक सम्प्रेषण, संगीत और लय के स्वाभाविक विकास, "कल्पना तथा भावना के उत्थान-पतन, आवर्त्तन-विवर्त्तन के

अनुरूप संकुचित-प्रसारित होने, सरल-तरल, ह्रस्व-दीर्घ गति बदलते रहने'' आदि की दृष्टि से पंत जी ने मुक्त छन्द के लिए मात्रिक छन्दों को हिन्दी की प्रकृति के निकट पाकर उसे ही टुकड़े कर 'स्वच्छन्द छन्द' की सृष्टि करने में सिद्धता प्राप्त की। मानव (अन्य नाम 'सखी') छन्द को तनाश-मठार कर प्रसाद जी ने इतना लोकप्रिय बनाया कि वह 'आँसू' या 'प्रसादी' छन्द के नाम से पहचाना जाने लगा। पंत जी ने निराला द्वारा घनाक्षरी का आधार ग्रहण कर मुक्त छन्द लेखन को बँगला से प्रभावित ही नहीं, वरन् हिन्दी की प्रकृति के प्रतिकूल माना। बँगला नाटककार गिरीश घोष के नाटकों में प्रयुक्त मुक्त छन्द से प्रेरित (प्रभावित?) होकर निराला ने कवित्त का लयाधार स्वीकार कर सन् 1916 ई. से मुक्तछन्द में कविता-लेखन शुरू किया। उन्होंने पंत जी की मान्यताओं से वैमत्य प्रकट करते हुए कवित्त को न केवल हिन्दी का जातीय छन्द घोषित किया, बल्कि घोषणा की—''हिन्दी में मुक्त काव्य कवित्त छन्द की बुनियाद पर सफल हो सकता है।'' इस कथन की सत्यता उनके प्रयोग से स्वतः सिद्ध है।

स्थूलतः पिछले लगभग एक सौ वर्षों से मुक्त छन्द प्रयोग में है। छायावादोत्तर हिन्दी कविता को छायावाद की सर्वाधिक महत्त्वपूर्ण देन मुक्त छन्द है। मुक्त छन्द के पहले आग्रह था अतुकान्त छन्द का, पर मुक्त छन्द में तुकान्तता न तो पूरी तरह निषेध का भाव है और न आग्रह का। मुक्तछन्द-प्रयोक्ताओं की सम्प्रति चौथी पीढ़ी चल रही है। पहली पीढ़ी में निराला, पंत, प्रसाद आदि; दूसरी में अज्ञेय, मुक्तिबोध, शमशेर, भवानी प्रसाद मिश्र, गिरिजा कुमार माथुर, नागार्जुन, केदारनाथ अग्रवाल, विजयदेव नारायण साही, धर्मवीर भारती, रघुवीर सहाय, सर्वेश्वर, नरेश मेहता, श्रीकान्त वर्मा, जगदीश गुप्त, कुँवर नारायण, अजित कुमार, केदारनाथ सिंह आदि और चौथी पीढ़ी में राजकमल चौधुरी, धूमिल, लीलाधर जगूड़ी, अशोक वाजपेयी, विष्णु खरे, अरुण कमल, कुमारेन्द्र पारसनाथ सिंह, ज्ञानेन्द्र पति, उदय प्रकाश, अनामिका, स्वप्निल श्रीवास्तव आदि प्रमुख नाम हैं।

मुक्तछन्दकार निराला, पंत और प्रसाद पारम्परीण छन्दों के अधीत ज्ञाता और सर्वथा कुशल आधिकारिक प्रभोक्ता भी थे। प्रगति और प्रयोग के खेमों में सिद्धान्ततः बँटे होने के बावजूद, दूसरी पीढ़ी के प्रयोक्ताओं में प्रयोग के व्यावहारिक स्तर पर मतैक्य है। उनमें, मेरी दृष्टि में, अज्ञेय सर्वाधिक सफल हुए हैं। उनमें कविता की वाचिक परम्परा अपेक्षया अधिक सुरक्षित हैं। मुक्त छन्द विषयक उनके विचार निराला के विचारों से दूर प्रायः नहीं हैं—''मुक्त छन्द अनुशासन रहित पदरचना नहीं है, वह छन्द से मुक्त नहीं है, बल्कि मुक्तियुक्त छन्द है। और वह मुक्ति एक साधारण अनुशासन नहीं है। वास्तविक छन्दमुक्ति के लिए लय और उसके साथ संरचनात्मक गठन की अनिवार्य आवश्यकता है। इसीलिए मैं बल देकर कहना चाहता हूँ कि इस दिशा में नयी प्रवृत्तियों की उदासीनता खेदजनक है'' (कविदृष्टि, भूमिका)। अज्ञेय को यह याद दिलाना शायद इसलिए पड़ा क्योंकि अधिकांश लोग

पंत की उक्ति **'खुल गये छन्द के बन्ध...'** का भ्रमपूर्ण अर्थ **"कविता के ऊपर लगे छन्द के बन्धन खुल गये"**, कर रहे थे जबकि पंत जी ने कहा था—**"छन्द के ऊपर लगे हुए बन्धन खुल गये।" छन्दमुक्तता और मुक्तछन्दता दो अलग-अलग चीजे हैं, उनके स्पष्ट अन्तर का विस्मरण भयावह प्रमाणित हुआ।** कविता की वाचिक परम्परा की एक सीमा तक रक्षा तीसरी पीढ़ी के प्रयोक्ताओं—धर्मवीर भारती, नरेश मेहता, जगदीश गुप्त आदि, में भी हुई है। किन्तु इसमें वैमत्य नहीं है कि इस पीढ़ी और आगे के अधिकांश प्रयोक्ताओं में मुक्त छन्द के नाम पर गद्यात्मकता सिर चढ़ गयी हैं। चौथी पीढ़ी के अधिकांश मुक्त-छन्दकार न तो छन्द में दीक्षित प्रतीत होते हैं और न इसे वे कविता-रचना के लिए प्रासंगिक मानते हैं। फलितार्थ इतना भर है कि कविता वाचिक परम्परा से इतनी दूर होती गयी कि 'बुध विश्राम सकल जन रंजनि' तो प्रायः रह ही नहीं गयी है। पठनीयता से भी दूर होती गयी है। मुक्त छन्द के नाम पर कुगद्य अथवा अनगढ़ अपद्य का घूरा अवश्य बढ़ा है। सुखद तथ्य यह है कि पिछले कई वर्षों से छन्द की वापसी की बात भी की जाने लगी है। यह तथ्य चौंकाने वाला नहीं है। गेयता, श्रवणीयता और पठनीयता कविता की आद्य विशेषताएँ हैं। इतना अवश्य है कि छन्द की गेयना गीतों की गेयता से भिन्न प्रकार की होती है। इसे ध्यान में रखते हुए ही प्राचीनों ने मान्यता स्थिर की थी—**'काव्यं गीतेन हन्यते' (गाना काव्य का मारक होता है)**। वस्तुतः श्रवणीयता की ही विशिष्टरूपेण परिणति पठनीयता में होती है। अतः, आकस्मिक नहीं कि पश्चिम की तरह ही मुक्तछन्दता/छन्दमुक्तता के दौर से गुजर कर आधुनिक हिन्दी कविता में भी छन्द की पटरी पर वापसी की ललक झलक मारने लगी है।

मुक्त छन्द का स्वरूप : मुक्त छन्द के स्वरूप की चर्चा अनेक कवियों, आलोचकों आदि ने की है। यहाँ इतना कहना अलम् है कि नवजागरण के कारण मानव-मुक्ति की वैचारिक चेतना की जो अभिव्यक्ति छायावाद युग में हुई उसका एक आयाम मुक्त छन्द भी हुआ। पश्चिम में **'वर्स लिबरे'** अथवा **'फ्री वर्स'** का आरम्भ भी मानव की मुक्ति चेतना से ही जुड़ा था। हिन्दी में मुक्त छन्द की प्रतिष्ठा में निराला का महती योगदान है। उन्होंने **परिमल** की भूमिका में लिखा—"मुक्त छन्द तो वह है, जो छन्द की भूमि में रह कर भी मुक्त है। इनमें कोई नियम नहीं। केवल प्रवाह कवित्त छन्द-सा जान पड़ता है। कहीं-कहीं आठ-आठ अक्षर आप-ही-आप आ जाते हैं। मुक्त छन्द का समर्थक उसका प्रवाह ही है। वही उसे छन्द सिद्ध करता है। और नियमराहित्य उसकी मुक्ति।" इससे स्पष्ट है कि मुक्त छन्द सर्वथा विधानरहित नहीं होता। उसमें भी एक प्रकार का विधान अवश्य होता है। निराला उसे ही 'प्रवाह' अर्थात लय-विधान कहते हैं। पंत जी के इस विचार का कि मुक्त छन्द ह्स्व-दीर्घ मात्रिक संगीत पर चल सकता है, निराला ने पंत और पल्लव में खण्डन करते हुए लिखा कि उसमें 'आर्ट ऑफ म्यूजिक' (Art of Music) नहीं, 'आर्ट

ऑफ रीडिंग' (Art of Reading) मिल सकता है। वह स्वर प्रधान नहीं, व्यंजन प्रधान है; उसमें स्त्री जन्य सौकुमार्य नहीं, पुरुष जन्य गर्व होता है। मुक्त छन्द के सन्दर्भ में पाणिनीय शिक्षा की उक्ति "**छन्दः पादौ तु वेदस्य**" का अर्थ यही लिया जाना चाहिए कि छन्द काव्य-पाठ की गति के सूचक ही नहीं, वरन् विचार, भाव या संवेदना के तदनुकूल वाहक भी हों।

यद्यपि पंत जी के विचार से निराला ने पुरजोर असहमति व्यक्त की, तथापि मुक्त छन्द के प्रयोग से अब प्रायः यह तथ्य बहुमान्य है कि मुक्त छन्द में सर्वाधिक लयाधार मात्रिक छन्दों का ही है। अस्तु, पंत जी की उक्ति–"कविता का स्वभाव ही लयमान होना है" और उसका "संगीत केवल मात्रिक छन्दों में ही अपना स्वाभाविक विकास तथा स्वास्थ्य की सम्पूर्णता प्राप्त कर सकता है, उन्हीं के द्वारा उसमें सौन्दर्य की रक्षा की जा सकती है", से असहमति आवश्यक नहीं है। पुत्तुलाल शुक्ल ने **आधुनिक हिन्दी काव्य में छन्द योजना** में शास्त्रीय दृष्टि से विचार करते हुए स्वीकार किया है कि "तालों का स्वरूप मात्रिक है, वर्णिक नहीं। अतः वर्णिक छन्दों को ताल में बिठाना है तो छन्दों को मात्रिक दृष्टि से संतुलित करना पड़ेगा। निराला जी द्वारा प्रयुक्त वर्णाश्रित मुक्त छन्द का मूल आधार तो घनाक्षरी है, पर उनमें भी गणों का बन्धन नहीं है।

यह मानना भ्रामक होगा कि पारम्परीण नियमबद्ध छन्दों की अपेक्षा मुक्त छन्द का प्रयोग करना आसान है। **असमान चरण, स्वच्छन्द गति, भावानुकूल यति और निश्चित लयाधार मुक्त छन्द की प्रमुख विशेषताएँ मानी जा सकती हैं।**" पुत्तुलाल शुक्ल ने इसे शास्त्रीय दृष्टि से 'विषम' वर्ग का छन्द स्वीकार करते हुए लिखा है कि "**जिसके विकर्ष का लयाधार निश्चित एवं चरणों की संख्या तथा विस्तार अनिश्चित हो, वही मुक्त छन्द है।**" उनका यह लक्षण अनेक विचारकों को अमान्य इसलिए है कि मुक्त छन्द में रचित एक ही कविता में कई 'लयाधार' हो सकते हैं, होते हैं। पहले प्रायः एक कविता में एक ही लयाधार होता था, पर अब यह बन्धन भी टूट चुका है। नयी कविता, अकविता आदि के कवियों, कवि-आलोचकों आदि के अनुसार तो कविता के प्रत्येक चरण में सर्वथा पृथक-पृथक, पूर्वापर निरपेक्ष लयाधार भी हो सकता है। इसकी पुष्टि में निराला की 'जागरण' कविता की अग्रांकित पंक्तियाँ देखी जा सकती हैं–

> मुक्त छन्द, सहज प्रकाश वह मन का–
> निज भावों का प्रकट अकृत्रिम चित्र।

लयाधार, निराला के शब्दों में 'प्रवाह', को खारिज करने के पक्ष में न तो मुक्त छन्द के प्रयोक्ता हैं और न विचारक। वैमत्य केवल उसकी प्रायोगिक स्थिति (निश्चितता-अनिश्चितता) को लेकर है। आधुनिक हिन्दी कविता लय की संरचना

दृग बन्द किये शिथिल पत्रांक में —(—2) 6 + 7 वर्ण।
वासन्ती निशा थी — 6 + 5 मात्राएँ।
विरह विधुर प्रिया-संग छोड़ — 6 + 5 + 3 मात्राएँ।
किसी दूर देश में था पवन —(-3) + 6 + 6 मात्राएँ।

—निराला।

ख. जागो फिर एक बार! — 6 + 6 मात्राएँ।
समर अमर कर प्राण — 6 मात्राएँ + 4 वर्ण।
गान गाये महासिंधु से — 2 + 7 वर्ण।
सिंधु नद तीर वासी — 8 वर्ण।
सैंधव तुरंगों पर — 8 वर्ण।
चतुरंग चमू संग — 8 वर्ण।
सवा सवा लाख पर — 8 वर्ण।
एक को चढ़ाऊँगा, — 7 वर्ण।
गोविन्द सिंह निज — 5 + 5 मात्राएँ।
नाम तब कहाऊँगा। — 5+ 5 मात्राएँ।

—निराला।

इसी प्रकार और भी उदाहरण समझे जा सकते हैं। परवर्त्ती कवियों में वर्णिक लयाधार की अपेक्षा मात्रिक लयाधार ही अधिक लोकप्रिय हुआ है।

•••